Für alle Business-Fans.

Macht weiter.
Macht was Euch antreibt.
Arbeitet mit Wunschkunden.
Und lebt Eure Freiheit.

Inhalt

Zugabe ... *6*

Für wen ist dieses Buch geschrieben ... *10*

Warum ich dieses Buch geschrieben habe ... *11*

Vorwort ... *12*

Kapitel 1
Wunsch

Das perfekte Angebot ... **16**

1.1 Überblick ... **19**

1.2 Wunschkunden und Zielgruppe ... **37**

1.3 Problemlösung ... **61**

1.4 Begeisterungsfaktoren ... **97**

1.5 Kaufoptionen ... **119**

Kapitel 2

Kunden

Magie der Wunschkunden ... **155**

2.1 Phase eins: Die ersten Kunden ... **157**

2.2 Das perfekte Angebot testen ... **161**

2.3 Empfehlungen von Fan-Kunden ... **183**

2.4 Phase zwei: Automatisch Kunden gewinnen ... **205**

2.5 Kooperationspartner begeistern ... **213**

Kapitel 3

Business

Erfolg mit Service-DNA ... **236**

3.1 Der Fingerabdruck Deines Erfolgs ... **239**

3.2 Business-DNA: Qualität auf Knopfdruck ... **273**

3.3 Problemlösung: Engpässe beseitigen ... **299**

3.4 Kundenfokus Erlebnisse garantieren ... **319**

Anleitung für dauerhaften Erfolg ... 352

Schlusswort ... 354

Buchtipps und Quellen ... 358

Zugabe!

Zugabe!

Dein Erfolgskonzept . . . . . . passt auf eine Seite

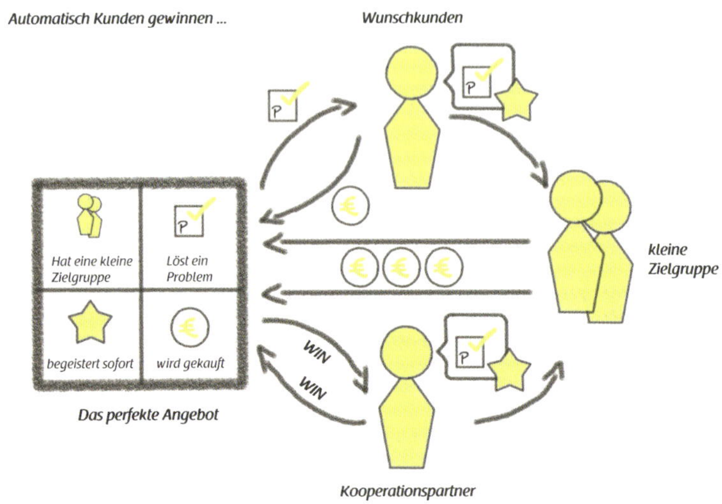

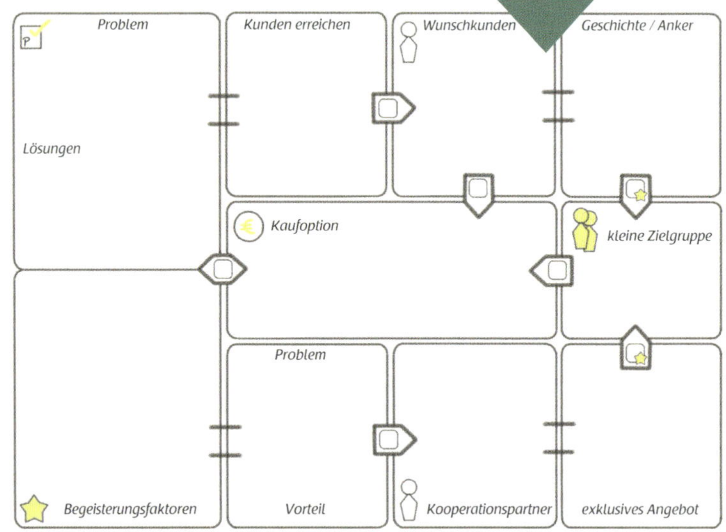

Entwickle ein Business, das zu Deinem Leben passt.

Arbeite so, wie Du willst. Leben und Arbeiten können zusammenpassen. Entwickle ein Geschäftsmodell, das mit Deinem Leben kompatibel ist. Und gewinne Kunden, die ZUGABE! ZUGABE! rufen.

Warum Geld mit etwas verdienen, das Dir keinen Spaß macht, um dann das Geld dafür auszugeben, was Dir Spaß macht? Spar Dir den Umweg. Verdiene Dein Geld mit dem, was Du am liebsten machst. Gib Dich nicht mit weniger zufrieden.

Werde Business-Fan.

Was wolltest Du schon immer machen? Setze es um.

Komplex war gestern. Dein Geschäftsmodell passt auf eine Seite.

Dein Erfolgskonzept hast Du ab sofort immer zur Hand, denn es passt auf eine Seite - garantiert! Erkenne auf einen Blick, wo es klemmt. Teile Dein Konzept mit Deinen Freunden und Business- Fans. Und entwickle Deinen Plan weiter, bis er funktioniert.

Eine klare Struktur und einfache Fragen helfen Dir, Dein Business klar zu formulieren und die Strategie zu prüfen. Lass Dich dabei von Erfolgsgeschichten inspirieren und entwickle das Erfolgskonzept, das zu Deinem Leben passt.
Das Arbeitsblatt zum Buch: **www.wunschkundenbusiness.de**

Irgendwann ist heute

Erst heißt es immer „Irgendwann mach ich mal ...". Und später dann „Ach hätt' ich doch ...". „Irgendwann" ist nur ein anderes Wort für „nie". Ich wünsche mir, dass für Dich heute „irgendwann" ist. Nicht „morgen", nicht „nächsten Dienstag", nicht „später"– nein, heute! Warum? Ich habe zu viele gute Ideen in Schubladen verstauben sehen. Zu viele helle Köpfe an eigenen Vorurteilen scheitern sehen. Zu viel „Irgendwann einmal.", zu wenig „Jetzt!". Das möchte ich nicht akzeptieren. Auf keinen Fall. Denn dafür habe ich in zu viele strahlende Augen gesehen. In strahlende Augen von begeisterten Unternehmern, die gerade ihren ersten Kunden gewonnen hatten. Mit einer dieser „Irgendwann mach ich mal ..." Ideen, die sie einfach angepackt und umgesetzt haben. Mein Appell lautet daher:

Holt die Ideen aus den Schubladen!

Setze das um, was schon lange in Deinem Kopf ist und mache damit die Menschen um Dich herum zu glücklichen Kunden. Dieses Buch enthält die Anleitung dazu. Es zeigt Dir, wie Du mit nicht mehr als einer Idee Deine Wunschkunden gewinnen kannst und wie Du Dein Geld mit dem verdienst, was Du am liebsten machst. Das Ergebnis: Leuchtende Augen – bei Dir und Deinen Kunden.

Ich bin fest davon überzeugt, dass es genügend gute Ideen gibt. Was fehlt ist die systematische Umsetzung. Also lass das Brainstorming sein und fang an, Deine Ideen umzusetzen. Heute! Jetzt! Die Erfahrung aus vielen Projekten hat gezeigt, dass dafür genau zwei Dinge nötig sind: Du musst den ersten Schritt machen und Du brauchst eine geeignete Methodik. Ich behaupte, dass jeder, der diese beiden Bausteine hat, in maximal drei Monaten den ersten Kunden gewinnt. Und in drei weiteren Monaten automatisch Kunden gewinnt. Genau – in zwei mal drei Monaten kannst Du das auch! Ich habe schon mehr als 100-mal erlebt, dass genau das funktioniert. In diesem Buch liefere ich die Methodik dazu, eine Schritt-für-Schritt-Anleitung, wie aus guten Ideen tolle Angebote werden. Jedes Projekt funktioniert im Detail anders. Jeder Mensch geht andere Wege, hat eigene Methoden. Aber alle Projekte, die ich erlebt und begleitet habe, funktionierten nach dem gleichen „Masterplan".
Diese Schritte möchte ich Dir erklären. Ich will Dich ermutigen, Deine Ideen umzusetzen.
So wird aus „Irgendwann einmal" heute.

Für wen ist dieses Buch geschrieben?

Dieses Buch ist für Menschen geschrieben, die etwas ändern wollen. Für Gründer, Unternehmer, Freiberufler und Macher. Und genauso ist es für frustrierte Angestellte geschrieben. Wenn auch nur ein einziger der folgenden Punkte auf Dich zutrifft, dann ist das Buch für Dich:

- Du willst Dich freiberuflich selbständig machen – ganz gleich ob als IT-Experte, Hebamme, Heilpraktiker, Reitlehrer oder Künstler, weil Du keinen Job findest, der genau zu Dir und Deinem Leben passt.
- Du willst ein Unternehmen gründen und ganz sicher sein, dass es von Anfang an erfolgreich ist.
- Du führst ein Unternehmen und hast schon oft tolle Ideen entwickelt, die über das Stadium der Planung bisher nie hinausgekommen sind.
- Du willst Dein Unternehmen mit einer neuen Strategie auf das nächste Level heben und brauchst die Gewissheit, dass Deine Konzepte funktionieren.
- Du bist überzeugt von Deinem Angebot, hast Dein ganzes Herzblut investiert, aber konntest bisher nur wenige Kunden gewinnen.
- Du hast einen Job, der Dich nicht auslastet. Den ganzen Tag hast Du Ideen im Kopf, siehst aber keine Möglichkeit, sie umzusetzen.
- Du möchtest als Freiberufler starten, aber alle Menschen in Deiner Umgebung erklären Dich für verrückt.
- Du hast eine tolle Idee, aber keine finanziellen Mittel, um daraus ein Produkt oder eine Dienstleistung zu machen.
- Du denkst schon eine gefühlte Ewigkeit über ein tolles Konzept nach, hattest bisher aber nicht den Mut, es umzusetzen.
- Du hast Deine beste Idee bisher nicht umgesetzt, weil Du Angst vorm Scheitern und den hämischen Kommentaren der Menschen in Deiner Umgebung hast.

Geh die Liste durch und markiere die Punkte, die auf Dich zutreffen. Wenn Du Dich auch nur in einem einzigen dieser Punkte wiederfindest, wirst Du in diesem Buch Wege erkennen, Deinen Traum zu verwirklichen.

Warum ich dieses Buch geschrieben habe?

Angestellt sein ist in Deutschland dreimal so attraktiv wie die Selbständigkeit. Das kann doch nicht wahr sein! Der Global Entrepreneurship Monitor (GEM) erfasst seit vielen Jahren die Gründungs- und Unternehmensperspektiven in fast 60 Staaten. Die Bedingungen für Unternehmer sind in Deutschland so gut wie in kaum einem anderen Land. Trotzdem betrachten nur ein Drittel der Deutschen die Selbständigkeit als gleichwertige Alternative zur abhängigen Beschäftigung. Warum das so ist? Zum einen fehlen uns die Unternehmer-Vorbilder, zum anderen ist die unternehmerische Ausbildung vergleichsweise schlecht.

Ich möchte dabei helfen, das zu ändern. Ich möchte Unternehmen mit begeisterten Kunden schaffen, die andere inspirieren. Ich möchte Menschen mit dem Unternehmer-Virus anstecken, möchte, dass all die guten Ideen aus den Schubladen geholt und umgesetzt werden. Stell Dir Unternehmen vor, die Fans haben genau wie eine Musikband. Ich möchte helfen, solche Unternehmen zu schaffen. 10.000 solcher Unternehmen. Das wird dafür sorgen, dass die Selbständigkeit in Deutschland eine attraktive Alternative zur Festanstellung wird.

Nicht jeder wird diesen Weg gehen. Ich werde aber meine Leidenschaft und Erfahrung mit jedem teilen, der aus Überzeugung ein Unternehmen aufbauen oder selbständig arbeiten will. Dieses Buch soll dabei helfen, dass auch Dir das gelingt. Es liefert ein Modell zur Entwicklung durchschlagender Geschäftsmodelle, die auf eine Seite passen, eine Vorlage für einen Businessplan, der zu Deinem Leben passt. Darüber hinaus stelle ich mit Wunschkundenbusiness.de eine Plattform zur Verfügung, die den Austausch von Erfahrungen ermöglicht. Hier kannst Du die Erfahrung von Experten und erfolgreichen Unternehmern anzapfen. Das Ergebnis: Du arbeitest an Projekten, die Dich bewegen, und verdienst Dein Geld mit Dingen, die Dich antreiben.

Lass uns gemeinsam etwas bewegen! Werde Business-Fan und zeige allen anderen, dass jeder das Zeug zum Unternehmer hat. Baue ein Unternehmen auf, dessen Kunden ZUGABE! ZUGABE! rufen.

Steffen Adler

VORWORT:
MUT ZU STARTEN

Mut zu starten (Dr. Kerstin Friedrich)

Mut zu starten? Das hört sich einfach an. So einfach ist es aber nicht. Sonst hätten viele Menschen nicht so viele Ideen in der Schublade und so wenig Ergebnisse auf dem Konto. Den ersten Schritt zu machen gleicht dem Gefühl kurz vor der Achterbahnfahrt: Obwohl sie zu einem der sichersten Fortbewegungsmittel zählt, sagt man sich: „Achterbahn – ich bin doch nicht lebensmüde!" Genauso ist es mit dem ersten Schritt zu Deinem neuen Business. Es gibt 100 Gründe, alles so zu lassen, wie es ist. „Die Ideen liegen in der Schublade doch gut." „Irgendwann, wenn ich Zeit habe, mache ich das." „Meine Freunde werden mich für verrückt erklären, wenn ich mit solchen Hirngespinsten daherkomme." Der erste Schritt bringt Veränderung und Unsicherheit und daher ist der Mut zu starten gar nicht so einfach aufzubringen. Es ist viel bequemer, alles zu lassen, wie es ist. Eigentlich. Doch da sind diese vielen kleinen Momente, in denen sich die Ideen und Konzepte aus der Schublade in Dein Bewusstsein schleichen. Sie kommen einfach und wollen dann nicht wieder weggehen. Und schon ist er da, der berühmte Satz: „Irgendwann müsste ich mal ..."

Geld ist kein guter Motivator, Freiheit schon

Was ist Dein Ziel, warum würdest Du etwas Neues starten? Maximal viel Geld verdienen! Das ist laut Managementlehre die zentrale Aufgabe und das Ziel von Unternehmen. Aber auch wenn es in den Lehrbüchern steht – Geld ist für viele Menschen ein ziemlich ungeeigneter Motivator. Für den einen oder anderen Gründer mag der künftige Reichtum extrem wichtig sein. Wenn man erfolgreiche Gründer nach ihren Motiven fragt, bekommt man aber sehr viel häufiger eine andere Antwort: „Ich wollte frei sein!" In erster Linie frei von Fremdbestimmung und vor allem: Frei sein von den Regeln und Launen eines Chefs. Aber auch, um frei für etwas zu sein: Frei sein für die Realisierung von großartigen, aufregenden, erfüllenden Ideen, oder frei sein dafür, die Dinge anders zu tun als andere.

Leider geraten viele Gründer, was ihre Freiheit betrifft, vom Regen in die Traufe: Sie sind zwar nicht mehr abhängig vom Chef – an dessen Stelle treten aber unversehens Abhängigkeiten von misstrauischen Banken, feilschenden Kunden und – wenn man keine Ahnung von Führung hat – auch noch von den Launen der Mitarbeiter. Denn leider haben viele Gründer ein Übermaß an Enthusiasmus und einen Mangel an systematischer Vorgehensweise. Die „Eigentlich- wollte-ich-schon-immer"-Gründer dagegen ahnen vage, dass der Traum von der Unternehmerfreiheit schnell ausgeträumt sein kann und bleiben deswegen in der vermeintlichen Sicherheit des Angestelltendaseins. Ob man als Gründer Erfolg hat oder nicht, hängt von vielen Faktoren ab. Eine unabdingbare Voraussetzung dafür ist eine gute Strategie. Mit dem Begriff „Strategie" verbinden viele einen langfristigen Plan – im schlimmsten Fall einen auf Wunschdenken und Zwangsbeglückung basierenden Papiertiger („Businessplan"), der spätestens nach vier Wochen von der Realität eingeholt wird. Gute Strategie basiert nicht auf Wunschdenken, sondern auf realistischen Praxistests.

Eine gute Strategie macht Träume wahr und gibt genau die Unabhängigkeit, die viele Unternehmer suchen.

Dieses Buch von Steffen Adler beschreibt eine systematische Methode, mit der jeder sein individuelles Erfolgskonzept findet und aus seiner Leidenschaft ein Business macht. Seine Methode hat sich in vielen Projekten bewährt. Zentraler Bestandteil ist die EKS (Engpasskonzentrierte Strategie), angereichert durch viele Tipps und Tricks, um Hürden auf dem Weg zum Wunschkundenbusiness zu meistern und typische Fehler zu vermeiden. Steffen Adler schafft es, Unternehmer in jedem Stadium zu inspirieren und Schritt für Schritt auf dem Weg zum Wunschkundenbusiness zu begleiten. Viele Praxisbeispiele machen Mut und sorgen für Inspiration. Denn nichts ist ansteckender als der Erfolg anderer Unternehmer - Personen wie Du und ich.

Ich empfehle das Buch allen, die ein neues Business aufbauen wollen oder die ihrem bestehenden Unternehmen neuen Schwung geben möchten. Auf diesem Weg wünsche ich allen Lesern viel Erfolg.

Kerstin Friedrich

Kapitel 1

Wunsch: Das perfekte Angebot

Wenn Du das perfekte Angebot hast, ziehst Du Deine Wunschkunden an wie ein Magnet. Nur Deine Wunschkunden. Alle anderen werden Dein Angebot nur mittelmäßig finden oder es sogar ablehnen. Ein perfektes Angebot polarisiert. Das muss so sein. Es geht nicht darum, anders zu sein. Es geht ausschließlich und allein darum,

„lecker" für Deine Wunschkunden zu sein.

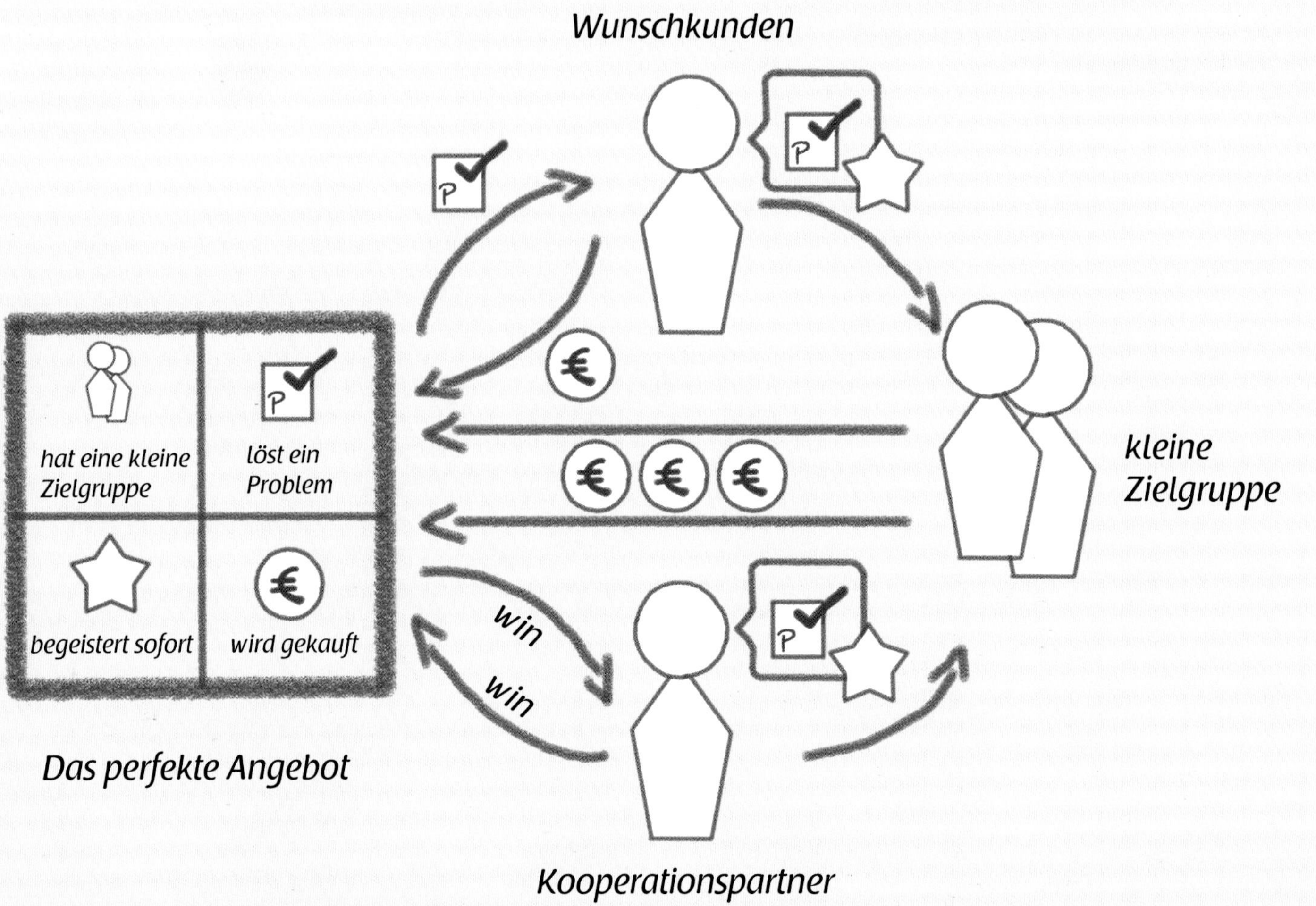
Wunschkunden
hat eine kleine Zielgruppe
löst ein Problem
begeistert sofort
wird gekauft
kleine Zielgruppe
win
win
Das perfekte Angebot
Kooperationspartner

1.1 Überblick

Der erste Schritt, um automatisch Kunden zu gewinnen, ist die Entwicklung des perfekten Angebots. Das perfekte Angebot hat vier Eigenschaften:

Es richtet sich an eine kleine Zielgruppe.
Es löst ein akutes Problem der Zielgruppe.
Es begeistert sofort.
Es wird gekauft.

Im folgenden Kapitel lernst Du, wie Du das perfekte Angebot entwickelst und damit Deine Wunschkunden gewinnst. Wie das funktioniert, zeigt Dir das Modell auf der linken Seite. Das folgende Kaptitel erläutert alle Elemente dieses Modells im Detail. Jeder Unternehmer kann das perfekte Angebot entwickeln und damit automatisch seine Wunschkunden gewinnen. Der in diesem Kapitel beschriebene Prozess hat sich in mehr als 100 Projekten bewährt..

Der Kern jedes begeisternden Geschäftsmodells ist das „perfekte Angebot". Deine erste Aufgabe ist es daher, genau ein solches „perfektes Angebot" zu entwickeln.

Zu wenig Kunden?

Was macht Dein Angebot besonders? Wie hebst Du Dich von anderen Angeboten ab? Und warum soll sich ein Kunde genau für Dein Angebot entscheiden? Nur wenige Unternehmer haben gute Antworten auf diese Fragen. Häufig ist das eigene Angebot austauschbar. Die Akquise von Neukunden fällt schwer, Preisdruck verringert die Gewinne. Austauschbarkeit ist das zentrale Problem vieler kleiner Unternehmen. Es gibt schon lange keinen Mangel mehr. Überfluss bestimmt die Märkte. Viele Unternehmen haben keine Alleinstellungsmerkmale - zumindest keine, die für Kunden wahrnehmbar sind. Das macht die Wahl für den Kunden zur sprichwörtlichen Qual.

Der Ausweg lautet Einzigartigkeit.

In diesem Kapitel lernst Du, wie Du ein einzigartiges Angebot entwickelst, das nicht austauschbar ist und wie Du mit diesem „perfekten Angebot" genau die Kunden anziehst, die Du haben willst - Deine Wunschkunden.

Spezialisierung!

Wenn Du ein lebensbedrohliches Herzleiden hättest – zu wem gehst Du? Zum Arzt um die Ecke oder zum Spezialisten? Wer hat auf Deiner Hochzeit die Fotos gemacht? Irgendein Bekannter oder ein Hochzeitsfotograf? Du bist selbst jeden Tag Kunde. Wie entscheidest Du Dich?

Wenn es darauf ankommt, entscheiden sich Kunden immer für das beste Angebot. Wer das zweitbeste, drittbeste oder zehntbeste Angebot hat, spielt dabei keine Rolle. Das beste Angebot hat immer die größten Chancen. Dabei ist aber ausschließlich entscheidend, welches Angebot die Kunden für das Beste halten.

Stell Dir vor, Du gehst im Urlaub über einen orientalischen Markt und willst Gewürze kaufen. Du kennst die Produkte nicht, Du kannst die Preise nicht lesen und Du sprichst die Sprache nicht. Kurzum, Du musst bei der Entscheidung Deinem Bauchgefühl vertrauen. Jetzt stell Dir vor, dass bei einem Stand deutsche Beschriftungen an den Produkten sind. Bei wem wirst Du die Gewürze kaufen? Natürlich bei dem Stand mit den deutschen Produktbeschriftungen. Und warum? Weil der Händler durch seine Beschriftungen Dein Problem löst und weil er der einzige ist, der das macht. Wenn viele weitere

Händler deutsche Beschriftungen hätten oder wenn Du Franzose wärst, würde Deine Entscheidung wahrscheinlich anders ausfallen. Aber hier und jetzt auf diesem Markt ist das Angebot des einzigen Händlers mit deutschen Produktbeschriftungen für Dich perfekt. Das führt dazu, dass Du kaufst.

Eine Situation wie auf dem orientalischen Markt erlebt man täglich. Aus Kundensicht sind viele Angebote austauschbar. Es gibt kein Unterscheidungsmerkmal. Egal, ob Du Dich im Supermarkt zwischen 30 verschiedenen Sorten Erdbeermarmelade entscheiden sollst oder bei der Wahl des Stromanbieters verzweifelst. Du hast die Wahl: Entweder, Du entscheidest Dich oder Du kaufst nichts. Um entscheiden zu können, brauchst Du ein Entscheidungskriterium. Und wenn der Hersteller eines Produktes Dir keines liefert, suchst Du Dir eins. Ein Unterscheidungsmerkmal gibt es bei großer Auswahl fast immer - den Preis. Wer als Hersteller oder Dienstleister seinen Kunden kein Alleinstellungsmerkmal bietet, überlässt dem Kunden zu 100 Prozent die Bewertung und Auswahl des passenden Produktes. Das führt zu Rabattschlachten und frustrierten Kunden. Warum, glaubst Du, sind Vergleichsportale und Produkttests so beliebt? Weil sie dem überforderten Kunden dabei helfen, eine Kaufentscheidung zu treffen. Das Produktangebot ist in machen Branchen heute mittlerweile so groß, dass nicht einmal Experten den Markt und das komplette Angebot kennen. Fragen Sie einmal einen Optiker, wie viele verschiedene Brillenfassungen es gibt. Oder einen Zeitungshändler nach der Anzahl von Fernsehzeitschriften. Sie werden Dir keine Antwort geben können. Deine Kunden brauchen Unterscheidungsmerkmale, damit sie eine Kaufentscheidung treffen können. Also gib ihnen welche. Denn keiner kennt Dein Produkt oder Deine Dienstleistung so gut wie Du selbst. Wenn Du kein Alleinstellungsmerkmal benennst, suchen die Kunden selbst oder andere Anbieter diese Kriterien aus. Und das ist häufig ein Nachteil für Dich.
Alleinstellungsmerkmale spielen nicht nur direkt beim Treffen der Kaufentscheidung eine wichtige Rolle. Sie binden Deine Kunden dauerhaft an Dein Angebot. Märkte ändern sich. Neue Produkte bieten Deinen Kunden echte Alternativen. Es gibt immer wieder äußere Einflüsse, die sich für Dich ungünstig auswirken. Das kannst Du nicht verhindern. Mit einem einzigartigen Angebot bist Du aber besser auf solche Veränderungen vorbereitet! Stell Dir zum Beispiel vor, Du hast ein Geschäft in einer Fußgängerzone. Nun wird direkt vor Deiner Ladentür eine Dauerbaustelle eingerichtet. Der Super-GAU! Viele Händler haben in solchen Situationen Umsatzeinbrüche von 50 bis 90 Prozent. Gegen die Baustelle kannst Du nichts machen.

Wenn Du ein austauschbares Angebot hast, wird auch bei Dir der Umsatz einbrechen. Die Kunden kaufen trotz Baustelle – nur eben woanders. Da es für den Kunden für jedes Angebot zahlreiche Alternativen gibt, gehen die Kunden woanders hin. Geld wird trotzdem ausgegeben, nur eben nicht bei den Geschäften, die an der Baustelle liegen. Das eigentliche Problem ist aber nicht die Baustelle, sondern die Austauschbarkeit der Angebote. Durch eine Baustelle wird diese Austauschbarkeit nur deutlich spürbar. Das Gleiche wie bei der Baustelle passiert, wenn ein Geschäft der Konkurrenz in unmittelbarer Nähe des eigenen Ladens eröffnet. Aber nur, wenn Dein Angebot austauschbar ist. Wenn Du es in guten Zeiten (ohne Baustelle und Konkurrenz nebenan) nicht geschafft hast, Deinen Kunden einen exklusiven Vorteil zu verschaffen, dann trifft Dich die veränderte Situation hart. Hast Du treue Kunden, für die Du das perfekte Angebot bietest, werden Dir deutlich mehr Kunden trotz Baustelle die Treue halten.

Sorge also rechtzeitig dafür, dass Dein Angebot einzigartig ist. Sorge dafür, dass Kunden sich bewusst für Dein Angebot entscheiden. Biete Deinen Kunden die Entscheidungsmerkmale an, in denen Dein Produkt das Beste ist. Und Du wirst in jeder Situation immer ausreichend Kunden haben.

Dieses Kapitel gibt Dir einen Überblick darüber, wie Du

- » das perfekte Angebot für Deine Wunschkunden entwickelst,
- » Dein perfektes Angebot testest und
- » Empfehlungen begeisterter Kunden erhältst.

Das Modell auf der ersten Seite dieses Kapitels und die folgenden Seiten geben Dir einen kurzen Überblick darüber, welche Eigenschaften ein perfektes Angebot hat und wie es auf Deine Wunschkunden wirkt. Dieses Modell hat sich in mehr als 100 Projekten bewährt. Es basiert auf Erfahrungen aus der Praxis. JEDER Selbständige und Unternehmer kann mit diesem Modell seine Wunschkunden gewinnen - ganz automatisch. Auch Du. Dafür brauchst Du genau zwei Dinge:

1. ***Den Mut, zu starten und***
2. ***ein Modell, das funktioniert.***

Auf www.wunschkundenbusiness.de findest Du einen solchen Partner und darüber hinaus viele Inspirationen, Hilfestellungen und Erfolgsbeispiele von Businessfans.

Wenn Du nicht weißt, wie perfekt Dein aktuelles Angebot ist und oder wo Du starten sollst, dann mach den Test am Ende dieses Abschnitts.
In spätestens fünf Minuten weißt Du, was Dich aktuell daran hindert, mit dem perfekten Angebot automatisch Kunden zu gewinnen.
Dieses Buch hilft Dir nur, wenn Du die Dinge, die hier dargestellt sind, auch tatsächlich umsetzt. Lesen allein bringt Dich keinen Schritt weiter. Du musst handeln. Keiner - außer Dir - kann Dein Angebot perfektionieren. Wie schnell Du selbst das perfekte Angebot entwickeln kannst, ist schwer zu sagen. Die Erfahrung aus der Praxis zeigt, dass dieser Prozess acht Wochen bis sechs Monate dauern kann. Je genauer Du Deine Wunschkunden kennst, desto schneller geht es. Aber ein weiterer Faktor ist viel entscheidender - das haben wir in zahlreichen Projekten gelernt. Wenn Du Hilfe hast, wirst Du deutlich schneller zu einem besseren Ergebnis gelangen. Der Blick von außen, ein unabhängiges Urteil oder ein Tipp von einem BusinessFan ist bei diesem Prozess die größte Hilfe. Such Dir einen erfahrenen Unternehmer, der Dich bei der Entwicklung des perfekten Angebotes für Deine Wunschkunden unterstützt oder lass Dir von einem Experten helfen, der solche Prozesse schon viele Male erfolgreich begleitet hat.

Das perfekte Angebot entwickeln

Um Deine Wunschkunden zu gewinnen und Austauschbarkeit zu vermeiden, brauchst Du „das perfekte Angebot". Das perfekte Angebot ist wie ein Geschenk, dass Deine Wunschkunden begeistert. Ausschließlich Deine Wunschkunden! Du wirst oft hören, dass ein Angebot „anders" sein muss, um aus der Masse herauszustechen. Das ist richtig. Aber willst Du aus der Masse herausstechen oder Deine Wunschkunden gewinnen? Mit einem Angebot, das „anders" ist, schaffst Du das erste. Um beides zu erreichen, brauchst Du ein „leckeres" Angebot. Denn „lecker" ist für jeden etwas anderes. Stell Dir vor, Du sitzt in einem Restaurant. Der Kellner bringt Dir ohne zu fragen das Angebot des Tages - eben das, was gerade da ist. Du beschwerst Dich und bestellst etwas „anderes". Sicher, dass das besser für Dich ist? Bestellst Du dagegen etwas „Leckeres", wird der Koch Dich fragen müssen, was genau das für Dich ist. Und dann bekommst Du etwas, das Du magst.

Wenn Du also Deine Wunschkunden anziehen willst, dann biete ihnen etwas „Leckeres". Einfach das anzubieten, was da ist, oder etwas „anders" zu machen hilft nicht weiter. Du musst herausfinden, was für Deine Wunschkunden „lecker" ist und dann genau das anbieten. Das perfekte Angebot für Deine Wunschkunden eben.

Das ist gar nicht so schwer wie es klingt. Das perfekte Angebot muss vier Kriterien erfüllen:

1. Das perfekte Angebot ist auf eine kleine Zielgruppe ausgerichtet

Es gibt kein Angebot, das für alle Kunden dieser Welt perfekt ist. Das ist genau das gleiche wie mit einem Geschenk. Stell Dir vor, Du bist zu einer Geburtstagsparty eingeladen. Der einfache Weg ist, den üblichen Blumenstrauß oder die Flasche Wein zu schenken.

Der Beschenkte wird sich freuen. Aber er wird sich vermutlich nicht lange an Dein Geschenk erinnern. Denn Dein Geschenk ist eines von vielen. Oder Du schenkst etwas, das begeistert. Dafür musst Du zuerst herausfinden, was das Geburtstagskind mag. Das macht mehr Arbeit, wird aber deutlich mehr Freude erzeugen. Ein solches Geschenk begeistert nie alle Personen. Das muss es auch nicht. Aber für das Geburtstagskind ist es das Highlight der Party.

Genau das gleiche gilt für Deine Wunschkunden. Je genauer Du diese kennst und je kleiner die Gruppe ist, desto einfacher ist es, das perfekte Angebot zu finden. Für einen einzigen Kunden ist es trivial. Mit einem Kunden kann aber kein Unternehmen überleben. Wähle daher eine kleine Zielgruppe mit genau den Kunden, die Du haben willst. Und wähle diese Zielgruppe so klein wie möglich. Dann hast Du ausreichend Kunden und kannst trotzdem das perfekte Angebot entwickeln.

In Abschnitt 2 wird beschrieben, wie Du Deine Wunschkunden findest

2. Das perfekte Angebot löst ein wichtiges Problem Deiner Wunschkunden.

Wenn Du ein dringendes Problem lösen kannst, nehmen Kunden auch Umwege in Kauf. Stell Dir zum Beispiel vor, Du hast ein lebensbedrohliches Herzleiden und der beste Arzt auf diesem Gebiet arbeitet in New York. Gehst Du zum Arzt um die Ecke oder fliegst Du über den Atlantik? Wen beauftragst Du, Deine Hochzeitsfotos zu machen? Irgendeinen Gast auf der Feier oder einen Hochzeitsfotografen? Richtig. In beiden Fällen gehst Du zum Spezialisten. Wann immer es darauf ankommt, wählen Kunden die beste Lösung. Nicht die zweitbeste, nicht die drittbeste, nicht die zehntbeste. Oder hast Du schon einmal jemanden getroffen, der beim ersten Date den „zweitbesten Wein" bestellt hat?

Genau so geht es Deinen Wunschkunden. Wenn Du die beste Lösung für ein dringendes Problem anbietest, kommen sie zu Dir. Wenn nicht, bist Du austauschbar und Kunden gehen schon bei kleinen Schwierigkeiten woanders hin. Denke an das Beispiel mit der Baustelle. Dir wäre es völlig egal, ob bei unserem Herzspezialisten eine Baustelle vor der Tür ist, oder? Aber Dein Brot würdest Du nur „auf der Baustelle" kaufen, wenn Du diese Sorte liebst und sie nirgendwo anders bekommen kannst. Die Lösung eines wichtigen Problems macht jedes Angebot wertvoll und wenn Du ein Problem besser lösen kannst als alle anderen, hast Du ein einzigartiges Angebot - und treue Kunden. Wenn die Lösung darüber hinaus noch genau zu den Problemen Deiner Wunschkunden passt, dann ziehst Du Deine Wunschkunden magisch an. Wenn Du weißt, wer Deine Wunschkunden sind, dann finde heraus, welche Schwierigkeiten sie haben. Was hindert Deine Wunschkunden daran, ihre Ziele zu erreichen und sich ihre Wünsche zu erfüllen? Definiere möglichst genau, was das Problem ist. Und dann biete eine Lösung dafür an.

Wie Du das Hauptproblem Deiner Wunschkunden findest, steht in Abschnitt 3.

3. Das perfekte Angebot hat Begeisterungsfaktoren, die im Kopf hängen bleiben.

Begeisterungsfaktoren lenken die Wahrnehmung des Kunden auf einen bestimmten Punkt Deines Angebotes. Hast Du einem Freund schon einmal ein Restaurant empfohlen? Wahrscheinlich hast Du ihm dabei nicht jedes Detail des Restaurants beschrieben, sondern eine ganz bestimmte Sache, zum Beispiel das tolle Ambiente oder das eine leckere Gericht, dass Du so zuvor noch nie gegessen hast.

Jeder, der von einem Angebot begeistert ist, wird es weiter empfehlen. Aber eben nicht jedes Detail, sondern das für ihn Wesentliche. Für Dich als Unternehmer ist das toll. Denn Empfehlungen sind das beste Mittel, um neue Kunden zu gewinnen. Auf der anderen Seite hast Du bei einer Empfehlung keinen direkten Einfluss darauf, worüber gesprochen wird, welches Detail Deines Angebotes genau „empfohlen" wird. Bei klassischer Werbung ist das einfacher. Hier sagst Du Deinen potentiellen Kunden direkt, welche Vorzüge Dein Angebot hat. Doch leider ist dieser direkte Weg selten so effektiv wie eine Empfehlung. Auch wenn Kunden irgendein Merkmal Deines Angebotes zufällig empfehlen, erreichst Du nicht die maximale Wirkung.

Genau aus diesem Grund sind Begeisterungsfaktoren unverzichtbar für ein perfektes Angebot. Sie sorgen dafür, dass begeisterte Kunden genau das weitersagen, was Du willst. Durch geschickt eingesetzte Begeisterungsfaktoren kannst Du beeinflussen, was Kunden über Dich und Dein Angebot berichten. Wie das funktioniert? Durch Geschichten, Symbole und Anker. Woran denkst Du, wenn Du „Paris" hörst? Die meisten denken an den Eiffelturm. Paris ist viel mehr, als der Eiffelturm. Aber jeder denkt an seine eigene Geschichte zum Eiffelturm, wenn er „Paris" hört. Keine Werbung dieser Welt kann all diese Geschichten erzählen. Aber das Schlüsselwort „Paris" und der damit verbundene „Eiffelturm" lassen die Bilder im Kopf lebendig werden. Genau auf diese Art funktionieren Begeisterungsfaktoren. Und Du ahnst es sicher schon: Am besten funktionieren Begeisterungsfaktoren, wenn sie für eine kleine Zielgruppe maßgeschneidert sind. Wenn sie genau zu Deinen Wunschkunden passen.

Wie Du wirkungsvolle Begeisterungsfaktoren entwickelst, steht in Abschnitt 4.

4. Das perfekte Angebot muss als Produkt verpackt werden

Das perfekte Angebot muss gekauft werden (können). Dazu sind zwei Dinge Voraussetzung: Zum einen musst Du Dein perfektes Angebot als Produkt verpacken. Zum anderen musst Du den passenden Preis definieren und das richtige Zahlungsmodell wählen.
Was auch immer Dein perfektes Angebot ist – wenn Du daraus kein Produkt machst, kann man es nicht kaufen. Bei anfassbaren Dingen ist das sofort einleuchtend. Ein Handy kann man nur verkaufen, wenn man es vorher produzieren lässt. Und dazu muss man genau definieren, welche Teile verbaut werden und welche Software das Gerät erhält. Weniger einleuchtend ist das Erarbeiten eines Produktes für Dienst- und Serviceleistungen – aber genauso wichtig. „Beratung" kann man nicht kaufen, eine Stunde mit dem Berater oder einen Workshop schon. Überlege also, wie Du aus Deinem perfekten Angebot ein Produkt machst. Wenn Du Dein Produkt in einer Schachtel verschicken müsstest – was wäre drin? Wie viele Einzelteile? Wie sieht ein kleines Produkt bei Dir aus, wie ein großes? Ohne die Definition von Produkten kannst Du keine Kunden gewinnen.
Hast Du ein Produkt definiert, musst Du Preis und Zahlungsmodell festlegen. Das klingt banal, ist aber häufig ein zentrales Problem. Die branchenüblichen Preise einfach zu kopieren, kann zum Erfolg führen, ist aber keine Garantie. Überlege lieber, welchen Wert Deine Kunden in Deinem perfekten Angebot sehen und welches Zahlungsmodell es Deinen Kunden leicht macht zu kaufen. Das falsche Preismodell kann nämlich verhindern, dass Kunden kaufen, auch wenn das Produkt genau den Bedarf trifft. Das ist Dir mit Sicherheit auch schon passiert. Hattest Du schon einmal einen wichtigen Termin und alle Parkplätze waren belegt? Wenn Du in einer solchen Situation doch noch einen freien Parkplatz findest, ist das ein perfektes Angebot. Du bezahlst gern die Parkgebühr, denn der Gegenwert (pünktlich zum Termin kommen) ist mehr wert als der Preis fürs Parken. Was ist aber, wenn der Parkautomat nur Kleingeld annimmt und Du genau das nicht dabei hast? Das Zahlungsmodell „Zahlung sofort durch Kleingeld" macht es Dir unmöglich, das Produkt „Parkplatz" zu bezahlen. Und Du kannst es nicht kaufen, obwohl Du es unbedingt haben willst.
Vergleichbare Beispiele gibt es in nahezu allen Branchen. Entweder wird eine tolle Leistung nicht als Produkt „verpackt" oder das Preismodell verhindert, dass man es kauft. Die Folge ist immer, dass überzeugte Interessenten keine Kunden werden.

Notizen

Auf zum perfekten Angebot!

Das perfekte Angebot zu entwickeln ist reine Fleißarbeit. Du musst es einfach nur machen. Wie gesagt - lesen alleine reicht nicht. Nur das TUN bringt Dich einen entscheidenden Schritt weiter. Also nimm Dir ein leeres Blatt und schreibe die vier Elemente Deines perfekten Angebotes auf. Teste danach mit den Fragen am Ende dieses Abschnitts, ob Dein Angebot tatsächlich perfekt ist. Es gibt keine Ausreden, um diesem Schritt zu überspringen. Es kostet kein Geld. Es verschreckt keine bestehenden Kunden. Es gibt kein Falsch oder Richtig, denn dieser erste Schritt passiert nur in Deinem Kopf, ist reine Theorie. Du kannst all das für Dich behalten, wenn Du nicht zu 100 Prozent sicher bist. Du kannst auch alles wieder verwerfen und von vorn beginnen oder viele Varianten ausprobieren. Aber wenn Du nicht beginnst, wirst Du nie das perfekte Angebot entwickeln. Also leg los! Jetzt! Bring Deine Ideen zu Papier, anstatt sie in der Schublade versauern zu lassen. Du hast nichts zu verlieren, kannst aber sehr viel gewinnen. Hast Du das geschafft, dann fehlt Dir nur noch eines: Der Beweis, dass es tatsächlich perfekt ist. Bevor Du das perfekte Angebot daher „offiziell" anbietest und in die Umsetzung Geld und Zeit investierst, solltest Du es testen, und sicherstellen, dass Du ganze Arbeit geleistet hast.

Das perfekte Angebot testen

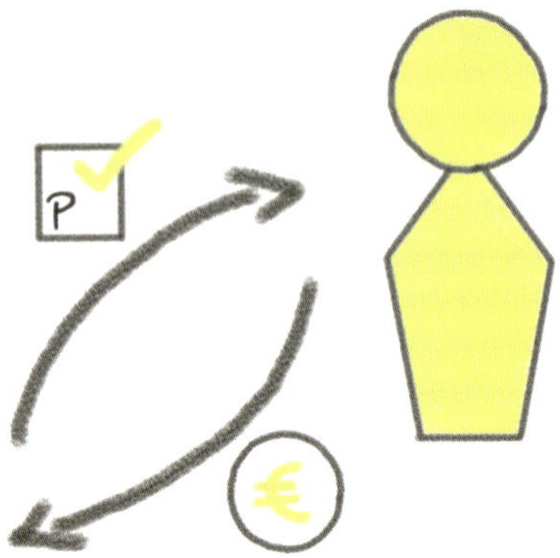

Kunden entscheiden, was perfekt ist.
Niemand sonst. Nicht Du. Keine unabhängige Jury. Dein Angebot ist perfekt, wenn Deine Wunschkunden es kaufen. Sonst nicht. Also mach einen Akzeptanztest, um herauszufinden, ob Dein perfektes Angebot von Deinen Wunschkunden tatsächlich gekauft wird. Richtig! Du sollst Dein Angebot verkaufen! Auch wenn Du es noch nicht bis ins letzte Detail fertig gestellt hast. Erstelle einen Flyer, halte einen Vortrag, zeige einen Prototypen. Suche nach der einfachsten Variante, um Dein perfektes Angebot ausgewählten Wunschkunden anzubieten. Frage wenige ausgewählte Wunschkunden direkt, ob sie kaufen. Frage nicht: „Würden Sie kaufen, wenn ...?"
Verkaufe Dein Angebot, auch wenn es vorerst nur ein Prototyp ist. Es gibt zwei mögliche Reaktionen darauf: Entweder finden die ausgewählten Wunschkunden Ausreden, um nicht zu kaufen oder sie kaufen tatsächlich. Genau dieses Feedback brauchst Du, um herauszufinden, ob Du das perfekte Angebot entwickelt hast. Ausreden der Kunden wie „Später.", „Eventuell." usw. heißen nichts anderes als „Dein Angebot passt aktuell nicht zu meinem Bedarf." Deine Wunschkunden finden nicht Dich persönlich schlecht, sondern ausschließlich Dein Angebot. Hole Dir konkretes Feedback, verbessere Dein perfektes Angebot und biete es erneut zum Kauf an. Denn, wenn Deine Wunschkunden nicht kaufen, ist Dein Angebot noch nicht perfekt.
Wenn Deine Wunschkunden jedoch kaufen, hast Du drei Volltreffer gelandet. Du hast die Sicherheit, dass Dein Angebot genau den Bedarf Deiner Wunschkunden trifft. Du hast den ersten Umsatz! Und Du hast begeisterte Kunden! Also hol Dir die Gewissheit, bevor Du Dein Angebot perfektionierst und dabei viel Zeit und Geld investierst.

Im 2. Kapitel findest Du zahlreiche Bespiele für Akzeptanztests und eine Methodik, die für Dein perfektes Angebot funktioniert.

Wenn Du Deine ersten beiden Wunschkunden gewonnen hast, darfst Du Dein Konzept als Erfolg verbuchen. Mach einen Haken bei „Akzeptanztest". Nach einem erfolgreichen Akzeptanztest hat sich Deine Arbeit das erste Mal ausgezahlt. Du hast Wunschkunden gewonnen und Umsatz erzielt.

Empfehlungen begeisterter Kunden

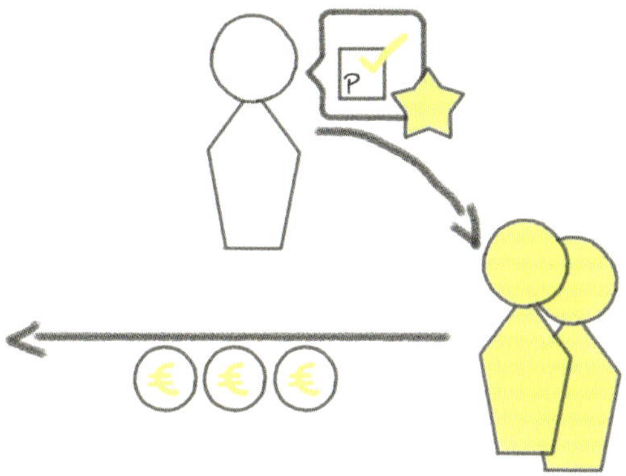

Haben die ersten ausgewählten Wunschkunden Dein perfektes Angebot gekauft, werden sie Dein Angebot mit hoher Wahrscheinlichkeit weiterempfehlen, und zwar genau an Menschen, die so „ticken" wie sie selbst. Die Empfehlungen kommen also genau bei Deiner Zielgruppe an. Dabei gibt es nur Problem. Du kannst nicht mehr direkt beeinflussen und steuern, was Deine Wunschkunden über Dein Angebot erzählen, wie sie es weiterempfehlen. Denn Du sprichst Deine Zielgruppe ja nicht direkt an, sondern Deine Wunschkunden empfehlen Dein perfektes Angebot. Genau dafür hast Du Begeisterungsfaktoren entwickelt. Diese wirken jetzt - Deine begeisterten Kunden werden nun die Geschichten und Bilder weiter tragen, die Du vorgegeben hast. Geschichten und Symbole funktionieren schon seit Beginn der Menschheit. Denke z.B. an die Kirche, die Bibel, das Kreuz. Oder denke an die vielen Geschichten und Logos erfolgreicher Firmen. Denke an Sagen, Mythen und Gerüchte. Das alles verbreitet sich ganz von allein.

Der Akzeptanztest hat Dir gezeigt, dass Du das perfekte Angebot entwickelt hast. Er hat den Beweis dafür geliefert, dass Du eine Lösung für ein wichtiges Problem Deiner Wunschkunden anbietest. Dass Du Kunden begeisterst. Und das Dein Preismodell funktioniert. Aber Du hast noch keinen Beweis dafür, dass Deine Geschichten und Symbole Empfehlungen erzeugen, die Dir neue Wunschkunden bringen. Und genau das ist jetzt Deine Aufgabe. Verfolge, welche Geschichten funktionieren, welche Symbole hängen bleiben, welche Faktoren die meisten Empfehlungen erzeugen. Und optimiere auf Basis dieser Erfahrungen Deine Begeisterungsfaktoren. Wenn Du das machst, wirst Du mehr und mehr Kunden „automatisch" - also durch Empfehlungen und ohne direkte Akquise - gewinnen. Wenn Du diesen Schritt auslässt, gewinnst Du auch weiterhin Deine Wunschkunden. Aber eben nur durch direkte Ansprache und nicht automatisch.

Test: Wie perfekt ist mein Angebot?

Um zu prüfen, wie perfekt Dein Angebot aktuell ist, gibt es einen einfachen Test. Beantworte die folgenden Fragen. Und finde in wenigen Minuten heraus, wie Du Dein aktuelles Angebot verbessern kannst.

Außerdem zeigt Dir der Test, wo Du beginnen solltest, bei welchem der vier Merkmale eines perfekten Angebots Du ansetzen solltest. Er zeigt Dir, welcher Abschnitt dieses Kapitels Dir am schnellsten weiterhilft. Drucke die folgende Grafik aus oder lade Dir das Arbeitsblatt auf www.wunschkundenbusiness.de kostenlos herunter. Mach in der folgenden Grafik einen „Haken" an alle Schritte, die Du erledigt hast. So hast Du jederzeit einen guten Überblick, was Dir noch fehlt, um in Zukunft automatisch Deine Wunschkunden zu gewinnen.

Erklimme den Berg zum perfekten Angebot und gewinne erste begeisterte Wunschkunden.

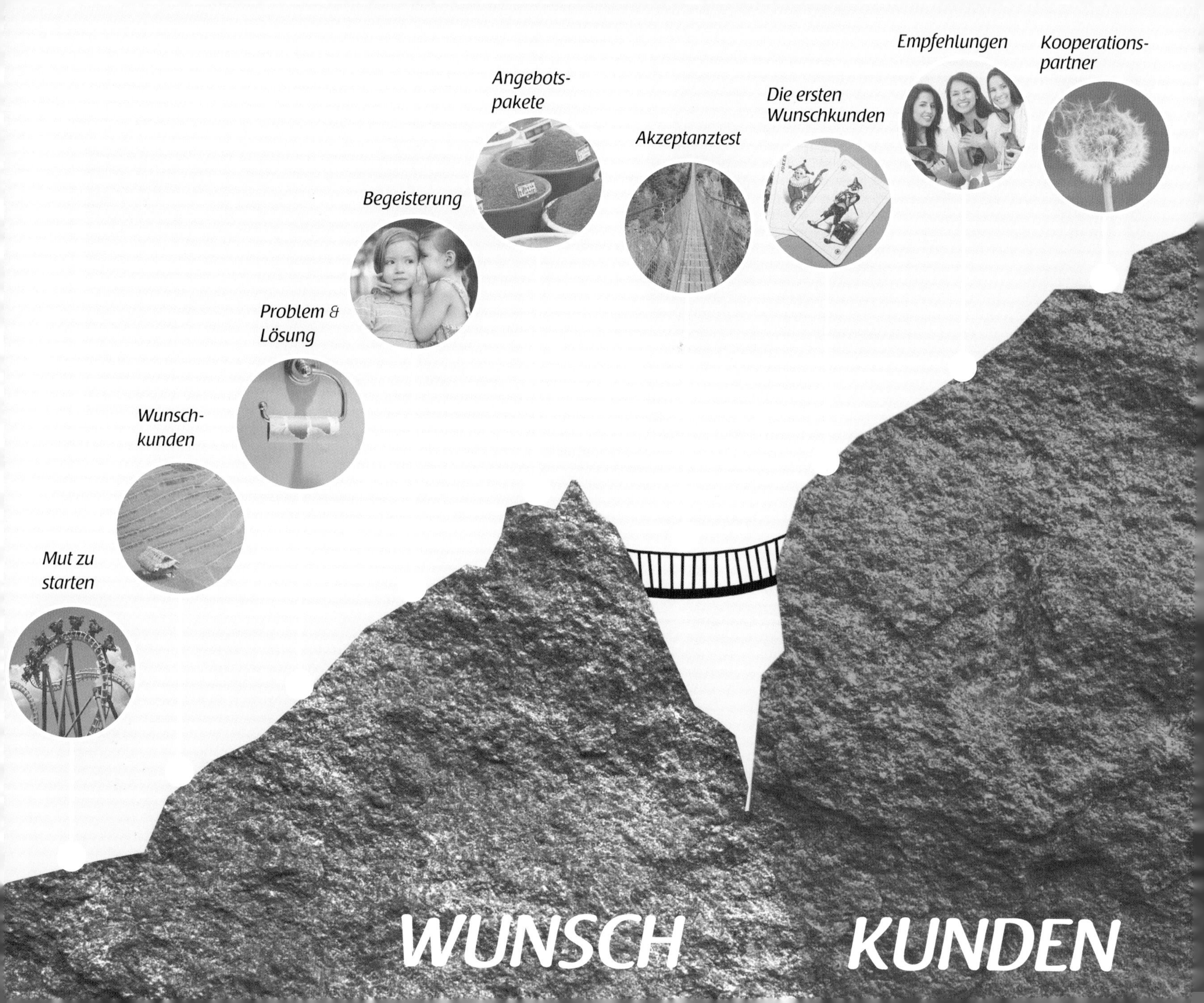
Mut zu starten
Wunsch-kunden
Problem & Lösung
Begeisterung
Angebots-pakete
Akzeptanztest
Die ersten Wunschkunden
Empfehlungen
Kooperations-partner
WUNSCH KUNDEN

0 *Mut zu starten: Hast Du den ersten Schritt gemacht?*

Jede noch so lange Reise beginnt mit dem ersten Schritt. Wenn Du das perfekte Angebot entwickeln willst, musst Du den ersten Schritt machen. Es reicht nicht, Dir vorzunehmen, es zu tun. Du musst aktiv werden.

NEIN! Für die erste Frage gibt es nur die Ja!-Antwort. Denn Du bist ja schon auf dem Weg.

JA! Du hältst dieses Buch in den Händen. Du machst diesen Test. Damit bist Du viel weiter als viele andere. Mache den nächsten Schritt.

1 *Wunschkunden: Würdest Du einen Wunschkunden erkennen, wenn er vor Dir steht?*

Wenn Du Deine Wunschkunden genau definiert hast, dann kennst Du klare Erkennungsmerkmale. Du weißt auch, wo und wann Du sie mit hoher Wahrscheinlichkeit triffst.

NEIN! Arbeite als erstes an der Beschreibung Deiner Zielgruppe. In Abschnitt 1.2: Wunschkunden und Zielgruppe findest Du eine Methodik, die Dir dabei hilft. Häufig fehlt bei Zielgruppenbeschreibungen die emotionale Gemeinsamkeit der Wunschkunden oder es gibt keinen real existierenden Muster-Wunschkunden.

JA! Perfekt. Deine Zielgruppendefinition ist ausgereift. Beantworte die nächste Frage.

2 *Problem und Lösung: Würde es Proteste geben, wenn man Dein Angebot ab morgen nicht mehr kaufen könnte?*

Wenn Du ein wichtiges Problem Deiner Wunschkunden besser als andere löst, ist Dein Angebot unverzichtbar. Wenn nicht, dann suchen sich Kunden einen anderen Problemlöser.

NEIN! Arbeite als erstes an der Lösung des Hauptproblems Deiner Wunschkunden. In Abschnitt 1.3: Problem und Lösung erfährst Du, wie Du das Hauptproblem findest und wie Du eine bessere Lösung erarbeitest als alle anderen. Häufig konzentrieren Unternehmen sich auf Symptome und nicht auf das ursächliche Problem. Finde also heraus, wo genau Deinen Kunden der Schuh drückt.

JA! Perfekt. Dein Angebot ist für Deine Wunschkunden unverzichtbar. Beantworte die nächste Frage.

3 *Begeisterungsfaktoren: Kannst Du systematisch Kaufwünsche bei Deinen Wunschkunden wecken?*

Du brauchst Begeisterungsfaktoren, um in wenigen Sekunden ein gutes Bauchgefühl bei Deinen Wunschkunden zu wecken. Dazu musst Du beschreiben, was die „geheime Zutat" Deines Angebots ist.

NEIN! Erarbeite Begeisterungsfaktoren. In Abschnitt 1.4: Begeisterungsfaktoren findest Du eine Systematik, die Dir bei der Entwicklung von Begeisterungsfaktoren hilft. Mach Dich an die Arbeit, begeistere Deine Wunschkunden und wecke systematisch Kaufwünsche.

JA! Perfekt. Du wirst planbar begeisterte Kunden gewinnen. Beantworte die nächste Frage.

4 Kaufoptionen: Hast Du ein gutes Gefühl dabei, Deine Leistungen an Freunde oder Bekannte zu verkaufen?

Wenn Du von Deinen Produkten überzeugt bist, zu Deinem Preis stehst und das passende Zahlungsmodell gefunden hast, gewinnst Du Wunschkunden.

NEIN! Definiere Produkte auf Basis Deines perfekten Angebotes und mach es Deinen Kunden einfach zu kaufen . In Abschnitt 1.5: Kaufoptionen erkläre ich Dir, wie Du Produkte definierst. Außerdem findest Du über 20 verschiedene Preismodelle, die Du beliebig kombinieren kannst. Wenn Du überzeugt bist, bist Du überzeugend.

JA! Du hast das perfekte Angebot für Deine Wunschkunden definiert. Beantworte die nächste Frage.

5 Akzeptanztest: Haben mindestens zwei Deiner Wunschkunden Dein Kernprodukt gekauft?

Ein perfektes Angebot nutzt Dir nichts, wenn Deine Kunden es nicht kennen. Biete es Deinen Kunden zum Kauf an. Aber frage nicht „Würden Sie kaufen, wenn …", sondern mache ein konkretes Kaufangebot. Dadurch erfährst Du sofort, ob Dein Angebot so perfekt ist, wie Du glaubst.

NEIN! Ausreden der Kunden heißen nichts anderes als: „Dein Angebot passt aktuell nicht zu meinem Bedarf." In Kapitel 2.2. Das perfekte Angebot testen steht, wie Du Deinen Akzeptanztest optimierst. Hole Dir konkretes Feedback, verbessere Dein perfektes Angebot und biete es erneut zum Kauf an.

JA! Du hast bewiesen, dass Dein Angebot für Deine Wunschkunden perfekt ist. Geh feiern! Und dann beantworte die nächste Frage.

6 Empfehlungen: Hast Du mindestens zwei Wunschkunden durch Empfehlungen gewonnen?

An Deinen ersten Wunschkunden wirst Du Dich noch lange erinnern und doch reicht das nicht, um ein Business erfolgreich aufzubauen. Dafür brauchst Du mehr Fans. Mehr begeisterte Kunden, die Dein Angebot weiterempfehlen.

NEIN! Schau Dir im Kapitel 2.3. Empfehlungen von Fan-Kunden an, wie Du mehr Empfehlungen erzeugst. Nutze Symbole, entwickle Geschichten und setze Anker, um im Gedächtnis Deiner Wunschkunden zu bleiben.

JA! Herzlichen Glückwunsch – Du gewinnst Deine ersten Wunschkunden automatisch. Beantworte die nächste Frage.

7 Kooperationspartner: Hast Du einen Verbündeten, der Dein Angebot ohne Provision empfiehlt oder verkauft?

Um die Mehrheit Deiner Kunden automatisch, also durch Empfehlungen, zu gewinnen, brauchst Du einen Verbündeten. Gewinne einen Kooperationspartner, dem Deine Kunden vertrauen.

NEIN! Dann mach Dich auf die Suche nach dem perfekten Kooperationspartner. Im Kapitel 2.5. Kooperationspartner begeistern erkläre ich Dir, wie Du Kooperationspartner für Dich gewinnst und wie Du eine wertvolle Gegenleistung für Empfehlungen Deines Verbündeten entwickelst.

JA! Du hast es geschafft und bist am Ziel. Herzlichen Glückwunsch – Du gewinnst automatisch Wunschkunden.

1.2 Wunschkunden und Zielgruppe

Kleine Unternehmen brauchen selten mehr als 100 Kunden im Jahr. Die Zielgruppe umfasst aber meist mehr als 1000 Kunden. Was passiert, wenn die potentiellen Kunden morgen ALLE vor Deiner Tür stehen? Dein Unternehmen geht pleite. Konzentriere Dich lieber auf eine kleine Zielgruppe.Denn das beste daran Unternehmer zu sein ist, dass Du Dir Deine Kunden aussuchen kannst.

Kleine und große Zielgruppen

Wie groß ist Deine Zielgruppe? Wie viele Personen umfasst sie? Wer kann Deine aktuelle Leistung potentiell nutzen? Schätze einfach, wenn Du es nicht genau weißt. Dann nimm Dir ein Blatt Papier und schreibe diese Zahl auf. Ich schreibe als Beispiel „5.000". Schreib Du jetzt ebenfalls die Größe Deiner Zielgruppe auf. Jetzt überlege bitte, wie viele potentielle Kunden Du in den letzten sechs Monaten tatsächlich angesprochen, beworben, kontaktiert hast. Denke dabei an alle Werbemaßnahmen, die Du durchgeführt hast und auch an Internet-Plattformen, soziale Netzwerke und persönliche Gespräche. Zähle nur Personen, die Du „qualifiziert" erreicht hast, also mit denen Du ausführlicher in Kontakt warst, und denen Du Dein Angebot erklärt hast. Einmal eine Mail schicken zählt hier nicht. Schreibe diese Zahl neben die andere auf das Blatt Papier. Meiner Erfahrung nach sind das bei den meisten kleinen Unternehmen und Selbständigen selten mehr als 500. Oft sogar deutlich weniger.

Ich nehme der Einfachheit halber einmal an, es waren genau 500 potentielle Kunden. Schreibe bitte Deine eigene Zahl auf. Auf Deinem Blatt stehen jetzt zwei Zahlen, auf meinem steht:

5.000	***500***
(Zielgruppengröße)	(erreichte Kunden)

Hast Du alle Personen Deiner Zielgruppe innerhalb des letzten Halbjahres erreicht? Das ist nur sehr selten der Fall. Die meisten Unternehmen schaffen es nicht, die komplette Zielgruppe innerhalb von sechs Monaten zu erreichen. Wieso haben Sie dann so eine große Zielgruppe? Gibt es dafür einen Grund? Wie willst Du je alle Personen in Deiner Zielgruppe erreichen? Die Schlussfolgerung heißt fast immer.

Die meisten kleinen Unternehmen haben viel zu große Zielgruppen

Als nächstes überleg bitte, wie viele Kunden Du in sechs Monaten maximal bedienen könntest. Im allerbesten Fall, wenn Du die besten sechs Monate Deines Lebens hättest. Schreibe diese Zahl auch auf das Blatt Papier. Jetzt. Fast immer ist diese Zahl deutlich kleiner als die Zahl der potentiellen Kunden, die Du angesprochen hast. Nehmen wir hier einfach einmal die Zahl 50. 50 Kunden, die Du in sechs Monaten bedienen könntest. Und wir brauchen noch eine weitere Zahl. Überlege, wie viele Kunden Du in den letzten sechs Monaten tatsächlich gewonnen hast. Hier zählst Du einfach alle Neu- und Bestandskunden, die im letzten Halbjahr etwas bei Dir gekauft haben. Alle Kunden der letzten sechs Monate. Idealerweise sind die dritte und vierte Zahl identisch. Das ist aber sehr selten der Fall. Viel wahrscheinlicher ist es, dass Du nur halb so viel Kunden gewonnen hast, wie Du maximal hättest bedienen können. Oder noch weniger. Ich schreibe die Zahl 25 auf. Auf Deinem Blatt stehen jetzt 4 Zahlen, auf meinem steht:

5.000	**500**	**50**	**25**
(Zielgruppen-größe)	(erreichte Kunden)	(Kapazität)	(Kunden)

Schau Dir die Zahlen einmal genau an. Was fällt Dir auf?

» Du hast weniger Kunden gewonnen, als Deine maximale Kapazität Dir ermöglicht.
» Du hast viel mehr Kunden angesprochen, als Du überhaupt bedienen könntest.
» Du hast nicht einmal annähernd Deine gesamte Zielgruppe erreicht.
» Und ganz wichtig: Selbst wenn Du jedes Halbjahr eine maximale Auslastung hättest, könntest Du in Deinem ganzen Leben nie alle Personen der Zielgruppe als Kunden haben.

„Aber das ist doch klar! Ich muss doch mehr Kunden ansprechen, weil ja nicht jeder mein Angebot annimmt. Ich muss doch viele potentielle Kunden haben", wirst Du jetzt vielleicht erwidern. Das stimmt. Aber welchen Nutzen hat eine große Zielgruppe, wenn Du die Personen nie erreichst? Du verschwendest damit ausschließlich Deine Zeit und und Dein Geld. Reduziere die Größe Deiner Zielgruppe so, dass Du alle Personen in dieser Zielgruppe innerhalb von maximal zwei Jahren erreichen kannst. Alles andere ist Unsinn.

Jetzt stell Dir einmal vor, Du hast das perfekte Angebot für Deine Zielgruppe und alle potentiellen Kunden, die Du ansprichst, stehen morgen vor Deiner Tür. ALLE! MORGEN! Das gäbe ein riesiges Chaos, nicht wahr? Du wärst völlig überfordert mit der Situation. Deine Kunden wären unzufrieden mit Deiner Leistung. Du würdest reichlich negatives Feedback bekommen. Und ab diesem Zeitpunkt hättest Du große Schwierigkeiten, überhaupt noch Kunden zu gewinnen. Kurz: Du wärst in wenigen Wochen pleite. „Das wird doch nie passieren", denkst Du? – Mit dem perfekten Angebot schon. Dazu möchte ich Dir zwei Beispiele geben. Denke einmal an ein beliebiges Bürohochhaus und dann stell Dir vor, die Menschen in diesem Hochhaus wären Deine Zielgruppe. Gehe dort hinein und nimm ein einziges Geschenk mit. Ein Geschenk, mit dem Du jeden einzelnen Menschen in diesem Bürogebäude begeisterst. Das geht nicht? Du hast recht. Du könntest den obligatorischen Strauß Blumen oder eine Flasche Wein mitnehmen und

Jedes kleine Unternehmen muss seine komplette Zielgruppe innerhalb von maximal 2 Jahren erreichen können. Sonst ist die Zielgruppe zu groß.

Du wirst auch einige Menschen damit begeistern. Bei allen anderen wirst Du ein Lächeln, aber eben keine echte Begeisterung bekommen, weil Du eben nicht genau den Geschmack desjenigen getroffen hast. Genau das ist auch bei Deiner Werbung in den letzten sechs Monaten passiert. Du hast 500 potentielle Kunden angesprochen, aber nur 25 konntest Du begeistern. Weil Dein Angebot eben nicht den Bedarf der anderen 475 Menschen getroffen hat. Nun zum zweiten Beispiel: Stelle Dir die voll gefüllte Fankurve eines beliebigen Fussballvereins der Bundesliga vor. Das sind deutlich mehr als 500 Menschen. Jetzt stell Dir vor, Du bringst als Geschenk das Trikot des Stars der Mannschaft mit, mit einem Original-Autogramm und einer Einladung zum persönlichen Kennenlernen. Wie viele „Kunden" würdest Du mit diesem perfekten Angebot begeistern? Alle! Jeden einzelnen. Jeder echte Fan wäre begeistert und würde Dich lieben. Es würden also alle Kunden, die Du ansprichst, vor Deiner Tür stehen. 100 Prozent Erfolgsquote!

Das klingt jetzt sicher erst einmal utopisch, aber ich kenne viele Unternehmer, die exakt so ein perfektes Angebot haben, die fast jeden in ihrer Zielgruppe begeistern und zum Kunden machen. Wie auch Du ein solches Angebot entwickelst, erfährst Du in diesem Kapitel. Der erste Schritt auf dem Weg dorthin ist die Definition Deiner Zielgruppe. Aber bevor wir damit loslegen, möchte ich noch einmal auf die eben beschriebenen Beispiele zurückkommen. Du hast gesehen, dass man mit einem perfekten Angebot eine deutlich höhere Quote bei der Kundengewinnung erreichen kann als die wenigen Prozent, die Du mit einem Durchschnittsangebot schaffst. Wenn Du das erreichst – was bedeutet das dann für Deine Werbemaßnahmen? Richtig. Du brauchst viel weniger Kunden ansprechen als bisher. Ich wiederhole das noch einmal:

Mit dem perfekten Angebot brauchst Du viel weniger Kunden ansprechen als bisher.

Was bedeutet das noch? Welche Kunden sprichst Du dann an? Wählst Du diese zufällig aus? Natürlich nicht! Wenn Du schon nicht alle Kunden erreichen kannst, dann suchst Du Dir natürlich die aus, die Du am liebsten haben willst. Du sprichst ausschließlich Deine Wunschkunden an. Dazu musst Du genau wissen, wer Deine Wunschkunden sind. Also leg los! Definiere Deine Wunschkunden!

Wunschkunden beschreiben

Hast Du schon eine genaue Vorstellung davon, wer Deine Wunschkunden sind? Wenn ja, dann nimm die Abkürzung. Wenn nicht, dann gehe den ausführlichen Weg und erarbeite eine konkrete Beschreibung Deiner Wunschkunden.

Die Abkürzung nehmen:

Um Deine Wunschkunden zu finden, hat sich folgendes Vorgehen bewährt:

1. Schreibe die Namen von 5-10 Deiner aktuellen Lieblingskunden auf. Wenn Du noch keine Kunden hast, nimm Deine Freunde. Wichtig ist, dass Du ein konkretes Bild der Personen auf dem Zettel hast.
2. Überlege, welche Gemeinsamkeiten alle diese Personen haben. Was verbindet sie? Was macht sie besonders? Sammle diese Eigenschaften.
3. Überlege danach, welche Ziele und Werte diese Personen haben. Was wollen sie erreichen? Welche Visionen haben sie? Hierbei geht es darum, emotionale Gemeinsamkeiten zu finden. Sammle auch diese Merkmale.
4. Bewerte alle gesammelten Eigenschaften nach Wichtigkeit. Wenn Du nur drei dieser Eigenschaften nennen dürftest – welche wären das? Welche drei Eigenschaften beschreiben Deine Wunschkunden am besten?

5. Verallgemeinere die Beschreibung Deiner Wunschkunden. Daraus entsteht eine Definition Deiner Zielgruppe. Beschreibe Deine Zielgruppe in wenigen Sätzen und überprüfe dann regelmäßig, ob diese Definition noch Bestand hat. Ergänze oder verändere Deine Zielgruppenbeschreibung solange, bis sie perfekt ist.
6. Du kannst ganz einfach prüfen, ob Du Deine Zielgruppe wirklich genau definiert hast. Besorge ein Geschenk für Deine Wunschkunden – das gleiche Geschenk für alle. Du brauchst ein Geschenk, das alle Deine Kunden absolut begeistert. Wenn Dir jetzt spontan etwas einfällt, dann ist Deine Zielgruppendefinition perfekt. Wenn nicht, arbeite weiter daran.

Der ausführliche Weg zu Deinen Wunschkunden

Der Weg zur Beschreibung Deiner Zielgruppe führt über Deine Wunschkunden. Es ist viel einfacher, die Zielgruppe zu beschreiben, wenn Du Dir einige Personen Deiner Zielgruppe genau vorstellst. Also überlege zuerst, wer Deine Wunschkunden sind und welche einzigartigen Merkmale sie zu Deinen Wunschkunden machen.
Gehe dazu am besten schrittweise vor. Mache Dir unbedingt Notizen.

1. Eigenschaften: Versuche Deine Wunschkunden zu beschreiben. Wenn Dir eine gute Fee Deine Wunschkunden herzaubern könnte – wie würdest Du Sie beschreiben? Stell Dir vor, Du hast drei Wünsche bei der guten Fee frei. Was würdest Du der Fee sagen, damit sie genau Deine Wunschkunden herbeizaubert?
2. Grundwerte: Sammle Ziele, Motive und Werte Deiner Wunschkunden. Was sind die zentralen Grundwerte Deiner Wunschkunden? Was sind Deine eigenen?
3. Wunschkundenliste: Definiere mindestens fünf konkrete Personen, die Deine Wunschkunden auf ideale Weise verkörpern. Schreibe die Namen auf eine Wunschkundenliste. Notiere die Wünsche, Ziele und Visionen dieser Personen so konkret wie möglich. Jetzt kannst Du auch Eigenschaften (Alter, Geschlecht, etc.) hinzufügen. Überlege, welche Personen aus Deinem Freundes- und Bekanntenkreis oder Deinem Netzwerk die genannten Ziele, Motive und Visionen haben. Stell Dir die Personen so konkret wie möglich vor.

Nach diesen drei Schritten solltest Du eine klare Vorstellung davon haben, wer Deine Wunschkunden sind. Und keine Angst, wenn Du aktuell nicht alles beantworten kannst. Das schafft keiner. Deshalb werde ich in den folgenden Abschnitten noch einmal im Detail beschreiben, wie Du Deine Zielgruppe definierst.

Statistische vs. emotionale Eigenschaften

Jetzt, wo bereits einige Namen auf Deiner Wunschkundenliste stehen, ist es Deine Aufgabe, eine Definition zu finden, die auf alle Deine Wunschkunden zutrifft. Dafür eignet sich am besten ein kleiner Zaubertrick – im wahrsten Sinne des Wortes.

Stell Dir vor, Du begegnest der eben erwähnten guten Fee. Und diese Fee sagt Dir, dass sie Deine Wunschkunden herbeizaubern kann. Egal wer es ist, die Fee zaubert alle herbei. Nur leider kann die Fee sich ganz schlecht Namen merken. Du kannst also nicht einfach Deine Wunschkundenliste weitergeben. Du musst Deine Wunschkunden beschreiben. Und weil die Fee schon ein wenig älter ist, kann sie sich nicht so viele Kriterien merken. Du hast drei Wünsche frei. Mehr geht nicht. Drei Wünsche, mit denen Du Deine Wunschkunden beschreiben kannst. Also mach Dich an die Arbeit. Welche drei Kriterien beschreiben Deine Wunschkunden ganz treffsicher?
Die wenigsten Unternehmer haben sofort diese drei Merkmale parat. Wenn auch Du dazu gehörst, dann erarbeite Dir die drei Kriterien jetzt. Erstelle zuerst eine Tabelle mit zwei Spalten. In die linke Spalte trägst Du alle Eigenschaften ein, die Deine Wunschkunden haben.

Das könnte zum Beispiel so aussehen:

Eigenschaften meiner Wunschkunden	
Frauen	
30 - 40 Jahre alt	
verheiratet, 2 Kinder	
Wunsch sich selbstständig zu machen *usw.*	

Sehr wahrscheinlich werden Dir zuerst allgemeine, beschreibende Eigenschaften einfallen. Ich nenne diese „statistische" Eigenschaften. Eine Kundin von mir hat Ihre Zielgruppe einmal so beschrieben: „Frauen, die sich selbständig machen wollen, im Alter zwischen 30 und 40 Jahren, verheiratet, zwei Kinder." Fällt Dir an dieser Beschreibung etwas auf? Es sind ausnahmslos Eigenschaften ohne emotionalen Wert. Es ist keine Rede davon, welche Werte diese Zielgruppe hat, welche Vorlieben. Nehmen wir an, die gute Fee zaubert 10 Personen mit diesen Eigenschaften herbei. Es ist sehr wahrscheinlich, dass meine Kundin sich mit einigen davon nicht besonders gut verstehen wird. Denn es fehlt ein emotionaler Anker, den alle teilen. Die Fussball-Fans in der Fankurve verbindet die Liebe zum selben Verein. Aber die Mütter aus unserem Beispiel? Einige werden sich gut miteinander verstehen, andere eher nicht. Also vergeude nicht Deine Chancen bei der guten Fee.

Du brauchst statistische Eigenschaften, um Deine Zielgruppe einzugrenzen. Aber suche vor allem nach einer gemeinsamen emotionalen Basis bei Deinen Wunschkunden. Es reicht, wenn Du ein einziges Merkmal findest, welches Deine Wunschkunden emotional verbindet. Deine Wunschkunden brauchen die gleiche Grundhaltung, die gleichen Ziele und Visionen. Denn nur dann findest Du auch das perfekte Angebot, das alle gleichermaßen begeistert.

Eigenschaften meiner Wunschkunden	*Warum ist mir das wichtig?*
Frauen	*Frauen ticken anders, ich mag es mit Frauen zu arbeiten*
30 - 40 Jahre alt	*Ich bin genauso alt, habe als Teenie die gleiche Musik gehört. Es gibt einfach immer ein Gesprächsthema. Man braucht sich nicht zu verstellen*
verheiratet, 2 Kinder	*Ich kenne die Situation nur zu gut: Job und Familie unter einen Hut zu kriegen ist nicht immer leicht. Bei mir stand die Familie immer an erster Stelle. Es war unmöglich, einen Teilzeitjob zu bekommen*
Wunsch sich selbstständig zu machen	*Als ich mich nach der Elternzeit vor 5 Jahren selbstständig gemacht habe, hätte ich mir eine Mentorin gewünscht. Ich kenne die Sorgen und Probleme sehr gut aus eigener Erfahrung.*
usw.	*usw.*

Nimm Dir wieder Deine Tabelle vor und trage in die rechte Spalte ein, warum Dir die Eigenschaft in der linken Spalte wichtig ist. Was genau an dieser Eigenschaft hat Dich veranlasst, diese im ersten Schritt aufzuschreiben? Als ich diese Übung mit meiner Kundin gemacht habe, kamen wir auf nebenstehendes Ergebnis.

Notizen

Nach dieser Übung haben wir die Definition der Zielgruppe überarbeitet.

Aus

„ Frauen im Alter zwischen 30 und 40 Jahren, verheiratet, zwei Kinder, die sich selbständig machen wollen."

ist folgendes geworden:

„Mütter, die sich bisher vorrangig um die Kinder gekümmert haben, jetzt aber wieder arbeiten wollen, weil die Kinder in den Kindergarten gehen. Sie wollen keinen Standard-Job, sondern eine flexible Tätigkeit, die sie von zu Hause aus ausüben können. Denn die Kinder sollen weiterhin an erster Stelle stehen."

Ist Dir der Unterschied dieser beiden Definitionen aufgefallen? Die erste beschreibt die Zielgruppe eigenschaftsorientiert, die zweite ziel- und werteorientiert. Welche gefällt Dir besser? Auf welche werden Deine Wunschkunden stärker reagieren? Bei welcher wird die gute Fee eher Deine Wunschkunden herbei zaubern? Mit großer Sicherheit wird es die ziel- und werteorientierte Definition sein. Und ganz nebenbei ist es viel einfacher, für die Menschen, die die zweite Definition beschreibt, ein Geschenk zu finden.

Wunschkunden-Definition

Ich habe die Darstellung der Vorgehensweise bei der Erstellung einer ziel- und werteorientierten Zielgruppenbeschreibung bewusst vereinfacht. In der Praxis sind die Tabellen natürlich viel länger. Wenn man sich nur 10 Minuten intensiv mit dem Thema beschäftigt, kommt man schnell auf 20 und mehr Eigenschaften (linke Spalte der Tabelle). Und im zweiten Schritt natürlich auf ebenso viele emotionale Kriterien (rechte Spalte der Tabelle). Du kannst nicht alle diese Eigenschaften bei der Beschreibung Deiner Zielgruppe verwenden. Soviel kann sich unsere Fee nicht merken und alle anderen auch nicht. Du Dir wahrscheinlich auch nicht. Also wähle die entscheidenden Merkmale aus.

Bei der Auswahl der wirklich wichtigen Kriterien hat sich ein einfaches Verfahren bewährt:

1. Markiere die Deiner Meinung nach fünf wichtigsten Eigenschaften, die Du in der Tabelle aufgelistet hast. Was ist Dir wirklich wichtig? Welche Eigenschaften müssen Deine Wunschkunden unbedingt haben? Auf welche könntest Du auf gar keinen Fall verzichten?
2. Die fünf Eigenschaften zu finden ist nicht einfach. Du musst aber noch einen Schritt weiter gehen. Wähle jetzt Deine drei Favoriten. Was sind die wirklich zentralen Eigenschaften? Dabei darfst Du gerne mehrere Eigenschaften zusammenfassen.
3. Es ist wichtig, dass Du Dich zuerst auf fünf und danach auf drei Eigenschaften beschränkst. Gleich zu Beginn die drei wichtigsten Eigenschaften auszuwählen funktioniert nicht. Du wälzt dann Deine Liste ewig lange hin und her und kommst nie zu einer Entscheidung. Du kannst es aber gerne einmal ausprobieren.

Die Auswahl und Beschreibung der eigenen Wunschkunden ist schwierig. Ich möchte Dir daher noch einige Tipps geben, die es Dir leichter machen:

» Es gibt kein Richtig und kein Falsch. Es gibt nur Deine persönliche Sichtweise. Jetzt und in diesem Moment. Du kannst Deine Definition jederzeit ändern und Du wirst die Definition auch ändern. Zuerst einmal brauchst Du aber eine brauchbare Version, damit Du weiter arbeiten kannst. Also entscheide Dich. Jede Entscheidung ist besser als gar keine.

» Außenstehenden fällt es viel leichter als einem selbst, die wirklich wichtigen Merkmale zu erkennen. Also hole Dir Hilfe. Frage einen Freund, eine Kollegin oder zapfe die Erfahrung von Profis an. Bitte diese Personen, Dich einfach zu beobachten, während Du ihm die Eigenschaften aus Deiner Tabelle erläuterst. Immer, wenn Du ein wirklich wichtiges Kriterium beschreibst, wirst Du ganz automatisch lächeln. Deine Augen werden leuchten. Darauf wird Dich Dein Helfer sicher gerne aufmerksam machen.

» Zum Abschluss noch ein Hinweis: Es kommt nicht darauf an, genau drei Eigenschaften zu finden, zwei oder vier sind genauso O.K..

Nachdem Du die zentralen Eigenschaften Deiner Zielgruppe gefunden hast, formuliere eine kurze Zielgruppendefinition. Zwei bis drei Sätze, aber formuliere die Definition aus. Stichpunkte wirken unfertig.

Meine Wunschkundendefinition:

____

____

____

____

Grundwerte der Wunschkunden

Wenn Du es schaffst, Deine Wunschkunden in wenigen Sätzen zu beschreiben, solltest Du die Grundwerte dieser Personengruppe ermitteln. Jeder Mensch hat bestimmte Grundwerte, denen er folgt, nach denen er handelt und an denen er seine Entscheidungen im Leben ausrichtet. Grundwerte helfen dabei, Entscheidungen zu automatisieren. Man braucht nicht in jeder Situation zu überlegen, wie man handelt, sondern man handelt „intuitiv". Diese Intuition ist nicht bei jeder

Person gleich. Menschen mit gleichen Grundwerten haben aber oft auch vergleichbare „Intuitionen“. Warum Du die Grundwerte Deiner Wunschkunden kennen solltest? Ganz einfach: Um mit dem perfekten Angebot sofort ins Schwarze zu treffen. Menschen mit unterschiedlichen Grundwerten sprechen auf unterschiedliche Schlüsselworte, Farben, Symbole usw. an. Wenn Du die Grundwerte kennst, erreichst Du Deine Wunschkunden viel schneller und besser als ohne dieses Wissen. Stell Dir zum Beispiel einen angehendes Hollywood-Starlet vor. Sie will Karriere machen, Schauspielerin werden, berühmt werden. Wenn Du dieser Person anbietest, einen Star auf den roten Teppich zu begleiten, wirst Du voll ins Schwarze treffen. Eine Person, die Wert auf Status legt, spricht natürlich auch auf Status-Angebote an. Bietest Du dagegen einem zurückhaltenden Computergenie den Gang über den roten Teppich an, wird er mit großer Sicherheit ablehnen.

Ich möchte Dir noch ein Beispiel geben, das den großen Wert emotionaler Zielgruppenkriterien verdeutlicht. Nehmen wir an, ein Unternehmer hat folgende Kriterien für seine Zielgruppe definiert:

» männlich
» 60 Jahre alt
» haben Englisch als Muttersprache
» haben ein Jahreseinkommen von mehr als einer Million Euro

Das klingt nach einer kleinen Zielgruppe mit klaren Merkmalen. Was würdest Du diesen Kunden anbieten, wenn das Deine Zielgruppe wäre? Schreibe einige mögliche Angebote auf einen Zettel. Wenn ich diese Frage in meinen Workshops stelle, fällt es kaum jemanden schwer, mehrere Alternativen zu nennen. Die Antworten lauten zum Beispiel: Eine Luxusyacht, ein Weingut, ein Toupet, ein Gourmet-Dinner, usw. Und alle Angebote scheinen passend zu sein.

Schauen wir uns nun drei Vertreter dieser Zielgruppe an:

» Prinz Charles
» Ozzy Osborne
» Phil Collins

Passen jetzt immer noch alle Angebote zu allen Kunden der Zielgruppe? Eher nicht. Denn obwohl alle die gleichen statistischen Eigenschaften haben, unterscheiden sich die emotionale Grundwerte dieser drei Personen erheblich voneinander. Schau Dir die Angebote an, die Du aufgeschrieben hast. Was passt zu wem?
Dieses einfache Beispiel zeigt, dass eine gute Zielgruppendefinition immer beides braucht: Eine Eingrenzung auf Basis statistischer Kriterien und die Definition zentraler Grundwerte. Die statistischen Kriterien hast Du gerade erarbeitet. Jetzt geht es darum, auch die Grundwerte Deiner Wunschkunden festzulegen, denn je besser Du die Grundwerte Deiner Wunschkunden kennst, desto passender wird Dein perfektes Angebot für genau Deine Wunschkunden sein. Ergänzen wir also Deine Wunschkundendefinition um emotionale Kriterien.

Es gibt zahlreiche Untersuchungen und Studien, die Menschen anhand Ihrer Grundwerte zu kategorisieren. Für unsere Zwecke ist es eigentlich egal, welche Systematik wir wählen. Es geht lediglich darum, eine Vorstellung der Grundwerte der eigenen Wunschkunden zu bekommen und unpassende Werte auszuschließen. In meiner Praxis haben sich zwei Modelle bewährt, die ich hier näher beschreiben möchte: Das Modell der Archetypen (ursprünglich definiert von Carl Gustav Jung) und die Limbic Map® (Gruppe Nymphenburg).

Das Archetypen-Modell

Bei diesem Modell werden zwölf verschiedene sogenannte Archetypen unterschieden. Man geht davon aus, das man jedem Menschen ein oder zwei Typen zuordnen kann, die seinen Werten entsprechen. Dabei schließen sich verschiedene Archetypen gegenseitig aus. Das ursprüngliche Modell wird oft im Marketing angewandt. Die Arbeit mit Kunden hat gezeigt, dass die Anwendung des Modells durch einige Anpassungen besser funktioniert. Daher wird hier das angepasste Modell beschrieben.

Gehe die einzeln Archetypen durch und markiere die Typen, die Deine Wunschkunden am besten beschreiben. Dabei solltest Du maximal drei Typen auswählen, die eng beieinander liegen. Liegen die ausgewählten Typen sehr weit auseinander, sind auch deren Werte „grundverschieden“. Nehmen wir einmal einen „bodenständigen Rebellen“ oder einen „unschuldigen Herrscher“. Es wird Dir sehr schwer fallen, Personen zu finden, die diesen Typen entsprechen. Die

Archetyp	Lebensmotto
Kämpfer	*Mit Einsatz und Willen kann ich jedes Ziel allein erreichen. Ich brauche keine Hilfe von anderen.*
Herrscher	*Macht und Verantwortung machen erfolgreich. Je mehr Macht, desto besser.*
Weiser	*Je mehr man weiß, desto erfolgreich ist man. Wissen ist Macht.*
Beschützer / Fürsorglicher	*Liebe deinen Nächsten wie Dich selbst. Wenn ich anderen helfe, wird auch mir geholfen.*
Bodenständiger	*Gemeinsame, bewährte Lösungen bringen den größten Erfolg. Alleingänge und Sonderlösungen helfem keinem.*
Unschuldiger	*Vertraue lieber, als dass Du misstraust und glaube an das Gute im Menschen.*
Genießer / Liebhaber	*Leben heißt lieben und genießen. Das Leben ist zu kurz dafür, seine Wünsche auf morgen zu verschieben.*
Spaßvogel	*Wer Spaß versteht, versteht den Ernst des Lebens. Ein Lachen öffnet jede Tür.*
Entdecker	*Es gibt für alles eine Lösung. Man muss sie nur finden. Es lohnt sich, Neues auszuprobieren und Grenzen zu überschreiten.*
Magier / Visionär	*Nichts ist unmöglich. Wenn man große Ziele verfolgt, kommen die Lösungen automatisch.*
Schöpfer	*Ich habe es selbst in der Hand, mein Leben zu gestalten.*
Rebell	*Wo Reibung ist, entsteht Energie für neue Lösungen. Regeln sind dafür da, gebrochen zu werden.*

Grundwerte der genannten Archetypen unterscheiden sich sehr stark. Daher können sich beide kaum in einer Person vereinigen. Du hast dennoch zwei Typen ausgewählt, die weit auseinander liegen? Dann wähle den aus, der Deinen eigenen Werten näher liegt.
Vertraue bei der Auswahl des Archetypen Deinem Bauchgefühl. Es ist wichtig, dass Du festlegst, welche Werte Deine Wunschkunden haben sollen. Denn dann - und nur dann - kannst Du alles Weitere darauf ausrichten. Hier gilt das Gleiche wie auch sonst im Leben: Es gibt kein Richtig und kein Falsch. Entscheide Dich, denn keine Entscheidung ist deutlich schlechter als eine Entscheidung zu treffen.

Notiere den Archetypen inklusive Lebensmotto, der Deine Wunschkunden am besten beschreibt:

____

____

____

____

Die Limbic Map®

Ein komplexeres Modell zur Einordnung von Personen anhand ihrer Grundwerte ist die Limbic Map®. Sie zeigt den Emotionsraum des Menschen übersichtlich auf einen Blick.

Alle menschlichen Motive, Werte und Wünsche lassen sich auf der Limbic® Map darstellen und in Relation zueinander bringen. Die Einordnung der Grundwerte auf der Limbic Map® basiert auf einer Expertenbeurteilung von Psychologen und wurde von Hans- Georg Häusel und seinen Kollegen erstellt. Es werden sechs Grundwerte unterschieden: Stimulanz, Abenteuer, Dominanz, Disziplin, Balance und Genuss. Auch hier gilt das Gleiche wie beim Modell der Archetypen: Es gibt keine eindeutige Zuordnung eines Typen zu einer Person, aber keine Person wird komplett gegensätzliche Grundwerte gleichermaßen in sich vereinen.

Nimm Dir einen farbigen Stift und markiere 5-10 Werte, die Deine Wunschkunden am besten beschreiben. Was macht Deine Wunschkunden aus? Welche Eigenschaften beschreiben sie am besten? Bitte markiere nicht mehr als 10 Werte. Passend sind sicher mehr. Es geht aber darum, die wesentlichen zu finden.

Bestimme anschließend den einen der sechs Grundwerte, der Deine Wunschkunden am besten beschreibt. In welchem Bereich der Karte hast Du die meisten Werte markiert? Liegen alle Markierungen in

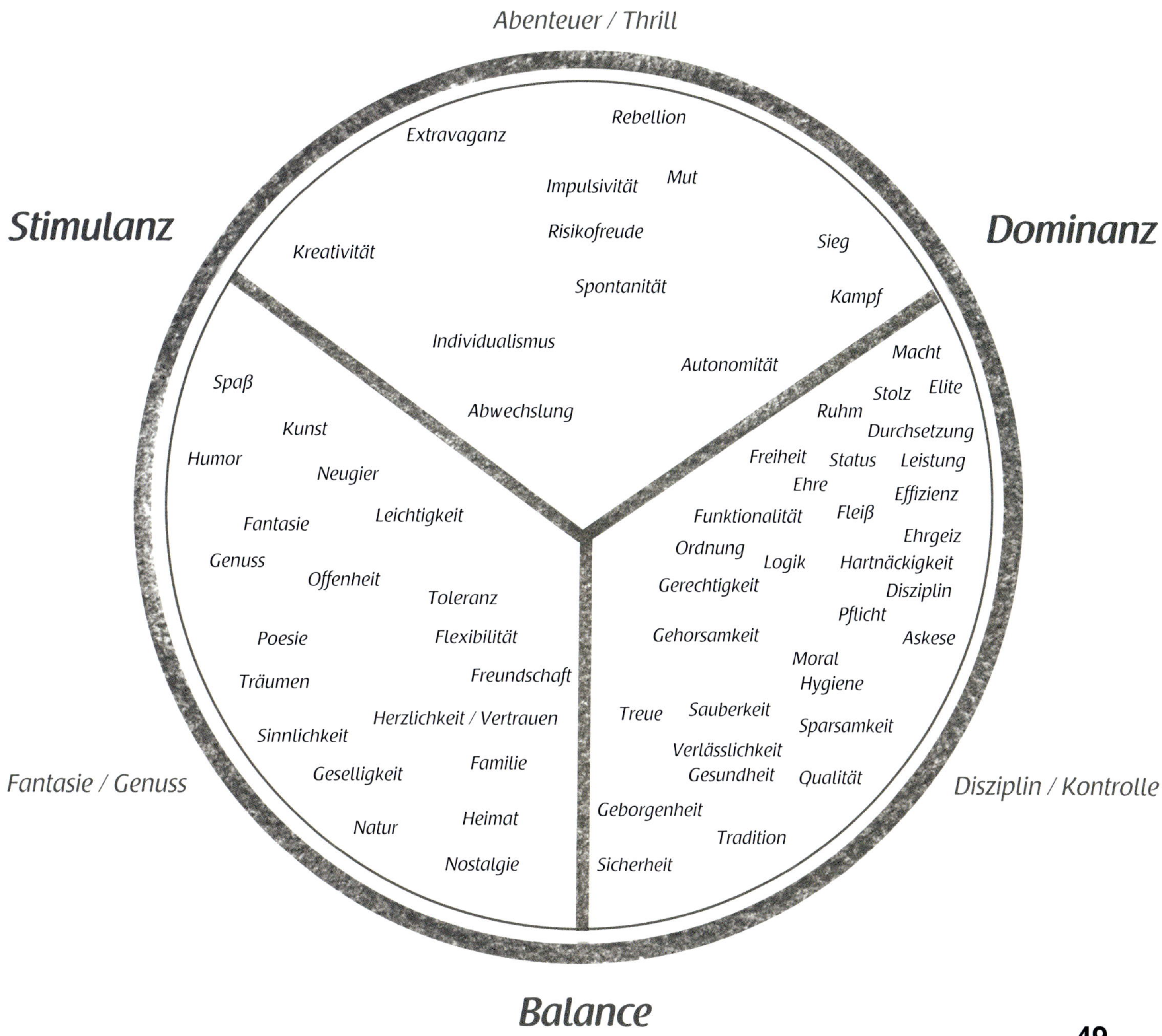
Abenteuer / Thrill
Stimulanz
Dominanz
Extravaganz
Rebellion
Impulsivität
Mut
Risikofreude
Kreativität
Sieg
Spontanität
Kampf
Individualismus
Autonomität
Abwechslung
Spaß
Kunst
Humor
Neugier
Fantasie
Leichtigkeit
Genuss
Offenheit
Toleranz
Poesie
Flexibilität
Träumen
Freundschaft
Herzlichkeit / Vertrauen
Sinnlichkeit
Geselligkeit
Familie
Natur
Heimat
Nostalgie
Macht
Stolz
Elite
Ruhm
Durchsetzung
Freiheit
Status
Leistung
Ehre
Effizienz
Funktionalität
Fleiß
Ehrgeiz
Ordnung
Logik
Hartnäckigkeit
Gerechtigkeit
Disziplin
Pflicht
Gehorsamkeit
Askese
Moral
Hygiene
Treue
Sauberkeit
Sparsamkeit
Verlässlichkeit
Gesundheit
Qualität
Geborgenheit
Tradition
Sicherheit
Fantasie / Genuss
Disziplin / Kontrolle
Balance

einem ähnlichen Bereich, ist das einfach zu beantworten. Dann hast Du den zentralen Grundwert Deiner Wunschkunden gefunden. Wenn die markierten Werte über die ganze Karte verteilt sind, wird es schwieriger. Überlege in diesem Fall, welche Werte die grundlegenden, wirklich wichtigen und zentralen sind. Überlege, nach welchem Wert Deine Wunschkunden eine wichtige Entscheidung treffen würden. Nehmen wir an, Du hast „Individualismus" (Stimulanz) und „Sparsamkeit" (Disziplin/ Kontrolle) markiert und kannst Dich nicht entscheiden, welcher Grundwert wichtiger ist. Stell Dir vor, eine Wunschkundin sucht ein Ballkleid. Kauft sie es eher beim Schlussverkauf in einem Geschäft in der Stadt? Oder lässt sie es maßschneidern? Ist Sparsamkeit wichtiger als der Wunsch, ein Unikat zu haben? Ja, beim Schlussverkauf kann man auch Unikate erwerben. Aber es besteht immer die Gefahr, dass eine andere Dame am Ballabend genau das gleiche Kleid trägt. Ist dieses Risiko tragbar oder nicht? Was ist wichtiger für diese Person? Wenn es darauf ankommt, bestimmen häufig die Grundwerte die endgültige Entscheidung. Hier zeigt sich, welche Werte die wirklich zentralen sind.

Notiere den zentralen Grundwert Deiner Wunschkunden und einige wichtige Werte:

____

____

____

Wunschkundenliste

Jetzt kennst Du die zentralen Grundwerte und kannst Deine Wunschkunden in wenigen Worten beschreiben. Und doch ist das Bild in Deinem Kopf noch ungenau. Gib Deinen Wunschkunden Gesichter und Namen! Dann hast Du jederzeit ein konkretes Bild. Natürlich erfinden wir jetzt keine fiktiven Personen. Es geht viel mehr darum, Personen zu benennen, die Du unbedingt als Kunden haben willst und die zu 100 Prozent Deiner Wunschkundendefinition entsprechen. Welche Deiner bisherigen Kunden fallen Dir jetzt spontan ein? Wer aus Deinem Freundes- und Bekanntenkreis? Wer sonst? Schaue auch noch einmal auf die Namen, die Du am Anfang dieses Kapitels aufgeschrieben hast. Wenn Dir ein Unternehmen einfällt, dann schreibe den Namen des Entscheiders auf, der Dir den Auftrag gibt. Unternehmen sind keine Wunschkunden, sondern immer eine konkrete Person in diesem Unternehmen. Beginne eine Wunschkundenliste zu schreiben und ergänze diese immer, wenn Dir ein neuer Wunschkunde „über den Weg läuft". Du kannst natürlich auch jederzeit Namen von deiner Liste streichen. Je konkreter Du weißt, wer Deine Kunden sein sollen, desto eher wirst Du genau diese Menschen erreichen. Also leg los. Jetzt gleich.

Wer ist Dein Wunschkunde? Schreibe die Namen auf!

____

____

Wunschkundendefinition prüfen

Jetzt ist Deine Wunschkundendefinition komplett. Prüfe die Definition noch einmal, um ganz sicher zu sein! Stelle sicher, dass sie genau Deine Wunschkunden beschreibt. Die Vorgehensweise dafür kennst Du ja bereits. Besorge Deinen Wunschkunden ein Geschenk – das gleiche Geschenk für alle. Du brauchst ein einziges Geschenk, dass alle Deine Wunschkunden gleichermaßen begeistert. Wenn Dir jetzt spontan etwas einfällt, dann ist Deine Definition perfekt, wenn nicht, arbeite weiter daran. Wie gesagt - Blumen und die obligatorische Flasche Wein sind für Deine Zielgruppe mit großer Wahrscheinlichkeit kein perfektes Geschenk, das lange in Erinnerung bleibt. Finde etwas, das mit Sicherheit begeistert.

Meine Wunschkundendefinition

Wenn Deine Wunschkundendefinition die Prüfung bestanden hat, dann fasse sie jetzt noch einmal zusammen. Beschreibe, wer Deine Wunschkunden sind, warum genau diese Personen und wie viele Kunden Du brauchst. Die Antworten dazu hast Du in diesem Kapitel erarbeitet.

Wer? (Archetyp, zentraler Grundwert, Definition)

Warum? (Begründung - warum genau diese Wunschkunden?)

Wie viele? (Größe der Zielgruppe)

Wunschkunden erreichen

Je genauer man weiß, wer seine Wunschkunden sind, desto eher wird man diese Kunden auch anziehen, denn ohne zu wissen, wen man sucht, wird man nicht die „richtigen" Kunden finden. Du bist jetzt also soweit, um Dich auf die Suche zu machen, denn Du weißt mittlerweile sehr genau, wer Deine Wunschkunden sind. Das ermöglicht Dir, einen Plan zu entwickeln, um Deine Wunschkunden auf Dich aufmerksam zu machen.

In diesem Abschnitt wirst Du Maßnahmen entwickeln, um Deine Wunschkunden zielgenau und mit großer Wahrscheinlichkeit zu erreichen. Stell Dir einen Ort vor, an dem Du jederzeit Deine Wunschkunden triffst. Egal wann Du dort bist, Deine Wunschkunden sind auch immer da. Klingt utopisch, ist aber gar nicht so weit entfernt, wie Du denkst. Wenn Du Deine Wunschkunden genau kennst, dann findest Du diesen Ort auch.

Wunschkunden erreichen - Wo?

Überlege als erstes, wo sich Deine Wunschkunden häufig aufhalten. Wie gestalten Deine Wunschkunden ihren Tag? Wo gehen sie hin? Was lesen sie gern? Welche Webseiten besuchen sie?

Es geht nicht allein darum, bestimmte Plätze zu finden, wo Deine Wunschkunden tatsächlich hingehen. Virtuelle Orte (z.B. Webseiten) oder andere „Kanäle" wie Fernsehen, Radio, usw. zählen genauso. Sei aber so konkret wie möglich. „Im Restaurant" reicht nicht aus, „Abends in Gourmet-Restaurants" ist deutlich besser. Du brauchst diese Orte für den nächsten Schritt - um die Wunschkunden gezielt zu erreichen und sie auf Dein perfektes Angebot aufmerksam zu machen. Familien mit kleinen Kindern und Hund wirst Du zum Beispiel häufig auf dem Spielplatz im Park treffen. Damen der High Society in der Oper oder im Gourmet-Restaurant, Fußballfans in der Fankurve des Lieblingsvereins. Alle Personen und auch Deine Wunschkunden haben bestimmte Gewohnheiten und nutzen bestimmte Orte. Hier kannst Du viel einfacher und mit deutlich weniger Streuverlusten Kontakt aufnehmen. Warum solltest Du also Massenwerbung nutzen und große Streuverluste in Kauf nehmen, wenn es doch ganz einfach ist, Deine Wunschkunden zielgenau anzusprechen? Wie genau Du das machst, erarbeiten wir im nächsten Schritt. Schreibe jetzt erst einmal alle Orte auf, an denen Deine Wunschkunden häufig zu treffen sind.

Ich treffe meine Wunschkunden häufig:

____

____

____

____

____

Jetzt gehe Deine Liste noch einmal durch. Wo ist die Wahrscheinlichkeit am größten, Deine Wunschkunden zu treffen? Markiere diese Orte.

Wunschkunden erreichen - Wann?

Sobald Du die Orte gefunden hast, an denen sich Deine Wunschkunden häufig aufhalten, spezifiziere die genaue Zeit, an dem Du Deine Wunschkunden mit der größten Wahrscheinlichkeit dort triffst. Wann genau sind sie an diesen Orten? Eine Familie wird zum Beispiel häufiger am Sonntagnachmittag auf dem Spielplatz sein als Montagmittag. Gourmet-Restaurants werden eher abends besucht. Die genaue Zeit der nächsten Heimspiele findest Du ganz einfach auf der Internetseite des jeweiligen Vereins heraus. Also:

Wann erreichst Du Deine Wunschkunden am ehesten an den Orten, die Du definiert hast?

____

____

____

Nicht immer lässt sich eine genaue Zeit definieren, aber sehr häufig lässt sich der am besten geeignete Zeitraum einschränken. Versuche Ort und Zeit so genau wie möglich zu definieren. Je besser Dir das gelingt, desto einfacher und günstiger wirst Du Deine Wunschkunden später erreichen.

Wunschkunden erreichen - Wie?

Die am schwersten zu beantwortende Frage ist: „Wie erreiche ich meine Wunschkunden?" Wenn Du genau weißt, wer Deine Wunschkunden sind und wo und wann Du diese mit der größten Wahrscheinlichkeit erreichst, bist Du der Antwort ein großes Stück näher gekommen. Eventuell hast Du auch schon die ersten Ideen, wenn nicht, dann scheue Dich nicht davor, Profis zu fragen. Jede gute Werbeagentur wird Dir aus den Informationen, die Du bereits gesammelt hast, eine wirkungsvolle Werbekampagne erstellen und Du brauchst keinen riesigen Werbeetat. Oft reichen wenige Maßnahmen, um eine „durchschlagende" Wirkung zu erzielen. Es müssen nur die richtigen sein und nicht das, was alle anderen machen. Also zapfe die Erfahrung von Profis an. Das ist deutlich effektiver und kostengünstiger, als selbst alle Fehler zu machen oder die Maßnahmen der Konkurrenz zu kopieren.

Versuche trotz dieser Möglichkeit, eigene Ideen für die Ansprache der Wunschkunden zu entwickeln. Wenn Du die „Orte", die Du definiert hast, nicht genau kennst, dann geh dorthin. Beobachte Deine Wunschkunden, verbringe Zeit dort, denn vor Ort kommen die besten Ideen! Eine Kosmetikerin, deren Wunschkundinnen Damen der High-Society waren, hatte z.B. ein Sternerestaurant als möglichen Ort für die Kontaktaufnahme gewählt. Wann gehen die Damen dorthin? Abends. Wo fällt den Damen dort auf, dass sie eine kleine Falte zu viel haben? Vor dem Spiegel. Und wo hängt im Sternerestaurant ein Spiegel, vor dem man sich in Ruhe begutachten kann? Auf der Damentoilette. Ein dezenter Hinweis dort und einige Produktproben führten schnell dazu, dass die Wunschkunden auf unsere Kosmetikerin aufmerksam wurden. Diskret und wirkungsvoll, aber eigentlich ganz einfach. Wenn jemand der Kosmetikerin vorher erzählt hätte, sie solle doch Werbung auf dem Damenklo machen - die Reaktion wäre sicher nicht positiv ausgefallen. Es gibt immer eine Möglichkeit, die eigenen Wunschkunden an genau den Orten zu erreichen, die sie bevorzugt aufsuchen. Überlege, wie Du das bei Deinen Wunschkunden anstellen kannst. Schreibe Deine Ideen auf.

Ich könnte meine Wunschkunden wie folgt erreichen:

Hole Dir an diesem Punkt auf jeden Fall Hilfe. Frage Freunde, Bekannte und Kollegen und nutze das Wissen von Marketingprofis. Für die perfekte Aktion bzw. Maßnahme muss man viele Dinge beachten, zum Beispiel die richtigen Formulierungen, die Farben, die eingesetzten Medien. All das muss zu den Werten und Gewohnheiten Deiner Wunschkunden passen, damit es die gewünschte Wirkung erzielt. Mit der richtigen Hilfe hast Du viel schneller Erfolg als ohne. Also lass Dir bei dem „Wie?" helfen.

Der Weg, um meine Wunschkunden zu erreichen

Nachdem Du nun eine genaue Vorstellung davon hast, wo, wann und wie Du Deine Wunschkunden erreichst, schreibe diese Informationen noch einmal auf. Notiere dabei nicht mehr alles, was Du erarbeitet hast, sondern nur noch die besten Ideen. Überprüfe diese Liste regelmäßig und ergänze sie, wann immer das nötig ist. Diese kleine Liste wird Dir viel Zeit und Geld bei der Akquise Deiner Wunschkunden sparen.

Notiere, wo, wann und wie Du Deine Wunschkunden am besten erreichst.

Wo?

Wann?

Wie?

Notizen

Ein letzter Tipp

Zu diesem Zeitpunkt ist es allzu verlockend, die Wunschkunden anzusprechen. Du weißt ja, wo, wann und wie Du das am besten machst. Sicher wirst Du schnell die Aufmerksamkeit Deiner Wunschkunden erregen. Lass es trotzdem erst einmal sein. Du hast aktuell noch kein perfektes Angebot entwickelt, um Deine Wunschkunden zu begeistern. Was machst Du, wenn Deine Wunschkunden morgen neugierig vor Deiner Tür stehen? Wenn Du dann nicht „nachlegen“ kannst, sind Deine Wunschkunden schnell enttäuscht und frustriert und das ist genau das Gegenteil von dem, was Du erreichen willst.

Mit dem perfekten Angebot wirst Du Deine Wunschkunden erreichen und sie zu Fans machen. Aber aktuell brauchst Du noch etwas Geduld. Arbeite am nächsten Merkmal des perfekten Angebotes, der Problemlösung, und feiere den Zwischenerfolg, den Du bereits erreicht hast. Jetzt kennst Du Deine Wunschkunden ganz genau und weißt, wie Du sie zielgenau erreichst. Damit bist Du vielen anderen Unternehmern weit voraus.

1.3 Problem & Lösung

Kunden kaufen Problemlösungen - nichts anderes. Wie Du Probleme löst, interessiert viel weniger, als dass Du es tust. Also finde das wichtigste Problem Deiner Wunschkunden. Und dann löse es. Besser als alle anderen. Das ist der entscheidende Schritt auf dem Weg zum perfekten Angebot.

Warum das wichtigste Problem

Sicher kennst Du das Phänomen: Egal, wie die aktuelle Situation sich darstellt – es gibt immer ein wichtiges Problem. Probleme ändern sich mit veränderten Bedingungen. Probleme werden größer. Aber immer gibt es ein Problem, das aktuell Kopfzerbrechen bereitet.

„Ach, wenn ich nur mehr Zeit / Geld / Kunden hätte, dann ...“ Was wäre dann? Du hättest das aktuelle Problem gelöst. Aber Du hättest auch schon das nächste. Jedes System, jeder Organismus, jeder Kunde, jedes Unternehmen hat immer einen Engpass, der weiteres Wachstum und größeren Erfolg verhindert. Wenn eine Pflanze zu wenig Wasser hat, kann sie nicht wachsen, wenn sie zu wenig Nährstoffe hat, auch nicht. Wenn Du die Pflanze gießt, wird sie wachsen, aber nur, wenn das fehlende Wasser das Problem war. Fehlten der Pflanze Nährstoffe, dann machst Du alles nur noch schlimmer, wenn Du die Pflanze gießt.

Deinen Kunden geht es genauso. Irgendein Problem ist immer das aktuell wichtigste. Wenn Du es kennst und lösen kannst, werden Kunden bei Dir kaufen. Klingt einfach, ist es auch. Solange Du tatsächlich das dringendste Problem Deiner Kunden kennst. Lösungen für bekannte Probleme zu finden nennt man Innovation. Innovationen an sich haben aber noch keinen Wert für Kunden. Sie werden erst wertvoll, wenn sie ein dringendes Problem lösen. Entscheidend für den Erfolg eines Unternehmens ist daher nicht die Innovation, sondern zuerst einmal die Fähigkeit, das Hauptproblem der eigenen Kunden zu erkennen. An diesem Punkt scheitern viele Projekte, Geschäftsmodelle und Strategien.

Du kannst natürlich auch ohne eine fundierte Problemanalyse Innovationen entwickeln. Der durchschlagende Erfolg wird aber ausbleiben, wenn Du Deine „Hausaufgaben“ bei der Problemanalyse nicht erledigt hast. Wenn es so einfach ist, warum wird dieser Schritt dann so häufig ausgelassen? Ganz so einfach ist es eben doch nicht. Eine fundierte Problemanalyse braucht Zeit, ist aufwendig und macht deutlich weniger Spaß als das Entwickeln neuer Ideen. Beobachte einmal, was passiert, wenn ein Projektteam ein Problem entdeckt. Kaum ist das erste Problem erkannt, werden sofort Lösungen entwickelt. Klar, Ideen für Lösungen sprudeln eben viel schneller als Ursachen für Probleme. Ideen sind vorzeigbar, lassen sich viel besser als Ergebnis präsentieren. Mit neuen Ideen scheint jedes Projekt schnell voran zu gehen. Das Fehlen einer sauberen Problemanalyse behindert an diesem Punkt nicht den Projektfortschritt. Daher wird dieser Schritt so häufig übergangen. Auch wenn es kurzfristig nicht ins Gewicht fällt, langfristig hast Du ohne saubere Problemanalyse keinen Erfolg. Lass Dich also nicht von den ersten Ideen verführen. Gedulde Dich. Notiere erste Lösungen und mache dann mit der Problemanalyse weiter. Du

Die Analyse des Hauptproblems der Kunden ist das wichtigste Erfolgskriterium eines jeden Geschäftsmodells.

wirst sehen, dass Du später keine dieser ersten Ideen umsetzt. Probiere es einfach aus, wenn Du es nicht glaubst.

Problem, Symptom oder Ursache?

Gehe stattdessen lieber in die Tiefe. Alle Probleme, die Dir sofort einfallen, sind oberflächlich. Viel wahrscheinlicher ist es noch, dass Du anfangs gar keine Probleme findest, sondern nur Symptome. Wenn Du an dieser Stelle mit der Analyse aufhörst, werden alle nachfolgenden Lösungen immer nur Symptome bekämpfen. Du wirst Migräne mit Kopfschmerztabletten behandeln oder Heuschnupfen mit Nasenspray. Auch hierfür wirst Du Kunden finden. Der Wert Deines Angebotes wird aber deutlich höher sein, wenn Du es schaffst, die eigentliche Ursache zu finden und zu lösen.

"O.K., das verstehe ich, aber wie macht man eine fundierte Problemanalyse? Mir fallen keine Probleme ein?"

Wenn Du ganz allgemein suchst, wirst Du oberflächliche Probleme finden. Alle anderen finden genau die gleichen Probleme und bieten dann genau die gleichen Lösungen. Wenn Du Dich aber auf einen ganz bestimmten Bereich fokussierst, findest Du deutlich tiefer liegende Probleme. Das ist das Gleiche, als wenn Du etwas mit bloßem Auge oder mit Hilfe einer Lupe betrachtest. Mit der Lupe findest Du mehr Details.

Durchs Fokussieren. Leider weiß man nicht immer, wonach man eigentlich sucht. Daher weiß man auch nicht, welches Werkzeug am besten geeignet ist, um das Gesuchte zu finden. Ist es das bloße Auge, ist es die Lupe oder ist es sogar ein Mikroskop? Oder ist es ein Hubschrauber, der Dir ermöglicht, das große Ganze zu sehen? Daher ist es so entscheidend, den Fokus bei der Problemanalyse häufig zu wechseln.

Es gibt ein einziges Geheimrezept bei der Suche nach Problemen: Fokus.

Im nächsten Abschnitt lernst Du viele Möglichkeiten kennen, um Probleme zu entdecken. Fokussiere Dich immer nur auf ein Detail. Sammle alle Probleme, die Deine Wunschkunden in diesem Bereich haben. Bewerten und sortieren kannst Du später. Jetzt geht es tatsächlich erst einmal um Masse. Wenn Du weniger als 30 Probleme findest, dann kratzt Du noch an der Oberfläche. Bei weniger als 50 Problemen weißt Du mehr als andere, bist aber noch nicht zum Hauptproblem vorgedrungen. Die wirklich tief liegenden Probleme und deren Ursachen findest Du erst, wenn Du mehr als 50 Probleme gesammelt hast.

Und keine Panik – zu diesem Zeitpunkt siehst Du das Hauptproblem Deiner Kunden noch nicht klar und deutlich vor Dir. Dafür brauchst Du eine Bewertung und Problemauswahl. Wenn Du aber zu wenige Probleme sammelst, sinken Deine Chancen deutlich, das tatsächlich wichtigste Problem Deiner Kunden zu finden. Damit sinkt die Anziehungskraft Deiner Problemlösung. Dieser Schritt ist der entscheidende im gesamten Prozess. Alles, was Du hier versäumst, kannst Du später nicht wieder aufholen. Also arbeite gründlich und lass Dich nicht von der erstbesten Idee verführen.

Erstelle eine einfache Liste und fange an, die Probleme Deiner Zielgruppe zu sammeln. Ergänze die Liste, nachdem Du die nächsten Abschnitte gelesen hast.

Meine Wunschkunden haben folgende wichtige Probleme, die weiteres Wachstum und größeren Erfolg verhindern:

____

____

____

____

Problemanalyse

Die Abkürzung nehmen

Wenn Du die Probleme Deiner Wunschkunden bereits gut kennst, kannst Du die Problemanalyse abkürzen. Aber nur dann. Dieses Vorgehen empfiehlt sich nur, wenn Du in der Vergangenheit schon gute Erfolge mit der ausführlichen Problemanalyse hattest, wenn Du geübt darin bist. Ansonsten gehe den langen Weg – auch wenn das deutlich anstrengender ist

Um das wichtigste Problem der Wunschkunden zu finden, hat sich folgendes Vorgehen bewährt:.

- » Notiere wichtige Probleme Deiner Wunschkunden. Konzentriere Dich dabei auf die Personen, die auf Deiner Wunschkundenliste stehen.
- » Fasse die Probleme zusammen. Bilde Oberkategorien.
- » Wähle dann die drei wichtigsten Probleme aus, die Du unbedingt lösen willst.
- » Finde das Problem, das diesen drei Problemen zu Grunde liegt.

Der ausführliche Weg

Bevor Du mit der Problemsammlung beginnst, nimm Dir noch einmal die Liste mit Deinen Wunschkunden zur Hand. Schau Dir Deine Wunschkunden genau an. Es ist wichtig, dass Du nur Probleme sammelst, die diese Personen haben. Mach diese Übung nicht ausschließlich am Schreibtisch. Besuche Deine Wunschkunden, beobachte sie, frage nach, recherchiere im Umfeld der Wunschkunden. Du hast einen entscheidenden Vorteil, wenn Du Deine Wunschkunden bereits genau kennst. Wenn nicht, dann lerne sie erst besser kennen, bevor Du mit der Problemsammlung beginnst.

Konzentriere Dich immer nur auf einen der nachfolgend beschriebenen Bereiche. Sammle ausschließlich unter diesem Fokus. Wenn Dir dazu keine weiteren Probleme einfallen, frage „Warum?". Warum ist das so? Was ist die Ursache dafür? Jede Antwort auf diese Fragen ist ein weiteres Problem für Deine Liste. Also frage weiter „Warum?" Wenn Du keine weitere Antwort findest, dann – und wirklich erst dann – wechsle den Fokus. Wenn Du zu schnell hin und herspringst, findest Du nie die tiefer liegenden Probleme, die eigentlichen Ursachen. Dieses Vorgehen benötigt Ausdauer. Du brauchst Durchhaltevermögen. Wenn Du das nicht hast, dann verabschiede Dich lieber davon, ein perfektes

Angebot zu entwickeln. Betrachte diese Übung als kleinen Test für Dein Durchhaltevermögen. Du schaffst das! Andere werden aufgeben, werden weiter an Symptomen „herumdoktern“, und damit austauschbare Angebote entwickeln. Es lohnt sich, tief zu graben und die wirkliche Ursache für das Hauptproblem Deiner Wunschkunden zu finden.

Schreibe alle Probleme auf, untereinander, in eine Liste. Wichtig dabei ist, dass Du das Problem aus Kundensicht formulierst. Schreibe „Die Rechnung ist unverständlich.“ (Problem des Kunden) anstatt „Viele Fragen zur Rechnung.“ (Dein eigenes Problem). Los geht´s!

Allgemeine Problemanalyse

Sammle als erstes alle Probleme Deiner Wunschkunden, die Dir sofort einfallen.

» Welche Probleme haben Deine Wunschkunden?
» Welche Angebote, die Du nicht bietest, verlangen Deine Kunden? Welche Probleme stecken dahinter?
» Stelle Dir vor, Du wärst Dein eigener Kunde: Welche dringenden Probleme gibt es in Deinem Alltag?
» Welche „Ausreden“ geben Kunden an, um Dein Angebot abzulehnen? Welche Probleme stecken dahinter?
» Was sind weitere Hemmschwellen, die Kunden vom Kauf abhalten?
» Welche Probleme haben die höchste Emotionalität, welche werden öffentlich diskutiert (Radio, Fernsehen, Zeitung)?
» Welche ungeschriebenen Gesetze gibt es in Deiner Branche? Welche Probleme ergeben sich daraus für die Kunden?

Sammle zuerst einmal alle Probleme, die Dir einfallen. Dabei wirst Du merken, dass Dir bereits nach wenigen Minuten die Antworten ausgehen. Das ist ganz normal und geht allen so. Mache jetzt aber nicht den Fehler, mit der Sammlung aufzuhören. Du hast gerade erst einmal „an der Oberfläche gekratzt".

Die wirklich wichtigen Probleme Deiner Wunschkunden findest Du häufig nur dann, wenn Du tiefer eintauchst. Wechsel die Perspektive. Wechsel den Fokus. Konzentriere Dich auf einen ganz bestimmten Bereich und suche hier weiter nach Problemen Deiner Kunden. Du wirst merken, dass Du so sehr schnell viele weitere Ansatzpunkte für das perfekte Angebot findest.

Die folgenden Kategorien sind gute Möglichkeiten der Fokussierung. Es gibt darüber hinaus viele weitere Bereiche, in denen Du suchen kannst. Vergiss aber nicht: Nur, wenn Du Dich auf ein ganz spezielles Thema konzentrierst, findest Du die wahren Probleme Deiner Kunden.

Fokussierte Problemanalyse

Aus der Erfahrung vieler Projekte weiß ich, dass Kundenprobleme vor allem in drei Kategorien zu finden sind. Zu jeder Kategorie gebe ich Dir noch fünf Unterkategorien, um Dir die Suche nach dem Hauptproblem Deiner Kunden zu erleichtern. Suche gezielt in diesen Kategorien.

Zeit	*Angebots-zeitpunkt*	*Nutzungs-zeitraum*	*Wartezeit*	*Zeitersparnis*	*Zukünftige Verfügbarkeit*
Wissen	*Beantwortung von Fragen*	*Erforderliches Wissen*	*Transparenz*	*Vernetzung*	*Verständlich-keit*
Aufwand	*Barrierefreiheit*	*Erforderliche Kaufaktionen*	*Übernahme von Nebenaufgaben*	*Vorauswahl*	*Zusatznutzen*

Die wirklich wichtigen Probleme Deiner Wunschkunden findest Du häufig nur dann, wenn Du tiefer eintauchst. Wechsel die Perspektive. Wechsel den Fokus. Notiere weiterhin alle Probleme Deiner Kunden, die Du findest.

Zeitbezogene Probleme

Probleme entstehen, wenn die Erwartungen der Kunden nicht erfüllt werden. Sammle alle Probleme, die Deine Wunschkunden in den folgenden Bereichen haben. Probleme im Verlauf der Kundenbeziehung:

» vor dem ersten Kontakt
» beim Kundenkontakt
» beim Erstellen und Übergeben des Angebots
» bei der Beauftragung
» während der Leistungserbringung
» nach Erbringung der Leistung

Gehe die folgenden Bereiche nacheinander durch und sammle alle Probleme, die Dir dazu einfallen. Die häufigsten Probleme in der Kategorie Zeit haben Kunden in den folgenden Bereichen:

Angebotszeitpunkt: Kunden nehmen die meisten Angebote zu einem bestimmten Zeitpunkt wahr. Der Winterreifenwechsel findet im Oktober oder November statt. Die Mittagspause wird zwischen 12:00 und 13:00 Uhr gemacht. Zu welchem Zeitpunkt gibt es eine Nachfrage, aber kein Angebot?

Nutzungszeitraum: Kunden erwarten, dass sie Dein Angebot über einen bestimmten Zeitraum nutzen können. Im Webshop wollen Kunden zum Beispiel rund um die Uhr einkaufen. Ein Kindergarten sollte die Kinder zu üblichen Arbeitszeiten betreuen. Welche Leistungen sind für Kunden zu bestimmten Zeiten nicht verfügbar?

Wartezeit: Kunden erwarten, dass das Ergebnis Deines Angebots innerhalb einer bestimmten Zeit verfügbar ist. Die Post muss z.B.am nächsten Tag zugestellt werden. Die Durchsicht des Autos sollte bis zum Abend erledigt sein. Wie kannst Du mit Deinem perfekten Angebot diese Wartezeiten signifikant verkürzen?

Zeitersparnis: Kunden erwarten, dass sie bei Inanspruchnahme eines bestimmten Angebots Zeit sparen. Der Flughafen-Check-In am Automaten ist so beliebt, weil er Zeit spart. Genau das Gleiche gilt für Daueraufträge. Wo vergeuden Kunden Zeit, was könnte schneller gehen?

Zukünftige Verfügbarkeit: Kunden erwarten, dass ein Angebot eine bestimmte Zeit lang verfügbar ist. Die Zinsen für ein Sparbuch sollten sich nicht täglich ändern. Ersatzteile für Maschinen sollten auch nach einigen Jahren noch lieferbar sein. Wann haben Kunden Probleme mit der Verfügbarkeit bestimmter Leistungen?

Deine Problemliste sollte jetzt deutlich gewachsen sein. Gehe nun auch noch die beiden weiteren Problemkategorien Wissen und Aufwand durch und sammle weitere Probleme.

Wissensbezogene Probleme

Beantwortung von Fragen: Kunden erwarten Antworten auf Fragen. Eine Hotline, bei der man mehrfach weiterverbunden wird, erfüllt diese Erwartungen nicht. Genauso wenig wie fehlende Kontaktdaten auf der Internetseite. Wo sonst werden Kunden mit ihren Fragen allein gelassen? Wie kannst Du das ändern?

Erforderliches Wissen: Kunden erwarten, dass Dein Angebot ohne oder nur mit geringem Zusatzwissen nutzbar ist. An einem EC-Automaten kannst Du ohne Kenntnis der Pin kein Geld abheben. An einem Fahrkartenautomaten in einer fremden Stadt hast Du Mühe,
einen einfachen Fahrschein zu kaufen. Wann sonst fehlt Kunden das notwendige Wissen, um ein Angebot zu nutzen?

Transparenz: Kunden möchten Deine Leistung nachvollziehen und wissen, was Du aktuell für sie tust. Nichts ist schlimmer als eine ständige Änderung von Vereinbarungen, oder Kleingedrucktes, das keiner versteht. Wo fehlt Kunden die nötige Transparenz? Welche Leistungen sind nur schwer nachvollziehbar?

Vernetzung: Kunden erwarten, dass Du sie weiterleitest und ihnen wertvolle Informationen gibst. Bei der Beauftragung einer größeren Baumaßnahme wird schon fast automatisch eine Fördermittelberatung verlangt. Ist ein Produkt vergriffen oder wird es nicht geführt, erwarten Kunden, dass sie an ein anderes Geschäft weiter geleitet werden. Wo werden Kunden allein gelassen, wo fehlen wertvolle Informationen?

Verständlichkeit: Kunden erwarten, dass Angebote verständlich dargestellt und selbsterklärend sind. Bei Versicherungen und der Steuererklärung wird diese Erwartung nicht immer erfüllt. Wo sonst haben Kunden Probleme damit, ein Angebot zu verstehen?

Aufwandsbezogene Probleme

Barrierefreiheit: Kunden erwarten, dass ein Angebot ohne Hindernisse nutzbar ist. Hohe Supermarktregale verhindern, dass kleine Personen gewünschte Produkte erreichen. Viele Knöpfe und englische Beschriftungen auf technischen Geräten sorgen bei älteren Kunden für Probleme. Wo verhindern unnötige Barrieren die problemlose Verwendung bestimmter Produkte oder die Inanspruchnahme von Dienstleistungen?

Erforderliche Kaufaktionen: Kunden erwarten einen möglichst geringen Aufwand beim Kauf. Wenn man bei einem Webshop erst fünfmal „Weiter“ klicken muss, bevor man endlich das gewünschte Produkt kaufen kann, springen Kunden ab und kaufen woanders. Die erforderlichen Anträge und Schufa-Prüfungen haben schon so manche Kontoeröffnung vereitelt. Wo wird es den Kunden schwerer als nötig gemacht, etwas zu kaufen?

Übernahme von Nebenaufgaben: Kunden erwarten, dass Du ihnen Aufgaben abnimmst, die Du besser kannst als Deine Kunden. Der Lohnsteuerhilfeverein unterstützt zum Beispiel beim Ausfüllen des Steuerformulars. Versicherungsvertreter bringen Ordnung in die Unterlagen. Welche „Nebenaufgaben“ bereiten Kunden Probleme?

Vorauswahl: Kunden erwarten, dass Du eine Vorauswahl triffst und dadurch den Aufwand für eine Kaufentscheidung verringerst. Discounter bieten wöchentliche Themen-Welten mit ausgewählten Produkten zu einem Thema. Restaurants haben Tages- oder Wochenangebote. Wo erschwert eine breite Auswahl die Kaufentscheidung?

Zusatznutzen: Kunden bevorzugen bei vergleichbaren Angeboten Produkte mit Zusatznutzen. Wer beim Kauf eines Bierkastens für ein tolles Projekt spenden kann, entscheidet sich viel eher genau für diese Biermarke. Handys, die gleichzeitig Fotos machen, haben in kurzer Zeit andere Modelle ohne Kamera verdrängt. Wo erfüllen Standardprodukte und -angebote nicht alle Anforderungen der Kunden?

Deine Problemliste sollte nun deutlich mehr als 50 Probleme umfassen. Wenn das nicht so ist, dann suche weiter. Frage Deine Wunschkunden, beobachte sie, tauche in die Zielgruppe ein. Ohne eine ausführliche Problemsammlung reduzierst Du deutlich Deine Erfolgschancen.

Das Hauptproblem der Wunschkunden

Wenn Du jetzt sofort damit loslegst, Lösungen für alle Probleme auf Deiner Liste zu entwickeln, wirst Du vermutlich nicht sehr weit kommen. Alle Probleme der Wunschkunden zu lösen ist auch gar nicht das Ziel. Die ausführliche Problemsammlung hat lediglich Deine Chancen erhöht, das wichtigste Problem Deiner Wunschkunden zu finden. Sie hat Dir entscheidend dabei geholfen, genau die Hindernisse zu verstehen, die Deinen Wunschkunden beim Erreichen ihrer Ziele im Weg stehen. Jetzt geht es darum, die wirklich wichtigen Punkte auf Deiner Liste zu finden und danach das Hauptproblem Deiner Wunschkunden zu definieren. Genau das Problem, das Du lösen willst. Dabei wird jeder ein anderes Ergebnis haben. Es gibt kein Richtig und kein Falsch. Es geht um Deine persönliche Einschätzung und darum, genau das Problem zu finden, dessen Lösung Dir persönlich am Herzen liegt. Diese Präferenzen sind bei verschiedenen Personen unterschiedlich. Nimm Dir Deine Liste und lass 10 Personen das Hauptproblem darauf markieren. Dadurch würdest Du viele verschiedene Ergebnisse bekommen. Es geht also einzig und allein darum, was Du als das wichtigste, das dringendste Problem Deiner Wunschkunden ansiehst. Genau deswegen entwickelst Du ja auch das perfekte Angebot für DEINE Wunschkunden. Jeder andere Unternehmer kann andere Wege gehen. Du gehst Deinen.

Die Abkürzung nehmen

Auch hier gibt es wieder eine Abkürzung. Vertraue Deinem Bauchgefühl. Unternehmer, die ihre Wunschkunden genau kennen und schon häufig genau die richtige Lösung zur richtigen Zeit angeboten haben, sehen nach der Problemsammlung häufig sofort das Problem, das sie als nächstes lösen müssen. Jeder hat ein Bauchgefühl. Ohne Erfahrung ist die Gefahr aber groß, dass Du nicht genau ins Schwarze triffst, denn auf Deine Intuition ist nur dann Verlass, wenn Du sie vorher in genau dieser Situation trainiert hast. Gehe also lieber den langen Weg, wenn Du noch nicht ausreichend Erfahrung hast. Gefährlich ist die Abkürzung für alle, die die Problemanalyse das erste Mal systematisch durchlaufen. Wenn das bei Dir der Fall ist, dann verzichte auf die Abkürzung. Sonst war die ausführliche Sammlung umsonst und Du bietest am Ende wieder nur eine Lösung für irgendein Symptom an.

Der ausführliche Weg

Bevor Du jetzt mit der Auswahl des Hauptproblems beginnst, gehe noch einmal Deine ausführliche Problemliste durch. Markiere zuerst alle Probleme, die Du unbedingt lösen willst. Es ist erst einmal völlig egal, ob Du die dafür notwendigen Ressourcen hast. Markiere einfach alles, was Du unbedingt lösen willst, und bitte nur die Probleme markieren, deren Lösung Dir wirklich wichtig sind. Alles andere ignorieren wir für die nächsten Schritte erst einmal. Bitte streiche keine Probleme! Kunden und Probleme ändern sich. Du wirst Deine Liste in einigen Monaten mit anderen Augen sehen. Heute brauchen wir aber eine Einschränkung. Suche also jetzt erst einmal nur die Probleme aus, die Dir aktuell wirklich wichtig sind.

Jetzt schau Dir die auswählten Punkte noch einmal genau an. Ist das wirklich ein Problem? Oder nur ein Symptom? Die Unterscheidung ist nicht immer einfach und es kommt auch gar nicht so genau darauf an, dass Du Dir einhundertprozentig sicher bist. Es ist jedoch entscheidend, dass Du „das Problem" hinter dem offensichtlichen Problem beschreibst. Finde heraus, was die Ursache für das Problem ist, dass Deine Kunden wahrnehmen. Zum zweiten kontrolliere bitte, ob alle Stichpunkte aus Sicht Deiner Wunschkunden formuliert sind. Wenn das bei einigen Punkten nicht der Fall ist, formuliere diese bitte aus Kundensicht. Dann nimm Dir eine neue leere Liste und schreibe die ausgewählten Probleme noch einmal auf. Beschränke Deine Auswahl, wenn möglich auf 5-10 Stichpunkte. Fasse möglichst mehrere Punkte zusammen.

Aktuell möchte ich unbedingt die folgenden Probleme meiner Wunschkunden lösen:

____

____

____

____

____

Probleme zusammenfassen

Jetzt schaue Dir Deine Liste noch einmal an. Welche drei Probleme sind die wirklich wichtigen? Welche müssen unbedingt sofort gelöst werden? Welche können warten? Arbeite solange weiter, bis Du die drei wichtigsten Probleme erkannt hast, denn die brauchen wir für die nächste, entscheidende Übung. Genau drei Probleme.

Folgende Hinweise helfen vielen Unternehmern, die drei wichtigsten Punkte in ihrer Liste zu finden:

» Lass Dir helfen! Allein ist es viel schwieriger, die zentralen Punkte zu finden. Für einen externen Betrachter ist häufig schneller klar, was die entscheidenden Punkte sind und welche Punkte ggf. zusammen gehören. Also frage Freunde und Kollegen oder einen Experten.

» Fasse ähnliche Probleme zusammen. Wenn Du Gemeinsamkeiten nicht sofort erkennst, finde zu jedem Problem eine Oberkategorie. Nimm dafür einfach eine der Kategorien aus der Problemanalyse oder erfinde Deine eigenen Kategorien. Überlege: Was haben einzelne Stichpunkte gemeinsam? Was verbindet sie? Was lässt sich zusammenfassen? Und dann formuliere einen neuen Stichpunkt aus zwei bis drei bestehenden.

» Nimm Dir einen Stapel Post-Its und schreibe jeden Stichpunkt auf einen separaten Zettel. Versuche dann, alle Zettel zu drei Gruppen zuzuordnen. Klebe die Zettel solange um, bis Du (nahezu) alle Punkte zugeordnet hast. Finde dann eine Beschreibung für diese drei Gruppen.

Wichtig ist, dass Du Deine bisherige Liste so zusammenfasst, dass am Ende drei wichtige Probleme Deiner Kunden darauf stehen. Denke daran – Du kannst diese Gruppierung jederzeit ändern. Also halte Dich nicht übermäßig lange mit der Gruppierung auf. Mache einen ersten Versuch und arbeite damit weiter. Du wirst diese Übung in Zukunft viel schneller und besser bewältigen als beim ersten Versuch. Also leg los!

Du kannst Dich noch immer nicht entscheiden bzw. hast trotz der Zusammenfassung mehr als drei Punkte auf Deiner Liste? Dann bewerte die verbleibenden Lösungen wie folgt und nimm dann die drei Punkte mit der besten Bewertung.

Vergib für jedes Problem auf Deiner Liste Punkte in den folgenden beiden Kategorien:

» Passt zu den eigenen Ressourcen: Wenn Du das Gefühl hast, dass Du eine Lösung für dieses Problem leicht mit den eigenen Ressourcen realisieren könntest, vergebe 6 Punkte. Wenn Du eher denkst, dass Du Dich mit einer Lösung für dieses Problem komplett übernimmst, vergib einen Punkt. Wenn die Wahrheit irgendwo dazwischen liegt, dann vergebe die entsprechende Punktzahl. Je mehr Punkte Du vergibst, desto wahrscheinlicher lässt sich das Problem mit Deinen aktuellen Ressourcen (Zeit, Geld, Unterstützung, usw.) lösen.
» Mögliche Lerngewinne: Bewerte, wie schnell und einfach Du Dir in diesem Bereich neues Wissen aneignen kannst. Wenn Du zu diesem Problem in wenigen Wochen viel mehr weißt, als alle anderen, dann vergebe 6 Punkte, wenn Du kein neuen Erkenntnisse gewinnen kannst, vergebe 1 Punkt. Oder Du vergibst eine passende Punktzahl dazwischen. Je mehr Punkte es sind, desto schneller wirst Du mehr als alle anderen über dieses Problem wissen.

Zähle die beiden Bewertungen für jeden Punkt Deiner Liste zusammen. Die Probleme mit den meisten Punkten sind Deine Favoriten. Immer noch Gleichstand?
Hier sind zwei weitere Bewertungskriterien. Wende sie nur an, wenn Du Dich immer noch nicht für drei Punkte Deiner Problemliste entscheiden kannst.

» Zahlungsbereitschaft: 6 Punkte bekommt ein Problem, wenn Kunden für dessen Lösung garantiert Geld bezahlen, 1 Punkt gibt es, wenn Kunden für eine Lösung niemals Geld ausgeben werden. Hier zählt Dein Bauchgefühl. Je mehr Punkte Du vergibst, desto höher erscheint Dir die Zahlungsbereitschaft.
» Marktpotential: Hat eine Lösung viele Interessenten und Käufer, also einen sehr großen Markt, vergib 6 Punkte. Gibt es wahrscheinlich niemanden, der eine Lösung für dieses Problem braucht, vergib 1 Punkt. Je mehr Punkte Du vergibst, desto größer schätzt Du den Markt für eine Lösung dieses Problems ein.

Zähle wieder die Punkte zusammen und küre dann Deine drei Favoriten. Immer noch keine eindeutige Entscheidung? Nimm die ersten drei Punkte auf Deiner Liste.

Die drei wichtigsten Probleme meiner Wunschkunden sind:

____

____

____

Hauptproblem auswählen

Nach der ganzen Vorarbeit bist Du jetzt beim entscheidenden Schritt angekommen. Die folgende Analyse unterscheidet eine gute Problemanalyse von einer exzellenten. Je besser Deine Analyse und je tiefer Dein Verständnis des Hauptproblems Deiner Wunschkunden ist, desto besser wird Deine Lösung sein und desto schneller wirst Du Erfolg haben.
Dieser Schritt ist der wichtigste auf dem Weg zum perfekten Angebot. Das will ich Dir an einem Beispiel erläutern.

Stell Dir vor, Du bist auf dem Fußweg in einen großen Hundehaufen getreten. Das ist mehr als ärgerlich!
Auf der Parkbank sitzend betrachtest Du das ganze Ausmaß – und Dir sind dabei die lauten Autos und die brennende Sonne völlig egal. In einer anderen Situation hättest Du Dich über die Polizeisirene geärgert, aber jetzt ist Dein Hauptproblem der verschmutzte Schuh.
Jetzt stell Dir vor, dass direkt neben Dir ein Schuhputzer seine Dienste anbietet? Was würdest Du für einen sauberen Schuh bezahlen? Sicher mehr als wenn Du nicht in den Hundehaufen getreten wärest. Wenn es

Freitagnachmittag ist und Du auf dem Weg nach Hause bist, wäre Dir der Schuhputzer sicher ein paar Euro wert. Wenn Du aber auf dem Weg zu der wichtigsten Projektpräsentation Deines Lebens bist oder in fünf Minuten ein Date mit Deiner Traumfrau hast – was würdest Du dann für saubere Schuhe ausgeben? Sicher deutlich mehr.

Das Beispiel zeigt deutlich, dass ein identisches Problem (Polizeisirene) je nach Situation als nervend wahrgenommen wird oder eben gar nicht auffällt. Genauso zeigt es, dass eine identische Lösung (Schuhe putzen) einen völlig unterschiedlichen Wert haben kann. Genau deshalb ist es so entscheidend, das tatsächlich wichtigste Problem Deiner Wunschkunden zu ermitteln und es dann zu lösen. In genau der Situation, wo das Problem für Ärger sorgt.

Bisher hast Du systematisch Probleme gesammelt und diese zusammengefasst und verdichtet. Alle diese Schritte sind unverzichtbar, um die wirklich wichtigen Probleme hinter den offensichtlichen zu identifizieren. Ein tiefes Verständnis erlangst Du aber erst, wenn Du das zentrale Problem findest, dass hinter den bisher identifizierten "Favoriten" steckt. Dieser Schritt führt häufig zu einer zentralen Vision und Ausrichtung eines Unternehmens.

Nutze die folgende Übung, um das Hauptproblem Deiner Kunden zu identifizieren. Mach die Übung regelmäßig. Mit etwas Erfahrung geht es leichter:

1. Nimm ein leeres Blatt und zeichne drei gleich große Kreise darauf, die sich überlappen (auf www.wunschkundenbusiness.de kannst Du Dir eine entsprechende Vorlage herunterladen).
2. Trage dann in die äußeren Bereiche der Kreise je eines der drei identifizierten Probleme ein. Versuche danach, die „Schnittmenge" von zwei der drei Probleme zu identifizieren. Was ist hier das verbindende Element, was die Gemeinsamkeit? Was sorgt dafür, dass die beiden Probleme entstehen? Trage diese Schnittmenge in den entsprechenden Zwischenraum ein.
3. Wenn Du das für alle drei Problempaare gemacht hast, verbleibt als einzige freie Fläche der Bereich in der Mitte. Finde jetzt das zentrale Problem Deiner Kunden. Was steckt hinter den Punkten, die Du bereits in die Kreise eingetragen hast?

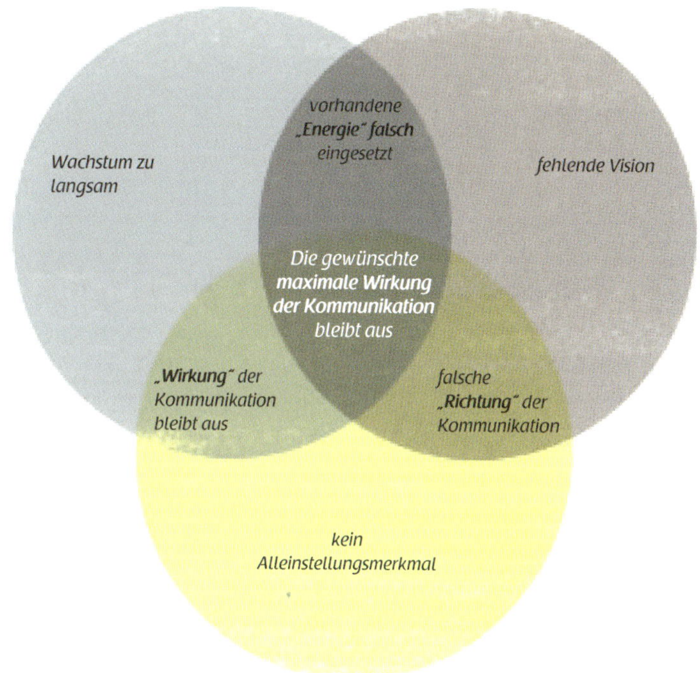

Wenn verschiedene Personen die gleiche Aufgabe machen, kommt meist ein anderes Ergebnis dabei heraus. Es geht aber hier darum, dass Du das Hauptproblem Deiner Kunden definierst. Also suche nicht ewig nach der vermeintlich perfekten Lösung, sondern optimiere Dein Kreismodell lieber regelmäßig. Wenn Du es schaffst, die Mitte des Modells auszufüllen, kennst Du das Hauptproblem Deiner Wunschkunden viel besser als alle anderen. Oft ist das Ergebnis dieser Methode ein eindeutiger, überzeugender und leicht zu kommunizierender Slogan eines Unternehmens.

Damit es leichter verständlich wird, hier zwei Beispiele:

Kommunikations- und Werbeagantur

Die Liebscher Kommunikationsagentur (www.liebscher-werbeagentur.de) hatte verschiedene Probleme ihrer Wunschkunden identifiziert. Zu den dringendsten Problemen gehörten:

- » Dass die Kunden eine neue Werbekampagne benötigten, weil die Geschwindigkeit des Wachstums hinter den Erwartungen zurück blieb,
- » die Kunden häufig keine konkrete Unternehmensvision hatten, was das Finden einer Leitidee für die Kampagne erschwerte und
- » häufig kein Alleinstellungsmerkmal beim Angebot des Kunden erkennbar war, was eine wirkungsvolle und punktgenaue Ansprache potentieller Kunden unmöglich machte.

Diese drei Probleme wurden in die äußeren Bereiche der drei Kreise eingetragen. Die nachfolgenden Analyse der Schnittmengen ergab folgendes Ergebnis:

Die fehlende Vision führte zu verlangsamtem Wachstum, weil häufig die vorhandene "Energie" für Werbemaßnahmen (Budget, Personal, Zeit) nicht optimal eingesetzt wurde. Es war unklar, was genau erreicht werden sollte. Das dahinter liegende Problem, also die Schnittmenge zwischen "Vision" und "Wachstum" war also die falsch eingesetzte Energie. Das fehlende Alleinstellungsmerkmal führte ebenso wie die fehlende Vision zu nicht ausreichendem Wachstum. Hier ist die Schnittmenge allerdings eher die ausbleibende Wirkung der Kommunikation. Jeder kennt Beispiele für Werbeanzeigen, die kein klares Alleinstellungsmerkmal kommunizieren. Die Folge: Die Wirkung bleibt aus.

Das zentrale Problem hinter der fehlenden Vision und des unklaren Alleinstellungsmerkmals führte dazu, dass die Richtung der Kommunikation unklar war. Wer nicht weiß, wo er hin will und was er besonders gut kann, wird es schwer haben, zielgenau zu kommunizieren. Das führt zu Trial and Error in der Werbung und damit häufig in die falsche Richtung.

Zusammengefasst kann man also sagen, dass die Kunden der Liebscher Kommunikationsagentur vor allem Probleme damit haben, die "Richtung" und "Energie" der Werbung so zu bestimmen, dass die gewünschte maximale Wirkung erreicht wird. Das ist das zentrale Problem der Kunden der Liebscher Kommunikationsagentur, das hinter allen vorher identifizierten Problemen liegt.

Die Lösung liegt hier sofort auf der Hand: Die Liebscher Kommunikationsagentur bietet Ihren Kunden die maximale Wirkung der Kommunikation. Die wird durch die optimale Energie in Verbindung mit der richtigen Richtung erreicht. Folgende Formel wurde entwickelt, um dieses Angebot zu visualisieren: Optimale Energie + richtige Richtung = maximale Wirkung. Für alle Kunden wird zuerst eine Kommunikationsstrategie entwickelt, auf deren Basis dann eine Kampagne mit maximaler Wirkung erstellt wird. Die definierten Maßnahmen werden auf ihre Wirkung hin getestet, optimiert und dann "ausgerollt". Damit ist die maximale Wirkung der Kommunikation garantiert. Das perfekte Angebot für die Wunschkunden der Liebscher Kommunikationsagentur ...

Agentur für Marketingassistenz

Die Firma Punktgenau (www.punktgenau-assistenz.de/) identifizierte die folgenden drei vorrangigen Probleme ihrer Wunschkunden:

- » Kunden hatten generell zu wenig Kundentermine.
- » Bei Kundenterminen war die Abschlussquote der Vertriebsmitarbeiter sehr gering.
- » Werbeaktionen führten zu geringem Erfolg, vor allem weil eine konsequente Nachverfolgung ausblieb.

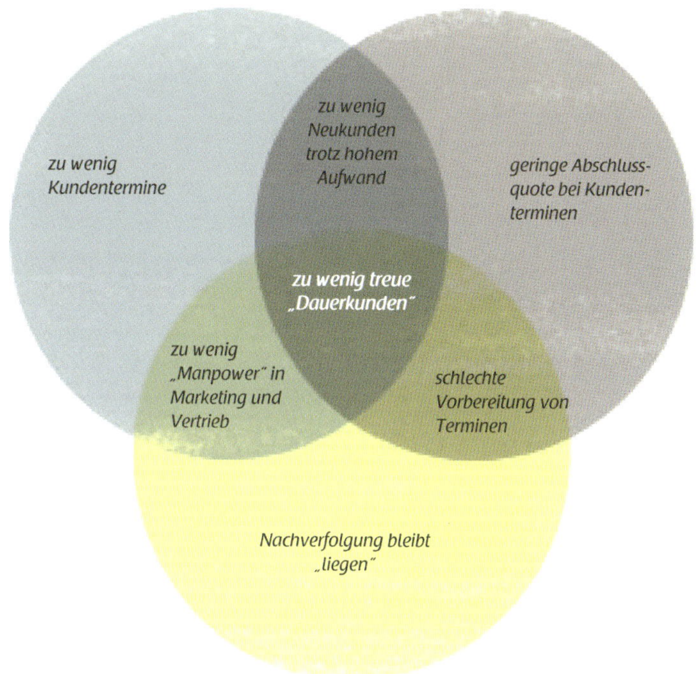

Diese drei Probleme wurden in die äußeren Bereiche der drei Kreise eingetragen. Die nachfolgenden Analyse der Schnittmengen ergab folgendes Ergebnis:

Kundentermine bedeuten einen erheblichen Aufwand (Zeit, Fahrtkosten, usw.), sind aber in vielen Branchen der effektivste oder sogar der einzige Weg, um neue Kunden zu gewinnen. Wenige Termine mit noch dazu niedriger Abschlussquote führen natürlich nicht zu der gewünschten Anzahl von Neukunden. Der hohe Vertriebsaufwand von Unternehmen in Verbindung mit ausbleibenden Aufträgen ist also das dahinter liegende Problem.

Der Grund für die wenigen Kundentermine war vor allem die fehlende Nachverfolgung von Kunden-kontakten, die aus Werbeaktionen generiert wurden. Die Nachverfolgung blieb häufig "liegen", weil die personellen Kapazitäten fehlten. Die fehlende "Manpower" begrenzte also die Anzahl der Kundentermine, eine Einstellung weiterer Mitarbeiter war aber für viele Unternehmen nicht möglich.

Verschärft wurde das Problem durch die geringe Abschlussquote der Vertriebsmitarbeiter bei den Kundenterminen. Das dahinter liegende Problem war vorrangig die schlechte Vorbereitung der Termine und die mangelnde "Vorqualifizierung" der Kontakte. Bei vielen Terminen kannte der Vertriebsmitarbeiter den Bedarf des Kunden nicht im Detail und konnte so kein passgenaues Angebot unterbreiten. Eine intensivere Vorbereitung hätte das Problem gelöst.

Die fehlende Manpower bedingte die schlechte Vorbereitung der Termine und führte bei hohem Aufwand folglich kaum zu Neukunden. Die zentrale Ursache dieser Probleme: Die Kunden von *Punktgenau* benötigten vor allem deshalb ständig Neukunden, weil es kaum treue Bestandskunden gab. Die Ursache lag also vor allem in der Betreuung der Bestandskunden, die wegen der forcierten Neukundenakquise vernachlässigt wurden.

Die Firma Punktgenau definierte daraufhin ihr Angebot wie folgt: „Wir erreichen Ihre Wunschkunden und machen sie zu Dauerkunden. Durch eine persönliche und "punktgenaue" Ansprache von Kunden erhöht sich die Anzahl der Kundentermine, die Abschlusswahrscheinlichkeit steigt. Insgesamt werden weniger Neukunden benötigt, weil die dauerhafte Betreuung der Kunden zu geringerer Fluktuation führt." Das perfekte Angebot für die Wunschkunden von Punktgenau ...

Beide Beispiele zeigen, dass offensichtliche Probleme häufig nicht mit der eigentlichen Ursache der Kundenprobleme übereinstimmen. Erkennt man aber die tatsächliche Ursache, liegt die Lösung auf der Hand. Die Definition des Hauptproblems ist daher der entscheidende Schritt bei der Einwicklung des perfekten Angebotes. Findet man das zentrale Kundenproblem, dann:

» liegt die Lösung und damit die Grundlage für das perfekte Angebot meist klar auf der Hand und
» ist der Wert für den Kunden sehr groß und es fällt somit leicht, neue Kunden zu gewinnen.

Trotz der enormen Wichtigkeit einer genauen und detaillierten Problemanalyse wird dieser Schritt häufig nicht mit der erforderlichen Sorgfalt durchgeführt. Dies hat verschiedene Ursachen. Der Prozess ist langwierig und führt nicht sofort zu sichtbaren Fortschritten und damit zu motivierenden Ergebnissen. Darüber hinaus neigt unser Gehirn dazu, jedes Problem sofort lösen zu wollen. Lass Dich davon nicht abhalten und analysiere das Hauptproblem Deiner Wunschkunden bis ins letzte Detail. Wenn Du diesen Schritt halbherzig machst, fällt das erst einmal nicht auf. Du kannst Begeisterungsfaktoren entwickeln und auch ein geeignetes Preismodell finden (die nächsten beiden Schritte im Prozess). Beim Akzeptanztest aber, wo Deine Wunschkunden darüber entscheiden, wie perfekt Dein Angebot ist, wirst Du selten Erfolg haben. Misserfolg im Akzeptanztest (und auch später) liegt fast immer daran, dass die Kundenprobleme nicht sorgfältig analysiert wurden. Wenn man mittelmäßige Probleme bearbeitet, erhält man auch nur mittelmäßige Lösungen. Und damit begeistert man keine Kunden.

Nimm die Problemanalyse ernst. Sie ist der wichtigste Schritt auf dem Weg zum perfekten Angebot.

Das Hauptproblem der Wunschkunden beschreiben

Nachdem Du jetzt das Hauptproblem Deiner Wunschkunden identifiziert hast, beschreibe es in allen Einzelheiten. Je genauer Du das Problem beschreibst, desto besser kannst Du es lösen.
Bei dieser Beschreibung eignet sich der Ansatz von Dan Roam am besten **(www.danroam.com).** Viele der in diesem Kapitel beschriebenen Methoden stammen aus seiner Feder. Er beschreibt jedes Problem in sechs Kategorien:

1. ***Wer und Was?*** Wer hat das Problem? Welche Personen oder Gegenstände sind beteiligt?
2. ***Wie viel?*** Wie groß ist das Problem? Welche Konsequenzen drohen? Um wie viel geht es?
3. ***Wo?*** Wo tritt das Problem auf? Wo wird es sichtbar?
4. ***Wann?*** Wann tritt das Problem am häufigsten auf? Gibt es eine bestimmte Zeit, die das Entstehen des Problems begünstigt?
5. ***Wie?*** Wie genau entsteht das Problem? Welche Zusammenhänge gibt es zu anderen Ereignissen?
6. ***Warum?*** Warum tritt das Problem auf? Welche Ursachen gibt es? Was begünstigt die Entstehung des Problems?

Nutze zum Sammeln Deiner Erkenntnisse das abgebildete Arbeitsblatt. Hier lassen sich alle Fakten übersichtlich auflisten. Auf www.wunschkundenbusiness.de kannst Du Dir ein entsprechendes Arbeitsblatt herunterladen. Hänge diese Übersicht an einer zentralen Stelle auf und versuche jeden Tag, das Hauptproblem Deiner Kunden ein bisschen besser zu lösen.

Du hast jetzt den wichtigsten Schritt auf dem Weg zum perfekten Angebot gemacht. Verinnerliche das Hauptproblem Deiner Wunschkunden. Beschreibe es Freunden und Bekannten, um zu testen, ob Du es klar und kurz zusammenfassen kannst. Dann fokussiere Deine gesamte Energie darauf, dieses Problem besser als alle anderen zu lösen.

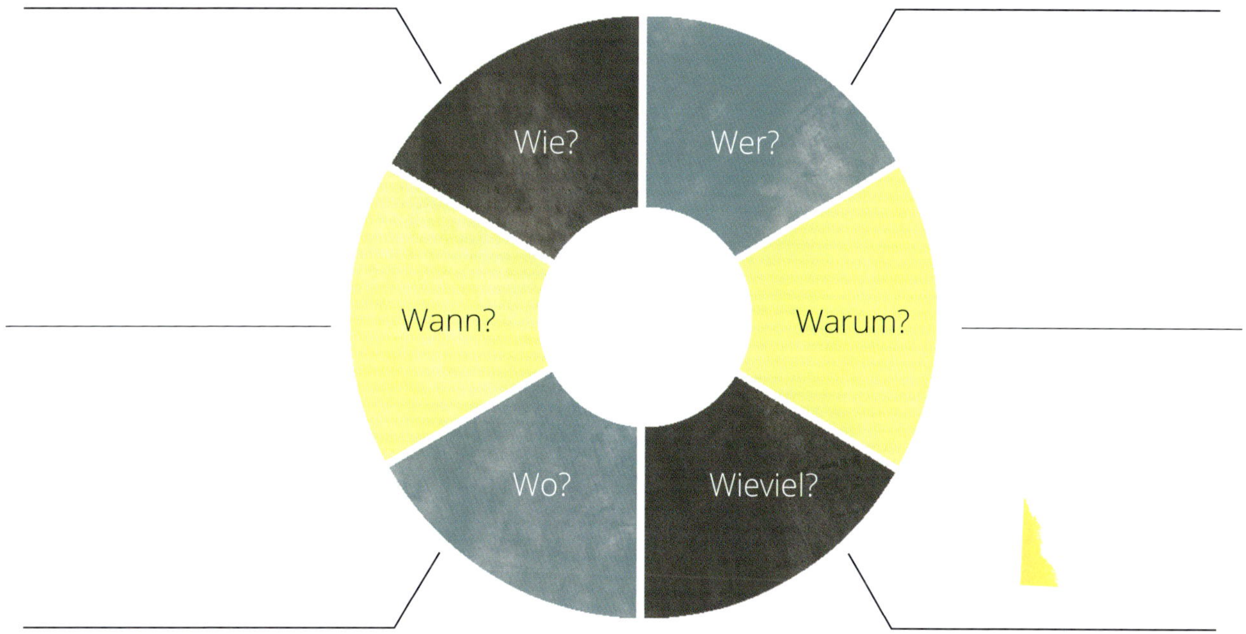
Wie?
Wer?
Wann?
Warum?
Wo?
Wieviel?

Problemlösung

Häufig hat man sofort nach dem Erkennen des Hauptproblems eine passende Lösung parat. Schreibe alles auf, was Dir spontan dazu einfällt. Das ist die ideale Basis für die Entwicklung der Lösung, die im nächsten Abschnitt beschrieben wird. Wenn Du bisher keine Lösung hast – auf den nächsten Seiten findest Du Kreativtools, mit denen Du fehlende Ideen schnell entwickelst.

Die Abkürzung nehmen

Entwickle die beste Lösung für das Hauptproblem Deiner Wunschkunden. Gehe wie folgt vor:

1. Suche nach passenden Lösungen. Überlege, wo das Problem noch auftritt. Die meisten Probleme sind woanders längst gelöst.
2. Lass Dich von Unternehmen inspirieren, die ein ähnliches Problem schon gelöst haben. Schau Dir dazu zum Beispiel passende Inspirationsbeispiele aus der Inspirationsdatenbank auf Wunschkunden-business.de an.
3. Übertrage bestehende Lösungen auf Deine konkrete Situation. Sammle erst einmal alles, was Dir als Lösung einfällt.
4. Bewerte danach die Lösungen systematisch nach emotionalen und rationalen Kriterien.
5. Fasse die besten Lösungen zusammen.

Der ausführliche Weg

Es gibt zahlreiche Bücher, die Innovations- und Kreativmethoden beschreiben. Dieses Kapitel ist das vermutlich kürzeste zu diesem Thema. Der Fokus auf die Entwicklung von Ideen, den wir allerorts beobachten können, ist häufig nur die Folge einer unzureichenden Problemsuche. In mehr als 90 Prozent der Projekte, die ich durchgeführt habe, ergab sich die perfekte Lösung direkt durch eine ausführliche Problemanalyse. Daher lautet mein Plädoyer:

Lass das Brainstorming sein und konzentriere Dich auf die Analyse der Probleme, die Deine Kunden haben.

Auch wenn Du nach der Problemanalyse keine passende Lösung für das Hauptproblem Deiner Wunschkunden hast, ist ein Brainstorming aller Erfahrung nach nicht der beste Weg. Die Vielzahl der Probleme, die Kunden kleiner Unternehmen haben, ist heute schon gelöst. Du kennst aber wahrscheinlich nicht mehr als 1 Prozent der verfügbaren Lösungen. Deshalb hilft Brainstorming nicht weiter. Die Lösung ist nicht in Deinem Brain. Geh stattdessen auf die Suche nach Unternehmen, die vergleichbare Probleme schon gelöst haben und lass Dich inspirieren. Wie das genau funktioniert, erkläre ich im folgenden Abschnitt.

Ideen entwickeln

Dein Ziel ist es, mindestens 30 potentielle Problemlösungen zu entwickeln. Die effektivste Methode, um Ideen für Problemlösungen zu entwickeln, heißt Inspiration. Es gibt kaum ein Problem, für das nicht schon irgendwo eine Lösung existiert. Schau Dir daher an, wie andere Unternehmen und andere Branchen das Problem lösen.

Überlege, wer sonst noch ein ähnliches Problem hat und wie es gelöst wird. Im Internet, in Zeitschriften, in Büchern, auf Messen und auf Kongressen findest Du eine Vielzahl erprobter und erfolgreicher Problemlösungen. Am schnellsten findest Du Inspirationen, wenn Du ein Grundproblem auswählst und dann überlegst, wo es dieses Problem noch gibt. Ein Beispiel: Ein Problem von Versicherungskunden ist, dass sie die Fachbegriffe und das Kleingedruckte in den Versicherungsbedingungen nicht verstehen. Ein ähnliches Problem haben auch Patienten vor einer Operation oder Schüler, die eine neue Fremdsprache lernen wollen. Sucht man in diesen Bereichen, findet man schnell Lösungen, die sich auch auf das Problem der Versicherungskunden anwenden lassen. Der Vorteil bei diesem Vorgehen ist, dass die Lösungen bereits erprobt sind und sich bewährt haben.

Lass Dich also von erprobten Lösungen anderer Unternehmen inspirieren und übertrage die Lösungen auf das Problem Deiner Kunden.

1. Analysiere bewährte Problemlösungen. Wie genau funktioniert die Lösung?
2. Überlege, was von dieser Lösung auch Deinen Kunden helfen könnte.
3. Übertrage die Lösung auf Deine Kunden. Passe sie so an, dass sie für Deine Kunden maßgeschneidert ist.

Entwickle mit dieser Methode möglichst viele Ideen. Es geht erst einmal um Masse. Schreibe alles auf, was hilfreich erscheint.

mit seinem Smartphone nutzen kann und die zu seiner persönlichen Arbeitsmethodik passen. Auf andere Hilfsmittel wird konsequent verzichtet. Ein begleitendes Training sichert schnelle Erfolge.

Nach diesem Schema kann man so relativ schnell viele weitere Lösungen finden, die das Hauptproblem der Kunden lösen. Kombiniere die Möglichkeiten beliebig. Wenn Dir eine Lösung gefällt, schreibe sie in Deine Liste.

Nutze Inspiration und Kombination solange, bis Du mindestens 30 Lösungen für das Hauptproblem Deiner Kunden gefunden hast. Ab dieser Zahl ist die Wahrscheinlichkeit groß genug, dass Du eine neue und bessere Lösung gefunden hast als andere. Du wirst diese Lösungen aber so nicht anbieten. Vorher werden wir sie weiter ausarbeiten und verfeinern.

Konzepte erarbeiten

Betrachtet man erfolgreiche Problemlöser, findet man zwei Kerneigenschaften, die den Erfolg ausmachen:

Außergewöhnliche Lösungen: Es reicht nicht, exzellente Leistungen zu erbringen und besser als andere zu sein. Du musst außergewöhnliche Lösungen anbieten, die es nur bei Dir und sonst nirgendwo gibt

Individuelle Umsetzung der Lösung: Wähle zur Umsetzung der Lösung die Strategie, die sich am besten dafür eignet. Entwickle wenn notwendig eine eigene Strategie dafür. Setze auf keinen Fall auf branchenübliche Vorgehensweisen, nur weil alle anderen das auch so machen. Verlasse gewohnte Pfade, erarbeite ein eigenes Kommunikationskonzept und bestimme selbst die Spielregeln, also z.B. den Preis. Es geht nicht darum, alles neu zu erfinden, aber genau so wenig ist es das Ziel, alles ungefragt zu übernehmen, nur weil es alle anderen so machen. Also schaffe die beste Lösung für Deine Kunden.

Gehe jetzt noch einmal Deine Liste mit Problemlösungen durch und prüfe, ob alle Ideen außergewöhnliche Lösungen sind und individuell umgesetzt werden. Wenn das nicht so ist, dann verbessere Deine Lösungen.

Jetzt hast Du eine Liste mit vielen Lösungen für das Hauptproblem Deiner Kunden. Aktuell sind die Ideen aber noch roh. Du solltest Deine Ideen daher konkreter ausarbeiten. Dann kannst Du Lösungen besser kommunizieren und es fällt deutlich leichter, Ideen zu bewerten.

Um aus einer Idee ein Konzept zu machen, brauchst Du drei Dinge:

- Aussagekräftiger Titel: Vergib einen Titel, der mit maximal sieben Worten den Kern Deiner Lösung beschreibt.
- Kurze Beschreibung: Beschreibe Deine Lösung in zwei bis drei Sätzen, so dass jeder versteht, was die Kernelemente sind.
- Skizze: Visualisiere Deine Lösung. Füge eine Skizze, eine Zeichnung, ein Diagramm, ein Foto, ein Flow-Chart oder jede andere Form der Visualisierung hinzu. Mach die Lösung bildhaft. Das ist für die meisten Menschen deutlich einfacher zu verstehen und zu behalten. Und es zwingt Dich dazu, das Wesentliche Deiner Lösung darzustellen.

Für unser Trainerbeispiel könnte das wie folgt aussehen:

- Titel: Smartphone only
- Kurze Beschreibung: Ich installiere und trainiere effektives Zeitmanagement ausschließlich mit Methoden, die mit dem Smartphone des Kunden funktionieren. Alle anderen Tools werden gestrichen.
- Skizze: Eine Liste mit allen Zeitmanagement-Tools; alle Begriffe außer „Smartphone" sind durchgestrichen.

Mach diese Übung für alle Lösungen auf Deiner Liste. Du wirst schnell merken, wo Dir das leicht fällt und wo Du Schwierigkeiten hast. Das ist ein gutes Indiz dafür, welche Lösungen schon klar und deutlich sind und an welchen Du noch arbeiten solltest. Dieser Schritt sorgt außerdem dafüt, dass Deine Lösungen besser werden.

Die beste Lösung auswählen

Nachdem Du Deine Ideen zu Konzepten weiter entwickelt hast, kannst Du die besten Lösungsmöglichkeiten auswählen, denn selten wirst Du alle auf einmal umsetzen. In meinen Projekten hat sich hier ein zweistufiges Verfahren bewährt:

1. Bewertung der Umsetzungswahrscheinlichkeit: Bewerte, mit welcher Wahrscheinlichkeit Du die jeweilige Idee umsetzen wirst. Beantworte dazu die Frage: Werde ich die Idee in den nächsten Wochen umsetzen? mit: „Wahrscheinlich ja", „Eventuell", „Wahrscheinlich nicht". Hier geht es rein um Dein Bauchgefühl. Wie sehr brennst Du darauf, die Lösung Wirklichkeit werden zu lassen? Solltest Du ein Konzept „wahrscheinlich nicht" umsetzen, sortiere es erst einmal aus, denn Du verschwendest sonst Deine Zeit. Lösche es aber nicht, denn Du brauchst es eventuell später noch. Für dieses Konzept kannst Du Dir aber den nächsten Schritt sparen.
2. Bewertung der Erfolgschancen: Bewerte die Umsetzungskosten, die Kosten für den Kunden und den Grad der Alleinstellung wie folgt:

» Umsetzungskosten (Was kostet Dich die Umsetzung?): Keine – Gering – Mittel – Hoch
» Kosten für den Kunden (Was wird es den Kunden kosten, diese Lösung zu kaufen?): Keine – Gering – Mittel – Hoch
» Alleinstellung (Wie einzigartig ist diese Lösung?): Gering – Mittel – Hoch – alleiniger Anbieter

Die ausführliche Bewertung ist wichtig, weil Du Dich dadurch noch einmal im Detail mit jedem Konzept auseinandersetzen musst. Danach hast Du mit Sicherheit ein „begründetes Bauchgefühl" und kennst insgeheim Deine Favoriten. Vertraue diesem Bauchgefühl. Entscheide Dich jetzt einfach für die Konzepte, die bei Dir am meisten „Bauchkribbeln" verursachen. Wenn Du Deinem Bauchgefühl nicht so ganz vertraust, probiere das folgende stufenweise aufgebaute Auswahlkonzept. Die meisten kommen hiermit aber zu dem gleichen Ergebnis wie ihr „Bauch".

1. Sortiere Deine Konzepte anhand der Bewertung. Am wichtigsten ist es, dass Du das Konzept kurzfristig umsetzen wirst. Sonst ändert sich nämlich nichts. Diese Konzepte sollten ganz oben auf Deiner Liste stehen.
2. Wähle danach die Konzepte aus, die eine hohe Alleinstellung haben oder für die Du der einzige Anbieter bist.
3. Solltest Du dann immer noch mehr als drei Konzepte in der engeren Auswahl haben, entscheide Dich anhand der Umsetzungskosten und der Kosten für den Kunden. Hier kannst Du die Kriterien selbst festlegen. Auf jeden Fall solltest Du Deine drei Favoriten auswählen.

Denke daran: Die endgültige Auswahl triffst nicht Du, sondern Dein Wunschkunde. Dazu wirst Du Akzeptanztests durchführen, sobald Dein perfektes Angebot auf dem Papier fertig ist. In Kapitel 2 wird ausführlich beschrieben, wie das funktioniert. Jetzt ist vor allem wichtig, dass Du Dich entscheidest. Eine „falsche" Entscheidung ist immer besser als gar keine. Du kannst Dich ja jederzeit umentscheiden, aber wenn Du Dich gar nicht entscheidest, wirst Du nie das perfekte Angebot entwickeln. Also wähle jetzt die drei besten Problemlösungen aus und dann mache den nächsten Schritt.

Die folgende Vorlage soll Dir helfen, die Ausarbeitung und Bewertung Deiner Ideen durchzuführen. Ein entsprechendes Arbeitsblatt kannst Du Dir auf www.wunschkundenbusiness.de herunterladen.

Titel

____

Beschreibung

____

____

____

____

____

____

____

Bild / Skizze

Bewertung

☆ ☆ ☆ ☆ ☆ ♡

Die Lösung erklären

Wenn Du Deine drei Favoriten ausgewählt hast, bist Du einen großen Schritt weiter. Du wirst bald mit Kunden testen, wie Deine Lösung ankommt, nachdem Du Begeisterungsfaktoren und ein Preismodell entwickelt hast. Dazu ist es notwendig, die Lösungen verständlich und überzeugend zu präsentieren. Daher solltest Du jetzt, wo Du Dich im Detail mit den Lösungen beschäftigt hast, eine Formulierung für den Kundentest erarbeiten. Die endgültige Formulierung kannst Du später noch anpassen, aber erarbeite jetzt schon einmal eine Erklärung für Deine Lösungen. Auch hier erfinden wir das Rad nicht neu, sondern lassen uns von einer Branche inspirieren, wo die Beschreibung von Inhalten in wenigen Worten zum Tagesgeschäft gehört - der Presse. Journalisten schaffen es, komplexe Zusammenhänge in wenigen Worten verständlich zu erklären. Sie nutzen dazu einige „Tricks", die Du Dir auch zu Nutzen machen kannst. Die besten drei sollen hier kurz erklärt werden. Für alles andere holst Du Dir am besten die Hilfe eines erfahrenen Texters.

1. **Erster sein:** Es muss Dein Ziel sein, der beste Problemlöser zu werden. Beschreibe Deine Lösung daher so, dass Du „Erster" bist. Biete als Erster eine neue Lösung für ein Problem. Wenn es schon ähnliche Lösungen gibt, schaffe eine neue Kategorie, in der Du Erster bist. Eine gute Inspirationsquelle sind die Beschreibungen von Sehenswürdigkeiten. Ein Beispiel gefällig? Es gibt viele Hochhäuser, aber der JenTower ist aktuell 159,60 m hoch und somit das derzeitig höchste Bürogebäude der neuen Bundesländern. Durch die Einschränkungen „Bürogebäude" und „neue Bundesländer" ist der JenTower der „höchste" und darauf kommt es an.

2. **Im Kopf bleiben:** Geschichten lassen sich viel leichter merken und weiter erzählen als eine Faktensammlung. Seit Jahrhunderten wird Wissen in Form von Geschichten übermittelt. Denke zum Beispiel an die Bibel oder Sagen. Dan und Chip Heath haben über Jahre ermittelt, welche Merkmale Erzählungen haben, die im Gedächtnis bleiben und überdauern. In Ihrem Buch „Made to Stick" nennen Sie dafür sechs Kriterien. Erzählungen bleiben am besten im Gedächtnis, wenn sie:
   - ***a. einfach sind:*** Vermittle die Kernbotschaft so einfach wie möglich. Gehe Deine Beschreibung durch und streiche alles, was für die Vermittlung der Kernbotschaft nicht zwingend erforderlich ist. Welche Fakten kannst Du weglassen, ohne dass der Kern der Lösung verloren geht?

- ***b. Erwartungen brechen:*** In jeder Branche und für jedes Angebot existieren Erwartungen und ungeschriebene Gesetze. Weichst Du davon auch nur in einem einzigen Punkt ab, ist Dir die Aufmerksamkeit sicher. Suche also ein Merkmal Deiner Lösung, das einzigartig ist und die Erwartungen Deiner Kunden übertrifft.
- ***c. konkret sind:*** Mache Deine Beschreibung so konkret wie möglich. Das beste Mittel dafür sind (sprachliche) Bilder. Nutze Bildsprache oder erstelle eine einfache Skizze, die die Lösung beschreibt. Beim Ausformulieren der Lösung hast Du damit ja schon begonnen.
- ***d. Vertrauen schaffen:*** Baue Vertrauensbeweise in Deine Erzählungen ein. Nenne bekannte Referenzkunden, nutze Gütesiegel oder hole Dir die Bewertung eines Experten. Wichtig ist, dass Du das Vertrauen, dass Deine Kunden in andere Personen oder Sachverhalte haben, auf Deine Lösung überträgst.
- ***e. Emotionen vermitteln:*** Nüchterne Faktensammlungen kann sich kein Mensch merken. Erkläre nicht, was Du tust und wie es funktioniert, sondern was Deine Lösung bewirkt. Was ist der Nutzen? Am leichtesten lässt sich das über Beispiele vermitteln. Erzähle Kundenreferenzen oder baue O-Töne weiter.
- ***f. eine konkrete Handlungsaufforderung beinhalten:*** Am besten merken sich Deine Kunden etwas, wenn sie es tatsächlich machen. Biete ihnen also eine Möglichkeit an, wie sie sofort aktiv werden können. Zeige einen konkreten nächsten Schritt auf. Sage, was als nächstes zu tun ist.

3. **Headline:** Nichts ist wichtiger als die Überschrift. Also gib Deiner Lösung einen einzigartigen Titel und beschreibe in wenigen Worten, was die Lösung ausmacht. Wie das geht, kann man in der Presse und von der Werbebranche lernen. Hier werden Slogans entwickelt, die in wenigen Worten treffend eine Leistung beschreiben.

Schauen wir uns einmal etwas genauer an, was einen guten Slogan ausmacht und wie man ihn entwickelt. Ein guter Slogan hat drei Erfolgskriterien. Er beschreibt den

- größten Nutzen für die Kunden
- in wenigen Worten
- in der Sprache der Zielgruppe.

Mit diesen drei Kriterien kannst Du auch den Titel Deiner Lösungsbeschreibung bewerten. Am besten verdeutliche ich das an einem Beispiel. Nehmen wir einen Strategieberater. Eine mögliche Überschrift für ein Angebot könnte lauten: „Alle finden Ihr Angebot gut, aber keiner kauft?" Der Slogan erfüllt nur einen der drei Erfolgs-Kriterien. Er verwendet wenige Worte. Der größte Nutzen für den Kunden kommt aber nicht heraus. Und die Sprache der Zielgruppe wird auch nicht verwendet. Lass uns den Titel also optimieren.

Zuerst analysieren wir den größten Nutzen für die Kunden. Dazu müssen wir zuerst erkennen, wo das wichtigste Problem liegt. Wie das geht, wurde in diesem Kapitel ausführlich beschrieben. Für die Kunden unseres Beraters liegt die größte Herausforderung darin, Kunden zu gewinnen. Dazu muss er den Nutzen seiner Leistung erklären und begeistern. Wie das geht, weiß er leider nicht und erntet damit mehr „Nein" als „Ja". Das ist frustrierend. Die ideale Lösung (und damit der größte Nutzen) wäre es, wenn Kunden dem Berater die Leistung aus den Händen reißen würden. Um es kurz und knapp zu formulieren: Für den Berater wäre es perfekt, wenn er ausgebucht wäre.

Danach schauen wir uns die Sprache der Zielgruppe an. Nehmen wir an, der Berater hat keinen Branchenfokus und berät vor allem Gründer. Dadurch scheiden branchenspezifische Begriffe aus. Er kann aber immer noch allgemeine sprachliche Bilder verwenden, die vielen Personen geläufig sind. Was also ist eine Umschreibung dafür, dass einem ein Angebot aus den Händen gerissen wird? Wie umschreibt man, dass etwas sich besonders gut verkauft. Sicher haben Sie jetzt zumindest eine Assoziation. Mir kommt spontan „Schlussverkauf" in den Kopf oder das geflügelte Wort „Das geht weg wie warme Semmeln". Damit lässt sich gut weiter arbeiten.

Erstellt man aus diesen sprachlichen Bildern einen Titel für das Angebot des Beraters, könnte er sagen: „Für ein Angebot das weggeht wie warme Semmeln". Dieser Titel erfüllt alle drei Kriterien eines guten Slogans und ist deutlich besser als „Alle finden Ihr Angebot gut, aber keiner kauft?". Findest Du nicht auch?

Nutze diese Hinweise, um die Beschreibung und den Titel Deiner Lösung zu verbessern. Wenn Du nicht weiterkommst, lass Dir von einem Profi helfen. Und noch ein letzter Tipp: Du weißt deutlich mehr als Deine Kunden, auch wenn Du das nicht glaubst. Also erzähle auch Fakten, die für Dich banal klingen und nutze einfache Formulierungen. Teste Deine Story mit Personen, die keine Ahnung von diesen Dingen haben. Selbst Werbeagenturen nutzen dieses Vorgehen, um neue Slogans zu testen. Sie nennen es „Putzfrauen-Test". Erzähl es also Deiner Putzfrau, der Kassiererin im Supermarkt oder sonst jemandem aus einem komplett anderen Bereich. Wenn diese Personen Deine Erklärungen verstehen, dann sind sie perfekt.

Fasse zusammen, wie Du das Hauptproblem Deiner Wunschkunden in Zukunft löst.

Ich biete folgende Lösungen für das Hauptproblem meiner Kunden:

1.4 Begeisterungs-faktoren

Kaufentscheidungen fallen emotional. Liefere Deinen Kunden also Emotionen. Entwickle Geschichten, schaffe Symbole und steuere damit, was Kunden über Dich erzählen. An was denkst Du, wenn Du „Paris“ hörst? Den Eiffelturm? Eben. Und viele weitere Bilder entstehen in deinem Kopf. Keines davon kann ich bewusst erzeugen, aber „Paris“ macht Deine Bilder lebendig.

Was sind Begeisterungsfaktoren?

Begeisterungsfaktoren sind die emotionale Seite der Problemlösung. Kunden entscheiden sich auf Grund von Begeisterungsfaktoren für ein Angebot. Erst danach wird die eigentliche Problemlösung relevant. Begeisterungsfaktoren lenken die Wahrnehmung der Kunden auf einen bestimmten Punkt Deines Angebotes, denn Begeisterung entsteht nicht generell, sondern immer auf Grund eines Details. Hast Du einem Freund schon einmal ein Restaurant empfohlen? Wahrscheinlich hast Du ihm dabei nicht jedes Detail des Restaurants beschrieben, sondern eine ganz bestimmte Sache. Zum Beispiel das tolle Ambiente oder dieses eine leckere Gericht, das Du so zuvor noch nie gegessen hast. Genau aus diesem Grund sind Begeisterungsfaktoren unverzichtbar für ein perfektes Angebot. Sie sorgen dafür, dass interessierte Kunden in den Modus „Kaufwunsch" wechseln. Kaufentscheidungen fallen emotional. Durch richtig eingesetzte Begeisterungsfaktoren kannst Du die passenden Emotionen wecken, die einen Kaufwunsch auslösen. Genau aus diesem Grund musst Du auch die Grundwerte und Einstellungen Deiner Wunschkunden kennen, denn am besten funktionieren Begeisterungsfaktoren, wenn sie auf eine kleine Zielgruppe maßgeschneidert sind.

Überlege also, mit welchen Details Du Interessenten zu Kunden machen kannst. Worauf legen deine Wunschkunden besonderen Wert? Wie kannst Du in drei Sekunden einen Wow-Effekt erzielen? Welche Erwartungen Deiner Wunschkunden kannst Du übertreffen? Schau Dir zur Inspiration das folgende Beispiel an - eine wahre Geschichte eines Kunden von mir.

Stell dir vor, Du willst ein Haus bauen. Um Dich für einen Bauträger zu entscheiden, brauchst Du eine grobe Vorstellung davon, wie das fertige Haus aussehen soll. Der Verkäufer könnte Dir eine 3D-Zeichnung anfertigen, aber das geht leider nicht in drei Sekunden. Außerdem weißt Du ja selbst nicht so genau, wie Dein Traumhaus aussehen soll. Also werden deine Wünsche erst einmal in einer Liste oder einem Formular festgehalten. Sehr emotional, oder? Begeistert Dich das? Sicher nicht. Jetzt stell Dir vor, dass der Verkäufer Dir einen sehnlichen Wunsch erfüllt: Die Grillecke, die Hängematte im Garten, die Sitzbank am Fenster. Ein einziges Detail. Aber genau Dein Detail! Das begeistert in drei Sekunden deutlich stärker als eine Liste mit technischen Daten. Auch wenn Du immer noch keine Vorstellung von Deinem Traumhaus hast – Du siehst Dich schon in deiner Grillecke stehen. Dieser Begeisterungsfaktor hat Dich vom Modus „Interesse“ in den Modus „Kaufwunsch“ gehoben, aber noch hast Du nicht gekauft. Der Verkäufer braucht also einen weiteren Begeisterungsfaktor. Zurück zur Geschichte. Du bist dir sicher und willst unterschreiben. Der Verkäufer geht kurz hinaus, um den ausgedruckten Vertrag zu holen. Dieser kleine Augenblick reicht, um kleine Zweifel bei Dir zu wecken. Zum Glück hat der Verkäufer vorher einen Begeisterungsfaktor für genau diesen Fall entwickelt, weil er seine Wunschkunden kennt. Er kommt mit dem Vertrag herein und überreicht Dir einen Schlüssel. „Bevor wir den Vertrag unterschreiben und damit Baupartner werden, möchte ich Ihnen den Schlüssel zu Ihrem neuen Haus überreichen. Das ist der Schlüssel zu Ihrem Traumhaus – der passt später in Ihre Eingangstür! Also bewahren Sie ihn gut auf.“ Der echte Schlüssel für das eigene Haus! Wow! Drei Sekunden für Begeisterung.

Begeisterungsfaktoren haben zwei Aufgaben:

Aufgabe 1: Begeisterungsfaktoren sorgen dafür, dass sich ein Kunde für Dein Angebot entscheidet.

Betrachten wir die „Kaufenergie“, die ein Kunde vom Erstkontakt bis zu dem Zeitpunkt, wenn er begeisterter Fan ist, hat. Diese nimmt im Lauf der Zeit zu. Ein bekanntes Modell zur Beschreibung dieses Prozesses ist das AIDA-Modell: A-Attention (Aufmerksamkeit), I - Interest (Interesse), D - Desire (Besitzwunsch), A - Action (Kauf). Weil wir ja nicht nur an Erstkunden, sondern an Stammkunden interessiert sind, erweitern wir das Modell um diese fünfte Stufe. An diesem vereinfachten Modell kann man erkennen, wie Begeisterungsfaktoren Kunden zum Kauf bewegen. Jede Stufe braucht ein Angebot (Problemlösung), die sie für Kunden interessant macht. Um aber auf die nächste Stufe zu gelangen, sind Begeisterungsfaktoren erforderlich. Dein perfektes Angebot braucht also mindestens mehrere Begeisterungsfaktoren:

» um Aufmerksamkeit zu erregen,
» um Interesse zu erzeugen,
» um einen Besitzwunsch zu wecken,
» um den Kauf auszulösen und
» um Kunden zu Stammkunden zu machen.

Für Deine Stammkunden brauchst Du sicher mehr als einen Begeisterungsfaktor. Aber hier soll erst einmal das Zusammenspiel von Begeisterungsfaktor und Problemlösung dargestellt werden.

Dieses vereinfachte Modell zeigt ganz deutlich, dass Du ohne Begeisterungsfaktoren keinen begeisterten

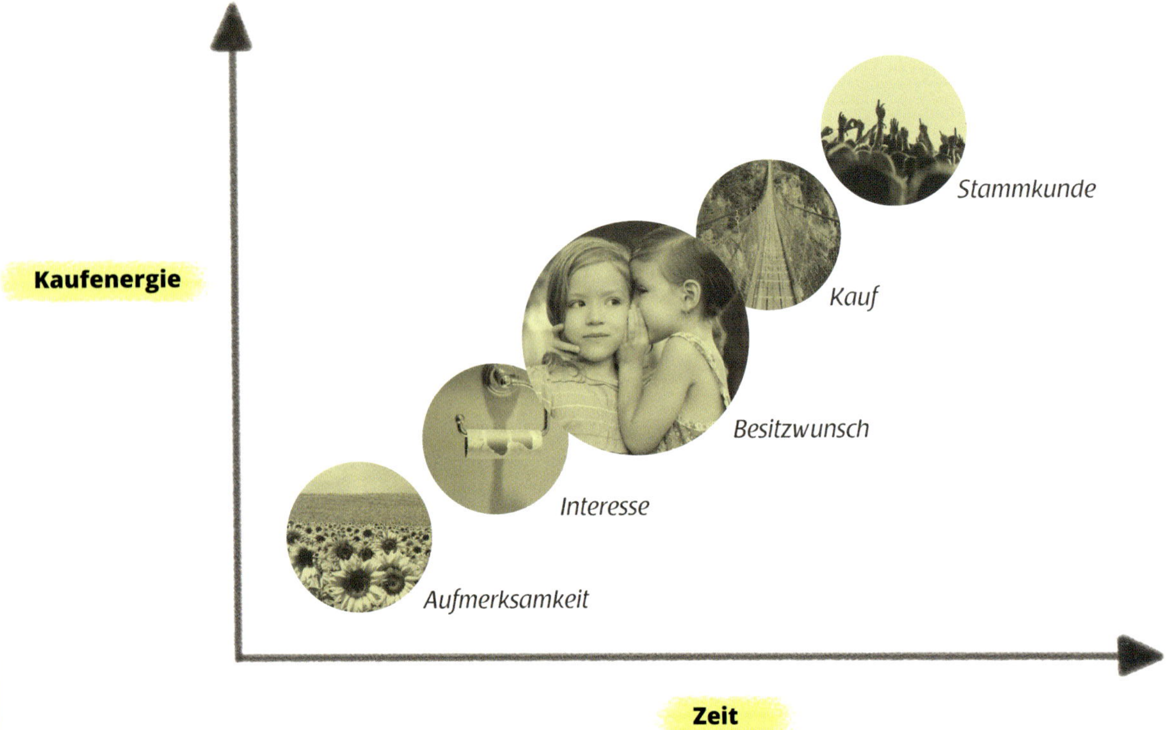

Kunden gewinnen kannst und erst recht keine Stammkunden. Und es macht deutlich, dass der Verkaufsprozess genau dort ins Stocken gerät, wo Deinem Angebot Begeisterungsfaktoren fehlen. Es reicht also nicht, auf vier der fünf Stufen zu begeistern. Wenn Du einen Kunden mit Besitzwunsch nicht erneut begeisterst, wird er nicht kaufen. Analysiere also zuerst einmal, welche Begeisterungsfaktoren bei Deinen Wunschkunden bereits funktionieren. Schreibe diese Faktoren auf:

Die Begeisterungsfaktoren meines aktuellen Angebotes:

Mit diesen Faktoren errege ich Aufmerksamkeit:

____

____

____

____

Mit diesen Faktoren wecke ich Interesse:

____

____

____

____

Mit diesen Faktoren erzeuge ich den Kaufwunsch:

____

____

____

____

Diese Faktoren lösen den Kauf aus:

____

____

____

____

Diese einfache Übung zeigt Dir schnell, an welchen Stellen Du Nachholbedarf hast. Eventuell fehlen auf der einen oder anderen Stufe noch Begeisterungsfaktoren oder die bestehenden erzeugen noch nicht die gewünschte Wirkung. Genau um diese Erkenntnis geht es. Denn hier musst Du ansetzen. Im nächsten Abschnitt lernst Du, wie Du gezielt Begeisterungsfaktoren entwickelst.

Nun aber zur zweiten Aufgabe der Begeisterungsfaktoren:

Aufgabe 2: Begeisterungsfaktoren dienen als Empfehlungsinhalt.

Kein Kunde empfiehlt alles, was er erlebt hat. Du auch nicht. Wann hast Du das letzte Mal etwas weiterempfohlen? Vielleicht war es ein Restaurant? Oder eine Urlaubsreise? Oder einen Kinofilm. Ganz egal. Überlege einmal, was genau Du empfohlen hast. Dabei handelt es sich immer um ein bestimmtes Detail. Nehmen wir an, Du empfiehlst ein Restaurant. Da wirst Du sicher nicht das folgende sagen: „Ich muss Dir unbedingt etwas erzählen. Ich war neulich in diesem Restaurant. Da bin ich vom Parkplatz über den beleuchteten Weg zur Tür gegangen. Dann habe ich die Tür aufgemacht,

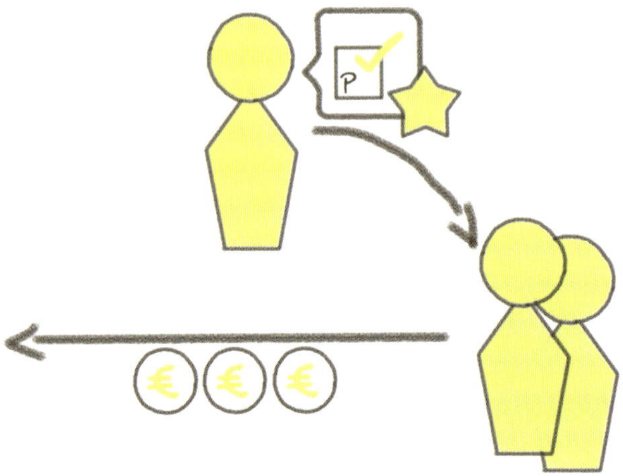

habe meinen Mantel ausgezogen und ihn an die Garderobe gehängt. Dann bin ich zu einem freien Tisch gegangen, habe mich hingesetzt und mir die Speisekarte genommen. usw. usw. ... Das musst Du auf jeden Fall ausprobieren." Viel wahrscheinlicher ist, dass Du das Folgende gesagt hast: „Ich muss Dir unbedingt etwas erzählen. Ich war neulich in diesem Restaurant. Die haben einen super Flammkuchen gemacht. Der Inhaber fährt extra in die Pfalz, um den Teig von dort zu holen. Einfach super! Das musst Du auf jeden Fall ausprobieren." Sicher ist Dir der Unterschied schnell aufgefallen.

Empfehlungen kann man nicht 1:1 steuern. Du kannst keinem Kunden vorschreiben, was genau er sagen soll, wenn er Dein Angebot empfiehlt. Das ist nur mit direkter Werbung möglich, aber die ist leider deutlich weniger effektiv als eine Empfehlung. Begeisterungsfaktoren lösen genau dieses Problem. Gezielt eingesetzte Begeisterungsfaktoren werden schnell von Kunden aufgegriffen und dann nahezu 1:1 weitergegeben. Sicher gibt jeder Kunden dem Gesagten seine persönliche Note, sein persönliches Sternchen. Der Kern der Information bleibt aber immer erhalten. Unser Gehirn liebt Geschichten und Symbole und genau aus diesem Grund funktionieren Begeisterungsfaktoren. Ganz bestimmte Details lösen bei den Kunden positive Assoziationen aus, die auf Dein Angebot „abfärben". Kunden hören „Teig aus der Pfalz" und denken: „Wenn der Inhaber eines Restaurants extra in die Pfalz fährt, um den Teig für seine Flammkuchen zu holen, dann ist er ganz bestimmt auch sonst besonders auf Qualität bedacht."

Gehe jetzt noch einmal Deine Liste mit den bestehenden Begeisterungsfaktoren durch und ergänze diese. Im nächsten Kapitel werden wir dann die fehlenden Begeisterungsfaktoren entwickeln.

Kein Kunde empfiehlt alles, was er erlebt hat, sondern immer nur ein ganz bestimmtes Detail, das ihn begeistert hat.

Welche Begeisterunfsfaktoren gibt es?

Begeisterungsfaktoren wirken am besten, wenn sie gezielt eingesetzt werden. Die Wirkung hängt zum einen von der Stufe im Verkaufsprozess ab. Interesse ist zum Beispiel leichter zu wecken als der Besitzwunsch. Durch die Übung, die Du gerade gemacht hast, weißt Du, wo es bei Deinem Angebot noch klemmt. Zum anderen hängt die Wirkung von Begeisterungsfaktoren von den Grundwerten Deiner Wunschkunden ab. Ein statusorientierter Kunde zum Beispiel lässt sich von einem Unikat eher begeistern als von einem qualitativ hochwertigen Massenprodukt.

Die Grundwerte Deiner Wunschkunden kennst Du bereits. Um gezielt Begeisterungsfaktoren zu entwickeln, fehlt Dir jetzt nur noch eines: Das Wissen, welche Begeisterungsfaktoren es gibt. Das folgende Modell beschreibt, welche Möglichkeiten Du hast, um Kunden zu begeistern. Die genannten Kategorien wurden durch die Analyse von mehr als 3.000 erfolgreichen Geschäftsmodellen ermittelt und haben sich in zahlreichen Projekten bewährt. Es gibt sicher weitere Möglichkeiten, Begeisterung zu erzeugen. Die folgende Übersicht zeigt Dir die aus meiner Erfahrung wichtigsten und effektivsten Faktoren.

Erlebnisse	*Mach das Ergebnis erlebbar!*	*Sprich alle Sinne an!*		
Exklusivität	*Beschränke den Zugang!*	*Rolle den roten Teppich aus!*		
Erwartungen	*Brich ungeschriebene Gesetze!*	*Liefere wertvolle Informationen!*	*Tue Dinge, die keiner erwartet!*	
Leidenschaft	*Erzähle selbst!*	*Lass Deine Kunden erzählen!*	*Hebe Details hervor!*	*Schaffe Symbole!*

Es gibt vier grundlegende Kategorien, um Begeisterung zu erzeugen.

Erlebnisse: Erlebnisse erzeugen Emotionen und damit Begeisterung. Genau das ist der Grund, warum sich Menschen Filme im Kino anschauen und Sportevents live vor Ort verfolgen. Das Erlebnis ist deutlich größer als vor dem Fernseher. Würde man allein den Informationsgewinn betrachten (Wer führt das Autorennen an? War das tatsächlich Abseits?), wäre der Fernseher die deutlich bessere Alternative. Den Live-Zuschauern geht es aber um das Erlebnis. Und das kann das Fernsehen nicht 1:1 transportieren.

Exklusivität: Exklusivität war zu jeder Zeit und ist auch heute noch ein wesentlicher Begeisterungsfaktor. Etwas ganz allein und nur für sich zu besitzen und es darüber hinaus auch noch zur Schau zu stellen ist nicht nur für statusorientierte Menschen ein grundlegendes Bedürfnis. Warum ist der rote Teppich bei der Oscar-Verleihung so beliebt? Weil jeder, der ihn betreten darf, einzigartig ist (noch gesteigert durch die einzigartigen Kleider der Damen) und weil er die perfekte Bühne bietet, diesen Status Millionen Menschen in aller Welt zu zeigen. Stell Dir den roten Teppich ohne Fotografen und Kameras vor. Er wäre nicht halb so viel wert.

Erwartungen: Begeisterung wird erzeugt, wenn Erwartungen übertroffen werden. Das geht im Kleinen wie im Großen. Jemand, der einem auf der Straße den herunter gefallenen Schlüssel aufhebt, begeistert genauso wie der Handwerker, der den Fußboden im Büro über Nacht saniert, sodass man morgens einfach weiter arbeiten kann. Auch wertvolle Informationen können begeistern, z.B. der Tipp wegen des frei werdenden Büros für jemanden, der schon lange ein entsprechendes Objekt sucht. Entscheidend ist, die Erwartungen der Kunden zu kennen. Und dafür muss man die Kunden kennen.

Leidenschaft: Warum wirken Empfehlungen besser als Werbung? Weil man dem Empfehler seine Begeisterung anmerkt. Wenn jemand mit Leidenschaft über etwas erzählt, steckt diese Begeisterung an. Auch Du kannst Deine persönlichen Geschichten viel besser erzählen als andere. Zwei Dinge sind entscheidend, um Leidenschaft zu transportieren: Erstens sprachliche oder visuelle Symbole zu nutzen, die wiederum beim Gegenüber positive persönliche Erinnerungen wecken. Zweitens bestimmte Details hervorzuheben, denn nur dadurch wirkt das Erzählte authentisch.

Schauen wir uns nun im Detail an, welche Begeisterungsfaktoren es gibt. Die einzelnen Begeisterungsfaktoren werden im folgenden kurz beschrieben und mit einem Beispiel illustriert. Höre beim Lesen auf Dein Bauchgefühl - welche Faktoren sprechen Dich an, welche eher nicht? Markiere Deine Lieblingskategorien und mache Dir Notizen. Du wirst nicht in allen Kategorien Begeisterungsfaktoren entwickeln. Es reicht also, wenn Du deine Favoriten auswählst.

Erlebnisse

Mach das Ergebnis erlebbar!

Erlebnisse schaffen Begeisterung. Aber man muss sie nicht direkt erleben, um sich anstecken zu lassen. Häufig reicht schon der Ausblick oder die Erwartung eines tollen Erlebnisses aus, um Vorfreude zu erzeugen. Mache für Deine Kunden erlebbar, wie es sich anfühlt, Deine Dienstleistung zu nutzen bzw. Dein Produkt zu besitzen. Vermittle schon vorab das Erlebnis. Shakleton Thomas geht mit dem Naked Table Project *(http://nakedtable.com/)* genau diesen Weg. Kunden können in einem Workshop ihren eigenen Tisch herstellen. Dies beginnt damit, im benachbarten Wald den passenden Baum auszusuchen. Danach werden unter Anleitung und in der Gruppe die individuellen Tische hergestellt. Die intensive Arbeit an dem Projekt macht schon vorab Lust darauf, an seinem eigenen Tisch zu sitzen, zu essen, Spiele zu spielen oder einfach gute Gespräche zu führen. Der Wert des Tisches steigt enorm, wenn Kunden ihn selbst herstellen und erleben, wie aus einem Baum der Lieblingstisch wird.

Sprich alle Sinne an!

Der Mensch nimmt Sinneseindrücke vorrangig visuell wahr. Und doch bestimmen die anderen Sinne ganz maßgeblich den Erlebnischarakter. Stell Dir ein Rockkonzert mit leiser Musik vor oder eine Präsentation mit unzähligen Bullet-Points. Der Erlebnischarakter ist gleich Null. Beziehe deshalb, so oft es geht, möglichst viele Sinne des Kunden mit ein. Nutze für Präsentationen sprachliche Bilder, Videos, Ton. Lass Kunden Produkte anfassen, verwende Muster, gutes Papier, usw. und fordere Deine Kunden auf, Dinge selbst zu machen, z.B. Anmerkungen an ein Flipchart schreiben. All das wird das Erlebnis steigern. Je mehr Sinne Du ansprichst, desto größer wird das Erlebnis für den Kunden.

KAHLA Porzellan *(www.kahlaporzellan.com)* bietet „Porzellan für die Sinne“. Bekannt wurde die Manufaktur durch die Porzellan-Serie TOUCH!. Hier wird Porzellan mit einem speziellen Samtstoff überzogen. Eine Tasse ist ab sofort nicht mehr „zu heiß“ oder „zu kalt“, sondern einfach toll anzufassen. Durch die Fokussierung auf den Tastsinn ist ein einzigartiges Produkt entstanden, das Kunden begeistert.

Beschränke den Zugang!

Zugangsbeschränkungen steigern sofort den Drang, diese zu umgehen. Jeder hat das schon einmal bei sich selbst erlebt. Stell Dir zum Beispiel vor, drei identische Kisten stehen vor Dir auf dem Tisch. Auf einer steht: „Bitte nicht öffnen". Welche Kiste machst Du zuerst auf? Genau, die mit der „Zugangsbeschränkung". Der Reiz des Verbotenen bzw. des Exklusiven begeistert Menschen schon seit jeher. Mach Dir das zu Nutze. Beschränke den Zugang zu Deinem Angebot und biete es ganz exklusiv nur einer ausgewählten Klientel an. Das wird sich deutlich schneller herumsprechen, als wenn alles für jedermann zu haben ist.

Diesen Effekt nutzt z.B. BestSecret (www.bestsecret.com) aus. Das Webportal bietet nach eigenen Angaben „Das bestgehütete Geheimnis der Modebranche". Das Angebot ist ein exklusiver Shoppingclub für Marken- und Designerware. Hier kann sich aber nicht jeder einfach anmelden. Es gibt strenge Zugangsbeschränkungen. BestSecret beschreibt das so: „Die einmaligen Beziehungen zu unseren Lieferanten basieren auf Vertrauen und Diskretion. Aus diesem Grund können Sie sich nicht für unsere Community bewerben, sondern ausschließlich von ausgewählten Premium-Partnern für eine Aufnahme empfohlen werden. Nur so können wir Top-Marken exklusiv anbieten." Diese Zugangsbeschränkung spornt Interessenten natürlich an, sich aktiv darum zu bemühen, Zugang zu erhalten.

Rolle den roten Teppich aus!

Exklusivität ist erst dann richtig wertvoll, wenn man den eigenen Status anderen mitteilen kann. Wie bereits gesagt: Der rote Teppich bei der Oskar-Verleihung wäre ohne Millionenpublikum deutlich weniger attraktiv.
Es geht also gar nicht so sehr um den roten Teppich, sondern eher um eine Bühne, auf der Kunden sich präsentieren können. Schaffe solche „Bühnen" für Deine

Kunden. Ermögliche es, die erworbenen Trophäen zu zeigen. Dabei muss es gar nicht immer die eigentliche Leistung sein, die sichtbar wird, wie das zum Beispiel auf dem roten Teppich der Fall ist. Hier weiß jeder: Wer dort entlangschreitet, hat eine gewisse Berühmtheit erlangt. Oft reicht auch schon die Aussage „Ich war dabei" als Status-Zeichen aus.

So macht es z.B. **TED** *(www.TED.com)*, eine Rednerplattform, auf der Experten Ihre Meinung zu Problemen in der Welt und mögliche Lösungen präsentieren können. Es gibt aber keine Möglichkeit, selbst einen der begehrten Redner-Plätze zu bekommen. Als Redner kann man lediglich durch einen Dritten vorgeschlagen werden. Eine Jury entscheidet dann, wer sein Thema vortragen darf. Nicht einmal große Sponsoren können einen Rednerplatz kaufen. Die Webseite von TED ist dann die perfekte Bühne für alle, die Redner waren. Jeder weiß, dass diejenigen, die hier aufgelistet sind, zu den herausragendsten Persönlichkeiten und Experten der Welt zählen. Und das auch, wenn man die eigentliche Rede nicht einmal gesehen hat.

Meine bisherigen Ideen:

Brich ungeschriebene Gesetze!

Jede Branche hat ihre ungeschriebenen Gesetze und kaum einem in der Branche sind diese bewusst. Fallen Dir sofort die ungeschriebenen Gesetze Deiner Branche ein? Vermutlich nicht. Ungeschriebene Gesetze schaffen automatisch Erwartungen der Kunden. Etwas, das immer so ist, erfüllt Erwartungen. Gelingt es jetzt jemandem, ungeschriebene Gesetze einer Branche zu brechen und das Angebot dadurch zu verbessern, wird eine solche Innovation häufig ein Erfolg. Flüge sind teuer und Gepäck gibt man am Schalter auf. Ryanair hat dieses ungeschriebene Gesetz gebrochen und hat damit die Flugindustrie revolutioniert. Handys haben Tasten. Das iPhone hat bewiesen, dass auch das nur ein ungeschriebenes Gesetz war. Überlege also, welche ungeschriebenen Gesetze in Deiner Branche vorherrschen. Das ist deutlich leichter, wenn Du Dir einen branchenfremden Helfer an die Seite holst. Verbessere dann Dein Angebot, indem Du ein ungeschriebenes Gesetz brichst.
Dobotec *(http://dobotec.de)* hat ein solches ungeschriebenes Gesetz gebrochen und ist damit sehr erfolgreich. Welches? Handwerker arbeiten tagsüber. Der Spezialist für Bodensanierungen verlegt einen neuen Fußboden zum Beispiel in Büros im wahrsten Sinne des Wortes über Nacht. Spezialisierte Mitarbeiter und eine patentierte Spachtelmasse garantieren die Verlegung eines neuen Bodens über Nacht. Die Mitarbeiter der Firma erledigen auch alle weiteren Aufgaben: Vom Ausräumen der Büros über die Reinigung bis hin zum Anschließen aller Kabel. Der dadurch vermiedene Arbeitsausfall und Stress macht das Angebot deutlich wertvoller als Konkurrenzangebote - und Dobotec damit erfolgreich.

Liefere wertvolle Informationen!

Informationen sind heute im Überfluss vorhanden. Eigentlich. Es fällt aber zunehmend schwer, wertvolle Informationen von allen anderen zu trennen. Jeder, der einem wertvolle Informationen liefert, sorgt für Begeisterung. Überlege einmal, welche Informationen

für Deine Wunschkunden wertvoll, aber nur mit viel Aufwand zu beschaffen sind. Wenn Du diese Informationen zusammenträgst, wirst Du die Erwartungen Deiner Kunden übertreffen.
So macht es z.B. seit Jahren die *carhs GmbH (www.carhs.de)*, die u.a. Schulungen im Bereich Fahrzeugsicherheit anbietet. Der SafetyCompanion der Firma gibt schon seit Jahren einen Überblick über das Trainingsprogramm. Er ist aber gleichzeitig ein wertvolles Nachschlagewerk für alle, die sich mit dem Thema Fahrzeugsicherheit beschäftigen. In jedem SafetyCompanion ist aktuelles Expertenwissen und die aktuellen Entwicklungen der Branche kompakt dargestellt. Jedes Jahr warten die Kunden schon gespannt auf die Neuauflage, die sich dann wie von selbst in der Branche verbreitet.

Tue Dinge, die keiner erwartet!

Du musst nicht immer gleich ungeschriebene Gesetze brechen. Auch im Kleinen lassen sich Erwartungen von Kunden übertreffen. Überlege, welche Anforderungen Deine Kunden typischerweise haben. Wie genau läuft der Kundenkontakt ab? Was ist für Kunden das Entscheidende an Deinem Angebot? Überlege dann, wie Du diese Erwartungen übertreffen kannst.

Auf diesem Weg ist zum Beispiel *Taxi Niza* in Münster erfolgreich. Das Karaoke Taxi (www.karaoketaxi-muenster.de) bringt Kunden sicher und pünktlich zur Party bzw. von einer zur nächsten Feier. Soweit die Erwartung der Kunden. Aber das Karaoketaxi schafft noch mehr - nämlich gute Laune zu verbreiten oder die gute Stimmung von einer Party zur nächsten zu transportieren. Im Fahrzeug ist eine Karaoke-Anlage eingebaut, die während der Fahrt natürlich reichlich genutzt wird. Das Angebot ist so erfolgreich, dass es mittlerweise auch noch ein Flirt-Taxi gibt.

Platz für noch mehr Ideen:

Erzähle selbst!

Niemand kann Deine Geschichte besser und glaubwürdiger erzählen als Du selbst. Also erzähle selbst! Verpacke Deine Alleinstellungsmerkmale in eigene Geschichten. Erzähle, wie Du selbst das Problem gelöst hast, das jetzt Deine Kunden haben oder wie andere mit Deiner Hilfe einen Stein aus dem Weg geräumt haben. Wenn Du Deine Kunden nicht persönlich triffst, dann erstelle ein Video, aber erzähle selbst. Das muss nicht immer den Anschein professioneller Hochglanzwerbung haben. Authentisch wirkt es, wenn Du es selbst machst. Und noch ein Tipp: Erzähle, WARUM Du etwas tust und nicht, WAS Du tust. Ersteres schafft Begeisterung, letzteres ist austauschbar.

Dan Roam *(www.danroam.com)* löst jedes komplexe Problem mit einfachen Bildern. Das ist schwer zu erklären, aber einfach zu zeigen. Deshalb erzählt er selbst, wie es geht: Durch Videos auf seiner Internetseite, in zahlreichen Büchern und im Fernsehen. Schaut man sich nur ein Video vom ihm an, weiß man sofort, wie seine Arbeit funktioniert. Man baut eine Beziehung zu ihm auf, ohne dass man ihn je getroffen hat.

Lass Deine Kunden erzählen!

Empfehlungen sind Gold wert. Was gibt es besseres, als seinen begeisterten Kunden eine Plattform zu schaffen, auf der sie ihre Begeisterung teilen können. Wenn Deine Kunden Fans sind, dann lass sie selbst erzählen, wie sie Dein Angebot finden. Das ist das einzige, was eine selbst erzählte Geschichte noch toppen kann. Überlege, wo Deine Kunden nach Informationen suchen und schaffe dann eine Möglichkeit, genau dort die Meinungen Deiner Fans zu platzieren.
Der Fahrradhersteller Canyon *(www.canyon.com)* macht genau das sehr erfolgreich. Die Räder der Marke gibt es ausschließlich im Internet und sie kosten mehrere Tausend Euro. Ein sehr wirksamer Vertriebskanal ist die Probefahrtenbörse. Canyon

sagt darüber: „Wer ein Auto kauft, macht in der Regel vorher eine Probefahrt. Wer ein Canyon Bike kauft, möchte das auch tun. Finden wir auch. Hier ist sie, die CANYON Probefahrten-börse. Hier können sich Canyon Fans, Canyon Mitarbeiter und Interessenten austauschen und zur gemeinsamen Probefahrt verabreden." Richtig gehört. Interessenten fahren ihr Traumfahrrad bei einem Kunden Probe und der berichtet natürlich begeistert von allem, was sein Rad so besonders macht. Nebenbei gibt es zahlreiche Tourentipps und Fachgespräche. Besser könnte kein Händler der Welt dieses Fahrrad erklären.

Hebe Details hervor!

Detailverliebtheit ist ein sicheres Zeichen für Begeisterung. Jeder, der sich einer Aufgabe völlig hingibt, wird sich automatisch auf jedes noch so kleine Detail konzentrieren. Auch wenn nur ein einziges Detail beschrieben wird - jeder Kunde wird automatisch annehmen, dass auch an allen anderen Stellen die Liebe zu Details regiert. Überlege also, welches Detail an Deinem Angebot ganz besonders ist, und dann beschreibe es in allen Einzelheiten.
Andrew Meyers *(www.andrewmyersart.com)* hebt Details seiner Kunstwerke hervor und sticht so aus der Masse heraus. Seine als Screw Art bezeichneten Portraits bestehen aus einer Spanplatte, hunderten Schrauben und natürlich Farbe. Die Detailverliebtheit macht den Unterschied. Meyers erstellt mit Hilfe der Schrauben ein Relief des Gesichtes, das es portraitiert. Jede Schraube wird genau so weit in das Holz gedreht, dass sie exakt die richtige Länge hat. Danach bemalt Meyers die Schraubenköpfe mehrfarbig, sodass am Ende ein einzigartiges Portrait entsteht. Auf seiner Internetseite dokumentieren Nahaufnahmen seine Detailverliebtheit.

Schaffe Symbole!

Symbole sind eine hervorragende Möglichkeit, um Kunden an persönliche Erfahrungen zu erinnern. Keine Beschreibung eines Angebotes kann so ausgefeilt sein, dass es die Erinnerungen aller potentiellen Kunden lebendig werden lässt. Ein gutes Symbol schafft das. Jeder verbindet mit einem bestimmten Symbol etwas anderes, eine andere persönliche Geschichte. Wenn Du „Sonnenuntergang" hörst, woran denkst Du dann? Jeder wird jetzt ein anderes Bild im Kopf haben, aber immer wird ein toller Moment in Erinnerung gerufen. Suche also nach Symbolen, die im Alltag Deiner Kunden häufiger vorkommen und positive Bilder entstehen lassen. Dann baue diese Symbole in Dein Angebot ein. Deine Kunden werden sich häufig an Dein Angebot erinnern, wenn sie das Symbol sehen. Voraussetzung ist natürlich, dass Dein Angebot begeistert hat.

Ein solches Symbol ist für das Dinner-Event **Outstanding in the Field** *(https://outstandinginthefield.com)* zur Tradition geworden. Die Firma veranstaltet außergewöhnliche Restaurant-Events an ungewöhnlichen Orten. Immer wird eine große Tafel aufgestellt und die Zutaten für das Essen in unmittelbarer Umgebung geerntet. Zum Symbol sind die vielen verschiedenen Teller geworden, die die Tafel schmücken, denn jeder Gast bringt als Eintrittskarte einen eigenen Teller mit zum Event. Noch Jahre später liefert dieser Teller Gesprächsstoff. Auch Teller, die denen der Tischnachbarn ähneln, lassen die Erinnerung wieder lebendig werden.

Notizen

Deine Wunschkunden begeistern

Nachdem Du nun weißt, was Begeisterungsfaktoren leisten können und welche es gibt, bist Du an der Reihe. Entwickle Begeisterungsfaktoren für Dein perfektes Angebot. Ausgangspunkt dafür ist die Sammlung Deiner bisherigen Begeisterungsfaktoren, die Du bereits erstellt hast. Gibt es hier Lücken, dann konzentriere Dich darauf, an diesen Stellen neue Begeisterungsfaktoren zu entwickeln. Alternativ kannst Du auch erst einmal frei darauf los entwickeln und Deine Favoriten dann später den einzelnen Phasen des Verkaufsprozesses zuordnen. Keine Angst - es ist auf keinen Fall erforderlich, in allen genannten Kategorien Begeisterungsfaktoren zu entwickeln. Es reicht vollkommen aus, wenn Du Dich auf drei bis fünf Kategorien fokussierst. Gehe also am besten wie folgt vor:

1. Wähle die Kategorien aus, die am besten zu Dir und Deinen Wunschkunden passen.
2. Entwickle Ideen und Ansätze für Begeisterungsfaktoren in diesen Kategorien.
3. Ordne die besten Ideen den einzelnen Phasen im Verkaufsprozess zu.

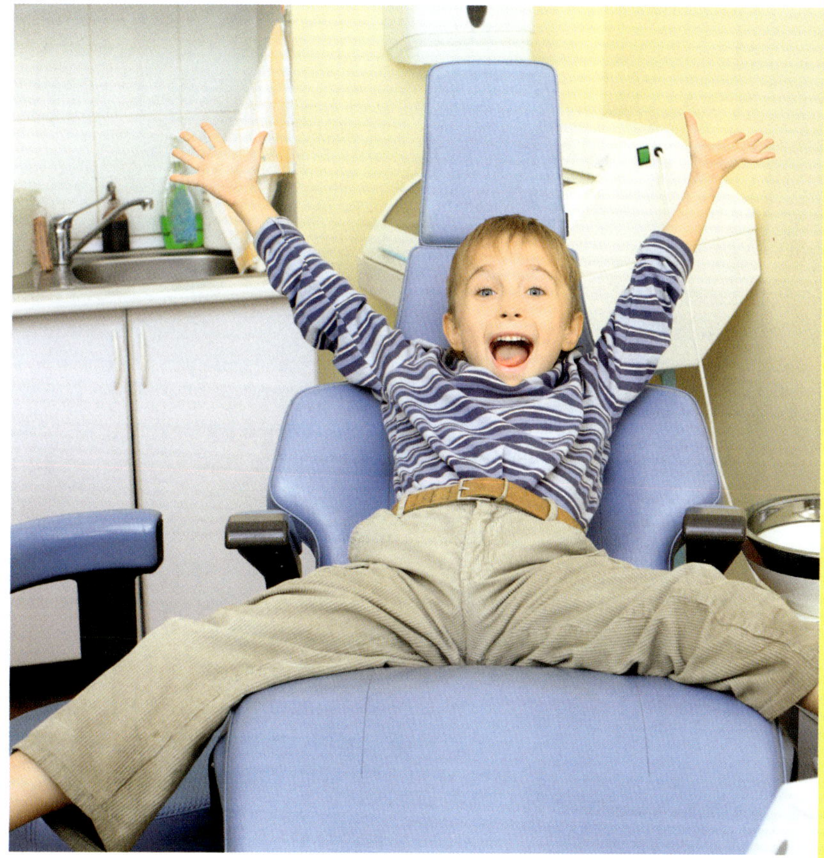

Wiederhole die drei Schritte regelmäßig und biete immer mal wieder neue Begeisterungsfaktoren für Deine Wunschkunden. Im Folgenden werden die genannten Schritte näher beschrieben. Nutze am besten sofort die Gelegenheit und entwickle die ersten Begeisterungsfaktoren. Schreibe alles auf, was Dir spontan einfällt.

Erlebnisse	*Mach das Ergebnis erlebbar!*	*Sprich alle Sinne an!*		
Exklusivität	*Beschränke den Zugang!*	*Rolle den roten Teppich aus!*		
Erwartungen	*Brich ungeschriebene Gesetze!*	*Liefere wertvolle Informationen!*	*Tue Dinge, die keiner erwartet!*	
Leidenschaft	*Erzähle selbst!*	*Lass Deine Kunden erzählen!*	*Hebe Details hervor!*	*Schaffe Symbole!*

Begeisterungskategorien auswählen, die zu den Wunschkunden passen

Hier gilt: Vertraue Deinem Bauchgefühl! Schau Dir die einzelnen Kategorien an und entscheide spontan, welche Dich am meisten ansprechen. Markiere diese Kategorien. Jetzt. Sofort. Und dann bleib erst einmal bei diesen Kategorien. Der gesamte Prozess der Entwicklung von Begeisterungsfaktoren erfordert etwas Übung. Du kannst diesen ersten Schritt jederzeit wiederholen und Du wirst nach einigen Versuchen schnell erkennen, welche Kategorien am besten zu Deinen Wunschkunden passen. Aber jetzt fang erst einmal an. Denn der nächste Schritt ist der wichtigste.

Da Begeisterungsfaktoren emotional wirken, sollten sie zu den Grundwerten Deiner Wunschkunden passen. Diese Grundwerte hast Du ja bereits definiert. Die folgende Übersicht zeigt Dir, welche Faktoren zu welchen Kundentypen passen. Dies ist eher eine Richtlinie als ein in Stein gemeißeltes Gesetz. Die tatsächliche Wirkung kannst Du nur in der Praxis ermitteln.

	Erlebnisse	Exklusivität	Erwartungen	Leidenschaft
Stimulanz	✓		✓✓	✓
Abenteuer / Thrill	✓✓	✓	✓✓	✓
Dominanz	✓	✓✓	✓	✓
Sicherheit / Kontrolle				✓✓
Balance	✓			✓✓
Fantasie / Genuss	✓✓			✓✓

Begeisterungsfaktoren entwickeln

Die beste Methode, um Ideen für Begeisterungsfaktoren zu entwickeln, ist Inspiration. Suche Beispiele, die Dich selbst begeistern. Beispiele aus der Praxis, die funktionieren, lassen sich meist einfach auf das eigene Angebot übertragen. Beachte dabei folgendes: Jede 1:1-Kopie ist schlechter als das Original. Eine identische Kopie eines Begeisterungsfaktors funktioniert bei Deinen Kunden nie so gut wie bei anderen. Passe gute Ideen an Deine Kunden an. Nimm den Kern der Idee und überlege, wie Du dies auch für Deine Kunden ermöglichen kannst.

Gehe bei der Entwicklung von Begeisterungsfaktoren mit Hilfe von Inspiration am besten wie folgt vor:

1. ***Finde Inspirationsquellen:*** Überlege, welche Produkte und Dienstleistungen Du selbst weiter empfohlen hast. Analysiere Werbung, die Dich anspricht. Suche nach Begeisterungsfaktoren, die Dir als Kunde bewusst auffallen. Auf www.wunschkundenbusiness.de findest Du darüber hinaus zahlreiche Beispiele für Begeisterungsfaktoren, nach Kategorien sortiert. Also lass Dich inspirieren.

2. ***Analysiere die Kernidee:*** Finde heraus, zu welcher der genannten Kategorien die Beispiele passen, die Dich ansprechen. Analysiere dazu, was an diesem Beispiel begeisternd wirkt.
3. ***Übertrage die Kernidee:*** Übertrage die Kernidee des jeweiligen Beispiels auf Dein Angebot. Adaptiere es so, dass es genau für Deine Wunschkunden passt. Schreibe alle Ideen auf, die Dir einfallen und lass Dir von jemandem helfen. Mehr Köpfe haben mehr Ideen.
4. ***Ordne die Begeisterungsfaktoren den Verkaufsphasen zu:*** Du benötigst in jeder Phase des Verkaufsprozesses Begeisterungsfaktoren, um Deine Kunden „auf die nächste Ebene zu heben". Ordne also die bisherigen Ideen den Verkaufsphasen zu. Wo kann der jeweilige Begeisterungsfaktor die größte Wirkung entfalten? Entwickle weitere Ideen, wenn Du noch nicht in jeder Phase einen Begeisterungsfaktor definiert hast.
5. ***Wähle Deine Favoriten aus:*** Markiere die Begeisterungsfaktoren, die Deiner Meinung nach die größte Wirkung haben. Lösche aber alle anderen Ideen nicht, Du wirst sie später eventuell brauchen.

Jetzt solltest Du Dich aber erst einmal auf Deine Favoriten fokussieren.

Du solltest jetzt ausreichend Begeisterungsfaktoren entwickelt haben. Schreibe Deine Favoriten auf:

Vergiss nicht: Bis hierhin ist das alles graue Theorie. Du wirst später ausführlich testen, ob die Begeisterungsfaktoren die gewünschte Wirkung entfalten. Nutze jetzt schon einmal die Gelegenheit und hole Dir ein erstes Feedback. Erzähle einigen Bekannten und Freunden von Deinen Ideen. Zum einen erkennst Du dadurch, ob Du damit Begeisterung erzeugst. Eine andere Wirkung ist aber viel wichtiger: Beim Wiedergeben der eigenen Ideen merkst Du genau, wo es noch klemmt und was Du noch nicht komplett durchdacht hast. Meist kommen einem dabei sofort die passenden Lösungen in den Sinn. Also teste und optimiere, bis Du mit dem Ergebnis zufrieden bist.

Die Begeisterungsfaktoren meines zukünftigen Angebotes:

Mit diesen Faktoren errege ich Aufmerksamkeit:

____

____

____

____

Diese Faktoren lösen den Kauf aus:

____

____

____

____

Mit diesen Faktoren errege ich Interesse:

____

____

____

____

Diese Faktoren lösen den Kauf aus:

____

____

____

____

원산지
종목
정읍
청양 고추
(아주 매운맛)

1.5 Angebotspakete

Ein gutes Preismodell baut Hürden ab, anstatt neue zu schaffen. Preisdiskussionen sind das sicherste Zeichen, das ein Preismodell nicht perfekt ist. Entweder ist der vom Kunden wahrgenommene Wert geringer als der Preis, den Du verlangst, oder Du verwendest ein Preismodell, das Hürden aufbaut. Also stimme Dein Preismodell auf Deine Kunden ab und kopiere nicht einfach die Konkurrenz.

Baue Kaufhürden ab

Stell Dir vor, Du hast soeben den letzten freien Parkplatz weit und breit ergattert und schaffst es pünktlich zu einem wichtigen Termin. Der Wert des Parkplatzes ist also hoch. Auch der Preis dafür scheint Dir angemessen. Die drei Euro zahlst Du gern. Du bist fest entschlossen, ein Parkticket zu lösen. Leider nimmt der Parkautomat nur Kleingeld und das hast Du nicht. Das Preismodell (Zahlung vorab durch Münzen) verhindert also trotz eines perfekten Angebots, dass Du Kunde wirst oder es sorgt dafür, dass Du ohne Ticket parkst und ein Knöllchen riskierst.

Auch bei einem meiner Kunden, einem Burnout-Coach, hat das Preismodell größeren Erfolg verhindert. Die Methode funktionierte super. Burnout-Patienten erhielten genau die Unterstützung, die sie benötigten. Der Coach übernahm das in der Branche übliche Preismodell – ein Stundenhonorar. Jetzt stell Dir einmal vor, Dein Coach behandelt in einer Sitzung das Thema Zeitmanagement und Stressbewältigung und Du siehst aus dem Augenwinkel, wie die Uhr tickt und sich das Ende der ersten Coachingstunde nähert. Wie empfindest Du jetzt das gewählte Preismodell? Störend. Es bereitet zusätzlichen Stress, anstatt diesen abzubauen. Es ergibt also nicht immer Sinn, das in der Branche übliche Preismodell zu übernehmen. In diesem konkreten Fall hat die Änderung des Preismodells (Festpreise für einzelne Module) allein schon dazu geführt, dass mehr Kunden die Leistung des Burnout-Coaches in Anspruch genommen haben.

Welches Preismodell verwendest Du? Passt es zu Deinen Wunschkunden? Im folgenden Abschnitt erfährst Du, wie Du das perfekte Preismodell für Deine Wunschkunden entwickelst.

Ein gutes Preismodell orientiert sich allein an den Bedürfnissen der Wunschkunden. Es geht hier nicht allein um die Höhe des Preises, sondern auch um die Art der Zahlung. Der Preis, den ein Kunde zu zahlen bereit ist, richtet sich nach dem wahrgenommenen Wert des Angebotes und ist damit kein Problem des Kunden, sondern des Unternehmers. Wenn der Preis über dem wahrgenommenen Wert eines Angebotes liegt, kauft kaum ein Kunde. Selbst wenn Wert und Preis stimmen, kann ein unpassendes Zahlungsmodell verhindern, dass überzeugte Kunden kaufen.

Dennoch begegnen uns jeden Tag Beispiele, die genau das zeigen: Die Parkuhr, die nur Münzen nimmt, der Webshop, der nur Kreditkartenzahlung akzeptiert oder das Angebot, das kurz über dem Verfügungsrahmen des Abteilungsleiters liegt. Überall bereitet das falsche Preismodell Kunden Kopfschmerzen, schafft zusätzliche Hürden oder verhindert sogar den Kauf. Dabei gibt es zahlreiche Alternativen, die einfach anzubieten und deutlich besser geeignet sind. Nimm das Thema also ernst und entwickle das perfekte Preismodell für Deine Wunschkunden. Es ist ganz egal, wie Du es bisher gemacht hast oder was alle anderen in der Branche machen. Einzig entscheidend sind die Anforderungen Deiner Wunschkunden.

Bevor wir mit der Entwicklung eines perfekten Preismodells beginnen, möchte ich erläutern, was ein Preismodell ausmacht. Ein Preismodell besteht aus zwei Komponenten:

1. dem Zahlungsmodell und
2. dem Preis.

Das Zahlungsmodell

Das Zahlungsmodell ist der Weg, den das Geld gehen muss, um vom Kunden zum Anbieter zu gelangen. Dies beinhaltet:

» den Zahlungszeitpunkt (wann im Bezug zum Angebotszeitpunkt Deine Kunden zahlen) und
» die Zahlungsart (wie Kunden zahlen).

Durch diese beiden Komponenten kannst Du Dein Zahlungsmodell modifizieren. Nehmen wir zur Erläuterung das Beispiel mit der Parkuhr. Hier müssen Kunden vorab (Zahlungszeitpunkt) durch Münzen (Zahlungsart) zahlen. Eine Zahlung durch Geldscheine hätte das Problem für den Kunden eventuell schon gelöst, eine Zahlung später (z.B. durch Handyzahlung und spätere Abbuchung) auf jeden Fall.

Überlege, welchen Zahlungszeitpunkt und welche Zahlungsart Du Deinen Kunden "abverlangst". Schafft das Hürden und damit Probleme? Wenn ja, dann solltest Du das Zahlungsmodell überdenken. Welche Alternativen Du dazu hast, erfährst Du später in diesem Kapitel. Wenn das Zahlungsmodell stimmt, dann analysiere, ob der wahrgenommene Wert mit dem Preis Deines Angebotes übereinstimmt.

Der Preis

Der Preis für Dein Angebot muss die Produktionskosten decken und darüber hinaus einen Gewinnanteil für den Unternehmer enthalten. So oder so ähnlich vermittelt uns die Wirtschaftslehre seit Jahren, wie ein Preis entsteht. Diesen Ansatz halte ich, was die Preisentwicklung für Angebote kleiner Unternehmen angeht, für unbrauchbar. Sicher gibt es zahlreiche Faktoren, die die Preisgestaltung beeinflussen: Produktionskosten, Marktumfeld, usw. Es gibt aber einen entscheidenden Faktor, der allein für den Erfolg eines Preismodells sorgen kann, egal wie die Umweltbedingungen sind. Das ist der wahrgenommene Wert des Kunden.

Die Grundlage jedes Preismodells ist der wahrgenommene Wert des Kunden.

Der Wert für den Kunden bestimmt also den Preis. Beispiele für solche wertbezogene Preismodelle kennt jeder von uns. Kaufst Du Wasser im Supermarkt? Und einen Cappucino im Café? Wie viel hat Deine Uhr gekostet? Du wirst schnell feststellen, dass bei vielen Angeboten allein der wahrgenommene Wert den Preis bestimmt und dieser Preis die Produktionskosten um ein Vielfaches übersteigt. Trinkwasser bekommst Du aus dem Wasserhahn fast geschenkt und doch kaufen wir Deutschen Millionen Liter davon im Supermarkt, schleppen es nach Hause und bringen dann auch noch brav die Pfandflaschen zurück. An der Qualität des

Wassers liegt das nicht, die ist identisch. Und wie ist es mit Kaffee? Auch hier schwankt der Literpreis enorm, je nachdem, wo wir den Kaffee kaufen. Und ob Du es glaubst oder nicht – auch für das Angebot, was Du als Unternehmer Deinen Kunden machst, gibt es eine breite Preisspanne.

Schauen wir uns also einmal an, was den Wert eines Angebotes beeinflusst. Hier gibt es viele Modelle und zahlreiche gute Bücher, die sich dem Thema widmen. Arbeite Dich in das Thema ein – es wird Deinen unternehmerischen Erfolg deutlich steigern. Ich will an dieser Stelle aber nicht Modelle diskutieren, sondern auf ein zentrales Merkmal verweisen, das den Wert eines Angebots bestimmt. Das ist bei allen neueren Modellen gleich:

Der Wert eines Angebotes entsteht emotional.

Der Wert ist daher für keinen Menschen identisch. Rationale Preisbegründungen dienen nur dazu, den Kauf vor sich selbst oder jemand anderem zu rechtfertigen. Der eigentliche Wert, den wir einem Angebot beimessen, entsteht hauptsächlich emotional. Erinnerst Du Dich an das Beispiel mit dem Mann, der in einen Hundehaufen getreten ist. Der Wert für einen sauberen Schuh war abhängig davon, was der Mann in den nächsten Minuten macht. Fährt er nach Hause, wird er den Schuh vermutlich selbst reinigen oder zumindest deutlich weniger für eine Reinigung bezahlen, als wenn er auf dem Weg zu dem Vorstellungsgespräch für seinen Traumjob ist. Genauso wie in diesem Beispiel geht es auch Deinen Kunden. Stimmt der Preis mit dem Wert überein und ist das Zahlungsmodell realisierbar, werden sie kaufen, sonst nicht. Du brauchst also (nur) den wahrgenommenen Wert Deines Angebotes steigern und schon hast Du eine höhere Abschlussquote und erzielst einen höheren Preis.

Drei wichtige Schritte zur Steigerung des Wertes Deines Angebotes hast Du bereits getan. Du hast:

1. Deine Wunschkunden definiert und damit genau festgelegt, welche Werte diesen Menschen wichtig und damit wertvoll sind,
2. das Hauptproblem Deiner Wunschkunden definiert und eine perfekte Lösung dafür erarbeitet. Das steigert den Wert enorm, denn die Lösung wichtiger Probleme ist wertvoller als die unwichtiger,
3. Begeisterungsfaktoren entwickelt, die für Deine Wunschkunden die entscheidenden Details Deines Angebotes betonen und damit wertsteigernd wirken.

Jetzt musst Du nur noch den Preis festlegen, der dem wahrgenommenen Wert Deiner Kunden entspricht. Richtig? Aber vorher kannst Du noch etwas tun. Du kannst den Wert Deines Angebotes auch durch das Preismodell selbst steigern. Nutze Verkaufspsychologie. Auch hier spielen Emotionen die zentrale Rolle. Um genau zu erläutern, welche Mittel die Verkaufspsychologie bzw. die Psychologie der Kaufentscheidung bieten und wie genau die Mechanismen dahinter funktionieren, bräuchte man ein extra Buch. Ich will Dir aber an dieser Stelle drei erprobte und einfache Ansatzpunkte erläutern, die sich in der Praxis bewährt haben und mit denen Du den wahrgenommenen Wert Deines Angebotes steigern kannst. Im Laufe dieses Kapitels wirst Du dann weitere Möglichkeiten kennen lernen. Beachte bitte, dass diese Einflussparameter nur unter einer Bedingung funktionieren - wenn Du sie an die Grundwerte Deiner Wunschkunden anpasst.

Den Wert Deines Angebotes kannst Du durch folgende Parameter beeinflussen:

» Subjektive Preiswahrnehmung
» Verfügbarkeit von Produkten und Alternativen
» Sozialer Kontext

Im folgenden werden ausgewählte Ergebnisse wissenschaftlicher Studien zu diesen drei Parametern dargestellt. Grundlage sind die Untersuchungen von Lioba Werth aus dem Buch *Psychologie der Wirtschaft*. Dieses Buch beschreibt viele weitere Details und Möglichkeiten und ich kann es als vertiefende Lektüre empfehlen. Aus den Studienergebnissen habe ich konkrete Handlungsempfehlungen abgeleitet, die Dir helfen, den wahrgenommenen Wert Deines Angebotes zu steigern. Überlege, wie diese Tipps zu Deinem Business passen und notiere jede Idee sofort.

Subjektive Preiswahrnehmung

Personen haben eine sehr subjektive Vorstellung von Preisen und dem Gegenwert von Geldbeträgen. Das bedeutet, dass die gleiche Summe für unterschiedliche Personen einen unterschiedlichen Wert besitzt. Der subjektive Kaufwert hängt von zwei Faktoren ab: Von der Person und vom Kontext, in dem ein Angebot unterbreitet wird. Fragt man zum Beispiel Personen nach dem Kaufwert eines festen Geldbetrages, so wird dieser von Personen mit geringerem Einkommen deutlich höher eingeschätzt als von Personen mit höherem Einkommen. Das gleiche gilt für unterschiedliche Umgebungen (Kontext). Vier Euro für eine Flasche Wasser wird in einem Restaurant akzeptiert, im Supermarkt nicht.

Der Kaufwert von Geld ist subjektiv.

Wie Du den Wert Deines Angebotes steigern kannst:

- ***Personenabhängige Preise:*** Analysiere das Einkommen und die Kaufbereitschaft Deiner Kunden und dann überprüfe, ob Deine Preise dazu passen. Höhere Preise können zum Beispiel bei Personen mit höherem Einkommen dazu führen, dass diese eher kaufen, als wenn der Preis zu gering ist. Ein Sprichwort lautet nicht umsonst: „Was nichts kostet, ist nichts wert".
- ***Kontextabhängige Preise:*** Schaffe eine „exklusive" Umgebung für Dein Produkt oder Deine Dienstleistung. Du kannst schon mit Kleinigkeiten dafür sorgen, dass Dein Angebot höherwertig erscheint. Dieser veränderte „Rahmen" sorgt dafür, dass Deinen Kunden der Preis nicht mehr so hoch vorkommt. So sorgt zum Beispiel eine schöne Verpackung dafür, den subjektiven Wert bei Kunden zu steigern. Verpacke mal einen Diamantring in Zeitungspapier oder ein Gummibärchen in Goldpapier und Du wirst verstehen, was ich meine. Auch Du selbst, Dein Erscheinungsbild und Dein Auftreten beeinflussen den Kontext. Also präsentiere Deine Produkte hochwertig. Schaue Dir gute Schaufenster an und überlege, was Du davon übernehmen kannst.

Mentale Buchführung entscheidet über Preiswahrnehmung

Jeder Kunde verbucht Ausgaben in einer Art „mentaler Buchführung". Gezahlte Beträge fallen je nach Kategorie, in die Sie verbucht werden, unterschiedlich stark ins Gewicht. 15 Euro für ein Knöllchen tun deutlich mehr weh als der gleiche Betrag für ein gutes Buch. Generell gilt, dass Verluste intensiver empfunden werden als Gewinne gleicher Höhe. Wenn Du mit Deinem Angebot also hilfst, Verluste zu vermeiden oder (emotionale) Gewinne schaffst, kannst Du einen höheren Preis erzielen.

Wie Du den Wert Deines Angebotes steigern kannst:

- ***Schaffe (emotionale) Gewinne:*** Jedes gute Angebot kann das. Häufig wird dem Kunden aber nicht der Wert vermittelt, sondern die Funktion des Produktes. Mache es genau anders. Sage dem Kunden, was er davon hat, dass er Deine Dienstleistung kauft. Gib also eine höherwertige Kategorie vor, in die Dein Kunde den Kaufpreis „verbuchen" kann. Luxusprodukte sind hier eine ideale Inspirationsquelle. Niemand bezahlt mehrere tausend Euro für eine Uhr, um die Zeit abzulesen oder für ein Auto, um von A nach B zu fahren. Überall werden emotionale Gewinne vermittelt, um den hohen Preis zu rechtfertigen. Schau Dir die Anzeigen von Luxusgütern an, ermittle den Wert, der angesprochen wird, und übertrage das dann auf Dein eigenes Angebot.

» ***Hilf Verluste zu vermeiden:*** Was mit Gewinnen funktioniert, lässt sich 1:1 auf Verluste übertragen. Jede Versicherung hilft Dir, (gefühlte) Verluste zu vermeiden. Auch wenn die Wahrscheinlichkeit sehr gering ist, dass bestimmte Ereignisse eintreten, fühlst Du Dich von einem potentiellen Verlust bedroht und schließt die Versicherung ab. Überlege also, was Deine Kunden fürchten und kommuniziere dann, dass Du dafür eine Lösung bzw. „Versicherung" dafür anbietest.

Qualität hat ihren Preis

Sicher kennst Du das Sprichwort „Qualität hat ihren Preis". Das lässt sich tatsächlich wissenschaftlich belegen. Der Preis dient Kunden als Informationsquelle für die Qualität bzw. den Wert eines Produkts. Aber nicht nur direkt beim Kauf symbolisiert ein angemessener Preis die hohe Qualität eines Produktes, sondern auch danach. Je mehr Kunden für ein Produkt bezahlt haben, desto mehr nutzen sie es auch, damit sich der Kauf „rentiert". Billige Produkte werden dagegen eher ausgetauscht oder in die Ecke gestellt.

! Wie Du den Wert Deines Angebotes steigern kannst:

» ***Wahrgenommene Qualität steigern:*** Prüfe, ob der aktuelle Preis die Qualität Deines Angebotes widerspiegelt und passe Deine Preise entsprechend an. Prüfe kritisch, ob Du die Qualität Deines Angebotes auch ausreichend kommunizierst. Nur das, was der Kunde weiß, kann er auch in seine Kaufentscheidung einbeziehen. Und tappe nicht in die Rabattfalle. Überlege immer zuerst, wie Du den Wert Deines Produktes steigern kannst, bevor Du den Preis senkst. Bei Handelsprodukten ist das schwieriger. Es gibt aber zahlreiche Beispiele von Dienstleistern, die durch Steigerung ihrer Preise mehr Kunden gewonnen haben.

Besitz steigert den Wert

Wenn ein Gegenstand im eigenen Besitz ist, wird ihm ein höherer Wert zugeschrieben, als wenn man ihn nicht besitzt. Was einmal „meins" ist, geben Kunden kaum wieder her.

Wie Du den Wert Deines Angebotes steigern kannst:

- ***Ermögliche „Testkäufe":*** Mache es Deinen Kunden so einfach wie möglich, Dein Produkt zu besitzen oder Deine Dienstleistung zu nutzen. Ein Umtausch oder eine Rückgabe ist sehr viel unwahrscheinlicher als ein „verhinderter" Kauf, aber nicht immer kann man den Kunden Produkte mitgeben. Schaffe in diesem Fall die Möglichkeit, Produkte anzufassen, auszuprobieren und zu verwenden. Das ist fast so gut, wie sie zu besitzen. Besonders schwer ist das bei Dienstleistungen, deren Wert man erst nach der ersten Benutzung einschätzen kann. Hier hat es sich bewährt, die beste Leistung als Testangebot anzubieten. Überzeugte „Tester" sind viel einfacher zu Stammkunden zu machen als kritische Interessenten. Mehr dazu findest Du im Abschnitt „Das perfekte Angebot testen".

Mitwirkung schafft Vertrauen und damit Wert

Vertrauen ist eine Grundvoraussetzung für jede Kundenbeziehung. Auch Preise können Vertrauen schaffen. Mit Preisen oder Verhandlungsausgängen, an deren Zustandekommen Kunden aktiv mitgewirkt haben, sind sie zufriedener.

Wie Du den Wert Deines Angebotes steigern kannst:

- ***Verhandle:*** Was auf orientalischen Märkten nicht wegzudenken ist, ist hierzulande ein Tabu. Das ist leider wenig förderlich für die Zufriedenheit der Kunden. Gib Deinen Kunden die Möglichkeit, Preise mitzubestimmen und biete Optionen an, aus denen der Kunde wählen kann. Mach das aber bitte mit der gebotenen Zurückhaltung, denn Verhandeln haben die meisten Kunden hier bei uns noch nie geübt. Biete Kunden zum Beispiel zu jedem Produkt, das sie ausgewählt haben, eine Alternative an. Dann kann der Kunde entscheiden, was genau er kauft und hat später kein schlechtes Gefühl mit seiner Wahl, weil er aktiv beteiligt war. Dies ist auch eine gute Reaktion auf die Frage nach einem Rabatt. Biete einen geringeren Preis, reduziere aber auch die Leistung entsprechend. Jetzt kann der Kunde entscheiden, ob ihm weniger Leistung reicht, oder er kann die ursprünglich angebotene Leistung (und den dafür geforderten Preis) annehmen.

Nicht alle hier beschriebenen Maßnahmen sind auf jedes Angebot anwendbar, aber mindestens einer der Punkte passt sicher auch bei Dir. Lass Dich auf das

Gedankenspiel ein und überlege, wie Du den wahrgenommenen Wert und damit den Preis Deines Angebots steigern kannst. Sammle Deine Ideen in der folgenden Liste.

Meine Ideen, um den wahrgenommenen Wert meines Angebotes zu steigern:

____

____

____

____

____

____

____

____

____

Verfügbarkeit von Produkten und Alternativen

Knappe Angebote sind wertvoller

Sind von einem Produkt weniger Exemplare vorhanden, wird das Produkt besser bewertet und für teurer gehalten. Das kennt jeder von uns, aber es gibt neben der Verknappung eine weitere Möglichkeit, Angebote wertvoller zu machen – durch erschwerten Zugang. Angebote erscheinen uns desto wertvoller, je weniger erreichbar sie sind.

! Wie Du den Wert Deines Angebotes steigern kannst:

» ***Sorge für Verknappung:*** Überprüfe, wie Du die Verfügbarkeit Deines Angebotes kommunizierst. Wenn Du dem Kunden vermittelst, dass die Verfügbarkeit eines speziellen Angebotes nur für eine geringe Zeit garantiert werden kann, ist die Wertwahrnehmung und damit die Kaufwahrscheinlichkeit höher. Das funktioniert nicht nur bei Sonderangeboten, sondern auch bei Standardprodukten. War in der Vergangenheit zum Beispiel ein ähnliches Produkt schnell vergriffen oder der Kurs ausgebucht, dann sag das Deinen Kunden. Du überträgst damit vergangene

Verkaufserfolge auf zukünftige Angebote. Wende dieses Prinzip vor allem bei Produkten und Dienstleistungen mit kurzer Nutzungsdauer an. Sonst schlägt die Wirkung ins Gegenteil um. Wenn Du zum Beispiel die Verfügbarkeit von Ersatzteilen für eine Maschine begrenzt, wird das Kunden eher vom Kauf abhalten.

» ***Schaffe hoch hängende Trauben:*** Begehrenswerte Produkte sind vor allem eines – schwer erreichbar. Überlege, bei welchem Deiner Angebote Kunden bestimmte Kaufhürden überwinden müssen bzw. schaffe wertsteigernde Kaufhürden. Exklusivität ist eine gute Möglichkeit dafür. Begrenze den Zugang zu bestimmten Angeboten und schaffe damit Begehren. Denke an Deine Kindheit. Was wolltest Du am meisten? Genau das, was verboten war. Wie kannst Du das auf Deine jetzige Situation übertragen?

Zu viele Alternativen vertreiben Kunden

Das Vorhandensein von Produktalternativen erschwert eine Kaufentscheidung. Das gilt vor allem, wenn Kunden zu viele Alternativen angeboten werden, denn das macht eine objektive Entscheidung unmöglich. Auch im Falle gleichwertiger Alternativen wird eher keines der Produkte gekauft. Je mehr gleichwertige Angebote zur Verfügung stehen, desto schwieriger wird die Entscheidung zwischen den Alternativen, so dass häufig gar nichts gekauft wird. In manchen Supermärkten werden zum Beispiel mehr als 20 verschiedene Sorten Erdbeermarmelade angeboten. Das sorgt für weniger Umsatz als wenn nur drei Alternativen zur Verfügung stehen. Aber auch irrelevante Alternativen können die Attraktivität eines Angebots verändern. Ein Burgerrestaurant für Gourmets, dass einen 5000$-Burger anbietet (eine wahre Geschichte aus Las Vegas), wird dadurch zwar nicht reich, aber alle neugierigen Kunden, die das überprüfen wollen, gehen auf keinen Fall hungrig nach Hause. Und das steigert den Umsatz deutlich, denn die Alternativen erscheinen im Vergleich zum Luxus-Burger besonders verlockend.

! Wie Du den Wert Deines Angebotes steigern kannst:

» ***Treffe eine Vorauswahl:*** Schaffe eine überschaubare Anzahl von Alternativen, zwischen denen sich Kunden entscheiden können. Das kannst Du viel besser als Deine Kunden, denn Du bist der Spezialist. Wichtig ist, dass Du Deinen Kunden klar darstellst, was die Unterschiede zwischen den Angeboten sind und was er davon hat, sich für ein bestimmtes Angebot zu entscheiden. Eine Auflistung von Produkteigenschaften gibt Kunden kaum ein klares Bild vom Mehrwert eines

Angebotes (vergleiche mal Waschmaschinen in einem Elektronikmarkt Deiner Wahl). Kommuniziere also neben den Ausstattungsmerkmalen auf jeden Fall den Nutzen des jeweiligen Angebotes. Stelle dabei sicher, dass sich die angebotenen Varianten ausreichend unterscheiden.

Die Mitte ist golden

Die „goldene Mitte" ist nicht nur ein bekanntes Synonym. Sie ist Realität. Menschen entscheiden sich nachweisbar lieber für die Mitte als für die Extreme. Werden drei Produktalternativen (eine günstige, eine mittlere und eine hochpreisige) angeboten, kaufen Kunden zu mehr als zwei Dritteln das mittlere Produkt. Lässt man die hochpreisige Alternative weg, wird das selbe Produkt nur noch zu knapp 50 Prozent gekauft. Eine weitere Option C verändert also die Präferenzen zwischen den Optionen A und B.

! Wie Du den Wert Deines Angebotes steigern kannst:

» ***Biete drei Alternativen:*** Gib Deinen Kunden vor allem bei hochpreisigen Angeboten immer drei Alternativen. Produkt B sollte dabei doppelt so teuer sein wie Produkt A. Produkt C bietest Du dreimal so teuer an wie Produkt B. Gestalte Deine Dienstleistungen bzw. Produktpakete entsprechend diesen Werten. Dein Hauptprodukt sollte natürlich die goldene Mitte sein.

Auch hier gilt: Nicht alles ist immer anwendbar, aber mindestens einer der Punkte passt garantiert. Sammle Deine Ideen und ergänze deine Liste.

Meine Ideen, um den wahrgenommenen Wert meines Angebotes zu steigern:

Sozialer Kontext

Herdentrieb

Viele Menschen nehmen das, was alle tun oder kaufen, als besser und wertvoller wahr. Wenn mehrere Personen etwas tun, nehmen wir an, dass es „das Richtige" ist, denn die Masse kann sich ja nicht irren. Wir lassen uns von anderen anstecken und folgen unserem Herdentrieb.

Wie Du den Wert Deines Angebotes steigern kannst:

» ***Mache Kundenzahlen sichtbar:*** Niemand sieht Dir an, wie viele Kunden Du hast. Also zeige Interessenten, wer schon alles bei Dir gekauft hat. Das funktioniert am besten, wenn Du eine kleine Zielgruppe hast. Wenn Interessenten dann sehen, dass schon andere (vergleichbare) Personen bei Dir Kunden sind, fällt die Kaufentscheidung leichter.

» ***Kennzeichne Dein bestes Produkt:*** Sage klar und deutlich, welches Produkt am meisten gekauft wird. Markiere es deutlich sichtbar und liefere wenn möglich Belege dafür. Das macht es besonders attraktiv für neue Kunden.

Sympathie entscheidet

Wir lassen uns leichter von Personen überzeugen, die uns sympathisch sind. Kaufentscheidungen werden wahrscheinlicher, wenn ein Produkt von einem sympathischen statt von einem unsympathischen Menschen angepriesen wird.

Wie Du den Wert Deines Angebotes steigern kannst:

» ***Vermittle positive Gefühle:*** Am sympathischsten sind sich Menschen, die gleiche Werte und Vorlieben teilen. Zeige also authentisch, welche Werte Du vertrittst und dass Du auf einer Wellenlänge mit Deinen Wunschkunden bist. Das geht zum Beispiel besser in einer Umgebung, die Deine Zielgruppe mag. Weiterhin hilft es, die Sprache der Zielgruppe zu verwenden, deren Kleidung zu tragen usw.

» ***Sei glaubwürdig:*** Sympathie und Vertrauen entstehen, wenn Informationen als glaubwürdig eingeschätzt werden. Hierfür gibt es zahlreiche Möglichkeiten. Neben der Angabe von Quellen und Beweisen wirken auch bestimmte nonverbale Signale vertrauensbildend. Schau Dir am besten die Reden von Politikern oder Werbung an und achte bewusst darauf, was Dein Vertrauen bestärkt oder schwächt. So lernst Du schnell, welche Signale Glaubwürdigkeit und Sympathie vermitteln.

Eine Hand wäscht die andere

Erhalten Personen von jemandem eine Gefälligkeit, so fühlen sie sich in dessen Schuld und versuchen, diese Schuld auszugleichen, indem sie die Gefälligkeit erwidern. Gefälligkeiten erzeugen den sozialen Druck, sich zu revanchieren. Dieses Prinzip gilt auch dann, wenn die Gefälligkeit weder gewollt noch erwünscht war. Personen geben dabei meist mehr zurück, als sie bekommen haben.

Wie Du den Wert Deines Angebotes steigern kannst:

Gib, bevor Du nimmst: Helfe Deinen Kunden und Interessenten, wo immer Du kannst. Wenn Du in Deinem ersten Treffen mit einem Kunden bereits ein Problem löst, baust Du Vertrauen auf. Das steigert vor allem bei Dienstleistern die Auftragswahrscheinlichkeit enorm. Denn Vertrauen ist die zentrale Grundlage für die Inanspruchnahme von Dienstleistungen. Sei dabei immer ehrlich und hilf aus freien Stücken, denn sonst erreichst Du das Gegenteil.
Sammle Deine Ideen und ergänze deine Liste.

Bereits jetzt solltest Du den Wert Deines Angebotes gesteigert und es stärker an Deine Wunschkunden angepasst haben. Im nächsten Kapitel widmen wir uns der Definition von Angebotspaketen, die perfekt zu Deinen Wunschkunden passen.

Meine Ideen, um den wahrgenommenen Wert meines Angebotes zu steigern:

Angebotspakete erstellen

Verkauft man Produkte, fällt es leicht, konkrete Angebote bzw. Pakete zu definieren. Produkte lassen sich anfassen und ins Schaufenster stellen. Viele Dienstleister tun sich aber schwer damit, ihr Angebot als Produktform zu sehen. Stell Dir vor, Du stehst als Dienstleister auf dem Wochenmarkt und bietest Deine Leistungen an. Was beinhalten Deine Produkte, was ist in der Box drin, die der Kunde kauft? Sicher lassen sich nicht alle Dienstleistungen standardisieren. Aber ein wenig Standard hilft mehr, als er schadet. Daher werden wir in diesem Kapitel Angebotspakete definieren, die man auch in eine Produktverpackung stecken könnte (oder sagen wir lieber auf einem Flyer beschreiben). Wichtig dabei ist, dass es mehrere Produkte gibt, damit der Kunde auswählen kann.

Testangebote schaffen, die Vertrauen aufbauen

Der Verkauf von Dienstleistungen hat gegenüber dem der meisten Produkte einen zentralen Unterschied; man kann Dienstleistungen vorher nicht ausprobieren. Der zentrale Engpass beim Kunden ist also Vertrauen. Vertraut ein Kunde, bucht er eine Dienstleistung wesentlich schneller, als wenn er skeptisch ist. Daher sind Empfehlungen für Dienstleister so wichtig, denn dabei wird das Vertrauen vom Empfehler auf den Interessenten übertragen. Das Thema Empfehlungen ist so zentral, dass ich ihm ein eigenen Kapitel gewidmet habe. Doch auch durch die Definition der richtigen Angebotspakete kann man dem Kunden den Einstieg erleichtern. Selten wird ein Kunde einem Dienstleister sofort und ohne Empfehlung einen großen Auftrag erteilen. Es ist wie beim Kauf eines Produktes: Man möchte es erst ausprobieren oder wenigsten ein Rückgaberecht haben, wenn einem das Produkt doch nicht gefällt. Rückgaberechte bei Dienstleistungen sind nur sehr schwer zu definieren. Ersatzweise bieten viele Dienstleister Garantien an. Sicher hast auch Du schon einmal von einer Zufriedenheits- oder Geld-zurück-Garantie eines Dienstleisters gehört. Hier soll es aber vor allem um Deine Angebotspakete gehen und auch diese können wie gesagt dem Kunden die Möglichkeit geben, Dein Angebot zu testen. Bevor wir uns also der Definition der zentralen Produkte widmen, erstellen wir Testangebote für Deine Wunschkunden. Die besten Erfahrungen habe ich damit gemacht, zwei Testprodukte zu definieren. Das erste dient dazu, Deine Leistung sichtbar zu machen. Hier soll der Kunde erleben, was Dein Angebot beinhaltet. Das zweite ist ein Kennenlernangebot für Unentschlossene, mit dem Du Vertrauen aufbaust.

» ***Leistung sichtbar machen:*** Definiere zuerst ein Produkt, das Deine Leistung sichtbar macht. Häufig sind diese Angebote kostenfrei. Typische Beispiele sind Vorträge, kostenlose Ebooks oder vergleichbare Informationsprodukte oder Erstanalysen. Überlege, welches Problem Du beim ersten Kundenkontakt lösen kannst. Häufig bestehen Wissenslücken, die Du mit Deinem Angebot schließt.

» ***Kennenlernangebot:*** Wie der Name schon sagt - Dein Ziel ist es, dem Kunden die Möglichkeit zu geben, Deine Dienstleistung zu testen. Definiere dazu ein Angebot, das in maximal einer Stunde ein akutes Problem Deines Kunden löst. Überlege, welches Problem Deines Kunden Du schnell lösen kannst. Diese Problemlösung muss für Deinen Kunden wertvoll sein, denn nur so kannst Du Vertrauen aufbauen und dem Kunden zeigen, was Du leisten kannst. Ein Kennenlernangebot muss nicht immer kostenfrei angeboten werden, aber egal welchen Preis Du verlangst - vermittle deutlich, dass Dein Angebot einen deutlich höheren Wert hat, als der Kunde dafür zahlt. Wenn Du Dich dabei auf ein bis zwei Standards fokussierst, die mit hoher Wahrscheinlichkeit Deinen Kunden verblüffen, kannst Du tolle Kennenlernangebote sehr günstig oder sogar gratis anbieten und damit die Einstiegshürde massiv senken.

Ich möchte Dir an einem Beispiel verdeutlichen, welche Wirkung ein tolles Kennenlernangebot haben kann.

Ein Kunde von mir hat eine Software entwickelt, die auf einfache Art und Weise die wesentlichen Unternehmenskennzahlen darstellt. Um seine Leistung sichtbar zu machen, veröffentlicht er Fachartikel und hält Vorträge, die zeigen, wie man komplexe betriebswirtschafliche Kennzahlen und Zusammenhänge auf einfach Weise versteht und sein Unternehmen damit steuert. Damit vermittelt er interessante Fakten für jeden, der das Problem langer und undurchsichtiger BWAs kennt. Hat ein Kunde Interesse und kontaktiert den Unternehmer, hat er ein tolles Kennenlernangebot. Jeder, der schon einmal mit Controlling-Programmen gearbeitet hat, weiß um deren Komplexität. Selbst wenn das Programm einfach zu bedienen ist, ist eine der größten Hürden die Eingabe der eigenen Kennzahlen bei der ersten Nutzung. Dieses zentrale Problem löst der Unternehmer in kurzer Zeit. Er verspricht jedem Kunden, dass er eine Testversion der Software in weniger als zehn Minuten installiert und alle Kennzahlen des Unternehmens eingepflegt hat - kostenlos. Wer kann da schon „Nein" sagen? Der Test läuft dann so überzeugend, dass die Hürde für den Kauf der Software deutlich geringer ist, als die Katze im Sack zu kaufen.

Überlege, wie Du Deine Leistung sichtbar machen kannst und wie Du Deinen Wunschkunden ermöglichen kannst, Deine Leistung kennenzulernen. Definiere entsprechende Produkte für diese beiden Stufen. Denke daran: Du stehst auf einem Markt und Dein Kunde ist auf der Suche nach einem klaren Produkt. Es zählt also nicht, sich für jeden Kunden spontan eine Lösung auszudenken. Du hast eine kleine und klar beschriebene Zielgruppe. Definiere also feste Kennenlernprodukte. Diese wirst Du im Akzeptanztest genauso testen wie Deine Hauptprodukte. Denn nur der Kunde kann letztendlich entscheiden, was gut ist und was nicht. Aber Du solltest ein klares Kennenlernangebot haben, wenn Du einem Wunschkunden begegnest.

Bevor Du jetzt loslegst, möchte ich Dir einen Hinweis zu Kennenlernangeboten geben - den entscheidenden Tipp, der über Erfolg und Misserfolg bei der Ansprache neuer Kunden bestimmt. Ich habe mehr als 100 Projekte durchgeführt und mit meinen Kunden zahlreiche wirksame Kennenlernangebote definiert. Immer wieder passiert es, dass Kunden bei Ihren Kennenlernangeboten nicht Vollgas geben. Deshalb möchte ich hier in aller Deutlichkeit betonen, was sich in zahlreichen Projekten immer wieder bestätigt hat.

Biete als Kennenlernangebot Deine beste Leistung an.

Häufig höre ich an dieser Stelle: Wenn ich am Anfang schon mein gesamtes Pulver verschieße, dann kann ich mich danach doch gar nicht mehr steigern. Immer wieder antworte ich darauf: Wenn Du zu Beginn nicht Deine beste Leistung anbietest, wirst Du nie einen Auftrag bekommen. Dann nutzt Dir Dein ganzes Wissen und Können nämlich nichts, denn es kommt nicht zur Anwendung. Du brauchst keine Angst davor zu haben, eine hohe Erwartungshaltung beim Kunden zu wecken, die Du danach nicht erfüllen kannst. Beim Kennenlernangebot hast Du maximal eine Stunde Zeit, zu überzeugen. Das geht nur, wenn Du das tust, was Du am besten kannst. Später kannst Du dann viel individueller auf den Kunden eingehen als beim ersten „Standard-Angebot". Und das wird Deinen Kunden überzeugen. Wenn Du bisher alle Übungen dieses Buches gemacht hast, verfügst Du über zahlreiche Lösungen für wichtige Probleme Deiner Wunschkunden. Also bleibt genug Leistung für die weitere Zusammenarbeit mit dem Kunden übrig. Wenn das nicht so ist, dann erarbeite weitere Lösungen, bevor Du Deine Angebotspakete definierst.

Wenn Du aber deine beste Leistung - Deinen Trüffel - gleich zu Beginn anbietest, hat das mehrere Vorteile:

- Deine Wunschkunden werden mit viel größerer Wahrscheinlichkeit Dein Kennenlernangebot testen und Dir damit die Chance geben zu überzeugen.
- Du wirst sehr schnell Vertrauen in Deine Leistung aufbauen und damit Deine Abschlussquote für Deine Hauptprodukte deutlich steigern. Kunden, die Du in kurzer Zeit voll und ganz überzeugt hast, werden denken: „Wenn das das Ergebnis weniger Minuten ist, was kann ich dann erst alles erreichen, wenn ich dauerhaft mit diesem Unternehmer arbeite?" Und genau das ist das Ziel des Kennenlernangebotes.
- Indem Du Dich beim ersten Kontakt mit dem Kunden darauf konzentrierst, was Du am besten kannst, bist Du mit vollem Einsatz und Spaß dabei. Beides steigert Deine Leistung. Ganz nebenbei übst Du regelmäßig Deine besten Fähigkeiten und wirst noch besser.
- Du kommst gar nicht in die Verlegenheit, Deinen Wunschkunden Deine Leistungen vorzuenthalten, denn wenn Du absolut sicher bist, dass Du mit deinem Kennenlernangebot ein „Wow!" erzeugst, wirst Du es zu jeder Gelegenheit gern anbieten.

Definiere jetzt ein Angebot, das Deine Leistung sichtbar macht, und ein Kennenlernangebot, das Deinen besten Trüffel beinhaltet.

So mache ich meine Wunschkunden auf mein Angebot aufmerksam:

Durch dieses Angebot können meine Wunschkunden mein Angebot kennenlernen:

Produkte definieren

Wenn Du einen Wunschkunden mit Deinem Kennenlernangebot überzeugt hast, brauchst Du ein Produkt, mit dem Du sein Hauptproblem löst. Zu Beginn des Kapitels hatte ich es bereits erwähnt: Die Mitte ist golden. Wenn Deine Kunden aus mindestens drei Angeboten auswählen können, wird am häufigsten das mittlere Produkt gekauft oder die mittlere Dienstleistung gebucht. Aus diesem Grund erstellen wir nicht ein Produkt, sondern drei. Dieses Vorgehen hat zwei Ziele. Es soll erstens dazu führen, dass Kunden hauptsächlich Dein wichtigstes Produkt buchen, und zweitens den Einstieg erleichtern.

Die drei Produkte lassen sich wie folgt charakterisieren:

» ***Das Einstiegsprodukt*** ermöglicht dem Kunden schnelle Erfolge für ein wichtiges, aber begrenztes Problem. Es beinhaltet also ein spezialisiertes Angebot, das in kurzer Zeit sichtbare Ergebnisse produziert.

» ***Das Erfolgsprodukt*** ist Dein wichtigstes Angebot. Es löst das wichtigste Problem Deiner Kunden und beinhaltet Deine Kernleistung. Es ist Deine Cash-Cow, das wichtigste Produkt Deines Unternehmens.

» ***Das Starprodukt*** beinhaltet Deine maximale Leistung. Hier steckt alles drin, was Du für Deine Kunden erreichen kannst und löst neben dem Hauptproblem Deines Kunden viele weitere Probleme. Es ist das „Rundum-sorglos-Paket".

Definiere als erstes Dein Hauptprodukt. Es sollte die Lösungen für das Hauptproblem Deiner Kunden beinhalten, die Du im Kapitel „Problemlösung" definiert hast. Erstelle daraus ein klares Produkt, dass Du Kunden einfach erklären kannst. Definiere darüber hinaus, was Deine Kunden davon haben, dieses Produkt zu kaufen, also was es bringt. Als letztes erarbeite einen aussagekräftigen Namen für Dein Hauptprodukt
.

Den Preis für Dein Hauptprodukt legen wir jetzt noch nicht fest. Das machen wir erst, wenn wir im nächsten Abschnitt den Wert für den Kunden ermittelt haben. Wichtig ist jetzt nur eines: Das Einstiegsprodukt sollte ungefähr die Hälfte des Hauptproduktes kosten, das Startprodukt das dreifache. Wenn Dein Hauptprodukt also 3.000 € kostet (was Du wie gesagt später noch genau festlegst), dann sollte das Einstiegsprodukt ca. 1.500 € und das Starprodukt 9.000 € kosten. Diese Preise sind Richtwerte. Nutze die als Orientierung. Warum? Weil dann die beabsichtigte Beeinflussung der Kaufentscheidung (goldene Mitte) am besten funktioniert. Du willst ja schließlich vor allem Dein Hauptprodukt verkaufen.

Die Definition der Preisunterschiede ist wichtig, um die Inhalte und Leistungen Deiner Produkte entsprechend darauf abzustimmen. Deine nächste Aufgabe ist es jetzt, das Einstiegsprodukt zu erstellen. Überlege dazu, welches wichtige Teilproblem Deiner Kunden Du lösen kannst, wenn Du nur die Hälfte der Zeit oder die Hälfte der Mittel zur Verfügung hast. Genau das ist Dein Einstiegsprodukt. Es muss ein wichtiges Problem lösen, aber im Wert deutlich hinter Deinem Hauptprodukt zurück stehen.

Als letzten Schritt definierst Du Dein Starprodukt. Hier kannst Du alles hineinpacken, was Du für Deinen Kunden leisten kannst. Stell Dir vor, Geld und Zeit spielen keine Rolle. Was könntest Du leisten? Definiere erst das Maximum und stutze es dann so zurecht, dass es den dreifachen Nutzen des Hauptproduktes liefert.

Denke daran, dass die Produkte im Moment nur in Deinem Kopf existieren. Du darfst also ruhig etwas spinnen und übertreiben. Im Akzeptanztest wird sich zeigen, ob Deine Wunschkunden Dein Angebot genau so toll finden wie Du. Ich habe häufig erlebt, dass eigentlich übertriebene Produkte von Kunden geliebt wurden und sich dann immer eine Lösung fand, diese auch tatsächlich umzusetzen. Also leg los und definiere drei Produkte.

Mein Einstiegsprodukt:

____

____

____

____

____

Mein Hauptprodukt:

____

____

____

____

____

Mein Starprodukt:

____

____

____

____

____

Der Wert Deines Angebotes

Nachdem Du Deine Produkte definiert hast, ist es an der Zeit, einen angemessenen Preis dafür zu bestimmen. Das fällt vielen Unternehmern schwer. Sehr häufig kann ich beobachten, dass deutlich zu geringe Preise für tolle Angebot angesetzt werden. Denke daran: Du hast das perfekte Angebot für Deine Wunschkunden entwickelt. Indem Du das Hauptproblem Deiner Kunden löst, schaffst Du einen großen Wert und dafür darfst Du auch einen angemessenen Preis verlangen. Zu Beginn dieses Kapitels hatte ich zwei zentrale Dinge über die Preisfindung dargestellt, die ich hier noch einmal wiederholen möchte:

1. ***Preise bestimmen sich ausschließlich über den wahrgenommenen Wert des Kunden.*** Deine Produktionskosten und Dein Aufwand sind Deinen Kunden egal. Sie kaufen, wenn der Preis dem wahrgenommenen Nutzen entspricht.
2. ***Zu niedrige Preise beeinflussen die Wahrnehmung des Nutzens negativ.*** Wenn ein Angebot zu gut klingt, werden Kunden skeptisch. Indem Du einen Preis definierst, der dem Nutzen gerecht wird, steigerst Du Deine Verkaufsquote.

Bevor Du also die Preise für Deine Angebote festlegen kannst, musst Du den Wert Deines Angebotes für Deine Kunden ermitteln - in Euro. Das ist nicht so einfach wie die Kosten zusammenzuaddieren und einen Gewinnaufschlag dazuzurechnen, ergibt aber deutlich bessere Preise für Dein Angebot. Die Praxis zeigt, dass es mit wenigen Schritten nahezu jedem gelingt, den Wert des eigenen Angebotes in Euro auszudrücken. Beantworte dazu zuerst die folgenden Fragen:

Was verlieren meine Wunschkunden, wenn Sie nichts ändern? Was kostet es langfristig, so weiter zu machen wie bisher?

Schreibe jetzt alles auf, was Deine Kunden verlieren, wenn sie nichts ändern. Denke dabei daran, dass häufig mehr auf dem Spiel steht als das akute Problem vermuten lässt. Außerdem ist der Verlust häufig über längere Zeit vorhanden, wenn sich nichts ändert. Wenn eine Führungskraft also zum Beispiel keinen neuen Job findet, der eine neue Herausforderung darstellt, geht ihr womöglich Geld verloren. Nehmen wir an, der neue Job hätte 10.000 € mehr pro Jahr eingebracht. Findet die Person innerhalb eines Jahres keinen neuen Job, steigt der Verlust, denn jedes Jahr kommen weitere 10.000 € dazu. Wenn man hier weiter denkt, steht aber viel mehr auf dem Spiel. Der Frust im alten Job kann zum Beispiel dazu führen, dass die Leistungsfähigkeit nachlässt. Dadurch bekommen andere eventuell Boni, die unserer Führungskraft verloren gehen. Fehlende Herausforderungen und auf Dauer stupide Arbeit können auch krank machen. Man könnte das im Extremfall so lange weiter spinnen, bis die Führungskraft ihren Job ganz verliert. Dadurch kann sie den Hauskredit nicht mehr bezahlen, verliert ihr Haus, der Ehepartner läuft auch noch weg und am Ende ist sie obdachlos. So weit muss man gar nicht gehen. Wichtig ist mir, dass Du erkennst, dass der Verlust für Deinen Kunden oft höher ist, als es kurzfristig scheint. Schreibe also alles auf, was Dein Kunde verliert, wenn er Deine Leistung nicht in Anspruch nimmt und sein Hauptproblem dadurch nicht löst. Definiere dann, was dieser Verlust in einem Zeitraum von 3-5 Jahren in Euro bedeutet. Vielen fällt diese Denkweise erfahrungsgemäß schwer. Es reicht, wenn Du eine grobe Schätzung abgibst. Es geht nur darum, die Größenordnung des Verlustes zu ermitteln. Wenn Du gar nicht weiterkommst, lass Dir von einem Experten helfen.

Schreibe mindestens drei Dinge auf, die Dein Kunde

___________________________________ **Kosten:** __________ **€**

___________________________________ **Kosten:** __________ **€**

___________________________________ **Kosten:** __________ **€**

verliert, wenn er Deine Leistung nicht in Anspruch nimmt und schätze den Verlust in Euro.
Bilde danach die Summe dieses Verlustes.
Wenn Du diese Aufgabe bewältigt hast, wird Dir die nächste deutlich leichter fallen. Beantworte die folgende Frage:

Was gewinnen meine Wunschkunden durch meine Leistungen?

Gehe genauso vor, wie eben beschrieben. Definiere mindestens drei Punkte, die Dein Kunde nach Inanspruchnahme Deiner Leistung besser kann. Nimm als Vergleich eine durchschnittliche Leistung an, also gehe davon aus, dass

____________________ **Kosten:** __________ **€**

____________________ **Kosten:** __________ **€**

____________________ **Kosten:** __________ **€**

jemand anderes Deinem Kunden hilft, aber das Hauptproblem nicht so gut löst wie Du.

Bilde auch hier die Summe der Gewinne. Jetzt addiere die Verluste und die Gewinne. Dadurch erhältst Du den Wert Deines Angebotes für Deine Kunden.

__________ **€**	+	__________ **€**	=	__________ **€**
Gesamtverlust		Gesamtgewinn		Wert meines Angebots

Bei fast allen Unternehmern, die eine Lösung für das Hauptproblem ihrer Wunschkunden anbieten, übersteigt dieser Wert mehrere 10.000 Euro. Der absolute Wert hängt davon ab, wie gut der jeweilige Unternehmer bei der Problemanalyse gearbeitet hat. Verblüfft stellen aber die meisten meiner Kunden nach dieser Rechnung fest, dass der berechnete Wert für den Kunden weit über dem aktuellen Preis des eigenen Angebots liegt. Kaum einer hätte vor dieser Rechnung damit gerechnet, einen solch hohen Nutzen zu stiften.

Diese Rechnung ist natürlich sehr grob und kaum in allen Einzelheiten mit harten Fakten zu belegen. Es gibt aber bei fast allen, die sich darauf einlassen, ein erstaunliches Ergebnis: Eine stolz geschwellte Brust. Vielen Dienstleistern wird durch die gezeigte Berechnung der Wert der eigenen Leistung erst bewusst. Das führt dazu, dass sie selbst viel stärker von ihrer Leistung überzeugt sind und das in Kundengesprächen besser vermitteln als vorher. Die Folge ist fast immer eine deutlich höhere Abschlussquote. Meine liebe Kollegin Marion Lang hat dafür einen treffenden Spruch: „Nur was Du verinnerlicht hast, kannst Du veräußern“. Kein Unternehmer kann angemessene Preise für seine Leistungen durchsetzen, wenn er nicht selbst fest vom Nutzen und dem Wert überzeugt ist. Hier wirkt die gezeigte Übung Wunder und schon allein dafür lohnt sie sich.

Der nächste Abschnitt zeigt, wie man auf Basis der Wertberechnung seine Produktpreise festlegt.

Produktpreise berechnen und Kaufhürden identifizieren

Du kennst jetzt den Wert Deines Angebotes für Deine Wunschkunden und auf keinen Fall wirst Du genau diesen Wert in Rechnung stellen, oder? Das wäre auch nicht fair dem Kunden gegenüber. Ein Angebot wird als Win-Win betrachtet, wenn beide Seiten dadurch einen klar erkennbaren Mehrwert erhalten. Du musst jetzt für Dich definieren, welchen Gegenwert Du für die Schaffung des Nutzens als gerechtfertigt erachtest. Überlege, was für Dich ein angemessene Entlohnung wäre, wenn Du die Leistung wie beschrieben erbringst und der Kunde den vollen Nutzen erhält. Und das wirst Du! Schließlich hast Du lange an Deinen Lösungen für das Hauptproblem Deiner Kunden gefeilt. Die meisten meiner Kunden halten 10 bis 25 Prozent des Wertes, welchen ihr Angebot stiftet, für eine angemessene Entlohnung. Definiere selbst, was für Dich angemessen ist und multipliziere dann den Wert Deines Angebotes mit diesem Faktor. So erhältst Du einen Richtpreis für Dein Hauptprodukt.

__________ **€** X __________ **%** = _______________ **€**

Gesamtwert — mein Anteil — Preis des Hauptprodukts

Wenn Du also zum Beispiel einen Gesamtwert von 50.000 Euro stiftest und 15 Prozent als angemessene Gegenleistung ansiehst, dann sollte Dein Hauptprodukt ca. 7.500 € kosten. Vielen erscheint die Zahl, die sich hier ergibt, als deutlich zu hoch. Dir nicht? Prima! Wenn das bei Dir aber auch der Fall ist, dann hast Du soeben das erste Mal den wirklichen Wert Deiner Leistung erkannt. Lass Dich auf das Vorgehen ein. Auf den folgenden Seiten möchte ich Dir zeigen, wie Du mit dem richtigen Preismodell die berechneten Preise tatsächlich erzielen kannst. Das genau ist nämlich die Aufgabe des perfekten Preismodells. Wenn Du am Ende nicht überzeugt bist, kannst Du Deine Preise immer noch anpassen. Du wirst trotzdem mit hoher Wahrscheinlichkeit einen höheren Preis erzielen, als wenn Du von vorne herein zu niedrig einsteigst.

Nehmen wir also an, Dein Hauptprodukt kostet 7.500 €. Oder eben genau den Preis, den Du berechnet hast. Dann bleibt doch eigentlich nur eine zentrale Frage:

Welche Hürden gibt es für Deine Kunden, genau diesen Preis zu bezahlen?

Wenn ich alle Projekte betrachte, die ich durchgeführt habe, gibt es eigentlich nur vier Kaufhürden, die in der Praxis immer wieder auftauchen:

1. ***Zahlungszeitpunkt:*** Vor allem hohe Investitionen werden erschwert, wenn der Kaufpreis sofort fällig wird. Kaum eine junge Familie würde ein Haus bauen, wenn sie dafür vorab 250.000 Euro auf den Tisch legen müsste. Banken lösen dieses Problem durch eine Baufinanzierung. Hierdurch kann die Zahlung bequem über einen langen Zeitraum gestreckt werden und so bauen Monat für Monat viele junge Familien ihre eigenen vier Wände.
2. ***Folgekosten:*** Günstige Einstiegskosten gefolgt von hohen laufenden Kosten schrecken Kunden ab. Ein bekanntes Beispiel sind Tintenstrahldrucker. Die Geräte werden preiswert angeboten. Der Hersteller verdient dann sein Geld über den Verkauf der Tinte. Mittlerweile hat sich hier ein ganzer Markt etabliert, der die Folgekosten durch das Anbieten günstigerer Wechselpatronen senkt. Andererseits senkt dieses Preismodell die Einstiegshürde für Kunden. Wer beim Kauf nicht an die Folgekosten denkt, erlebt erst später die böse Überraschung. Das funktioniert zwar kurzfristig, ist aber weit entfernt vom perfekten Angebot.
3. ***Preiswahrnehmung:*** Erkennt der Kunde den Nutzen eines Angebotes nicht bzw. wird der Nutzen subjektiv als geringer erlebt, ist das Fazit: „Zu teuer." Schuld ist meist nicht der Kunde, sondern der Anbieter. Auch der direkte Vergleich von Preisen zum Beispiel von Benzin beeinflusst die Preiswahrnehmung. Darüber hinaus wirken subjektive Preiserfahrungen negativ oder positiv auf die Bewertung des Preises. Für eine Flasche Wasser wird im Restaurant ein deutlich höherer Preis als gerechtfertigt angesehen als im Supermarkt.
4. ***Zahlungskomfort:*** Manchmal ist es einfach nicht möglich, ein Angebot anzunehmen, weil die angebotene Zahlungsweise den Kauf unmöglich macht. Der Parkautomat, der nur Kleingeld nimmt oder das Restaurant, das nur Barzahlungen anbietet sind alltägliche Beispiele dafür.

Überlege, nachdem Du jetzt die wesentlichen Kaufhürden kennst, welche bei Deinem Hauptprodukt verhindern, dass Deine Kunden den für Dich angemessenen Preis bezahlen. Keine Hürden? Herzlichen Glückwunsch. Du hast das perfekte Preismodell gefunden.

Du kennst jetzt die wesentlichen Kaufhürden? Dann lernst Du im nächsten Kapitel, welche Preismodelle sich eignen, um diese abzubauen.

Preismodelle

Ein gutes Preismodell löst Probleme, anstatt neue zu schaffen. Jetzt, wo Du den Wert Deiner Leistung kennst und die zentralen Kaufhürden identifiziert hast, kannst Du Dein Preismodell festlegen. Überlege dabei, was für Deine Kunden die beste Lösung ist und übernimm nicht einfach den Branchenstandard. Letzteres kann man nämlich sehr häufig in der Praxis beobachten. Es kann eine gute Idee sein, sein eigenes Preismodell an dem der Konkurrenten auszurichten, aber nur, wenn das die beste Lösung für Deine Kunden ist. Viel häufiger werden Preismodelle einfach übernommen, weil Alternativen unbekannt sind. Zähle doch einmal alle Preismodelle auf, die Dir spontan einfallen. Wie viele kennst Du? Die meisten, die ich das frage, kommen auf vier bis sechs. Es gibt aber knapp 20 verschiedene Preismodelle, die auch Du nahezu täglich nutzt. Die folgende Kategorisierung löst dieses Problem. Du wirst auf den folgenden Seiten 18 Preismodelle kennen lernen. Darüber hinaus werde ich Dir zeigen, welche Preismodelle sich eignen, um die vier häufigsten Kaufhürden abzubauen. Schau Dir die Übersicht an und markiere hier die Preismodelle, die Dir spontan gefallen. Wähle also die Modelle aus, bei denen Du sagst: „Ja, das wäre eine neue Möglichkeit für mein Angebot." Fokussiere Dich dabei vor allem auf die Modelle in den Kategorien, die Du als wichtige Kaufhürden für Dein Angebot identifiziert hast. Sehr selten kommt dabei nur ein einziger Favorit heraus. Die meisten Unternehmer wählen drei bis fünf Modelle aus, die plausibel erscheinen. Aus Deinen Favoriten bauen wir danach das Preismodell für Deine drei Produkte.

Zahlungszeit-punkt	Zahlung vorab	Zahlung sofort	Zahlung später			
Folgekosten	Basisprodukt und Zubehör	Einstiegsprodukt gratis, Upgrade kostenpflichtig	Einzelteile kosten extra			
Preiswahr-nehmung	Alles zum gleichen Preis	Festpreis / Flatrate	Mengen- oder Stammkunden-rabatt	Nutzungsab-hängige Preise	Preis nach Verfügbarkeit bzw. Auslastung	Zahlung durch Gutscheine / Sammelpunkte
Zahlungs-komfort	Einer zahlt für den anderen	Paketpreis	Ratenzahlung	Abschlags-zahlung	Miete / Leasing	Abo

Wähle Preismodelle aus, die zu Deinem Angebot passen und helfen, die wichtigsten Kaufhürden abzubauen. Mache Dir Notizen.

Zahlungszeitpunkt

Die Preismodelle in der Kategorie Zahlungszeitpunkt unterscheiden sich im Zeitpunkt, zu dem der Kunde die Leistung bezahlt.

Zahlung vorab

Der Kunde zahlt und erhält dann die Leistung. Dies wird zum Beispiel bei Urlaubsreisen und Vorkasse-Bestellungen in Webshops angewandt.

Zahlung sofort

Der Austausch von Ware gegen Geld erfolgt zeitgleich. Das kann man jeden Tag im Supermarkt oder im Restaurant erleben.

Zahlung später

Der Kunde erhält die Leistung und bezahlt erst danach. Dies ist ein typisches Preismodell bei Unternehmensberatungen oder Mobilfunkverträgen.

Folgekosten

Es gibt zahlreiche Angebote, die aus mehreren Teilen bestehen bzw. mehrere Leistungen umfassen. Die Preismodelle dieser Kategorie beschreiben daher, wie die Folgekosten, die nach dem Erstkauf entstehen, abgerechnet werden.

Basisprodukt und Zubehör

Der Kunde kauft ein Produkt und erwirbt dann im weiteren Verlauf zusätzliche Leistungen für dieses Produkt. Hierzu zählen zum Beispiel Serviceverträge für Maschinen. Eine Variante dieses Modells ist es, das Basisprodukt sehr günstig anzubieten und dann mit dem Zubehör Geld zu verdienen. Das kennst Du zum Beispiel von Druckern und den dazu passenden Tintenpatronen.

Einstiegsprodukt gratis, Upgrade kostenpflichtig

Bei diesem Modell bekommt der Kunde das Produkt kostenlos, meist mit eingeschränkten Funktionen oder einer begrenzten Nutzungsdauer. Für die vollumfängliche Nutzung wird dann eine Gebühr berechnet. Dieses Modell wird häufig beim Verkauf von Software und Apps verwendet und ermöglicht dem Kunden, das Angebot vor dem Kauf zu testen.

Einzelteile kosten extra

Bei diesem Preismodell kann der Kunde mehrere Leistungen nacheinander in Anspruch nehmen, zahlt aber jedes Mal einen Preis dafür. Modulare Bildungs- und Seminarangebote sind ein Beispiel dafür, genau wie Büromöbel, die der Kunde sich aus verschiedenen Modulen zusammenstellen kann.

Preiswahrnehmung

Die Preismodelle dieser Kategorie zeigen, wie man die Wahrnehmung eines Preises durch die Art der Zahlung bzw. den Kontext verändern kann. Identische Preise werden so von Kunden unterschiedlich wahrgenommen.

Alles zum gleichen Preis

Hier werden alle angebotenen Produkte und Leistungen so „geschnürt", dass sie zum gleichen Preis angeboten werden. Der Verkäufer variiert also nicht den Preis, sondern den Umfang der Leistung. Typisch ist das bei Schuhen oder Kleidung, wo alle Größen zum gleichen Preis angeboten werden. Auch Autovermietungen nutzen dieses Modell. Häufig haben alle Autos einer Mietkategorie den gleichen Preis.

Festpreis / Flatrate

Bei diesem Modell wird eine Leistung unbegrenzt angeboten, das heißt, Kunden können diese Leistung für eine pauschale Gebühr so oft nutzen wie gewünscht. Häufig ist dann der Nutzungszeitraum begrenzt. Beispiele sind Mobilfunkverträge mit monatlich fester Gebühr oder All-you-can-eat-Angebote.

Mengen- oder Stammkundenrabatt

Hier richtet sich der Preis nach dem Umsatz und der Kaufhäufigkeit. Kunden, die häufiger und mehr kaufen, erhalten Rabatte. Viele Unternehmen geben Kundenkarten aus, die Stammkunden Rabatte verschaffen. Auch bei Versicherungen bekommen Kunden Nachlässe, wenn sie mehrere Verträge abschließen.

Nutzungsabhängige Preise

Bei diesem Modell bestimmt die Dauer oder Häufigkeit der Nutzung den Preis. Je mehr ein Kunde das Angebot nutzt, desto höher ist der Preis. Beispiele sind Internet HotSpots, Telefonkonferenzen und Servicenummer oder Car-Sharing-Angebote.

Preis nach Verfügbarkeit bzw. Auslastung

Dieses Preismodell funktioniert so ähnlich wie Mengenrabatte. Kunden erhalten hier aber einen Nachlass, wenn die Auslastung gering ist. Bei hoher Auslastung steigt der Preis. Fluggesellschaften nutzen dieses Modell genau so wie Hotels in Messestädten.

Zahlung durch Gutscheine / Sammelpunkte

Hier zahlt der Kunde den gesamten Kaufpreis oder Teile davon durch Gutscheine oder Sammelpunkte. Diese alternative Währung verschleiert den eigentlichen Preis. Typisch sind zum Beispiel 10+1-Angebot in der Gastronomie oder Bonussysteme wie Payback.

Zahlungskomfort

Alle Modelle dieser Kategorie erleichtern Kunden die Zahlung des Kaufpreises. Immer dann, wenn die Zahlung des gesamten Preises schwierig ist, erleichtern diese Modelle die Kaufentscheidung.

Einer zahlt für den anderen

Bei diesem Modell zahlt nicht der Kunde selbst die Leistung, sondern ein Dritter. Das klingt verlockend und funktioniert in vielen Fällen erstaunlich gut. Dies ist das beliebteste Preismodell meiner Kunden und auch Du kennst zahlreiche Beispiele dafür. Vermutlich weißt Du, dass es für fast alles Fördermittel gibt. Hier zahlt ein Dritter einen Teil der Leistung. Noch viel häufiger findet das Modell Anwendung, wenn Eltern oder Großeltern für Ihre Kinder bezahlen. Versicherungen übernehmen Schäden und Produktproben werden vom Hersteller gesponsert, wie zum Beispiel bei GLOSSYBOX (www.glossybox.de). An vielen weiteren Stellen zahlt einer für den anderen. Also halte die Augen offen.

Paketpreis

Die Preiswahrnehmung wird beeinflusst, wenn Leistungen im Paket angeboten werden. Häufig sinkt dadurch der Gesamtpreis. Beobachten kannst Du das bei Kombitickets im öffentlichen Nahverkehr, bei Tagungspauschalen im Hotel oder beim Familienticket im Schwimmbad.

Ratenzahlung

Bei der Ratenzahlung zahlt der Kunde den Gesamtpreis in mehreren Raten und häufig über einen längeren Zeitraum. So werden auch teurere Produkte erschwinglich. Das Preismodell wird zum Beispiel in Elektromärkten beim Kauf von Großgeräten angeboten. Auch Kredite werden über monatliche Raten zurückgezahlt.

Abschlagszahlung

Dieses Modell ist eine Variante der Ratenzahlung. Der Kunde zahlt monatliche feste Raten, die sich aus der vermuteten Nutzung ableiten. Es erfolgt aber nach einem festen Zeitraum eine genaue Abrechnung der in Anspruch genommenen Leitungen und dann eine Erstattung oder Nachzahlung. Typisch ist dieses Modell für Stromkosten oder einkommens- bzw. umsatzabhängige Steuern.

Miete / Leasing

Bei diesem Modell wird der Kunde nicht Besitzer des Produktes, sondern zahlt eine vereinbarte Gebühr für die Nutzung. Mietverträge kennt jeder für Wohnungen. Leasing gibt es zum Beispiel bei gewerblich genutzten Fahrzeugen.

Abo

Hier erfolgt wie bei den vorher beschriebenen Modellen auch eine monatliche Zahlung. Diese ergibt sich aber nicht aus vergangenen Käufen, sondern automatisiert zukünftige Käufe. Abonniert man zum Beispiel eine Zeitschrift, erhält man regelmäßig die neuste Ausgabe und zahlt den entsprechenden Preis dafür. Auch Altersvorsorge-Verträge funktionieren häufig nach dem Abo-Modell.

Das perfekte Preismodell für Deine Kunden

Jetzt kennst Du zahlreiche Preismodelle. Wähle Deine Favoriten aus und überlege, welches Preismodell zu welchem Deiner Produkte passt. Was könnte Deinem Kunden die Zahlung des Kaufpreises erleichtern? Voraussetzung für einen Kauf ist natürlich immer, dass der Kunde den Nutzen erkennt, aber das hast Du bereits sichergestellt. Die Höhe des Preises steht also nicht mehr zur Debatte. Es geht jetzt vielmehr darum, dem Kunden die Inanspruchnahme Deiner Leistung durch ein passendes Preismodell so einfach wie möglich zu machen. Du kannst für jedes Deiner Produkte ein anderen Preismodell verwenden und natürlich auch mehrere Modelle kombinieren. Es geht einzig und allein darum, das beste Preismodell für Deine Wunschkunden zu finden.

Alle Betriebswirte werden jetzt sagen: „Das soll alles sein. Einfach den Preis nach dem Wert festlegen? Da muss man doch sauber die Kosten berechnen, den Produktlebenszyklus definieren und dann den Deckungsbeitrag ermitteln." Das ist richtig. Aber noch nicht jetzt. Aktuell hast Du ein perfektes Angebot für Deine Wunschkunden erarbeitet - auf dem Papier. Es ist noch nicht an der Zeit, einen kompletten Businessplan zu schreiben. Das wäre aktuell reine Zeitverschwendung. Erst einmal muss sich zeigen, ob auch Deine Wunschkunden so überzeugt von Deinem Angebot sind, dass sie es kaufen. Erst wenn sie das tun, hast Du den Beweis, kannst einen Businessplan schreiben und noch einmal genau Deine Preise kalkulieren. Aus der Erfahrung kann ich sagen, dass die Preisermittlung auf Basis des wahrgenommenen Kundennutzen noch in keinem Fall zu niedrige Preise hervorgebracht hat. Wenn Du Dein Preismodell definiert hast, fasse es noch einmal zusammen. Du hast damit den letzten Schritt auf dem Weg zum perfekten Angebot für Deine Wunschkunden gemacht. Bevor Du also mit dem Akzeptanztest beginnst, ist es Zeit für eine Belohnung. Gönne Dir etwas, denn Du hast es redlich verdient.

Meine Produkte und Preise kann ich wie folgt beschreiben:

Leistung sichtbar machen:

____

____

____

Preis: ______________________________

Kennenlernangebot

____

____

____

Preis: ______________________________

Einstiegsprodukt:

Titel: ______________________________

Angebot: ______________________________

____

____

Zahlung: ______________________________

Preis: ______________________________

Hauptprodukt:

Titel: ______________________________

Angebot: ______________________________

____

____

Zahlung: ______________________________

Preis: ______________________________

Starprodukt:

Titel: ______________________________

Angebot: ______________________________

____

____

Zahlung: ______________________________

Preis: ______________________________

JOKER
JOKER

Kapitel 2

Kunden: Magie der Wunschkunden

Was macht sie aus - die Magie des ersten Wunschkunden? Jedes Projekt startet mit einem Plan, es startet in Deinem Kopf. Aber es gibt einen entscheidenden Moment, an dem Du merkst, dass es funktioniert: Wenn der erste Wunschkunde gekauft hat. Genau in diesem Moment weißt Du, dass Dein Angebot perfekt ist. Und mit ziemlicher Sicherheit hast Du leuchtende Augen!

Automatisch Kunden gewinnen ...

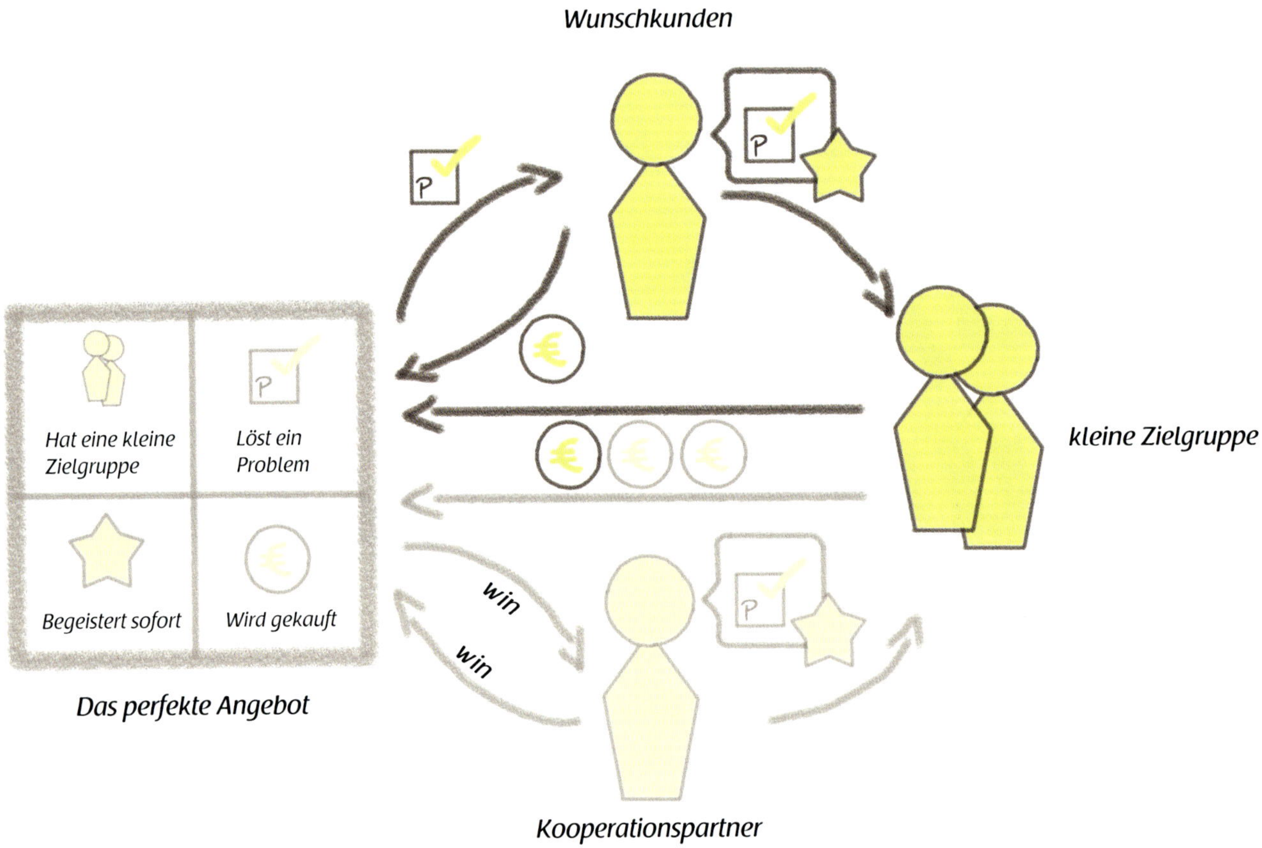

Das perfekte Angebot begeistert Deine Wunschkunden. Und begeisterte Kunden empfehlen Dein perfektes Angebot weiter - genau an Deine Zielgruppe. Also liefere gute Argumente für Empfehlungen.

2.1 Phase eins: Die ersten Kunden

Du hast das perfekte Angebot für Deine Wunschkunden entwickelt. Bis hierhin ist alles graue Theorie. Jetzt ist es an der Zeit, Dein Geschäftsmodell umzusetzen.

Als zweiten Schritt auf dem Weg zur automatischen Kundengewinnung musst Du jetzt Dein perfektes Angebot testen. Dabei wirst Du erste begeisterte Kunden gewinnen.

Im folgenden Kapitel lernst Du, wie Du einen Akzeptanztest durchführst und ermittelst, ob Dein Angebot in den Augen Deiner Wunschkunden perfekt ist. Außerdem erfährst Du, wie Du Empfehlungen begeisterter Kunden erhältst.

Ein Angebot ist erst perfekt, wenn es die Wunschkunden kaufen und weiterempfehlen. Alles andere heißt einzig und allein: Dein Angebot ist noch nicht perfekt.

Dein perfektes Angebot testen

Kunden entscheiden, was perfekt ist. Niemand sonst. Nicht Du. Keine unabhängige Jury. Deine Wunschkunden sind die einzigen, die bewerten können, ob Du das perfekte Angebot gefunden hast. Es ist perfekt, wenn Deine Wunschkunden es kaufen. Sonst nicht. Also mache einen Akzeptanztest, um herauszufinden, ob Dein perfektes Angebot von Deinen Wunschkunden tatsächlich gekauft wird, sonst bleibt alles, was Du bisher entwickelt hast, graue Theorie.

Richtig! Du sollst Dein Angebot verkaufen! Auch wenn Du es noch nicht bis ins letzte Detail fertig gestellt hast. Wie das geht? Es gibt unzählige Möglichkeiten dafür. Erstelle einen Flyer, halte einen Vortrag, zeige einen Prototypen. Suche nach der einfachsten Variante, um Dein perfektes Angebot ausgewählten Wunschkunden anzubieten und dann mach es einfach. Frage ausgewählte Wunschkunden direkt, ob sie kaufen. Frage nicht: „Würden Sie kaufen, wenn ...?" Verkaufe Dein perfektes Angebot, auch wenn es vorerst nur ein Prototyp ist.

Es gibt zwei mögliche Reaktionen darauf. Entweder finden die ausgewählten Wunschkunden Ausreden, um nicht zu kaufen. Oder sie kaufen tatsächlich. Genau dieses Feedback brauchst Du, um herauszufinden, ob Du das perfekte Angebot entwickelt hast.
Ausreden der Kunden wie „Später", „Eventuell" usw. heißen nichts anderes als: „Dein Angebot passt aktuell nicht zu meinem Bedarf." Deine Wunschkunden finden in diesem Fall nicht Dich persönlich schlecht, sondern ausschließlich Dein Angebot. Stecke also nicht den Kopf in den Sand, wenn ein Wunschkunde einmal „Nein." sagt. Hole Dir stattdessen konkretes Feedback, verbessere Dein Angebot und biete es erneut an, denn wenn Deine Wunschkunden nicht kaufen, ist Dein Angebot noch nicht perfekt.

Wenn Deine Wunschkunden jedoch kaufen, ist der Beweis da. Dein Angebot ist genau das, was Deine Wunschkunden wollen. Damit hast Du die Sicherheit, dass Dein Angebot genau den Bedarf Deiner Wunschkunden trifft. Du bist sicher, dass genau dieses Angebot weitere Wunschkunden anziehen wird. Und Du hast zwei weitere Trümpfe in der Hand: Du hast den ersten Umsatz mit Deinem neuen Projekt erzielt! Und Du hast den ersten begeisterten Kunden! Also hol Dir die Gewissheit, bevor Du Dein Angebot perfektionierst und viel Zeit und Geld investierst.

In diesem Kapitel findest Du zahlreiche Bespiele für Akzeptanztests und eine Methodik, die auch für Dein perfektes Angebot funktioniert. Wenn Du Deine ersten beiden Wunschkunden gewonnen hast, darfst Du Deine Arbeit als Erfolg verbuchen. Mache dann einen Haken bei „Akzeptanztest". Und geh feiern!

Nach einem erfolgreichen Akzeptanztest hat sich Deine Arbeit das erste Mal ausgezahlt. Du hast Wunschkunden gewonnen und Umsatz erzielt. Zu diesem Zeitpunkt bist Du nur noch einen Schritt davon entfernt, Deinen ersten Wunschkunden „automatisch" – also durch Empfehlungen und ohne direkte Akquise – zu gewinnen.

Hast Du Deine ersten Wunschkunden gewonnen, werden sie Dich mit hoher Wahrscheinlichkeit weiterempfehlen, und zwar genau an Menschen, die so „ticken" wie sie selbst. Die Empfehlungen kommen also genau bei Deiner Zielgruppe an. Dabei gibt es nur ein Problem. Du kannst nicht mehr direkt beeinflussen und steuern, was Deine Wunschkunden über Dein Angebot erzählen, wie sie es weiterempfehlen, denn Du sprichst ja nicht mehr direkt mit Deiner Zielgruppe, sondern Deine Wunschkunden empfehlen Dein perfektes Angebot.

Aber keine Panik. Die Lösung für dieses Problem hast Du bereits erarbeitet. Genau für diesen Fall hat Dein perfektes Angebot Begeisterungsfaktoren. Diese wirken jetzt – begeisterte Wunschkunden werden die Geschichten und Bilder weiter tragen, die Du vorgegeben hast. Geschichten und Symbole funktionieren schon seit Jahrtausenden. Denke zum Beispiel an die Kirche, die Bibel, das Kreuz, oder an die vielen Geschichten und Logos erfolgreicher Firmen. Denke an Sagen, Mythen und Gerüchte. Das alles verbreitet sich ganz von allein. Nicht Wort für Wort, aber die Kernbotschaft bleibt erhalten.

Der Akzeptanztest hat Dir gezeigt, dass Du das perfekte Angebot entwickelt hast. Er hat den Beweis dafür geliefert, dass Du eine Lösung für ein wichtiges Problem Deiner Wunschkunden geschaffen hast, dass Du Kunden begeisterst. Und dass Dein Preismodell funktioniert. Du hast aber noch keinen Beweis dafür, dass Deine Geschichten und Symbole Empfehlungen erzeugen, die Dir neue Wunschkunden bringen. Genau das ist jetzt Deine Aufgabe. Verfolge, welche Geschichten funktionieren, welche Symbole hängen bleiben, welche Faktoren die meisten Empfehlungen erzeugen und optimiere auf Basis dieser Erfahrungen Deine Begeisterungsfaktoren. Wenn Du das machst, wirst Du mehr und mehr Kunden „automatisch" – also durch Empfehlungen und ohne direkte Akquise – gewinnen. Wenn Du diesen Schritt auslässt, gewinnst Du auch weiterhin Wunschkunden, aber eben nur durch direkte Ansprache und nicht automatisch.

2.2 Das perfekte Angebot testen

Ein perfektes Angebot nutzt Dir nichts, wenn Deine Kunden es nicht kennen. Biete Dein perfektes Angebot Deinen Kunden an, aber frage nicht „Würden Sie kaufen, wenn ...“. Mache ein konkretes Kaufangebot. Dadurch erfährst Du sofort, ob Dein Angebot so perfekt ist wie Du glaubst. Kauft der Kunde, hast Du Recht. Und Deinen ersten Kunden. Wenn nicht, verbessere Dein Angebot.

Marktforschung? Akzeptanztest!

Marktforschung? Akzeptanztest! Kunden kaufen gern. Jeden Tag sind Millionen Menschen Kunden. Die Frage ist nicht ob, sondern wo Kunden ihr Geld ausgeben. Du hast ein perfektes Angebot entwickelt, um Deine Wunschkunden von Deinen Leistungen zu überzeugen. In der Theorie hast Du alle Faktoren umgesetzt, die ein perfektes Angebot ausmachen. Dadurch hast Du die Chance deutlich gesteigert, dass sich Deine Wunschkunden für Dein Angebot entscheiden. Es fehlt aber noch der Beweis, dass Dein Angebot wirklich funktioniert. Diesen Beweis können ausschließlich Deine Kunden liefern.

Nicht Du, keine unabhängige Jury, kein Banker oder Business-Angel, sondern ausschließlich Deine Kunden können den Beweis liefern, dass Dein Angebot funktioniert. Das klingt banal. Ist es auch - eigentlich, denn in der Praxis wird diese Erkenntnis oft genug missachtet. Es werden Unternehmen gegründet und massive Investitionen getätigt, ohne dass ein Akzeptanztest durchgeführt wurde. Es werden Businesspläne geschrieben, die einzig und allein auf Annahmen beruhen und die genau deswegen fast immer in der Schublade verschwinden. Jahr für Jahr scheitern deutlich mehr Unternehmer mit Ihren Geschäftsmodellen, als es Erfolgsgeschichten gibt. Der Grund dafür ist häufig der fehlende Akzeptanztest. Es ist so schön einfach, ein Konzept im stillen Kämmerlein zu erarbeiten. Am Schreibtisch gibt es keine störenden Meinungen und keine Kunden, die das eigene tolle Konzept kritisieren. Verkauf könnte so einfach sein, wenn da nicht die Kunden wären. Schluss damit! Verkauf ist einfach. Gerade wegen der Kunden. Denn kein Kunde will sparen. Alle wollen kaufen. Die Frage für Dich ist nur: Hast Du ein Angebot, dass die Kunden überzeugt?

Einzig und allein die Kunden entscheiden, ob ein Angebot perfekt ist. Indem sie kaufen.

Um genau das herauszufinden gibt es Akzeptanztests. Ich empfehle ausdrücklich jedem Unternehmer, die Akzeptanz für neue Produkte und Dienstleistungen vor deren Umsetzung zu testen. Bevor ich aber die Methodik dazu beschreibe, möchte ich Dir sagen, welche wesentlichen Vorteile ein Akzeptanztest hat:

Vorteil 1: Ehrliches und schnelles Feedback

Es gibt zahlreiche Möglichkeiten, die Kaufbereitschaft Deiner Kunden zu ermitteln, aber nur eine einzige Methode, die einen sicheren Beweis liefert: Ein Akzeptanztest. Nur wenn Dein Kunde kauft, ist er wirklich überzeugt. Alles andere ist nett, bringt Dich aber nicht weiter. Häufig höre ich in diesem Zusammenhang das Wort Marktforschung. Das ist ein wertvolles Tool, aber es ist als Beweismittel an dieser

Stelle unbrauchbar. Selbst die besten Fragetechniken führen nicht dazu, dass Du ein eindeutiges Ergebnis bekommst. Menschen sagen viel, wenn sie gefragt werden. Manche antworten ehrlich, andere sagen aus Höflichkeit Halbwahrheiten. Die Belastbarkeit solche Aussagen ist aber sehr begrenzt. Wenn Du das nicht glaubst, mache folgenden einfachen Test. Nimm drei Exemplare Deines Lieblingsbuches (oder jedes anderen Produktes) und verkaufe diese innerhalb einer Woche in Deinem Freundes- und Bekanntenkreis. Zuerst machst Du Marktforschung. Du erklärst, warum dieses Buch das tollste ist, das Du je gelesen hast und warum man es unbedingt haben muss. Dann fragst Du Deinen Gegenüber, ob er es kaufen würde. Erfahrungsgemäß sagen mindestens die Hälfte der Befragten Ja. Jetzt sagst Du folgendes: „Ich habe drei Exemplare des Buches im Auto. Ich hole Dir schnell eines davon, dann kannst Du es gleich mitnehmen." Die Reaktion, die Du jetzt live miterlebst, macht den Unterschied von Marktforschung und Akzeptanztest deutlich. Viele der Befragten, die zugesagt hatten, das Buch zu kaufen, werden jetzt eine Ausrede finden, genau das nicht zu tun. Es ist ganz egal, was sie sagen. Es bedeutet immer genau das Gleiche: „Dein Angebot passt nicht zu meinem Bedarf." Nicht Du bist schlecht. Und auch nicht das Produkt. Dein Angebot trifft schlichtweg nicht den Bedarf dieser Person. Und daher kauft er nicht. Einzelne Personen werden tatsächlich kaufen. Die Kaufquote wird aber immer deutlich geringer sein als die Quote derjenigen, die kaufen wollten. Marktforschung hilft Dir hier also nicht weiter. Du brauchst klare Kaufentscheidungen. Und die bekommst Du nur, wenn Du direkt danach fragst und etwas anbietest.

Das Schöne an Akzeptanztests ist, dass Du immer gewinnst. Egal was passiert. Kauft ein Kunde, hast Du den Beweis, dass Dein Angebot perfekt ist. Kauft er nicht, bekommst Du auf Nachfrage häufig ein ehrliches und deutlich tiefer gehendes Feedback als durch Marktforschung. Genau dieses ehrliche Feedback brauchst Du, um Dein Produkt zu verbessern. Nimm es ernst und entwickle dann Dein Produkt weiter. Es wird schnell besser. Darauf kannst Du Dich verlassen.

Akzeptanztests lassen sich in Rekordzeit umsetzen. Ergebnisse gibt es häufig schon innerhalb weniger Tage. Das macht dieses Vorgehen so wertvoll, denn bei der Entwicklung eines perfekten Angebots hast Du selten viel Zeit. Kundenanforderungen ändern sich heute schneller als noch vor wenigen Jahren. Außerdem sind Deine Ressourcen am Anfang meist sehr begrenzt. Es ist daher kritisch für den Erfolg, dass Du schnell eine funktionierende Lösung findest. Denn sonst verschwendest Du Zeit und Geld. Kaufen Deine

Wunschkunden auch im zweiten oder dritten Anlauf nicht, solltest Du Dein Angebot verwerfen und eine Alternative entwickeln. Und auch wenn der anfängliche Test positiv verläuft, empfehle ich Dir, ihn regelmäßig zu wiederholen. Ein Akzeptanztest ist ein tolles Werkzeug, um regelmäßige Produktverbesserungen zu entwickeln und zu entscheiden, welche neuen Features ins Produkt einfließen und welche gestrichen werden. Hol Dir also ehrliches Feedback Deiner Kunden, in dem Du direkt fragst: „Kaufst Du?".

Vorteil 2: Investitionssicherheit

Jedes neue Vorhaben verbraucht Ressourcen. Du musst Dich entscheiden, wo Du Deine Zeit und Dein Geld investierst. Durch einen erfolgreichen Akzeptanztest steigt die Sicherheit enorm, dass Dein Geschäftsmodell ein Erfolg wird und damit steigt Deine Investitionssicherheit. Lass mich das an einem Beispiel erläutern. Stell Dir vor, Dein Produkt ist eine Mondrakete. Das Ziel Deiner Mission ist es, dass Deine Rakete auf dem Mond landet. Um dieses Projekt erfolgreich zu bewältigen, brauchst Du eine perfekte Vorbereitung. Irgendwann kommt dann der entscheidende Moment, in dem Du die Rakete startest. Ab diesem Zeitpunkt hast Du keinerlei Einfluss mehr auf den Kurs der Rakete, Du kannst nicht mehr steuern. Du muss darauf vertrauen, dass Du vorher alles gut geplant und berechnet hast, dass alle Teile halten und alle Systeme funktionieren. Aber egal wie gut Du gearbeitet hast, es bleibt ein großes Risiko. Viele Unternehmer planen Ihr Business genauso wie die eben beschriebene Mondmission. Sie entwickeln ein perfektes Angebot und präsentieren es nach vielen Stunden der Arbeit ihren Wunschkunden. Du kennst sicher Unternehmen, die auf diese Weise Märkte revolutioniert haben. Du kennst auch Beispiele, die grandios gescheitert sind. Entscheidend ist, dass viel mehr Projekte scheitern als erfolgreich werden, denn die Vorinvestition ist bei diesem Vorgehen so groß, dass eine Neuentwicklung nicht mehr möglich ist. Stell Dir wieder den Start Deiner Mondrakete vor. Was machst Du, wenn Dein Astronom bei der Berechnung des Standorts des Mondes nur ein klein wenig ungenau gearbeitet hat. Deine Rakete verfehlt ihr Ziel und Dein Verlust beträgt 100 Prozent. Wäre es nicht besser, wenn Du die Flugbahn der Rakete auch nach dem Start noch beeinflussen kannst? Das würde Deine Investitionssicherheit deutlich steigern. Und genau das leistet ein Akzeptanztest. Dein Produkt darf im Kern so bleiben, wie es ist. Du passt es jedoch nach dem Start immer wieder geringfügig an die Kundenanforderungen an und steuerst so viel sicherer zum Ziel.

Es gibt zwei Situationen, in denen Du auf keinen Fall auf die Durchführung eines Akzeptanztests verzichten solltest:

- ***Du arbeitest angestellt und baust Dein Geschäftsmodell nebenbei auf:*** Der Akzeptanztest gibt Dir in dieser Situation eine höhere Sicherheit, dass Dein Plan aufgeht. Die absolute Gewissheit hast Du dadurch nicht, aber wenn Dein Akzeptanztest erfolgreich verläuft, hast Du ein entscheidendes Argument mehr, um Deinen Job zu kündigen und Dein eigenes Business aufzubauen.
- ***Du brauchst Fremdkapital:*** Ich habe zahlreiche Unternehmer und Selbständige begleitet, die noch nicht einmal einen Termin bei einer Bank bekommen haben. Ein guter Businessplan ist keine Garantie dafür, dass eine Bank Dein Projekt finanziert. Wenn Du aber einen erfolgreichen Akzeptanztest vorweisen kannst, steigen Deine Chancen enorm. Du planst dann nämlich nicht mehr mit geschätzten Zahlen und Vermutungen, sondern auf Basis realer Zahlen. Zum anderen bist Du im Bankgespräch viel überzeugender, weil Du einen unerschütterlichen Glauben an Dein Konzept hast, denn es funktioniert.

Vorteil 3: Dein erster Kunde

Der schönste Moment bei der Entwicklung eines neuen Geschäftsmodells ist die Unterschrift oder der Handschlag des ersten Kunden. Egal, ob Du Dein erstes Unternehmen gründest oder schon viele Projekte erfolgreich umgesetzt hast. Der erste Kunde ist etwas Besonderes. Du wirst diesen Moment nie vergessen. Ich kenne viele Unternehmer, die noch heute eine enge Beziehung zu ihren ersten Kunden haben. Dein erster Kunde wird Dich auch mit nahezu einhundertprozentiger Wahrscheinlichkeit weiterempfehlen. Und genau deswegen lohnt sich jeder Akzeptanztest. In dem Moment, wo Du Deinen ersten Kunden gewinnst, ist Dein Business geboren. Vorher ist alles graue Theorie, also schreibe Dir den Termin, an dem Du Deinen ersten Wunschkunden gewonnen hast, in Deinen Kalender. Das ist der Geburtstag Deines Unternehmens.

Wie funktioniert ein Akzeptanztest?

Kunden geben bei Befragungen häufig ein großes Kaufinteresse an – vor allem aus Höflichkeit. Wenn Du diesen Kunden Dein Produkt dann aber konkret anbietest, kaufen nur wenige tatsächlich. Erst, wenn es ums Geld geht, erkennst Du, was Deine Kunden tatsächlich von Deinem Angebot halten. Daher ist es notwendig, die endgültige Definition Deines Angebotes von der Kaufreaktion einiger Testkunden abhängig zu machen.
Wie funktioniert nun ein solcher Akzeptanztest? Biete Deinen Kunden ein ausgewähltes Produkt oder eine Dienstleistung innerhalb einer Woche zum Kauf bzw. Test an. Dazu brauchst Du einen Prototypen, den Kunden kaufen können. In diesem ersten Schritt musst Du noch gar nichts produzieren. Ein akzeptabler Prototyp ist zum Beispiel schon ein Flyer oder eine einfache Webseite, die Dein Angebot beschreibt. Für einen Akzeptanztest gibt es nur zwei Regeln:

» ***300€-Regel:*** Die Durchführung des Tests und die dafür notwendige Aufbereitung des Angebotes (Werbung, Muster, etc.) darf nicht mehr als 300 € kosten.

» ***7 Tage-Regel:*** Das Ergebnis des Akzeptanztest muss in maximal sieben Tagen vorliegen, inklusive der Zeit für die Erstellung des Prototypen. Ein effizienter Test dauert nie länger als eine Woche. Wenn doch, dann ist er zu komplex.

Wie Du einen Prototypen erstellst, kannst Du Dir gut auf Crowdfunding-Portalen ansehen. Schau Dir einfach die Webseiten entsprechender Anbieter an. Auf diesen Portalen stellen Unternehmer Ihre Konzepte und Produktideen vor. Alle anderen können in die Idee investieren. Wenn die geforderte Summe zustande kommt, wird sie umgesetzt, wenn nicht, wird die Idee verworfen oder verbessert. Das eigentliche Angebot kann man also noch gar nicht zu kaufen, sondern lediglich einen Prototypen, der das Konzept vermittelt.

Suche also nach kreativen Möglichkeiten, den Akzeptanztest mit begrenztem Budget innerhalb einer Woche durchzuführen.

Schau Dir am besten die Projekte an, die Erfolg hatten. Überlege, welche Art der Präsentation sich für Dein Angebot eignet. Und dann setze es um. Immer wieder scheitern Unternehmer an dieser Stelle an ihrer eigenen Perfektion. Tappe nicht in die gleiche Falle. Es geht hier darum, einen Prototypen zu entwickeln. Eric Ries nennt das treffend „MVP" - minimum viable product. Baue Deinen eigenen MVP und baue ihn einfach wie möglich. Begrenze den Funktionsumfang, lass alles weg, was nicht zum Kern Deines Angebotes gehört. Du kannst Dein Produkt später verbessern, wenn Du erste Kunden gewonnen hast. Wenn aber schon Deine Kernidee keine Kunden begeistert, ist die Wahrscheinlichkeit, dass ein besserer Prototyp einschlägt wie eine Bombe, nahezu Null.

Zeitig scheitern heißt günstig scheitern.

Das lässt Dir genug Ressourcen, um es noch einmal zu probieren, also teste zeitig mit einem einfachen Prototypen. Mache den nächsten Schritt, wenn Du Deinen ersten Kunden gewonnen hast. Akzeptanztests laufen nicht nach einem festen Schema ab. Es ist vielmehr von Bedeutung, ein passendes Konzept für Deinen Test zu finden.

Am Ende dieses Abschnitts findest Du daher mehrere Beispiele für Akzeptanztests. Lass Dich davon inspirieren.

Wenn Du eine Checkliste brauchst, dann orientiere Dich an den folgenden Schritten:

» ***Kernangebot festlegen:*** Was willst Du testen? Bevor Du ein Konzept für einen Akzeptanztest entwickelst, solltest Du einige Fragen beantworten: Was möchte ich testen? Was ist der Kern meines Angebotes? Definiere als erstes, was Du testen willst. Versuche nicht, Dein komplettes Angebot zu testen, sondern beschränke Dich auf einzelne Elemente. Das macht es deutlich einfacher.

» ***Ziel und Zeitrahmen festlegen:*** Was willst Du wann erreichen? Bevor Du einen Prototypen entwickelst, musst Du das Ziel des Tests definieren. Schreibe auf, bis wann Du welches Ziel erreicht haben willst und definiere, wann Du den Test als erfolgreich ansiehst.

» ***Prototyp erstellen:*** Was ist der Kern Deines Angebotes und wie präsentierst Du es? Als nächstes brauchst Du einen geeigneten Prototypen. Hast Du ein Produkt, dann baue einen einfachen Prototypen, erstelle einen Flyer oder eine Präsentation. Auch Webseiten und Produktvideos sind gut geeignet. Bietest Du eine Dienstleistung an, hilft fast immer ein Flyer oder eine Präsentation. Alternativ kannst Du zu einem Vortrag einladen. Als Faustregel gilt: Einfacher ist besser und schneller.

» ***Wunschkunden ansprechen:*** Wie erreichst Du Deine Wunschkunden? Überlege jetzt, wie Du Deine Wunschkunden erreichst. Hier ist Deine Wunschkundenliste ein großer Helfer. Genau die Personen, die hier drauf stehen, sprichst Du jetzt an. Du hast bei der Erarbeitung der Zielgruppe auch schon definiert, wie Du diese Personen erreichst. Optimiere dieses Vorgehen, wenn es notwendig ist.

» ***Klare Handlungsanweisung geben:*** Was genau sollen Deine Wunschkunden machen? Bevor Du jetzt Deine Wunschkunden ansprichst, solltest Du eine klare Handlungsanweisung definieren. Was soll der Kunde machen, um Dir den Beweis zu liefern. Soll er gleich bar bezahlen? Oder reicht es, eine Bestellung auszulösen? Formuliere die Handlungsanweisung klar und deutlich.

» ***Feedback einholen:*** Was geht besser? Egal, welches Dein Akzeptanztest bringt - frage immer nach Feedback. Beobachte Deine Wunschkunden, frage nach Verbesserungsmöglichkeiten. Durch das konkrete Angebot, dass Du Deinen Wunschkunden machst, bekommst Du viel einfacher ebenso konkretes Feedback. Entweder überzeugst Du Deine Kunden, oder sie sagen Dir, was Du besser machen kannst.

Erstelle jetzt ein Konzept für Deinen Akzeptanztest. Nutze das folgende Schema.

Kernangebot und Prototyp:

____

____

____

Ziel:

____

____

Wunschkunden ansprechen:

____

____

Handlungsanweisung / Call-to-Action

____

____

Jetzt weißt Du, wie Dein Akzeptanztest abläuft. Setze Dein Konzept um und bereite Deinen Akzeptanztest vor. Die größte Hürde für die meisten Unternehmer ist die Ansprache der ersten Wunschkunden. Überlege Dir also einen perfekten Gesprächseinstieg, bevor Du Deine ersten Wunschkunden ansprichst. Viele entwickeln hierfür einen Elevator Pitch.

Kunden in 30 Sekunden überzeugen

Ein guter Elevator Pitch überzeugt Interessenten innerhalb von maximal 30s davon, dass ein weiteres Gespräch oder ein Termin mit Dir sinnvoll ist. Er führt also zu einem Termin mit dem Interessenten. Es gibt zahlreiche Situationen, in denen Du Deine Wunschkunden triffst und dann in Kürze erklären musst, wie Dein perfektes Angebot aussieht. Der Elevator Pitch basiert auf der Idee, dass Du einen Wunschkunden im Fahrstuhl triffst und ihn überzeugst, bevor er aussteigt. Sicher fallen Dir neben dem Fahrstuhl-Beispiel viele weitere Situationen ein, wo ein gut funktionierender Elevator Pitch Dir Türen öffnet. Nutze die Chancen, die sich Dir bieten. Erarbeite einen Elevator Pitch und perfektioniere ihn solange, bis er Dir automatisch und überzeugend über die Lippen kommt.

Voraussetzung für die Entwicklung eines wirksamen Elevator Pitch ist, dass Du klare Antworten auf die folgenden vier Fragen hast:

1. Wer sind Deine Wunschkunden?
2. Was ist das dringendste Problem Deiner Wunschkunden und wie löst Du es?
3. Mit welchen Faktoren begeisterst Du Interessenten so, dass diese Dein Kennenlernangebot sofort haben wollen?
4. Was genau soll der Interessent nach Deinem Elevator Pitch machen?

Wenn Du das erste Kapitel durchgearbeitet hast, solltest Du jetzt klare Antworten auf diese vier Fragen haben. Ja? Dann ist die Definition Deines Elevator Pitch jetzt einfach für Dich. Sollte das nicht der Fall sein, dann mach jetzt Deine Hausaufgaben und finde die Antworten auf die vier Fragen.

Einen wirksamen Elevator Pitch entwickeln

Arbeite bei der Erstellung Deines Elevator Pitch immer schriftlich. Du wirst Geistesblitze für tolle Formulierungen haben. Schreibst Du diese nicht sofort auf, sind sie genau so schnell wieder verschwunden, wie sie kamen. Also schreibe alles auf, was für Deinen Elevator Pitch wichtig ist.

Es gibt zahlreiche Varianten für einen Elevator Pitch. Die für Dich perfekte Lösung wirst Du nach und nach finden. Nutze als Startpunkt folgendes Schema:

» ***Vorstellung:*** Ich bin / Meine Name ist ...
» ***Zielgruppe:*** Meine Wunschkunden sind / Ich arbeite am liebsten für ... , weil ...
» ***konkrete Situation, in der das Hauptproblem auftritt:*** Kennen Sie das auch? ... (hier das wichtigste Problem der Wunschkunden an einem konkreten Beispiel beschreiben)
» ***Lösung:*** Genau darum kümmere ich mich! / Genau das mache ich möglich! Ich ... (Lösung beschreiben)
» ***Begeisterungsfaktor:*** Ein Kunde hat einmal gesagt, ... (hier Deinen besten Begeisterungsfaktor beschreiben – so konkret wie möglich).
» ***Aktion:*** Rufen Sie mich an. / Lassen Sie uns doch einen Termin vereinbaren. / Ich sende Ihnen gern weitere Informationen zu./ Machen Sie den Erfolgscheck auf meiner Homepage. (Sage klar und deutlich, was der nächste Schritt ist).

Schreibe jetzt Deinen Elevator Pitch auf.

Vorstellung:

____

____

Zielgruppe:

____

____

Hauptproblem:

____

____

____

Begeisterungsfaktor:

____

____

Aktion:

____

____

Lies ihn mehrfach laut vor und verbessere Formulierungen, die Du nicht leicht sprechen kannst.

Deinen Elevator Pitch perfektionieren

Dein Elevator Pitch ist erst perfekt, wenn er in mehr als 50 Prozent der Fälle zu dem gewünschten Ergebnis führt. Also probiere ihn bei so vielen Menschen wie möglich aus. Übe ihn immer wieder. Und verbessere die Formulierungen solange, bis Deine Wunschkunden „anbeißen". Wenn Du kein Mensch für das direkte Gespräch bist, stelle Deinen Elevator Pitch online und messe, wie viele Webseitenbesucher nach dem Lesen die gewünschte Aktion ausführen. Wenn Du das erste Mal einen Elevator Pitch entwickelst, empfehle ich Dir dringend direkte Gespräche für den Test. Dadurch bekommst Du viel einfacher Feedback.

Wenn die ersten Ergebnisse nicht Deinen Erwartungen entsprechen und Deine Wunschkunden noch nicht anbeißen, kannst Du folgende Frage nutzen:

„Darf ich Sie noch etwas fragen? Ich habe die Beschreibung meines Angebotes gerade neu erstellt. So richtig konnte ich Sie ja nicht überzeugen, oder? Können Sie mir helfen, besser zu werden? Was hätte ich Ihrer Meinung nach sagen müssen, damit Sie XYZ (Aktion / nächster Schritt einfügen) machen?"

Du wirst nicht immer eine zufriedenstellende Antwort bekommen. Aber jeder gute Tipp ist Gold (und Wunschkunden) wert, also optimiere Deinen Elevator Pitch jeden Tag ein kleines Stück. Lass Dich nicht entmutigen. Es ist schwer, einen wirklich perfekten Elevator Pitch zu formulieren. Lass Dir von Experten helfen, wenn Du nicht weiter kommst. Und analysiere die Formulierungen anderer Unternehmer, die Dich überzeugen.

Die Angst vor ersten Kunden

Du hast ein Konzept für Deinen Akzeptanztest entwickelt und kannst Deinen Wunschkunden in 30 Sekunden erklären, warum Dein perfektes Angebot toll ist. Jetzt bist Du bereit für den Akzeptanztest. Biete Deinen Wunschkunden Dein perfektes Angebot zum Kauf an.

Obwohl das Vorgehen einfach klingt, scheuen sich viele vor dem letzten Schritt. Manchmal gelingt es einfach nicht, den ersten Wunschkunden anzusprechen. „Kaltakquise. Wie schrecklich!" Dafür gibt es zahlreiche und gute Gründe, die ich hier nicht aufzählen möchte. Jeder einzelne davon sorgt dafür, dass gute Ideen in Schubladen verschwinden und nie umgesetzt werden. Wenn Du auch vor diesem Schritt stehst und Dich einfach nicht überwinden kannst, dann denke an Deine Vision und Deine Ziele. Lässt Du Dich wirklich jetzt noch abhalten, die Welt zu verändern? Willst Du so kurz vor dem Ziel aufgeben? Wenn Du Deinen ersten Kunden gewonnen hast, ist Dein Business geboren und Du bist nur noch ein ganz kleines Stück davon entfernt. Also mach den letzten Schritt! Jetzt.

Immer noch nicht überzeugt? Dann hol Dir Hilfe. Such Dir einen einen Verbündeten, der Dich vorantreibt. Stefan Merath hat es in seinem Buch *Der Weg zum erfolgreichen Unternehmer* treffend formuliert: „Die dringendsten Probleme stehen in der Tür und haben zwei Beine." Menschen werden aktiv, wenn andere sie zum Handeln auffordern. Also such Dir Deine „zwei Beine" und lass Dich antreiben. Um wirklich aktiv zu werden, kannst Du den folgenden Trick anwenden. Er wirkt wahre Wunder:

1. Suche Dir eine Belohnung aus, die Dich motiviert. Ein neues Handy zum Beispiel oder einen tollen Urlaub. Ganz egal was - es muss nur einen großen Reiz auf Dich ausüben. Schätze, was es Dich kostet, Dir diese Belohnung zu gönnen.
2. Jetzt überlege, was Du noch viel mehr hasst als jetzt sofort Deinen ersten Wunschkunden anzusprechen? Einer rechtsradikalen Partei eine hohe Geldsumme spenden und das öffentlich bekanntgeben? Was

auch immer es ist, nutze es als extrem wirksamen Motivator. Setze den Wert dieser „Strafe" doppelt so hoch an wie den Deiner Belohnung.

3. Überweise das Geld für die Spende sofort an Deinen Verbündeten. Bitte ihn, Dich anzutreiben und gib ihm die Macht, dieses Geld zum Stichtag zu spenden. Er darf Dir natürlich auch Deine Belohnung kaufen, wenn Du Deinen inneren Schweinehund überwunden hast.

Auch wenn das Ganze komisch klingt, die Methode ist hoch wirksam. Probier es einfach aus.

Wie werte ich den Akzeptanztest aus?

Wenn Du Deinen Akzeptanztest durchgeführt hast, darfst Du eines auf keinen Fall vergessen. Werte den Akzeptanztest gründlich aus. Setz Dir vor der Durchführung des Tests ein klares, messbares Ziel. Das Ziel muss so klar sein, dass ein unabhängiger Dritter es jederzeit objektiv prüfen kann. Ein solches Ziel muss immer eine Erfolgsquote für eine bestimmte Aktion des Kunden und ein fixes Datum beinhalten, also zum Beispiel

- mindestens 10 Prozent der Kunden sollen bis zum Ende der Woche meine Dienstleistung in Anspruch nehmen oder
- mehr als 50 Kunden sollen das Einführungspaket innerhalb von fünf Tagen mitnehmen.

Ändere niemals das Ziel im Nachhinein, wenn der Test nicht bestanden wurde. Verbessere das Produkt oder verwirf es vorerst. Ein Produkt, dass den Akzeptanztest nicht besteht, wird sich in der Praxis nicht durchsetzen. Fall nicht auf Aussagen herein wie „Das ist ein tolles Angebot."

Allein die tatsächliche Kaufentscheidung zeigt, ob ein Angebot für Kunden wirklich interessant ist.

Beispiele erfolgreicher Akzeptanztests

Nachdem Du nun weißt, wie ein Akzeptanztest funktioniert, möchte ich Dir einige Erfolgsbeispiele und Anwendungsvarianten vorstellen. Schau Dir die folgenden Beispiele an und entwickle dann Deinen eigenen Akzeptanztest. Denke daran, es gibt nur zwei Bedingungen:

» ***der Test darf max. 300€ kosten***
» ***und muss innerhalb einer Woche abgeschlossen sein.***

Finde kreative Lösungen! Und denke daran, dass Du nicht immer Dein komplettes Angebot testen musst. Beschränke Dich auf einen ganz bestimmten Teil und teste lieber öfter.

Die folgenden 7 Beispiele zeigen, wie Akzeptanztests erfolgreich eingesetzt wurden, um neue Angebote zu testen.

Beispiel 1: Neues Konzept erfolgreich getestet

Problemstellung

Eine Werbeagentur wollte ermitteln, ob ein neues Kreativkonzept in Projektpitchings zu einer höheren Abschlussquote führt. Dazu wurde ein neues Angebotskonzept erarbeitet. Bevor die Agentur aber alle Prozesse umstellte und den Außenauftritt erneuerte, wollte die Geschäftsführung die Wirksamkeit des neuen Konzeptes testen.

Wie wurde der Akzeptanztest durchgeführt?

Die Werbeagentur erstellte eine neue Firmenpräsentation. Diese wurde bei drei Wunschkunden präsentiert.

Welches Ziel wurde definiert?

Das neue Konzept wird als erfolgreich angesehen, wenn zwei der drei Kunden die Agentur beauftragen.

Ergebnis

Die Agentur erhielt zwei Aufträge direkt nach dem Pitching. Bei dem dritten Unternehmen wurde die Geschäftsführung zu weiteren Gesprächen eingeladen.

Nach einer zweiten Präsentation erhielt sie auch hier den Auftrag. Das neue Konzept wurde eingeführt.

Was Du für Deinen Akzeptanztest lernen kannst

Wenn die Einführung neuer Konzepte oder Leistungen große Auswirkungen auf Dein Unternehmen hat, teste sie, bevor Du sie umsetzt. Eine Präsentation bei Deinen Wunschkunden gibt Dir schnell Klarheit darüber, ob Du das perfekte Angebot entwickelt hast. Investiere vorab in die Erstellung professioneller Unterlagen, aber setze alles andere erst um, wenn Du Klarheit hast.

Beispiel 2: Erst testen, dann umsetzen

Problemstellung

Eine Fitnesstrainerin erstellte auf Wunsch Ihrer Kunden ein neues Kurskonzept. Bevor sie den Raum fest buchte und das komplette Konzept ausarbeitete, wollte sie feste Anmeldungen für den ersten Kurs haben.

Wie wurde der Akzeptanztest durchgeführt?

Die Trainerin bot den Kurs Ihren bestehenden Kunden an. Bis zum Kursstart waren es acht Wochen. Die Teilnehmerzahl wurde auf zehn begrenzt. Die Buchung konnte direkt über ein Portal erfolgen.

Welches Ziel wurde definiert?

Es sollten mindestens sieben Anmeldungen innerhalb einer Woche eingehen.

Ergebnis

Der Kurs war in zwei Stunden ausgebucht. Die Trainerin hatte also knapp acht Wochen Zeit, den Kurs vorzubereiten.

Was Du für Deinen Akzeptanztest lernen kannst

Wenn Du ein tolles Konzept im Kopf hast, das viel Vorbereitung braucht, dann teste die Akzeptanz, bevor Du Zeit und Geld investierst. Viele Angebote kannst Du einige Wochen oder sogar Monate in der Zukunft anbieten. Hast Du Erfolg, bleibt Dir ausreichend Zeit zur Umsetzung. Floppt der Test, hast Du viel Zeit gespart und kannst Deine Energie auf ein neues Thema lenken.

Nicht immer sind Akzeptanztests so erfolgreich. Viel häufiger werden die Ziele nicht erreicht, wie die beiden nächsten Beispiele zeigen. Dies ist eine wertvolle Erkenntnis, die Dich vor teuren Fehlentscheidungen bewahrt. Also lass Dich nicht entmutigen, wenn Dein perfektes Angebot bei Deinen Wunschkunden nicht sofort ankommt. Nutze das Feedback und verbessere Dein Angebot.

Beispiel 3: Konzept verworfen, besseres Konzept entwickelt

Problemstellung

Eine Unternehmerin hatte ein Konzept für eine Internetplattform entwickelt, auf der sie regionale landwirtschaftliche Produkte vermarkten wollte. Das Konzept basierte darauf, dass Schlüsselpersonen als Kooperationspartner gewonnen werden.

Wie wurde der Akzeptanztest durchgeführt?

Die Unternehmerin ließ sich von einer Werbeagentur eine hochwertig Konzeptpräsentation erstellen. Diese präsentierte Sie vier möglichen Kooperationspartnern.

Welches Ziel wurde definiert?

Das Ziel der Präsentationen war es, drei der Personen zu überzeugen, weitere Gespräche über eine Kooperation zu führen. Zwei der Personen sollten dann als Kooperationspartner gewonnen werden.

Ergebnis

Schon nach zwei Präsentationen wurde klar, dass das Konzept stark polarisiert. Die Schlüsselpersonen scheuten sich, das Konzept aktiv zu unterstützen, weil sie dazu auf einen der konträren Standpunkte festlegen mussten. Der Test wurde abgebrochen. Die Unternehmerin lernte in den beiden Präsentationen aber ein zentrales Problem der Branche kennen, dass ihr vorher nicht bekannt war. Darauf aufbauend erstellte Sie ein weiteres Angebot, dass auf deutlich größere Akzeptanz traf.

Was Du für Deinen Akzeptanztest lernen kannst

Achte immer auf Details und beobachte Deine Wunschkunden genau, wenn Du einen Akzeptanztest durchführst. Häufig bekommst Du so wertvolle Informationen, auch wenn der eigentliche Test nicht das gewünschte Ergebnis liefert.

Beispiel 4: Neue Wunschkunden gefunden

Problemstellung

Eine Agentur für Bürodienstleistungen hatte ein perfektes Angebot für eine neue Zielgruppe entwickelt. Da sie die Zielgruppe bisher nur wenig kannte, testete sie das Angebot in Form einer Studie.

Wie wurde der Akzeptanztest durchgeführt?

Die Unternehmerin recherchierte zehn Wunschkunden und bat diese telefonisch um Hilfe. Sie erläuterte kurz das neue Angebot und fragte dann, ob die Person jemanden in der Branche kennt, der ein solches Angebot dringend braucht.

Welches Ziel wurde definiert?

Wenn mindestens sieben Personen eine Empfehlung gaben und vier selbst Interesse signalisierten, galt der Test als erfolgreich.

Ergebnis

Während der Interviews merkte die Unternehmerin, dass sie eine falsche Vorstellung von der Zielgruppe hatte. Die Gespräche waren schwierig und die Chemie stimmte nicht. Es gab dennoch klares Interesse an dem Angebot. Die Unternehmerin beschloss deswegen, die Zielgruppe noch einmal neu zu formulieren. Mit dieser neuen Zielgruppe klappte der Akzeptanztest dann reibungslos.

Was Du für Deinen Akzeptanztest lernen kannst

Das Ziel eines Akzeptanztests ist es, eine klare Kaufentscheidung herbeiführen. Hierzu gibt es aber Ausnahmen. Wenn Du Deine Wunschkunden noch nicht genau kennst, kannst Du Dir über Interviews und Gespräche ein besseres Bild verschaffen. Aber frage Deine Gesprächspartner auch hier nach einer klaren Handlung.

Akzeptanztest eigenen sich gut dazu, einzelne Serviceleistungen oder Angebotsdetails zu testen. Die folgenden Beispiele zeigen, wie man Akzeptanztests anwendet, um nur einen Teil seines neuen Angebotes zu testen.

Beispiel 5: Zwei Konzeptalternativen bewerten

Problemstellung

Eine Fachzeitschrift wollte ermitteln, welches Thema die Leser für die nächste Ausgabe favorisieren. Es standen zwei Themen zur Auswahl.

Wie wurde der Akzeptanztest durchgeführt?

Anstatt die Kunden zu befragen, erstellte die Zeitschrift zwei Unterseiten auf Ihrer Internetseite – eine zu jedem Thema. Ein Link zu den Unterseiten wurde auf der Startseite platziert. Über eine Software ermittelte das Unternehmen über den Testzeitraum von einer Woche, wie lange Besucher auf der jeweiligen Unterseite verweilten.

Welches Ziel wurde definiert?

Liegt die Verweildauer einer Seite um mindestens 20 Prozent höher als bei der anderen Seite, wird dieses Thema der Schwerpunkt der nächsten Ausgabe. Unterscheiden sich die Zeiten nur gering, werden beide Themen in der nächsten Ausgabe aufgegriffen.

Ergebnis

Thema 1 hatte eine doppelt so lange Verweildauer im Vergleich zu Thema 2 und wurde damit Schwerpunkt der nächsten Ausgabe.

Was Du für Deinen Akzeptanztest lernen kannst

Die Verweildauer (ob im Internet oder im Geschäft) steigt mit dem Interesse des Kunden an einem Thema oder Produkt. Biete deinen Kunden zwei Alternativen und beobachte, wie lange das jeweilige Angebot studiert wird.

Beispiel 6: Namen und Slogans auswählen

Problemstellung

Ein Autor eines Buches hatte drei mögliche Buchtitel. Er wollte ermitteln, mit welchem Titel sich sein Buch am besten verkauft.

Wie wurde der Akzeptanztest durchgeführt?

Der Autor nutzte Werbeanzeigen im Internet, um den besten Titel zu ermitteln. Für jede Variante des Buchtitels erstellte er eine Anzeige mit Google Adwords. Die Nutzer leitete er nach dem Klick auf seine Internetseite weiter, wo sie eine Leseprobe des Buches herunterladen konnten. Nach einer Woche hatte er 230 Klicks erhalten.

Welches Ziel wurde definiert?

Erhält ein Titel mehr als 60 Prozent der Klicks, wird das der neue Buchtitel. Anderenfalls werden die Titel weiter überarbeitet.

Ergebnis

Ein Titel erhielt 65 Prozent aller Klicks. Somit stand der neue Buchtitel fest.

Was Du für Deinen Akzeptanztest lernen kannst

Anzeigen im Internet erlauben Dir, verschiedene Varianten eines Titels oder Slogans zu testen. Du kannst dafür auch Social-Media-Seiten nutzen. Du erhältst in kurzer Zeit viele „Testkunden" und ein Bild darüber, welche Varianten bevorzugt werden.

Beispiel 7: Den Preis für eine Dienstleistung ermitteln

Problemstellung

Ein Reisebüro wollte seinen Premium-Kunden einen individuellen Reiseführer zu der gebuchten Reise anbieten. Die Frage war, ob die Kunden bereit sind, für ein solches Zusatzangebot zu bezahlen.

Wie wurde der Akzeptanztest durchgeführt?

Das Reisebüro bestellte einen Reiseführer über Südafrika, deren Inhalt die Mitarbeiter individuell zusammengestellt hatten. Der Reisführer wurde allen Kunden gezeigt, die eine Reise nach Südafrika gebucht hatten. Zusätzlich gab es einen Hinweis darauf, dass jeder Kunde sich mit Hilfe des Reisebüros einen individuellen Reiseführer zusammenstellen konnte. In der ersten Woche bot das Reisebüro den individualisierten Reiseführer zum Einkaufspreis an. In der zweiten Woche wurden 10 € Aufpreis verlangt. Kaufwillige Kunden erhielten eine Checkliste, in der Sie die gewünschten Inhalte des Reiseführers angeben konnten.

Welches Ziel wurde definiert?

Das Angebot wird eingeführt, wenn mehr als 30 Prozent der Kunden den Aufpreis für den Reiseführer bezahlen. Sollten mindestens 50 Prozent der Kunden den Reiseführer ohne Aufpreis bestellen, wird das Angebot im Rahmen von Sonderaktionen zeitlich begrenzt eingesetzt.

Ergebnis

20 Prozent der Kunden waren bereit, den Aufpreis für den Reiseführer zu bezahlen. 70 Prozent hingegen nahmen das Angebot zum Einkaufspreis wahr und waren begeistert über den Service. Das Reisebüro nutzt die Reiseführer in Zukunft im Rahmen von Sonderaktionen für gute Kunden.

Was Du für Deinen Akzeptanztest lernen kannst

Wenn Du Dir nicht sicher bist, ob Du für eine neue Dienstleistung Gebühren berechnen kannst, dann teste es. Biete das gleiche Angebot an verschiedenen Orten zu verschiedenen Preisen an oder teste zeitlich nacheinander verschiedene Preise.
Wenn Du die Leistungen oder Produkte nicht sofort verkaufen willst, kläre die Kunden über den Test auf, ***nachdem*** die Kaufentscheidung gefallen ist. Belohne in diesem Fall die Kunden fürs Mitmachen.

Es gibt viele weitere Möglichkeiten, die Akzeptanz für Dein perfektes Angebot zu testen. Wie genau Dein Test aussieht, ist dabei gar nicht so wichtig. Beherzige die 300 €- und die 7-Tage-Regel und lerne dazu, indem Du Akzeptanztests durchführst. Schnell wirst Du den Wert erkennen. also leg los. Wichtig ist nicht, wie Dein Akzeptanztest funktioniert, sondern, dass Du einen machst. Wenn Du einmal die Magie des ersten Kunden gespürt hast, wirst Du nie wieder auf dieses Tool verzichten.

2.3 Empfehlungen von Fan-Kunden

Deinen ersten Wunschkunden wirst Du nie vergessen. Doch ein Kunde reicht nicht aus, um ein Business erfolgreich aufzubauen. Dafür brauchst Du mehr Fans, mehr begeisterte Kunden, die Dein Angebot weiterempfehlen. Das wird nicht gleich im ersten Versuch reibungslos klappen, aber Du schaffst es. Und dann bist Du am Ziel, Du gewinnst automatisch Wunschkunden.

Empfehlungen erhalten

Empfehlungen übertragen Vertrauen

Wenn Dein Akzeptanztest erfolgreich war, dann kennst Du ihn - Deinen ersten begeisterten Kunden. Egal, wie lange Du schon Unternehmer oder Freiberufler bist - der erste Kunde für ein neues Produkt oder eine neue Dienstleistung ist immer etwas ganz Besonderes. Jetzt hast Du die Gewissheit, dass Deine Wunschkunden Dein perfektes Angebot toll finden. Zumindest ein Kunde hat das durch den Kauf bestätigt. Genieße diesen Erfolg, denn Du hast hart dafür gearbeitet.

Ein Kunde reicht natürlich nicht, um im Business erfolgreich zu sein. Der erste Kunde ist aber immer der Anfang, er ist der Start für Dein neues Projekt. Richtig! Bis hierher war alles Vorbereitung. Der erste Kunde, der kauft, erweckt Dein Projekt zum Leben, denn ohne Kunden bleibt alles ein Hobby. Dies ist aber nicht der einzige Grund, warum der erste Wunschkunde so wichtig ist. Er ist nicht einfach nur Dein erster Kunde, sondern auch Dein erster potentieller Empfehler, also ein Multiplikator. Wenn Du Dein perfektes Angebot gründlich entwickelt hast, ist Dein erster Kunde jetzt mit ziemlicher Sicherheit begeistert, denn Du hast sein wichtigstes Problem gelöst und durch gezielt eingesetzte Begeisterungsfaktoren ein „Wow!" erzeugt. Genau deswegen ist die Wahrscheinlichkeit sehr groß, dass Dein erster Kunde Dein perfektes Angebot weiterempfehlen wird: An Personen, die genau dasselbe Problem haben, das Dein Angebot löst. An Menschen, die so ticken wie er selbst und die Dein Angebot lieben werden wie er selbst. Wenn er eine Empfehlung ausspricht, dann trifft diese sehr wahrscheinlich genau Deine Wunschkunden.

Bevor wir uns anschauen, wie Du die Empfehlungsquote Deiner Kunden erhöhen kannst und wie Du kontinuierlich neue Wunschkunden durch Empfehlungen gewinnst, möchte ich noch einmal auf den Wert von Empfehlungen eingehen. Warum sind Empfehlungen so begehrt? Was macht eine Empfehlung so wertvoll? Und warum sind Menschen so vorsichtig, bevor Sie Empfehlungen geben? Das Zauberwort heißt „Vertrauen".

Die Grundvoraussetzung, dass ein Kunde kauft, ist Vertrauen. Alle Maßnahmen Deines Unternehmens müssen also darauf abzielen, bei potentiellen Kunden Vertrauen aufzubauen. Gelingt das, ist die Kaufwahrscheinlichkeit viel höher, als wenn Vertrauen fehlt. Vertrauen aufzubauen ist die Königsdisziplin jedes Unternehmens und eine langfristige Aufgabe. Vertrauensverlust dagegen ist eines der größten Probleme, die ein Unternehmen haben kann. Daher investiert jedes Unternehmen viele Ressourcen in den Vertrauensaufbau. Du erlebst täglich zahlreiche Beispiele für vertrauensbildende Maßnahmen. Hier kann man drei Ebenen unterscheiden:

Einseitige Vertrauensbeweise

Dazu zählen Wirksamkeitsversprechen, Siegel, Fotos der Anbieter, professionelle Produktgestaltung, Hilfsangebote, Rückgabegarantien usw. Diese Maßnahmen sind wichtig. Ihre Wirkung ist aber begrenzt. Das Problem an diesen Maßnahmen ist, dass Sie einseitig sind. Nur das Unternehmen allein bestimmt hier, welche Dinge kommuniziert werden. Genau das ist das Problem. Kunden sind skeptisch und glauben längst nicht mehr alles.

Unabhängige Vertrauensbeweise

Typische, unabhängige, vertrauensbildende Maßnahmen sind Zertifikate, Prüfsiegel und Kundenstimmen. Mit solchen Maßnahmen kommuniziert das Unternehmen, dass auch ein unabhängiger Dritter die Qualität des eigenen Angebotes positiv bewertet. Solche Maßnahmen haben eine starke Bedeutung erhalten und wirken verkaufsfördernd. Kleine und große Skandale in der Vergangenheit haben aber dazu geführt, dass Kunden nicht mehr jedem Siegel und Testergebnis glauben. Seitdem einige Fälle bekannt wurden, in denen Testurteile gekauft oder manipuliert wurden, gibt es immer weniger Institutionen, deren Urteile uneingeschränktes Vertrauen stiften. Aus diesem Grund hat der Wert von Kundenmeinungen stark zugenommen. Für fast alle Produkte und Dienstleistungen findet man auf einschlägigen Internetportalen Kundenstimmen. Je mehr Stimmen zu einem Angebot veröffentlicht werden, desto glaubwürdiger wirkt es. Verstärkt wird der Vertrauensbeweis, wenn die Kundenstimmen objektiv erscheinen, also sowohl positive als auch negative Bewertungen gezeigt werden. Die überzeugende Wirkung solcher Kundenbewertungen hast Du schon mehrfach selbst erlebt. Entweder hast Du Dich auf Grund toller Bewertungen für den Kauf eines Angebots entschieden oder Du hast dankend verzichtet, weil Du viele kritische Stimmen gefunden hast.

Persönliche Empfehlungen

Unabhängig von allen technischen Möglichkeiten und der rasch zunehmenden Zahl verfügbarer Kundenbewertungen im Internet ist die Überzeugungskraft persönlicher Empfehlungen ungebrochen. Fragt man Kunden, was Sie zum Kauf bewegt hat, ist die Empfehlung immer die häufigste Antwort.
Das hat einen einfachen Grund:

Empfehlungen übertragen bestehendes Vertrauen auf unbekannte Angebote.

Bei einer persönlichen Empfehlung wird das Vertrauen, das zwischen zwei Personen besteht, auf ein Produkt oder eine Dienstleistung übertragen. Das Vertrauensverhältnis zwischen den beteiligten Personen besteht meist seit längerem und ist daher sehr belastbar. Dies macht die hohe Überzeugungskraft einer persönlichen Empfehlung aus. Im Gegenzug ist eine Empfehlung immer auch ein Risiko für den Empfehler, denn ein schlechter Tipp kann das bestehende Vertrauen belasten oder gar zerstören. Ein Zitat von Warren Buffet bringt es auf den Punkt: „Es dauert 20 Jahre, einen guten Ruf aufzubauen, und fünf Minuten, ihn zu ruinieren." Genau aus diesem Grund sind Menschen am ehesten bereit, Dinge zu empfehlen, von denen sie:

1. selbst zu 100 Prozent begeistert sind und
2. ziemlich sicher wissen, dass ihr Gegenüber einen konkreten Bedarf an der empfohlenen Sache hat.

Beide Bedingungen müssen gegeben sein, damit Empfehlungen freiwillig und mit Überzeugung gegeben werden. Dann aber überzeugen sie mit sehr hoher Wahrscheinlichkeit jeden.

Doch nun zurück zu Deinem perfekten Angebot. Du hast eine der beiden eben genannten Bedingungen sicher erreicht. Dein erster Kunde ist zu 100 Prozent begeistert von Deinem Angebot. Damit er es weiterempfiehlt, musst Du dafür sorgen, dass er Deine Wunschkunden kennt. Sein Bauchgefühl schickt ihn mit Sicherheit schon auf die richtige Fährte, denn er hat live erlebt, wie Dein Angebot wirkt. Wenn Du aber von Anfang an deutlich machst, wer Deine Wunschkunden sind und wer am meisten von Deinen Angeboten profitiert, hilft das auch Deinem ersten Kunden dabei, eine Empfehlung auszusprechen. Denn er setzt ein bestehendes Vertrauensverhältnis für Dich ein, das er sich über längere Zeit erarbeitet hat. Also mach klar und deutlich, wer Deine Wunschkunden sind. Das schaffst Du am besten, indem Du Geschichten erzählst. Sag zum Beispiel, warum Du genau dieses Angebot entwickelt hast. Was war Dein Frust? Was war es, dass Du unbedingt ändern wolltest? Welches Erlebnis hat dazu geführt, dass Du heute genau diese spezielle Zielgruppe bedienst?

Mehr zum Storytelling erfährst Du im nächsten Kapitel. Für die erste Empfehlung reicht es aus, dass Du authentisch Deine eigenen Geschichten erzählst.

Die erste Empfehlung erhalten

„Wie genau komme ich jetzt zu meiner ersten Empfehlung?“ Nachdem Du nun weißt, wie Empfehlungen wirken, wird es Zeit für Taten. Grau ist alle Theorie und manchmal lässt die erste Empfehlung einfach zu lange auf sich warten, um tatenlos zuzusehen. Deshalb möchte ich Dir an dieser Stelle drei Praxistipps geben, die bei vielen meiner Kunden funktioniert haben. Mit einer der folgenden drei Maßnahmen bekommst Du Deine erste Empfehlung innerhalb kurzer Zeit:

Direkt fragen

So banal es klingt - frag einfach Deinen ersten Kunden, ob er jemanden kennt, der von Deinem Angebot genauso begeistert wäre wie er selbst. Die Erfahrung zeigt, dass begeisterte Kunden sehr gern bereit sind,

eine Empfehlung zu geben. Häufig traut sich der Anbieter nicht, konkret danach zu fragen. Also probiere es doch einfach einmal aus. Eine mögliche Frage wäre: „Toll, dass Sie so begeistert sind. Kennen Sie jemanden, der genauso begeistert wäre wie Sie?“ Und schon bist Du im Gespräch.
Weil erfahrungsgemäß wenige den Mut aufbringen, genau diese Frage zu stellen, möchte ich noch eine abgeschwächte Variante beschreiben. Wenn Dir die erste Frage zu direkt ist, dann nähere Dich doch indirekt dem Thema an. Das könnte zum Beispiel so aussehen: „Auf einer Skala von 0 bis 10 - wie wahrscheinlich ist es, dass Sie mich weiterempfehlen?“ Du kannst diese Frage auch in Form eines Fragebogens zur Kundenzufriedenheit ausgeben, wenn Du nicht direkt fragen willst. Diese Frage hat sich bewährt und wird häufig dazu eingesetzt, Kundenzufriedenheit zu messen. Suche einfach im Internet nach „Net Promoter Score“. Hier findest Du weitere Informationen. Aber zurück zur Frage: Antwortet der Kunde mit 9 oder 10 (Bestnoten), bedankst Du Dich und fragst erst dann, an wen er es denn ggf. empfehlen würde. Ist die erste Antwort 8 oder kleiner, fragst Du: „Was müsste ich tun, um eine 9 oder 10 zu bekommen?“ Auch hierüber kommst Du mit Deinem Kunden ins Gespräch und erfährst zumindest, wo Du Dein Angebot noch verbessern kannst. Mit den Begeisterungsfaktoren, die Du entwickelt hast, solltest Du aber locker eine 9 oder 10 schaffen. Kein Grund also, vor direkten Fragen Angst zu haben.

Plattform für Austausch zwischen Kunden schaffen

Die direkte Frage nach einer Empfehlung ist der schnellste und effektivste Weg, Deine erste Empfehlung zu bekommen. Eine weitere Möglichkeit ist es, begeisterte Kunden mit der Zielgruppe zusammenzubringen. Der direkte Weg ist die Vernetzung eines Kunden mit einem Interessenten. Hat jemand Interesse an Deinen Leistungen (oder glaubst Du das zumindest), dann empfehle dieser Person doch einfach einen Deiner Kunden. Das funktioniert am besten, wenn Du insgesamt eher weniger Kunden brauchst. Für eine solche Vernetzung schreibst Du beiden Personen eine kurze E-Mail oder nutzt die Empfehlungsfunktion sozialer Netzwerke. Gib einen Grund an, warum sich beide austauschen sollten. Selbst wenn dieser Grund nichts mit Deinem Angebot zu tun hat, kommt das Gespräch meist von selbst auch auf Dein Angebot, denn Dein erster Kunde ist ja begeistert.

Etwas indirekter funktioniert dieser Weg, wenn Du eine Plattform schaffst, auf der sich Kunden und Interessenten austauschen können. Veranstalte zum Beispiel ein Event (Tag der offenen Tür, Sommerfest, Vortrag, etc.) und lade Deine Kunden ein. Gib jedem geladenen Gast ein Extra-Ticket und sage, dass er gern einen Kollegen/Freund/Bekannten mitbringen darf oder ermögliche Kunden, Dein Angebot zusammen mit anderen auszuprobieren. Es gibt unzählige Möglichkeiten für solche „Plattformen“. Überlege, was für Dich und Deine Kunden am besten passt. Wichtig ist ein zentraler Kern: Du bist lediglich für die Vernetzung verantwortlich. Alles weitere überlässt Du Deinen Kunden.

Mit Details und kleinen Überraschungen begeistern

Im Kapitel „Begeisterungsfaktoren" habe ich die Wirkung von Details schon beschrieben. Sie beschleunigen Empfehlungen, denn es gibt keinen besseren Beweis für Leidenschaft als die Konzentration auf Details.

Keine Empfehlung kommt ohne Details aus. Immer geht es dabei um ganz bestimmte Aspekte einer Leistung. Überlege einmal, was Du als letztes empfohlen hast: Einen Kinofilm, ein Restaurant, eine Webseite? Egal was es war - Du hast immer über ein ganz bestimmtes Detail berichtet, was Dich begeistert hat. Ganz deutlich erkennt man dieses Phänomen in sozialen Netzwerken. Posts, die sehr häufig weiterempfohlen werden, haben immer begeisternde Details. Das Video der japanischen Dessous-Firma Ravijour über einen BH, der sich nur öffnet, wenn die Trägerin tatsächlich verliebt ist, sahen in wenigen Tagen über 4 Millionen Nutzer auf YouTube an. Die Videos der Gymkhana-Brothers, in denen atemberaubende Rallye-Fahrten gezeigt werden, haben mehr als 60 Millionen Zuschauer gesehen. Beispiele wie diese gibt es jeden Tag und immer verblüffen Details die Zuschauer. Keine BH-Werbung der Welt führt zu solch einem Hype wie der „True Love Tester", denn kein BH der Welt hat diesen einzigartigen Sensor, der im Detail beschrieben wird und der ein bekanntes Problem löst. Dass das Ganze ein reiner PR-Gag war, hat der Beliebtheit des Videos keinen Abbruch getan. Auch bei den Rallye-Videos spielen Details eine entscheidende Rolle. Driftende Autos gibt es massenhaft zu sehen. aber die Kameraführung in den Gymkhana-Videos zeigt viele sonst unsichtbare Details, zum Beispiel das Verhalten der Stoßdämpfer beim Sprung über eine Straßenkuppe in San Francisco.

Details beweisen Leidenschaft. Sie wirken deshalb als Empfehlungsturbo.

Es ist also entscheidend, dass Dein Angebot Details beinhaltet, die Deine Wunschkunden begeistern. Diese hast Du bereits entwickelt. Jetzt, wo Dein Kunde schon begeistert ist, kannst Du weitere Details nutzen, um die Wahrscheinlichkeit für eine Empfehlung zu erhöhen. Überlege Dir eine kleine Überraschung für Deinen ersten Kunden - nicht als Gegenleistung für eine Empfehlung, sondern einfach so. Bereite Freude, mache ein Geschenk, liefere eine wertvolle Information. Hier kannst Du Dich einfach an den Begeisterungskategorien orientieren, die Du im ersten Teil des Buches kennen gelernt hast.

Ich möchte Dir noch einige Beispiele als Inspiration geben, denn ich selbst nutze Details als Empfehlungsturbo.

» Ich verwende in meinen Workshops ein Tablet-PC und einen entprechenden Eingabestift, um die Ergebnisse zu dokumentieren. Das verblüfft viele meiner Kunden. Fast alle fragen, welche App ich benutze und wo man den Stift kaufen kann. Den Namen der App bekommen Kunden immer, manchen schenke ich sogar einen Eingabestift. Wenn Sie diese Tools dann nutzen, kommen Sie darüber immer wieder ins Gespräch mit anderen, die diese Arbeitsweise toll finden. Und dann ist auch meine Leistung häufig Gesprächsthema.

» Eines meiner Lieblingsbücher ist „The Big Five for Live" von John Strelecky. Ich habe immer mehrere Leihexemplare dieses Buches bei mir im Büro. Allen Kunden, die das Buch noch nicht kennen, gebe ich es mit und sage, dass auch sie es gern weitergeben dürfen. Und das passiert regelmäßig. Beim Weitergeben des Buches an Bekannte werde ich natürlich genannt. Und schon dreht sich das Gespräch ganz automatisch um meine Leistungen.

» Ein guter Freund von mir betreibt einen kleinen Webshop, in dem er exklusive Notizhefte anbietet (www.karatasa.de). Ich habe eine komplette Serie dieser Büchlein gekauft und bin damit weltweit der einzige Besitzer. Ich schenke sie Kunden mit der Bitte, alle Ideen für ihr Business darin zu sammeln und regelmäßig bekomme ich dann Anfragen von Bekannten meiner Kunden, woher ich diese Hefte habe. Das spezielle Design gibt es nur für meine Kunden, aber natürlich empfehle ich den Webshop weiter. Und komme so ganz nebenbei mit neuen Wunschkunden ins Gespräch.

Die Beispiele zeigen die Vielfalt der Möglichkeiten, mit Details Kunden zu begeistern. Also überlege, welche Details und welche Überraschungen für Deine Wunschkunden funktionieren können und probiere es dann einfach aus. Du brauchst hier etwas mehr Geduld als bei der direkten Bitte um eine Empfehlung. Die Wirkung wird sich aber nachhaltig einstellen, wenn Du die passenden Maßnahmen für Dich und Dein Business gefunden hast.

Notizen

Egal, welche Maßnahmen Du umsetzt, um Deine ersten Empfehlungen zu erhalten - es ist ein absolutes Muss, dass Du Dich immer für Empfehlungen bei Deinen Kunden bedankst. Dabei ist es egal, wie die Empfehlung wirkt und ob Du einen neuen Kunden gewinnst. Bedanke Dich immer persönlich, denn Dein Kunde hat ein sehr wertvolles Gut für Dich eingesetzt - sein Vertrauen.

Empfehlungen erhalten

Je mehr Dein Angebot Deine Kunden begeistert, desto häufiger werden Sie Deine Leistung weiterempfehlen. Die treusten Kunden werden zu Fans, zu Botschaftern für Dein Business. Solche Kunden sind unbezahlbar und das Ergebnis einer langfristigen Wunschkundenstrategie. Neben der persönlichen Empfehlung gibt es weitere wirksame Möglichkeiten, die Begeisterung Deiner Kunden weiterzutragen und noch mehr neue Wunschkunden anzustecken. Hier gibt es eine große Vielfalt. Ich möchte an dieser Stelle die aus meiner Erfahrung zwei besten Möglichkeiten beschreiben, um einen dauerhaften Wunschkunden-Sog zu erzeugen: Anker und Referenzen.

Anker sind Empfehlungsturbos

„Anker" sind Bilder im Kopf Deiner Kunden, die regelmäßig die Erinnerung an Deine Leistung auffrischen. Das ist wichtig, denn nur, wenn begeisterte Kunden an Dein Business erinnert werden und die positiven Erfahrungen im Bewusstsein sind, gibt es eine reelle Chance auf eine Empfehlung. Was nicht im Kopf ist, geht unter und wird nicht weiter getragen. Jetzt könntest Du natürlich Deine Kunden regelmäßig erinnern, aber das würde spätestens beim dritten Versuch nerven und damit genau das Gegenteil von dem erzeugen, was Du erreichen willst. Ein guter Anker übernimmt genau diese Aufgabe, ohne zu nerven, denn er holt die Erinnerungen aus dem Unterbewusstsein und macht Sie lebendig, ohne mit dem erhobenen Zeigefinger daherzukommen. Gute Anker sind Dinge, die im täglichen Leben häufig vorkommen, die Deinen Kunden regelmäßig „über den Weg laufen". Um eine positive Wirkung zu entfalten, musst Du es schaffen, einen solchen Anker mit Deiner Leistung zu verbinden. Du musst eine Assoziation zwischen Anker und Erfahrung schaffen. Das ist gar nicht so schwer, wie es klingt. Das Gehirn hat alles bereits an Bord, was Du dafür brauchst. Schau Dir Gedächtnisweltmeister an. Die Besten schaffen es, sich in fünf Minuten eine beliebige Folge von mehr als 1000 Nullen und Einsen zu merken und diese fehlerfrei wiederzugeben oder sich mehr als 300 zufällig aneinander gereihte Worte zu merken. Das ist verblüffend und absolut unglaublich. Schaut man sich jetzt an, mit welchen Techniken das möglich wird, erkennt man immer wieder ein Phänomen: Alle Gedächtnisweltmeister merken sich komplexe Dinge durch bildhafte Assoziationen. Sie verknüpfen abstrakte Worte oder Zahlen mit bildhaften Geschichten, die sich das Gehirn viel leichter merken kann. Die Umwandlung abstrakter Informationen in bildhafte Informationen ist also der Schlüssel, der solche Höchstleistungen ermöglicht. Genau das kannst auch Du nutzen, um Anker bei Deinen Kunden zu schaffen, die regelmäßig für Gesprächsstoff sorgen. Begeisterte Kunden wollen Dich empfehlen, aber häufig vergessen sie das einfach, weil sich so viele andere Dinge ins Bewusstsein drängeln.

Ich möchte Dir drei Beispiele für Anker geben, die bei mir gut funktioniert haben. Diese werden bei Dir nicht 1:1 funktionieren. Sie sollen vielmehr als Inspiration dienen und die Wirkung verdeutlichen. Passe sie an Deine Situation an. Entwickle eigene Anker. Wie das geht zeige ich Dir, nachdem Du die drei Beispiele kennen gelernt hast.

» ***Der Zahnarzt als Empfehlungsturbo:*** Was hat ein Zahnarzt mit Geschäftserfolg zu tun? Auf den ersten Blick gar nichts. Aber ein Zahnarzt ist dennoch ein guter Anker, denn man kommt mit Zahnärzten einigermaßen regelmäßig in Verbindung, sieht deren Werbung oder hatte gute oder weniger gute Erlebnisse in der Vergangenheit. Kurzum, das Thema Zahnarzt ist für viele Menschen ein emotionales. Daher trägt einer meiner Vorträge den Titel: Wann darf ich mal wieder zum Zahnarzt? Wie man automatisch Kunden gewinnt. Dieser offensichtliche Widerspruch weckt Neugier. Im Vortrag erkläre ich dann, wie verschiedenen Zahnärzte es schaffen, durch eine sehr gute Positionierung automatisch Kunden zu gewinnen. Und schon ist der Zusammenhang zwischen „Zahnarzt" und „Kunden gewinnen" im Kopf der Zuhörer etabliert - der Anker ist gesetzt. Die Erfolgsgeschichten der genannten Zahnärzte allein sorgen für Gesprächsstoff und die Weiterempfehlung meines Vortrags und regelmäßig berichten Zuhörer, dass Sie immer, wenn Sie einen Zahnarzt sehen, an meinen Vortrag denken müssen. Der Anker wirkt.

- ***Grüne Äpfel als schlechtes Gewissen:*** Was hat ein Apfel mit dem Erfolg als Unternehmer zu tun? Dauerhaften Erfolg im Business hat man nur, wenn man eine gute Strategie entwickelt und regelmäßig Tag für Tag daran arbeitet. Dies ist eine zentrale Botschaft, die ich meinen Kunden mitgebe. Um das zu verdeutlichen, mache ich mir ein bekanntes Sprichwort zu Nutze: „An apple a day keeps the doctor away." Genau wie der tägliche Apfel die Gesundheit erhält, so stabilisiert die tägliche Arbeit am Unternehmen den Erfolg. In meinen Seminaren und Workshops gibt es immer grüne Äpfel. Mehrfach betone ich den Zusammenhang dieser Äpfel mit dem Geschäftserfolg. So wird der Apfel zum Anker. Sehr häufig höre ich dann von Kunden, dass Sie an meine Worte denken, wenn sie irgendwo grüne Äpfel sehen. Schon wirkt das schlechte Gewissen und sorgt dafür, dass mal wieder an der Strategie gearbeitet wird. Viele stellen sich auch selbst Äpfel auf den Schreibtisch und natürlich wird die Apfel-Story weitererzählt. Denn Äpfel gibt es überall und somit bleibt die Geschichte im Bewusstsein.
- ***Erfolg vom Sofa aus***: Das Sofa ist ein Anker, den ich zu Beginn meiner Arbeit als Strategieberater häufig eingesetzt habe. Warum? Jeder hat ein Sofa und benutzt es nahezu täglich. Außerdem habe ich vorher im Bereich Sitzentwicklung gearbeitet. Du ahnst es sicher schon: Es ist egal, dass ein Sofa eigentlich nichts mit Geschäftserfolg zu tun hat. Das Sofa wurde zum Anker, weil ich mein Vorgehen bei der Beratung als SOFA-Strategie bezeichnet hatte (www.sofa-strategie.de). Die vier Buchstaben bezeichneten die vier Schritte, die meiner Methodik zu Grunde lagen. Außerdem stand das Sofa, dass auf meiner Webseite und den Flyern zu sehen war, in meinem Büro. Beim Gespräch mit potentiellen Kunden kamen wir immer auf das Sofa zu sprechen. Ich bot allen Kunden an, die erste Beratung „auf dem Sofa" zu machen. 95 Prozent aller Kunden haben genau das getan. So wurde das Sofa zum Symbol und wirkte lange nach, denn alle meine Kunden sitzen noch heute häufig auf einem Sofa. Nach einigen Versuchen habe ich einen Weg gefunden, den Anker noch zu verstärken. Jedes Mal, wenn jemand „Couch" sagte, habe ich mit Nachdruck darauf verwiesen, dass es sich hier um ein SOFA handelt. Der Begriff wurde schnell zum geflügelten Wort und sorgt noch heute für kleine Sticheleien mit Kunden und Kollegen. Der Anker wirkt also nach wie vor, obwohl ich das Bild seit einigen Jahren nur noch sehr selten verwende.

Du siehst, wie nachhaltig gute Anker wirken. Und wenn Du Dich umschaust, entdeckst Du viele weitere Anker, die bei Dir Erinnerungen und Assoziationen aufrufen. Sammle die Anker, die Dir am besten gefallen und überlege, wie Du diese für Dein Business abwandeln kannst. Einen guten Anker zu finden und seine Wirksamkeit zu steigern, klappt selten auf Anhieb. Häufig braucht es mehrere Versuche, um den perfekten Anker zu finden. Die Wirkung rechtfertigt aber den Aufwand auf jeden Fall. Um nicht alles dem Zufall zu überlassen, möchte ich Dir jetzt drei Tipps geben, die die Entwicklung eines Ankers erleichtern. Wenn Du es nicht allein schaffst, dann lass Dir von Profis helfen.

» ***Finde Anker, die zu Deinen Begeisterungsfaktoren passen:*** Bei der Entwicklung des perfekten Angebots für Deine Wunschkunden hast Du Begeisterungsfaktoren entwickelt. Die von Dir ausgewählten Begeisterungskategorien kannst Du jetzt auch nutzen, um Anker zu finden. Überlege, welche Symbole zu den von Dir ausgewählten Kategorien passen. Wenn „Exklusivität" zum Beispiel eine zentrale Kategorie für Dich ist, gib dieses Wort in eine Suchmaschine ein und schaue Dir dann die Bilder an, die mit diesem Begriff verknüpft sind. Hier findest Du schnell zahlreiche Möglichkeiten, die Du als Anker verwenden kannst. Es bleibt dann nur noch Deiner Kreativität überlassen, diesen Anker in Dein Business einzubauen und ihn mit Deiner Leistung zu verknüpfen.

» ***Beobachte Deine Kunden.*** Sie liefern die besten Anker selbst: Häufig erwähnen Kunden ganz nebenbei Zusammenhänge, die Dir gar nicht klar waren oder es gibt häufig Kundenreaktionen auf ein bestimmtes Detail Deiner Arbeit, das für Dich gar keine Besonderheit darstellt. Achte auf diese Kleinigkeiten. Als bei mir mehrere Kunden nach dem Namen der App gefragt haben, mit der ich meine Workshopergebnisse aufzeichne, war der Anker geboren. Erst durch die Reaktionen meiner Kunden bin ich darauf gekommen, dass dies ein Anker sein könnte. Greife diese Hinweise auf und baue sie in Deine Leistung ein, wenn Du mit dem nächsten Kunden arbeitest. Es kann sein, dass Du nach einigen Versuchen merkst, dass der Anker keine Wirkung hat. Dann verwirf ihn wieder. Aber Du wirst auch immer wieder Erfolg haben. Hier gilt also das Prinzip von Versuch und Irrtum. Mache einen schnellen Akzeptanztest mit jedem neuen Anker, den Du aufspürst. Dann hast Du in kurzer Zeit genau das Bild, was bei Deinen Kunden im Gedächtnis bleibt.

» ***Sammle Ideen für Kundengeschenke:*** Bei mir ist es schon fast ein Sport, Geschenkideen für meine Kunden zu sammeln. Der nächste Geburtstag kommt bestimmt und Weihnachten ist auch immer max. 12 Monate entfernt. Ich selbst mag keine Standardgeschenke wie Blumen und Wein. Daher möchte ich meine Kunden mit Kleinigkeiten überraschen, die ins Schwarze treffen. Und die gibt es bei jedem Kunden zu entdecken, wenn man die Augen aufhält. Manche beschreiben ihre Hobbys in sozialen Netzwerken, manche erwähnen beiläufig, worüber sie sich zuletzt gefreut haben und wieder andere sagen, was sie selbst verschenkt haben. Wenn das nicht passiert, kann man das Gespräch auch gezielt auf dieses Thema lenken und fragen bzw. von eigenen Geschenken erzählen. Sprich beim nächsten Small-Talk nicht übers Wetter, sondern erzähle über Dein derzeitiges Lieblingsbuch. Frage Kunden nach deren Lieblingsbuch. Fast immer führt ein solches Gespräch zu neuen Geschenkideen. Jetzt ist es ganz wichtig, dass Du Dir diese individuellen Geschenkideen aufschreibst. Wie bereits zu Beginn dieses Buches erwähnt, habe ich eine Wunschkundenliste, in der es für jeden Kunden auch ein Feld „Geschenke" gibt. Hier notiere ich sofort nach meinen Gesprächen neue Ideen. Wenn ich dann für genau diesen Kunden ein Geschenk brauche, schaue ich einfach nach. Was das Ganze mit Ankern zu tun hat? Kleine Überraschungen, die genau den Geschmack des Kunden treffen, sind perfekte Anker, denn wenn ein Kunde ein Geschenk liebt, nutzt er es häufig oder erinnert sich viel leichter daran. Natürlich denkt er dann auch an Dich und Deine Leistung. Wenn Du eine klare Wunschkundendefinition hast, werden manche Geschenkideen auch häufiger auftauchen. Bei mir sind es die Karatasa-Büchlein und die Tablet-Stifte. Davon habe ich immer einen kleinen Vorrat da, um meinen Kunden zur richtigen Zeit eine kleine Freude zu bereiten.

Ich empfehle Dir daher, gezielt Anker für Dein Business zu entwickeln und regelmäßig einzusetzen. Denn:
Anker holen positive Erfahrungen ins Bewusstsein begeisterter Kunden und wirken als Empfehlungs-turbo.

Referenzen sind gedruckte Empfehlungen

Alles, was ich über Empfehlungen gesagt habe, gilt auch für Referenzen. Referenzen sind gedruckte Empfehlungen. Eine Referenz wirkt nicht so stark und unmittelbar wie eine Empfehlung, die Wirkung ist aber nachhaltiger, weil Referenzen eine breitere Masse erreichen. Daher ist es unerlässlich für den dauerhaften Erfolg Deines Business, dass Du begeisterte Kunden immer nach einer Referenz fragst. Dies lehnen glückliche Kunden nie ab. Der Grund, warum viele Unternehmen wenige Referenzen haben, ist die fehlende Frage danach. Also schaffe Dir einen Prozess, der immer dann automatisch abläuft, wenn wieder ein Kunde von Deinem perfekten Angebot begeistert ist. Ich nutze hierfür zum Beispiel folgendes Vorgehen. Nach jedem Ersttermin schicke ich Kunden eine Referenzanfrage per E-Mail. Außerdem schreibe ich mir eine Erinnerung. Geben Kunden mir eine Referenz, veröffentliche ich diese auf meiner Internetseite ein. Schreibt der Kunde nicht sofort eine Referenz, werde ich durch meine Erinnerung freundlich darauf hingewiesen, doch noch einmal nachzufragen. Der Prozess verhindert, dass ich es vergesse, nach Referenzen zu fragen. Überlege, was bei Dir am besten funktioniert, aber finde einen für Dich einfachen Weg, um das Vergessen zu umgehen.

Direkt nach dem Kundenkontakt ist es am einfachsten, eine Referenz zu erhalten, denn begeisterte Kunden sind immer bereit, Ihre Begeisterung zu teilen. Und weil - genau wie bei den Empfehlungen - sich erfahrungsgemäß nicht jeder traut, direkt zu fragen, möchte ich Dir zwei Tricks verraten, die fast automatisch zu Referenzen führen.

» ***Visitenkarten nutzen:*** Wenn Du mit Businesskunden arbeitest, gehört eine Visitenkarte zur Standardausstattung. Hier ist immer Platz für eine kurze Referenz. Bitte Deinen Kunden um Feedback, damit Du Dein Angebot noch verbessern kannst. Frage ihn, ob er etwas Positives und etwas Negatives zu Deinem Angebot auf seine Visitenkarte schreiben kann. Dies gelingt fast immer, denn der Aufwand für den Kunden ist minimal. Du bekommst eine Referenz verknüpft mit dem Kundennamen und darüber hinaus noch wertvolles Feedback. Frage den Kunden dann, ob Du das als Referenz verwenden darfst. Hast Du Kunden ohne Visitenkarten, dann nutze selbst gestaltete Visitenkarten, auf denen Platz für ein positives und ein negatives Statement ist. Lass Kunden ankreuzen, vorgegebene Vokabeln markieren usw.

Der Phantasie sind keine Grenzen gesetzt. Aber mach es dem Kunden so einfach wie möglich.

» ***Konkrete Fragen versenden:*** Manchen Kunden fällt es einfach schwer, eine Referenz zu formulieren. Hilf Deinen Kunden etwas und es wird leichter, Referenzen zu erhalten. Das bedeutet keineswegs, dass Du Referenzen vorschreibst. Jeder Besucher Deiner Webseite, der Deine Referenzen liest, merkt sofort, ob diese authentisch sind oder aus der selben Feder stammen. Zwei bis drei konkrete Fragen helfen Kunden aber, das Erlebte in Worte zu fassen. Schicke Deinen Kunden also eine kurze E-Mail und verteile einen Fragebogen mit wenigen konkreten Fragen. Die Möglichkeiten hier sind unbegrenzt. Ich verwende zum Beispiel folgende Fragen: Welche Deiner Erwartungen habe ich übertroffen, welche nicht erfüllt? Welchen unmittelbaren Wert hatte meine Leistung? Wie würdest Du unsere Zusammenarbeit in drei Worten beschreiben?

Wenn Du es schaffst, regelmäßig Referenzen Deiner Kunden zu bekommen, kannst Du versuchen, die Wirkung der Referenzen zu maximieren. Ab einer gewissen Anzahl an Referenzen ist nicht mehr die Quantität, sondern die Qualität entscheidend für die Wirkung. Beschäftige Dich aber erst damit, wenn Du mehr als 10 aktuelle Referenzen hast. Denn Referenzen wirken nur, wenn es sie in einer gewissen Anzahl gibt und sie aktuell sind. Um die Wirkung von Referenzen zu steigern, brauchst Du Dir nur zu überlegen, welche Kundenstimmen Dich beim Kauf beeinflussen. Hier gibt es keine absoluten Wirksamkeitsformeln und Referenzen wirken auf jede Zielgruppe anders. Also finde heraus, was bei Deinen Wunschkunden am besten funktioniert, denn auch hier gilt: Den endgültigen Beweis, ob und wie Referenzen wirken, können nur Deine Kunden liefern. Wenn Du die folgenden vier Kriterien beachtest, bist Du aber ziemlich sicher auf dem richtigen Weg.

» ***Gesichter verstärken die Wirkung von Referenzen:*** Jede Referenz, die mit dem Gesicht des glücklichen Kunden verknüpft ist, wirkt stärker als eine Textreferenz. Ideal sind Videoreferenzen, obgleich diese schwer zu bekommen sind. Versuche immer, wenigstens ein Foto des Kunden neben der Referenz abzubilden. Mach es dem Kunden einfach. Warte nicht darauf, dass Dir ein Kunde ein Foto schickt. Nutze verfügbare Fotos aus sozialen Netzwerken. Biete dem Kunden an, dieses Foto zu verwenden, warte aber unbedingt seine Erlaubnis ab.

» ***Unzensierte Referenzen sind glaubhafter:*** Es ist

wichtig, dass Du alle Meinungen Deiner Kunden zulässt. Wie glaubwürdig ist für Dich eine Seite mit Lobliedern und ausschließlich positiven Referenzen? Weniger als eine Liste von Referenzen, die kleine Schwächen offenbaren. Referenzen dienen dazu, sich eine Meinung zu bilden und das geht am besten, wenn positive Punkte und Schwächen gleichzeitig diskutiert werden. Dies erscheint auf den ersten Blick kontraproduktiv und die meisten Referenzseiten im Internet strotzen vor Lobhudelei. Das Beispiel von Amazon zeigt aber eindrucksvoll, dass Produktbewertungen, die sowohl positive als auch negative Meinungen darstellen, deutlich wirkungsvoller sind, denn meist sind Kritikpunkte des einen Kunden für andere gar keine. Darüber hinaus empfehle ich Dir, immer den Originaltext des Kunden zu verwenden. Gerade wenn dieser kleinere Fehler beinhaltet oder in einem anderen Stil geschrieben ist, steigert das deutlich die Authentizität der Referenz.

» ***Konkrete Referenzen erzeugen Nachfrage:*** Je konkreter eine Referenz ist, desto eher erzeugt Sie Interesse bei potentiellen Kunden. Vermeide daher allgemeine Aussagen, sondern stelle einen konkreten Bezug zum Projekt bzw. Produkt her. Beschreibe konkret, was Deine Leistung war und ergänze dann die Referenz des Kunden. Verstärkend wirken auch Details zum Referenzgeber, also zum Beispiel der vollständige Name, die Position, das Unternehmen oder die Beschreibung des Problems, das gelöst wurde. Wenn Deine Kunden diese Angaben nicht veröffentlichen möchten, verzichte lieber auf die Referenz. Aussagen wie: „Alles super! Werner P., Projektleiter eines Dax-Konzerns" findet man zwar oft, sie bleiben aber ohne Wirkung bzw. sorgen eher für Misstrauen.

» ***Fortlaufende Referenzen sind doppelt so wertvoll***: Eine Referenz kurz nach dem direkten Kundenkontakt zu bekommen ist relativ einfach. Das wissen auch Deine Kunden. Wenn Du länger mit Kunden zusammenarbeitest, dann stelle die Erfahrungen und Ergebnisse fortlaufend dar. Ergänze die erste Referenz durch eine weitere, die eine Aussage darüber enthält, wie die langfristige Wirkung Deiner Leistung ist.

Wie immer gilt: Vom Lesen dieser Zeilen allein bekommst Du keine neue Referenz. Also notiere Dir sofort erste Ideen und dann setze sie um.

Wie garantiere ich, dass ich regelmäßig neue Referenzen bekomme?

____

____

____

____

Wie verstärke ich die Wirkung meiner Referenzen?

____

____

____

____

Fans empfehlen mehr

Den Begriff „Fan" kennt man am ehesten aus dem Sport und dem Showgeschäft, aber immer öfter hört man auch im Business-Kontext, dass man seine Kunden zu Fans machen soll. Die notwendigen Maßnahmen dazu habe ich auch in diesem Buch beschrieben. Am Ende dieses Kapitels möchte ich einen kleinen Exkurs zur Fan-Forschung geben und zeigen, dass es zwischen begeisterten Kunden und Fans viele Gemeinsamkeiten gibt. Die Fan-Forschung liefert darüber hinaus wertvolle Hinweise dazu, wie man loyale Kunden gewinnt und wie Loyalität entsteht. Überlege also bei den folgenden Punkten, wie Du diese in Dein Wunschkundenbusiness integrieren kannst.

Es gibt fünf entscheidende Faktoren, die für die Loyalität von Sport-Fans eine wichtige Rolle spielen. Diese Faktoren kannst Du im Business auch bewusst beeinflussen und damit dafür sorgen, dass Du treue Kunden hast. Jedes Business hat Höhen und Tiefen. Auch Du wirst Momente erleben, in denen Du mit einem neuen Angebot komplett daneben liegst. Vertrauen aufzubauen dauert sehr lange, es zu zerstören wenige Minuten. In solchen Momenten ist es gut, wenn Du Fans hast, die Dir auch in schwierigen Zeiten die Treue halten. Genauso wie treue Fussball-Fans, die nicht gleich alle Schals verbrennen, wenn der Lieblingsverein absteigt.

Folgende Faktoren sorgen dafür, dass Kunden zu Fans werden und Dir und Deinem Unternehmen treu bleiben.

- ***Unterhaltungswert:*** Im Sport sorgt der erlebte Unterhaltungswert, dafür, dass aus einem Zuschauen ein loyaler Anhänger wird. Es sind die gemeinsamen Erlebnisse, die Höhen und Tiefen, die das Erlebnis ausmachen. Gemeinsame Erlebnisse lassen zudem Communities entstehen, die das Erlebnis verstärken. Sorge also dafür, dass Deine Kunden gemeinsame Erlebnisse haben. Es müssen nicht immer positive Erlebnisse sein. Auch Krisen, die gemeinsam bewältigt werden, verstärken die Bindung Deiner Kunden zu Deinem Unternehmen.

- ***Authentizität:*** Fans sind besonders treu, wenn Erlebnisse als authentisch wahrgenommen werden. Es ist wichtig, echte und reale Situationen zu haben. Denn nur dann entsteht das Gefühl, dass Du und Dein Unternehmen echt sind. Austauschbare Typen ohne Ecken und Kanten verhindern ein solches Gefühl. Fans suchen reale Menschen, in denen Sie sich wieder erkennen. Überlege also, wie Du Deine Angebote authentisch präsentieren kannst. Beziehe klar Stellung und treffe unpopuläre Entscheidungen, wenn sie zu Deiner Linie passen. Als Fähnchen im Wind bist Du nicht glaubwürdig.

- ***Bindung zu Stars:*** Im Sport und im Showgeschäft spielen Stars eine entscheidende Rolle, denn Stars haben einfach mehr Fans. Fans sind treu, wenn Sie die Möglichkeit erhalten, eine Bindung zu Ihren Stars aufzubauen. Sie wollen Ihre Vorbilder nachahmen, sehen, direkt ansprechen oder im besten Fall persönlich kennen lernen. Überlege also, wer in Deinem Unternehmen der Star sein kann. Das musst nicht immer Du selbst sein, auch Kunden können zu Stars werden. Oder Du nutzt Personen, die bereits Stars sind und verknüpfst sie mit Deiner Marke. In der Werbung kannst Du das täglich erleben. Es muss gar nicht immer der international bekannte Superstar sein. Wenn Du eine kleine Zielgruppe hast, gibt es oft Personen, die nur in dieser kleinen Community als Stars angesehen werden. Eine weitere Möglichkeit ist es, abstrakte Stars aufzubauen, wie zum Beispiel ein Maskottchen. Versuche, eine Persönlichkeit zu schaffen, an der sich Deine Kunden orientieren können.

- ***Geschichte und Tradition:*** Untersuchungen belegen zweifelsfrei, dass Sportteams mit langer Tradition treuere Fans haben. Die Geschichte eines Teams, die Höhen und Tiefen, die großen Titel und die bitteren Niederlagen schaffen eine enge Verbindung zu den

Fans. Erzähle daher Deine eigenen Geschichten und Erfolge genauso wie Niederlagen. Teile diese Erlebnisse mit Deinen Kunden und zeige, dass Dein Business keine Eintagsfliege ist. Ein langer Zeitraum des Bestehens ist aber noch keine Tradition. Beschreibe eher, welcher Vision Du folgst und welche Erfolge und Misserfolge Du auf dem Weg erlebst.

» ***Zugehörigkeit zu einer Gemeinschaft:*** Fans erfahren persönliche Anerkennung aus der Zugehörigkeit einer Gruppe von Gleichgesinnten. Die Nähe von Personen mit gleichen Werten und Fan-Idealen erhöht die Bindung der Fans. Genau aus diesem Grund hast Du bei der Definition Deiner Wunschkunden nicht nur rationale, sondern auch emotionale Kriterien definiert. Lebe diese Werte und überlege, wie Du die Werte Deines Unternehmens erlebbar machen kannst. Schaffe darüber hinaus Möglichkeiten, in denen Deine Kunden Zugehörigkeit erleben können.

Du siehst, dass Du viele dieser Faktoren schon erfüllst, wenn Du der Methodik in diesem Buch gefolgt bist. Damit hast Du einen wichtigen Schritt dazu getan, automatisch Kunden zu gewinnen, denn begeisterte Kunden und Fans empfehlen Deine Leistung gerne weiter.

Im nächsten Abschnitt zeige ich Dir dann ausführlich, wie Du mit Hilfe von Kooperationspartnern dauerhaft automatisch Kunden gewinnst.

Notizen

Unterhaltungswert

Authentizität

Bindung zu Stars

Geschichte und Tradition

Zugehörigkeit zu einer Gemeinschaft

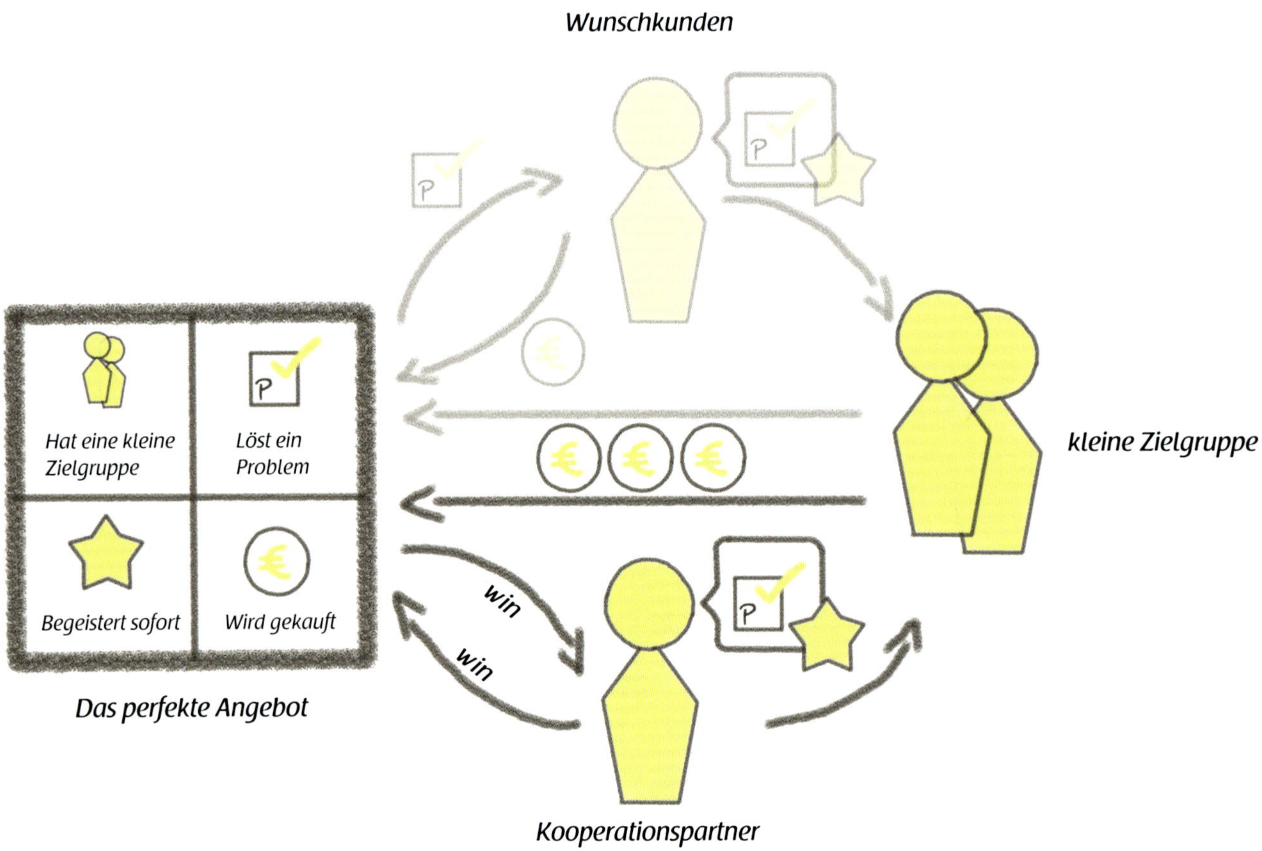

Schaffe eine Win-Win-Situation für Deinen Kooperationspartner, indem Du für ihn ein perfektes Angebot entwickelst. Dann wird er Dein perfektes Angebot weiterempfehlen - ganz freiwillig.

2.4 Phase zwei: Automatisch Kunden gewinnen

Um mit Deinem perfekten Angebot automatisch Kunden zu gewinnen, brauchst Du einen Verbündeten, einen Kooperationspartner, der Dein Angebot ohne Provision an Deine Zielgruppe empfiehlt. Provisionen für Empfehlungen funktionieren selten langfristig. Erst wenn Dein Kooperationspartner restlos überzeugt von Deinem Angebot ist und Du ihm einen klaren Mehrwert bietest, wird er Dein perfektes Angebot empfehlen - ganz freiwillig und an viele Deiner Wunschkunden. Dann gewinnst Du automatisch Kunden.

In diesem Abschnitt lernst Du:

- ***wie Du den perfekten Kooperationspartner findest,***
- ***wie Du ein unwiderstehliches Angebot für Deinen Kooperationspartner entwickelst und***
- ***wie Du durch seine Empfehlungen automatisch Kunden gewinnst***

Ein guter Kooperationspartner hat eine magnetische Wirkung auf Deine Wunschkunden. Ein Magnet hat aber immer zwei Seiten. Die eine Seite zieht einen anderen Magneten an, die andere Seite stößt ihn ab. Das musste auch mein Sohn erkennen, als er versuchte, einen Hänger an seine Spielzeuglok anzukoppeln. So sehr er auch drückte und presste, der Hänger ließ sich einfach nicht mit der Lok verbinden. Der Frust war deutlich zu sehen, seine Reaktion war noch mehr Krafteinsatz. Erst als er den Hänger umdrehte, löste sich das Problem. Auf einmal schien alles ganz einfach. Eine solche Situation kann ich auch bei vielen meiner Kunden beobachten, wenn es um die Entwicklung einer Kooperationsstrategie geht. Häufig werden Kooperationspartner mit Provisionen oder Rabatten gelockt. Das ist nichts anderes als Krafteinsatz, der zwei Magnete zusammen hält, die sich gegenseitig abstoßen. Die Wirkung provisionsbasierter Kooperationen kleiner Unternehmen bleibt daher häufig hinter den Erwartungen zurück. Es gibt Situationen, wo Provisionen der richtige Weg sind, um Kooperationspartner zu motivieren. Wenn man sich aber überlegt, dass jeder Kooperationspartner durch eine Empfehlung sein Vertrauensverhältnis zu seinen Kunden aufs Spiel setzt, wird schnell klar, dass Geld dieses Risiko nicht immer aufwiegen kann. Wesentlich erfolgreicher sind daher Kooperationen, die auf Freiwilligkeit und innerem Antrieb basieren. Das ist genau wie bei dem Magneten - nur wenn die Kraft richtig ausgerichtet ist, wirkt auch die Anziehungskraft wie gewünscht.

In diesem Abschnitt beschreibe ich daher, wie man eine stabile Kooperation aufbaut, die auf mehr als rein finanziellen Anreizen basiert.

Jeder für Dein Wunschkundenbusiness passende Kooperationspartner kann dafür sorgen, dass Du automatisch Kunden gewinnst. Bevor Du aber damit startest, eine Kooperationsstrategie zu entwickeln, solltest Du eine zentrale Frage beantworten: Brauchst Du wirklich einen Kooperationspartner?

Die Antwort hängt von der Anzahl der Kunden ab, die Du für eine Vollauslastung brauchst. Viele Einzelunternehmer oder kleine Unternehmen benötigen fast immer weniger als 100 Kunden pro Jahr. Hier kann man erfahrungsgemäß ausreichend Kunden durch eigene Akquise und Empfehlungen begeisterter Kunden gewinnen. Ist das auch bei Dir der Fall, dann verzichte auf die Entwicklung einer Kooperationsstrategie und nutze Deine Energie für die Verbesserung Deiner Empfehlungsquote, denn der Aufbau einer Kooperationsstrategie ist keine kurzfristige Maßnahme und mit deutlichem Aufwand verbunden. Es dauert mehrere Monate, eine gewinnbringende Kooperation aufzubauen. Brauchst Du dagegen mehr Kunden, als Du durch eigenen Vertrieb und Empfehlungen gewinnen kannst, dann ist die Zusammenarbeit mit einem Kooperationspartner der Schlüssel dazu.

Der Wert guter Kooperationen

Bevor ich Dir zeige, wie man den perfekten Kooperationspartner gewinnt, möchte ich den Wert guter Kooperationen beschreiben. Ich halte Kooperationen für den effektivsten Weg, um neue Kunden zu gewinnen. Voraussetzung ist, dass Du mehr als eine Handvoll Kunden brauchst. Es gibt drei zentrale Gründe, warum Marketing-Kooperationen so erfolgreich sind:

» ***Übertragung von Vertrauen:*** Wie im Kapitel über Empfehlungen beschrieben, wird durch Empfehlungen bestehendes Vertrauen auf ein unbekanntes Angebot übertragen. Das ist die effektivste Abkürzung, um einen Kaufwunsch zu erzeugen. Der Unterschied zwischen Empfehlungen von Kooperationspartnern und begeisterten Kunden ist die Art des Vertrauens. Bei Empfehlungen von Kunden sind häufig lang aufgebaute persönliche Beziehungen Grundlage des Vertrauensverhältnisses. Kooperationspartner dagegen besitzen ein „zugeschriebenes" Vertrauen. Das bedeutet, dass man jemandem auf Grund seiner Ausbildung, seines Berufes, seines Erfolges oder einem vergleichbaren Grund Vertrauen entgegenbringt. Das Funktionsprinzip ist aber das gleiche: Es wird bestehendes Vertrauen übertragen.

» ***Skalierung und Reichweite:*** Empfehlungen von begeisterten Kunden erfolgen fast immer 1:1, das heißt, dass ein Kunde gegenüber einer weiteren Person eine Empfehlung ausspricht. Das kann durchaus mehrfach geschehen, die Menge der Empfehlungen ist aber begrenzt. Wenn Du wie die meisten kleinen Unternehmen nur wenige Kunden brauchst, reicht das völlig aus. Willst Du aber wachsen und Dein Konzept skalieren, schaffst Du das mit Hilfe eines Kooperationspartners leichter, denn hier ist die Chance deutlich größer, dass Dein Angebot an mehrere Kunden gleichzeitig empfohlen wird. Der Skalierungseffekt und die Reichweite sind also durch einen Kooperationspartner deutlich größer als durch Empfehlungen einzelner Kunden.

» ***Besseres Angebot für Kunden:*** Wirksame Kooperationen steigern immer den Nutzen für die Kunden beider Seiten. Basieren Kooperationen auf Mehrwerten und nicht allein auf monetären Anreizen, ist das neu entstandene Angebot dem Angebot beider Partner überlegen. Du profitierst also nicht nur davon, dass Du mehr Kunden gewinnst, sondern verbesserst gleichzeitig ganz automatisch Dein perfektes Angebot. Gleiches gilt für Deinen Kooperationspartner. Daher halte ich Marketing-Kooperationen für den effektivsten Erfolgsbeschleuniger, den kleine Unternehmen einsetzen können.

Im Folgenden möchte ich Dir einen kurzen Überblick über die Möglichkeiten von Marketing-Kooperationen geben und beschreiben, wie Du mit dem perfekten Kooperationspartner eine dauerhafte Zusammenarbeit etablierst. Das detaillierte Vorgehen beschreibe ich dann in den nächsten Abschnitten.

Automatisch Kunden gewinnen durch Kooperationspartner

Der Aufbau von Marketing-Kooperationen ist immer der zweite Schritt. Voraussetzung für den Erfolg ist, dass mindestens eines Deiner entwickelten Produkte den Akzeptanztest erfolgreich bestanden hat und Du die Bestätigung hast, dass Deine Kunden von Deiner Lösung begeistert sind. Investiere noch keine Energie in den Aufbau von Kooperationen, wenn Du diesen Schritt noch nicht geschafft hast. Die Zeit und die Energie kannst Du besser dafür einsetzen, das perfekte Angebot zu entwickeln. Hast Du aber erste begeisterte Kunden, die Deine Lösungen aktiv weiterempfehlen, kannst Du Dich an den Aufbau stabiler Marketing-Kooperationen machen. Dafür hat sich ein dreistufiges Vorgehen bewährt:

Den perfekten Kooperationspartner finden

Jeder kann ein potentieller Kooperationspartner sein, aber mit dem perfekten Partner wird es für Dich am einfachsten, Dein Business zu skalieren und automatisch Wunschkunden zu gewinnen. Suche also zuerst nach dem bestmöglichen Kooperationspartner. Jetzt fragst Du Dich sicher, was einen perfekten Kooperationspartner auszeichnet. Dafür gibt es ein einziges Erkennungsmerkmal.

Der perfekte Kooperationspartner genießt das uneingeschränkte Vertrauen Deiner Wunschkunden.

Frage Dich, wer das Vertrauen Deiner Zielgruppe besitzt. Wessen Meinung vertraut Deine Zielgruppe, wer ist Meinungsführer oder anerkannter Experte in Deinem Zielmarkt? Wenn Du Deine Wunschkunden gut kennst, fallen Dir sicher sofort passende Personen oder Unternehmen ein. Wenn nicht, dann suche im Internet nach Begriffen, die Deine Zielgruppe interessieren. Vor allem die ersten Treffer und die Anzeigen auf der rechten Seite der Ergebnisseite zeigen potentielle Partner. Vergiss auf keinen Fall, auch Deine Kunden zu fragen, wem sie uneingeschränkt vertrauen. Solche

Vertrauenverhältnisse bestehen zum Beispiel zwischen folgenden Gruppen:

- Arzt - Patient
- Anwalt - Klient
- Hebamme - Schwangere und junge Mütter

Suche ähnliche Kombinationen für Deine Zielgruppe und schreibe erst einmal alle Namen auf. Schrecke nicht davor zurück, auch „große Fische" mit auf Deine Liste zu schreiben. Mit dem perfekten Angebot kannst Du nahezu jeden Kooperationspartner gewinnen.

Einen Kooperationspartner überzeugen

Wenn Du potentielle Partner identifiziert hast, entwickle ein perfektes Angebot für diese Personen oder Unternehmen. Konzentriere Dich zuerst auf das Unternehmen, mit dem Du am liebsten kooperieren willst. Überlege, welches dringende Problem Deines Wunschpartners Du lösen kannst. Dabei gehst Du genau so vor wie bei der Problemlösung für Deine Wunschkunden. Sammle alle Probleme Deines Kooperationspartners, sortiere sie und wähle die drei wichtigsten aus. Für diese analysierst Du dann, wie im Abschnitt „Problemlösung" beschreiben, das dahinter liegende Problem. Meist fällt Dir dann sofort eine passende Lösung ein. Auch der restliche Prozess funktioniert genauso wie zu Beginn des Buches beschrieben: Baue einen Prototypen, mache einen Akzeptanztest, optimiere wenn nötig Dein Angebot und freue Dich dann über Deinen ersten Kooperationspartner.

Für die Zusammenarbeit mit einem Kooperationspartner gibt es vielfältige Möglichkeiten, die sich in vier Kategorien einteilen lassen:

- Empfehlungspartnerschaften
- Gemeinsame Angebote
- Vertriebspartnerschaften
- Marketing-Kooperationen

Überlege also, welche Form der Kooperation für Dich aktuell am besten geeignet ist und bitte dann Deinen potentiellen Kooperationsparter als Gegenleistung für Dein perfektes Angebot um genau diese Unterstützung. Weitere Details zu den einzelnen Kooperationsformen findest Du im nachfolgenden Abschnitt.

Eine stabile Kooperation aufbauen

Auch wenn die einmalige Zusammenarbeit mit einem Kooperationspartner großen Wert für Dich hat, so sicherst Du Dir dauerhaften Erfolg nur durch eine stabile, anhaltende Zusammenarbeit. Nur wenige Kooperationen halten lange, da immer unterschiedliche Interessen vereinigt werden müssen. Lass Dich also nicht entmutigen, wenn eine Kooperation nicht ewig hält. Das geht den meisten anderen Unternehmern auch so. Arbeite dennoch daran, langfristige

Kooperationen zu etablieren. Die folgenden Schritte solltest Du dazu immer gehen:

Ein gemeinsames Angebot definieren: Behandle Deinen Kooperationspartner wie einen Geschäftspartner und definiere mit ihm gemeinsam ein exklusives Angebot für Deine Kunden. Ohne konkretes Angebot kannst Du keine Kooperation etablieren. Gehe am besten genauso vor wie bei der Definition Deiner eigenen Produkte, also entwickle die folgenden fünf Produkte: Eines, um Aufmerksamkeit zu erzeugen; ein Kennenlernangebot, ein Einstiegsprodukt, ein Hauptprodukt und ein Starprodukt. Auch wenn ihr am Ende dann nicht alle 5 Produkte anbietet, hilft diese Vorarbeit, die Leistungen beider Partner zu verknüpfen und das perfekte Angebot für die gemeinsame Zielgruppe zu finden.

Kooperation testen: Kooperationen werden am besten durch ein Pilotprojekt getestet. Auf dem Papier lassen sich keine Kooperationen besiegeln, auch wenn für viele eine schriftliche Vereinbarung der erste Schritt ist. Ich empfehle Dir, erst einmal loszulegen und durch die Zusammenarbeit die Kooperation zu testen. Erst durch die gemeinsame Arbeit an einem konkreten Ziel merken beide Seiten, ob das Ganze wie geplant funktioniert. Hat auch nur einer der beiden Partner das Gefühl, keine ausreichende Gegenleistung zu erhalten, nutzen auch alle Verträge nichts. Die Chancen für ein Scheitern der Kooperation sind in diesem Fall hoch. Damit es für den Test und für Deine Entscheidung zur weiteren Zusammenarbeit klare Prüfkriterien gibt, solltest Du vor jedem Projekt klare Ziele definieren, entweder gemeinsam mit Deinem Partner oder auch nur für Dich. Diese Ziele sollten nicht nur geldwerte Vorteile umfassen, sondern auch persönliche Kriterien und Ausschlusskriterien beinhalten. Führe also ein Projekt durch, teste die Kooperation im echten Leben und bewerte dann das Ergebnis. Läuft alles zu Deiner Zufriedenheit und ist auch Dein Kooperationspartner begeistert, könnt ihr eine schriftliche Kooperationsvereinbarung schließen. Das ist nach dem ersten Test immer leichter als zuvor, weil beide Seiten dann erst mögliche Probleme kennen und Lösungen regeln können.

Feedback und Controlling: Für jede Kooperation gilt: Gib Feedback und prüfe, ob die gemeinsamen Ziele erreicht werden. Unausgesprochene Erwartungen sind ein Killer für jede Zusammenarbeit. Festige Deine Kooperation daher durch regelmäßiges Feedback, mach die Ergebnisse messbar und überprüfe sie regelmäßig. Der wichtigste Indikator dafür ist immer die Reaktion Deiner Wunschkunden. Sind sie von den Ergebnissen der Kooperation begeistert, hast Du alles richtig gemacht. Darüber hinaus muss natürlich auch die Chemie zwischen beiden Partner stimmen. Sorge also regelmäßig für „sozialen Schmierstoff" und behandle Deinen Kooperationspartner wie Deinen besten Mitarbeiter. Dann steht einer stabilen, langfristigen Kooperation nichts im Weg.

2.5 Kooperations-partner begeistern

Mit dem richtigen Kooperationspartner ist es viel leichter, automatisch Kunden zu gewinnen. Gewinne einen Verbündeten, zu dem Deine Wunschkunden uneingeschränktes Vertrauen haben und der Dein „perfektes Angebot" ohne Provision für Dich verkauft. Wie das geht? Entwickle ein zweites „perfektes Angebot" - ausschließlich für Deinen Kooperationspartner.

Kooperationen sind eine der besten Möglichkeiten, um schnell und günstig neue Kunden zu gewinnen. Im folgenden Kapitel lernst Du, welche Schritte zum Aufbau erfolgreicher Kooperationen nötig sind. Dabei werden Dir viele Schritte vertraut vorkommen, denn das Vorgehen bei der Gewinnung Deines Wunschpartners gleicht der Strategie zur Gewinnung Deiner Wunschkunden. Du suchst den perfekten Partner aus, löst dessen größtes Problem und erarbeitest ein gemeinsames Angebot. Die regelmäßige Arbeit an der Kooperation führt dann zu einer langen Zusammenarbeit. So einfach und auch so schwierig ist das.

In diesem Kapitel werde ich die wesentlichen Maßnahmen beschreiben, die zu einer stabilen und langjährigen Kooperation führen. Die Übungen helfen Dir, Schritt für Schritt den perfekten Kooperationspartner zu begeistern. Darüber hinaus kann ich Dir die Bücher von Christian Görtz empfehlen, der im deutschsprachigen Raum wohl die meiste Erfahrung beim Aufbau von Marketing-Kooperationen besitzt.

Ein Hinweis, bevor Du startest: Starte den Aufbau einer Kooperation erst, nachdem Dein perfektes Angebot den Akzeptanztest bestanden hat und Du Empfehlungen von begeisterten Kunden erhältst. Hast Du das geschafft, wird Dir auch der Aufbau einer stabilen Kooperation gelingen. Warum nicht sofort mit Kooperationen beginnen? Das hat zwei Gründe. Erstens fehlt Dir eine ausreichende Planbarkeit. Wenn Du noch keine Kunden gewonnen hast, kennst Du Deinen Akquiseaufwand nicht. Darüber hinaus fehlt Dir der Beweis, dass Dein perfektes Angebot wie geplant funktioniert und Dein Preismodell von Deinen Kunden akzeptiert wird. Nur mit diesem Wissen ist es Dir aber möglich, die genaue Kundenanzahl zu ermitteln, die Du für eine Vollauslastung brauchst. Es kann nämlich sein, dass Du kaum noch zusätzliche Kunden verkraften kannst. Eine wirksame Kooperation würde Dir dann mehr schaden als nutzen, weil Du eine größere Anzahl von Neukunden nicht perfekt bedienen könntest. Zweitens bist Du sicher im Umgang mit der Methodik, die Dir bei der Gewinnung Deiner Wunschkunden geholfen hat. Deine Kooperationspartner wirst Du mit einem vergleichbaren Vorgehen gewinnen. Deine Erfahrung hilft Dir in diesem Fall entscheidend dabei, auch mit begrenzten Ressourcen Kooperationen zu etablieren. Du braucht die Erfahrung, weil es deutlich weniger perfekte Kooperationspartner gibt als Wunschkunden. Learning by Doing kann Dir Chancen nehmen, die nie wieder kommen. Wenn Du also noch keine Kunden hast, gehe einen Schritt zurück. Starte mit dem Aufbau einer Kooperationsstrategie, wenn das erste Etappenziel erreicht ist.

Du hast begeisterte Kunden und brauchst jetzt weitere Kunden, um Dein Business zu skalieren? Dann ist es an der Zeit, einen Kooperationspartner zu gewinnen.

Deine erste Aufgabe: Finde ein Unternehmen oder eine Person, zu dem Deine Wunschkunden uneingeschränktes Vertrauen haben. Gehe dabei genau so vor, wie ich es im Kapitel „Wunschkunden und Zielgruppe" beschrieben habe.

Der perfekte Kooperationspartner muss zwei Kriterien erfüllen:

1. ***Er muss das Vertrauen Deiner Zielgruppe genießen.***
2. ***Er muss Deine Grundwerte teilen.***

Dabei wird das zweite Kriterium nahezu immer erfüllt sein, wenn ein Vertrauensverhältnis zu Deinen Wunschkunden besteht. Überlege also zuerst, wem Deine Zielgruppe vertraut. Sammle die Namen der Personen auf einer Liste.

Folgende Fragen werden Dir dabei helfen, potentielle Kooperationspartner zu identifizieren:

» Wer kann für mich Werbung machen? Wer nutzt vergleichbare Werbekanäle wie ich?
» Wer kann meine Produkte verkaufen?
» Zu wem haben meine Kunden Vertrauen? Wer genießt hohes Ansehen?
» Wer kann mir dabei helfen, 100 / 1000 / 1 Million mal so viele Kunden zu gewinnen? Denke hier groß, dann wird es leichter.
» Welcher Spezialist hat die gleiche Zielgruppe wie ich?
» Was kauft die Zielgruppe noch? Wer ist der Anbieter?
» Wo kaufen meine Kunden ein? Welche Anbieter gibt es an diesem Ort noch?
» Welche Produkte ergänzen mein Angebot oder welche kann ich sinnvoll ergänzen?
» Was kaufen meine Kunden bevor oder nachdem Sie bei mir gekauft haben?

Schreibe alle potentiellen Kooperationspartner auf, die Dir jetzt einfallen und ergänze hinter jedem Namen, wie der Betreffende Dich unterstützen kann.

Meine potentiellen Kooperationspartner:

____

____

____

____

____

____

____

Wenn Dir nicht sofort mehrere Wunschpartner einfallen, dann suche aktiv nach Ihnen. Passende Unternehmen findest Du am schnellsten im Internet. Suche nach Begriffen, die Deine Zielgruppe interessieren. Vor allem die ersten Treffer und die Anzeigen auf der rechten Seite der Suchergebnisse zeigen potentielle Kooperationspartner. Vergiss auf keinen Fall, auch Deine Kunden nach Personen und Unternehmen zu fragen, denen sie vertrauen. Ergänze dann Deine Liste.

Wenn Du mindestens 10 potentielle Partner gefunden hast, solltest Du die Liste priorisieren. Versuche dazu einzuschätzen, wie stark der Effekt einer jeden Person auf Deiner Liste auf Deine Kundengewinnung ist. Wer kann Dir jetzt am besten helfen? Diese Bewertung ist immer eine Momentaufnahme. Du kannst sie später korrigieren. Jetzt solltest Du aber erst einmal Schulnoten für die mögliche Wirkung einer Kooperation mit jedem Partner vergeben. Lass Dich dabei nicht von der Größe abschrecken. Du kannst jeden als Kooperationspartner gewinnen. Wie das funktioniert, erkläre ich Dir auf den nächsten Seiten. Also geh Deine Liste durch und wähle zwei Wunschpartner aus.

Meine Wunschpartner:

1. ________________________________

2. ________________________________

Kannst Du Deine beiden Wunschpartner jetzt noch nicht benennen, überlege zusätzlich, welcher Deiner Favoriten am besten zu Dir und Deinen Wunschkunden passt. Wer hat die gleichen Werte wie Du? Wessen Angebot bietet Deinen Kunden den größten Nutzen? Wer kann Dir am besten helfen, Deine Vision zu erreichen? Bewerte diese Punkte wieder mit Schulnoten und wähle dann Deine beiden Favoriten aus. Dein Bauchgefühl wird dafür sorgen, dass Du die beste Entscheidung triffst, denn neben der Wirkung geht es bei Kooperationen auch immer darum, dass die Chemie stimmt.

Ein Beispiel soll Dir das bisherige Vorgehen verdeutlichen.

Eine Trainerin, die Fitnesskurse für Mütter mit Babys anbietet, möchte durch eine Kooperation neue Kunden gewinnen. Die Suche nach potentiellen Kooperationspartnern ergab, dass Frauenärzte, Kinderärzte und Hebammen ideale Partner sind. Zu allen drei Gruppen haben die jungen Mütter festes Vertrauen. Eine Empfehlung der Fitnesskurse würde das Kaufinteresse daher deutlich steigern. Bei genauer Betrachtung erscheinen vor allem Hebammen als optimale Kooperationspartner, weil diese im Rahmen der Rückbildungskurse einen direkten Kundenzugang zu einer bestehenden Kundengruppe haben. Die Wahrscheinlichkeit, dass eine Empfehlung im Rahmen dieser Kurse mehrere Anmeldungen erzeugen würde, ist daher hoch. Als ideale Kooperationspartner hat unsere Trainerin also zwei Hebammen ausgewählt, die ihre Praxis in direkter Nähe zu den Kursräumen der Trainerin haben.

Einen Kooperationspartner gewinnen

Nachdem Du Deine beiden Wunschpartner ausgewählt hast, werden wir jetzt eine Strategie entwickeln, um diese für eine Zusammenarbeit mit Dir zu begeistern. Entwickle ein perfektes Angebot für Deine Wunschpartner, definiere die Mehrwerte für beide Seiten und lege fest, mit welcher Art der Kooperation Du Deine Ziele am besten erreichst.

Das perfekte Angebot für Deinen Kooperationspartner

Entwickle ein perfektes Angebot für Deine Wunschpartner. Die Methodik dazu kennst Du schon aus dem Kapitel „Problemlösung". Hier gehen wir genauso vor wie bei der Lösung des größten Problems Deiner Wunschkunden. Dein „Kunde" ist in diesem Fall aber der Kooperationspartner.

Konzentriere Dich vorerst auf das Unternehmen, mit dem Du am liebsten kooperieren willst. Das perfekte Angebot für Deinen zweiten Wunschpartner entwickelst Du danach auf die gleiche Art und Weise. Sammle zuerst alle Probleme, die diese Person oder dieses Unternehmen hat. Was braucht er ganz dringend? Was verhindert, dass er seine Ziele erreicht? Was fehlt an seinem Angebot? Welche Probleme hat er? Sammle erst einmal wieder alles, was Dir dazu einfällt. Um

Deine Liste zu vervollständigen, solltest Du zusätzlich recherchieren. Weitere Probleme findest Du, indem Du Deinen Kooperationspartner und seine Kunden näher kennenlernst. Messen, ein Tag der offenen Tür oder Veröffentlichungen und Pressemitteilungen sind gute Möglichkeiten dafür. Schau Dir zusätzlich soziale Profile von ihm, seinen Mitarbeitern und seinen Kunden an, um Dein Bild abzurunden. Häufig findest Du sogar öffentliche Diskussionen, in denen Probleme direkt benannt werden. Schreibe alle Probleme auf, die Du herausfindest.

Mein Kooperationspartner hat folgende Probleme:

____

____

____

____

____

____

____

Deine Problemsammlung sollte mindestens 20 Einträge umfassen. Suche weiter, wenn Du diese Zahl noch nicht erreicht hast. Die offensichtlichen Probleme finden alle anderen auch. Du brauchst ein tieferes Verständnis, um das perfekte Angebot zu entwickeln.

Wähle aus dieser Liste dann die drei wichtigsten Problem aus. Das Vorgehen dazu ist identisch mit dem der Problemanalyse, die ich im ersten Kapitel beschrieben habe. Gehe das Kapitel „Problemlösung" noch einmal durch, wenn Du eine genaue Anleitung brauchst.

Trage die drei Probleme dann in das Drei-Kreis-Modell ein, um deren zentrale Ursache zu ermitteln. Viele meiner Kunden haben Schwierigkeiten damit, das Hauptproblem zu identifizieren. Das ist ganz normal, denn man steckt einfach zu tief in der eigenen Situation, als dass man die Zusammenhänge abstrahieren kann. Ich selbst falle bei der Problemanalyse für meine potentiellen Kooperationspartner regelmäßig auf die Nase. Daher hole ich mir für diesen Schritt immer Hilfe. Ein Blick von außen hilft hier fast immer weiter.

Beschreibe dann das Hauptproblem Deines Kooperationspartners.

____

____

____

Nach einer detaillierten Problemanalyse haben 95 Prozent aller Unternehmer sofort mehrere Lösungen dafür parat. Verstehst Du das Grundproblem Deines Kooperationspartners, wirst Du auch Lösungsideen haben. Aus diesem Grund beschreibe ich hier keine Kreativmethoden, um Lösungsideen zu entwickeln. Im Kapitel „Problemlösung" findest Du eine Übersicht geeigneter Methoden dazu, falls Du doch nicht ausreichend Ideen hast. Schreibe alle Deine Lösungsansätze auf, damit Sie nicht verloren gehen.

Das Hauptproblem meines Kooperationspartners kann ich wie folgt lösen:

____

____

____

____

____

Jetzt bist Du einen entscheidenden Schritt weiter gekommen. Du hast konkrete Ansätze dafür, wie Du das Hauptproblem Deines Wunschpartners löst. Diesem Anreiz kann er bestimmt nicht widerstehen.

Auch die Trainerin aus unserem Beispiel hat durch die Analyse der Hauptprobleme der Hebammen ein reizvolles Angebot für eine Kooperation entwickelt. Durch das Gespräch mit mehreren Hebammen fand sie heraus, dass Rückbildungskurse wenig lukrativ sind. Die Honorare, die die Hebammen erhalten, sind gering und decken nur die Leitung des Kurses ab. Die Vor- und Nachbereitungszeiten werden dagegen nicht vergütet. Ein wichtiges Problem der Hebammen ist also der hohe Zeiteinsatz und die insgesamt geringe Vergütung. Darüber hinaus sagten alle Hebammen, dass die Kursdauer und -frequenz für eine effektive Rückbildung kaum ausreicht. Sie konnten also den jungen Müttern nicht wie gewünscht helfen. Die Lösung für diese Probleme lag auf der Hand. Die Trainerin beschloss, den Hebammen anzubieten, die letzte Stunde des Rückbildungskurses zu übernehmen und den Müttern damit eine effektive Trainingsmöglichkeit aufzuzeigen, die nach Ende des Rückbildungskurses eine weitere sportliche Betätigung gemeinsam mit den Babys ermöglichte. Die Hebammen konnte so Ihren Zeiteinsatz reduzieren und den Nutzen Ihres Kurses steigern.

Lass uns nun auch Deine Ideen ordnen und zusammentragen, damit Du eine klare Vorstellung von dem perfekten Angebot für Deinen Kooperationspartner bekommst. Dafür ist der Nutzenquadrant von Christian Görtz ideal geeignet. Fülle die vier Felder aus und erstelle möglichst mehrere Varianten des Nutzenquadranten. Eine Blanko-Vorlage dazu findest Du auf der Webseite zum Buch (www.wunschkundenbusiness.de).

Der Nutzenquadrant für meine Wunsch-Kooperation:

	Du	**Kooperationspartner**
Wünsche	*Dein Ziel der Kooperation:* *Was brauchst Du dringend? Was ist Dein Ziel?*	*Fehlende Problemlösung:* *Was braucht dein Partner ganz dringend?*
Gegen-leistung	*Perfektes Angebot:* *Wie löst Du das Hauptproblem des Kooperationspartners?*	*Das Ziel Deines Partners:* *Was erwartet Dein Partner? Passt das zu Deinen Wünschen?*

Konzentriere Dich auf den Nutzen für Deinen Wunschpartner. Ins Geschäft kommst Du am leichtesten, wenn Du ihm das geben kannst, was er sich wünscht. Eure Ziele und Gegenleistungen decken sich also im Idealfall. Optimiere Deine Nutzenformulierungen und passe Deine Ziele an, damit ein ideales Matching entsteht.

Der Nutzerquadrant der Trainerin aus unserem Beispiel sieht wie folgt aus:

	Trainerin	Hebamme
Wünsche	*Dein Ziel der Kooperation:* *Kunden für Fitnesskurse gewinnen*	*Fehlende Problemlösung:* *Reduzierung des Zeiteinsatzes; besser helfen können*
Gegen-leistung	*Perfektes Angebot:* *Übernahme der letzten Kursstunde + weiterführendes Angebot*	*Das Ziel Deines Partners:* *Mütter motivieren, weiterhin passende Übungen zu machen*

In diesem Beispiel siehst Du, dass die Wünsche und Gegenleistungen beider Parteien nahezu ideal zusammenpassen. Ein solches Matching ist eine gute Voraussetzung für eine Kooperation.

Formen von Kooperationen

Nicht immer passen Deine anfänglichen Ziele genau zu den Leistungen, die der Kooperationspartner erbringen kann. Und auch Deine Gegenleistung trifft nicht immer zu 100 Prozent den Bedarf des anderen. Ich empfehle Dir daher, die passende Form der Kooperation zu wählen, bevor Du Deinen potentiellen Partner kontaktierst. Aus der Erfahrung weiß ich, dass es besser ist, überhaupt eine Kooperation zu starten als ewig auf die Superlösung zu warten. Entscheide jetzt, welches Ergebnis Du mit der Kooperation erreichen möchtest. Hier bieten sich vier grundlegende Möglichkeiten an:

1. ***Die Steigerung der Empfehlungsquote und der Zahl der Empfehlungen:*** Bei Empfehlungspartnerschaften geht es um die einseitige oder gegenseitige Empfehlung der Leistungen des Kooperationspartners. Dies kann temporär oder dauerhaft geschehen.
2. ***Die Entwicklung und Vermarktung eines Gemeinschaftsangebotes mit höherem Nutzen für Deine Kunden:*** Gemeinsame Angebote schaffen neue Produkte, die einen Mehrwert für die gemeinsame Zielgruppe bieten und deren Nutzen keiner der Partner allein bieten kann.

3. ***Die Gewinnung von Kunden:*** Vertriebspartnerschaften werden für die gezielte Akquise eingesetzt und verstärken die Vertriebspower eines oder beider Kooperationspartner. Neben der Gewinnung von neuen Kunden ist auch die Umsatzsteigerung mit bestehenden Kunden ein zentrales Ziel.
4. ***Die Steigerung der Bekanntheit Deines Angebotes:*** Marketing-Kooperationen erhöhen die Reichweite eines oder beider Kooperationspartner, indem sie die Bekanntheit erhöhen. Dies kann sowohl für die Steigerung des Marktanteils genutzt werden als auch für die Eroberung neuer Zielgruppen.

Beschränke Dich auf eines dieser Ziele. Mit einem klaren Fokus wirst Du schneller und leichter eine stabile Kooperation aufbauen. Auch das Controlling wird mit einem klaren Ziel leichter. Was ist also das Ziel Deiner Kooperation?

Ziel der Kooperation

Wenn Du Dein Ziel bestimmt hast, kannst Du die Maßnahmen auswählen, die sich dafür am besten eignen.

Die folgende Übersicht zeigt Dir, welche Kooperationsformen sich in der Praxis bewährt haben.

Empfehlungs-partnerschaften	*Einseitige Empfehlung*	*Gegenseitige Empfehlung*	*Projektbezogene Empfehlung*
Gemeinsame Angebote	*Produktbündelung*	*Exklusive Angebote*	
Vertriebs-partnerschaften	*Integration in bestehende Vertriebsteams*	*Kundenzugang ausnutzen*	*Up- & Crossselling*
Marketing-kooperationen	*Markenallianzen*	*Sponsoring*	*Medienkooperation*

Markiere in der ersten Spalte noch einmal Dein Ziel. der angestrebten Kooperation. Wähle dann eine der in dieser Kategorie genannten Maßnahmen aus, von der Du Dir in Deiner aktuellen Situation den größten Erfolg versprichst. Achte dabei darauf, dass dieser Weg gemeinsam mit Deinem potentiellen Kooperationspartner realisierbar ist. Überlege also, was für beide Seiten am besten funktioniert und welches konkrete Ziel Du erreichen willst. Markiere diese Maßnahme in der Übersicht.

Jetzt kannst Du Dein Kooperationsvorhaben in wenigen Sätzen zusammenfassen:

Durch die Kooperation mit

____

Name des Wunschpartner

möchte ich

____

Ziel der Kooperation

erreichen. Dazu werde ich gemeinsam mit meinem Kooperationspartner die folgenden Maßnahmen nutzen:

____

Maßnahme

Als Gegenleistung biete ich

____

____

Gegenleistung und Nutzen

Um Dir die Auswahl der passenden Maßnahme zu erleichtern, möchte ich Dir die einzelnen Kooperationsformen im Folgenden kurz beschreiben. Vorher schauen wir uns aber noch die Beschreibung des Kooperationsvorhabens der Trainerin aus unserem Beispiel an:

Durch die Kooperation mit Hebamme Sylvia möchte ich neue Kunden für meine Fitnesskurse gewinnen. Dazu wäre eine Empfehlung der Hebamme in der letzten Kursstunde ihres Rückbildungskurses die ideale Voraussetzung. Als Gegenleistung biete ich ihr an, die letzte Kursstunde zu übernehmen. Dadurch wird sie entlastet und kann Ihre Kunden motivieren, weiterhin die notwendigen Kräftigungsübungen zu machen.

Dieses Beispiel zeigt die Anwendung der einseitigen Empfehlung. Für Empfehlungspartnerschaften hast Du folgende weitere Möglichkeiten:

» ***Gegenseitige Empfehlung:*** Auch hier geht es darum, Empfehlungen auszusprechen. In diesem Fall empfehlen sich die Partner gegenseitig. Das bietet sich an, wenn beide die gleiche Zielgruppe haben und die Angebote sich ergänzen. Das wird zum Beispiel durch Handwerker regelmäßig genutzt. Will ein Kunde zum Beispiel sein Bad renovieren, braucht er mehrere Gewerke. Häufig empfehlen sich Handwerker in diesem Fall gegenseitig.

» ***Projektbezogene Empfehlungen***: Die beiden bisher beschriebenen Maßnahmen zielen auf eine dauerhafte Empfehlungspartnerschaft ab. Das ist nicht immer notwendig. Projektbezogene Empfehlungen sind daher auf einen konkreten Anlass beschränkt. Eine solche einmalige Kooperation lässt sich häufig leichter realisieren. Es werden zum Beispiel viel mehr Unternehmen bereit sein, die Verteilung der Einladungen für eine Ladeneröffnung zu unterstützen, als dauerhaft Empfehlungen für dieses Geschäft auszusprechen. Wenn Du also Empfehlungen für ein einziges Vorhaben brauchst, kannst Du um projektbezogene Empfehlungen bitten.

Das zweite Ziel, dass sich durch Kooperationen erreichen lässt, ist die Steigerung des Kundennutzens durch Schaffung gemeinsamer Angebote. Hierfür empfehlen sich die folgenden beiden Maßnahmen:

» ***Produktbündelung***: Gemeinsam mit einem starken Partner an der Seite ist es deutlich einfacher, den Wert des eigenen Angebots zu verdoppeln. Entsteht aus zwei sich ergänzenden Angeboten ein neues Produkt, ist der Nutzen meist deutlich höher als der der Einzelprodukte, vorausgesetzt, beide Parteien haben die gleiche Zielgruppe. Ein Beispiel für ein solches Bündelprodukt ist die Zusammenarbeit einer Kosmetikerin mit einem Hotel. Beide steigern den Wert des Angebotes für ihre Kunden durch die Kooperation. Das Hotel bietet noch mehr Entspannung, die Kunden der Kosmetikerin profitieren von tollen Räumlichkeiten und haben insgesamt weniger Stress, weil Sie den Termin im Urlaub und nicht nach Feierabend wahrnehmen können.

» ***Exklusive Angebote*** entstehen, wenn mindestens ein Kooperationspartner eine marktführende Stellung hat. Das gemeinsame Angebot, das aus dieser Kooperation entsteht, ist meist nicht kopierbar und erzeugt dadurch einen klaren Wettbewerbsvorteil. Dies ist der Fall, wenn das lokale Schwimmbad und die regionale Nahverkehrsgesellschaft gemeinsame Angebote herausbringen, zum Beispiel eine Eintrittskarte inklusive Nahverkehrsticket.

Neben Empfehlungen und gemeinsamen Angebote ermöglichen Kooperationen die Zusammenarbeit im Vertrieb. Für solche Vertriebspartnerschaften haben sich die folgenden Formen besonders bewährt:

» ***Integration in bestehende Vertriebsteams:*** Hat man selbst kein Vertriebsteam oder zu wenig Mitarbeiter für diese Aufgabe, lassen sich Vertriebsaktivitäten durch die Kooperation mit einem entsprechenden Partner deutlich steigern. Einige Unternehmen mit eigenen Vertriebsteams oder einem starken Außendienst übernehmen Vertriebsaufgaben für andere Unternehmen. Dabei ist es am einfachsten, eine Vertriebskooperation zu vereinbaren, wenn das eigene Angebot das des Partners ideal ergänzt und den gemeinsamen Kunden einen Mehrwert bietet. Auch hohe Vertriebsprovisionen wirken in diesem Fall als Anreiz. Mitarbeiter von Banken verkaufen zum Beispiel gleichzeitig Versicherungen an ihre Kunden.

» ***Kundenzugang nutzen:*** Einen Zugang zu seinen Wunschkunden zu bekommen ist nicht immer aus eigener Kraft möglich bzw. mit einem starken Partner deutlich leichter. Das Ziel einiger Kooperationen besteht daher darin, dass ein Partner den Kundenzugang eines anderen Partners für sich nutzt. Meist haben in diesem Fall beide Seiten einen Vorteil. Ein Beispiel für eine derartige Kooperation ist die Zusammenarbeit eines Veranstalters für Sportevents mit einer Fitnessstudiokette. Die Studios haben den Kundenzugang, verkaufen daher die Tickets für die Sportevents und können im Gegenzug ihren Mitgliedern vergünstigte Konditionen anbieten.

» ***Up- & Crossselling:*** Das Ziel ist hier nicht vorrangig die Gewinnung neuer Kunden, sondern die Steigerung des Umsatzes. Ein Anbieter verkauft dabei die Produkte und Leistungen des anderen zusätzlich zu seinen eigenen. Beim Upselling wird anstelle des eigentlich vom Kunden gewünschten Produktes ein höherwertiges Produkt verkauft, also zum Beispiel eine Haustür mit höherer Einbruchsicherheit. Beim Crossselling werden sich ergänzende Produkte verkauft, also zum Beispiel ein Elektronikgerät mit entsprechender Versicherung. Beide „Mehrverkäufe" sind leichter zu erzielen, wenn zwei Kooperationspartner sich gegenseitig Verkaufsargumente und Qualitätsbeweise liefern bzw. jeweils die Leistungen des anderen mit anbieten.

Steht anstelle des direkten Verkaufs die Vergrößerung der Reichweite und Bekanntheit im Fokus, bieten sich Marketingkooperationen an. Hierfür eigenen sich vor allem die folgenden drei Vorgehensweisen:

» ***Markenallianzen:*** Durch die Verbindung zweier starker Marken erhöht sich die Anziehungskraft für beide Marken. Wirbt zum Beispiel ein Hersteller von Waschmittel für Waschmaschinen einer bekannten Marke und auf jeder Waschmaschine ist gleichzeitig eine Empfehlung für dieses Waschmittel aufgedruckt, so erreichen beide Botschaften mehr potentielle Kunden als ohne die Kooperation. Genauso kann auch eine schwächere oder unbekannte Marke durch die Kooperation mit einer starken Marke an Bekanntheit gewinnen.

» ***Sponsoring:*** Das Sponsoring ist eine sehr häufige Form der Marketingkooperation, die Du sicher schon häufig gesehen hast. Ein Partner stellt hier dem Sponsor gegen Zahlung eines festen Betrages eine Werbefläche zur Verfügung. Der Sponsor wird dadurch besonders hervorgehoben, sein Angebot besser sichtbar als das seiner Wettbewerber.

» ***Medienkooperationen:*** Presse- und Fernsehbeiträge sind in einigen Bereichen sehr gut dazu geeignet, den Bekanntheitsgrad zu steigern. Hier bietet der Unternehmer dem Medienpartner kein Geld wie beim Sponsoring, sondern liefert wertvolle Beiträge für den Redakteur. Dennoch sind auch bei Medienkooperationen meist Geldzahlungen die Regel. Wichtig ist, dass der Partner für die Nutzer des entsprechenden Mediums interessante oder sogar exklusive Informationen liefert. Als Gegenleistung wird er medial erwähnt, entweder einmalig oder regelmäßig.

Überlege jetzt noch einmal, welche Form der Kooperation für Dich und Deinen Wunschpartner aktuell am besten geeignet ist. Ergänze oder überarbeite dann die Beschreibung Deines Kooperationsvorhabens. Wichtig ist, dass Du ein klares Bild von Deinen Zielen hast und weißt, welche Maßnahmen Du umsetzen möchtest. Deine eigene Klarheit ist der entscheidende Erfolgsfaktor bei der Ansprache Deines Wunschpartners - das ist nämlich der nächste Schritt.

Kooperationspartner ansprechen

Hast Du Deinen Wunschpartner ausgewählt und eine klare Vorstellung von Deinem Kooperationsvorhaben, kannst Du Deinen Wunschpartner kontaktieren. Meist ist es am einfachsten, diesen direkt anzusprechen. Auch wenn Dir dieser Weg eventuell zu direkt erscheint, es ist der schnellste und beste Weg. Nur in wenigen Fällen ist ein Umweg notwendig, um einen Termin mit Deinem Wunschpartner zur Besprechung einer möglichen Kooperation zu vereinbaren. Also kontaktiere Deinen Wunschpartner und sage, dass Du ein Konzept für eine Kooperation hast, von der er und natürlich auch Du profitierst. Bitte ihn um einen Gesprächstermin, um Dein Konzept vorzustellen. Bei kleineren Unternehmen hast Du meistens sofort die Gelegenheit, Deine Ideen zu präsentieren. Deshalb solltest Du Dich gut vorbereiten und genau wissen, welche Vorteile Du Deinem Gegenüber bieten kannst. Keine Angst vor dem direkten Kontakt. Stell Dir vor, Dich kontaktiert jemand mit einem Kooperationsangebot. Würdest Du sofort ablehnen oder Dir das Konzept erst einmal anhören? Natürlich bist Du neugierig und ein wenig geschmeichelt, dass Du „Wunschpartner" bist. Also hörst Du Dir den Vorschlag des anderen an. Genauso wird auch Dein Wunschpartner reagieren, wenn Du ihn kontaktierst.

Scheust Du dennoch den direkten Kontakt bzw. die Frage nach einem Termin oder gibt es mehrere Stufen, bis Du Deinen Wunschpartner direkt erreichst, kannst Du ein stufenweises Vorgehen wählen. Überlege, wie Du Deinen Wunschpartner auf Dich aufmerksam machen kannst. Was kannst Du anbieten, um sein Interesse zu wecken? Eventuell kannst Du ein Event organisieren, ein bestehendes Event nutzen, um Kontakt aufzunehmen oder einen Netzwerkpartner bitten, als „Türöffner" zu fungieren und Dich vorzustellen. Die Trainerin in unserem Beispiel hat einen Tag der offenen Tür organisiert, an dem potentielle Kooperationspartner das Kurskonzept kennenlernen und auch selbst teilnehmen konnten. Dafür hat sie viele Hebammen mit einem persönlichen Brief eingeladen. Das Ergebnis? Gekommen ist keine einzige Hebamme, aber alle sind auf das Angebot der Trainerin aufmerksam geworden. Einige haben sich direkt zurückgemeldet und für die Einladung bedankt. Bei dieser Gelegenheit hat sich ein Gespräch wie von selbst ergeben. Natürlich gab es danach weitere Gespräche, aber eben nicht am Tag der offenen Tür. Mission trotzdem erfüllt.

Bei einem Treffen mit Deinem Wunschpartner solltest Du Deinen Kooperations-Pitch vortragen, also Deinem Gegenüber kurz und prägnant erläutern, wie Du Dir eine Kooperation vorstellt, welche Vorteile Du bietest und wie die Kunden davon profitieren. Diese Argumente hast Du bereits definiert. Wenn Du das perfekte Angebot für Deinen Kooperationspartner erarbeitet hast, steht einer Kooperation nichts mehr im Wege. Meist läuft es aber - wie beim Akzeptanztest mit Deinen Wunschkunden - nicht sofort „wie geschmiert". Nimm Kritik und Anregungen ernst und sieh diese als Chance. Bleibe hartnäckig, verbessere Dein Angebot und kontaktiere Deinen Wunschpartner erneut. Manchmal ist die anfängliche Skepsis der Gegenseite auch nur ein Test. Erst, wenn Du eine klare Absage bekommst, solltest Du einen weiteren Kooperationspartner ansprechen. Erarbeite auch hier wieder ein individuelles Angebot.

Signalisiert Dein Wunschpartner Interesse, solltest Du konkret werden. Vereinbare, wenn nötig, ein weiteres Treffen für die Abstimmung der Details. Vermeide aber unbedingt jetzt schon lange Kooperationsvereinbarungen aufzusetzen. Sorge lieber dafür, dass ihr ein erstes gemeinsames Projekt realisiert. Stabile Kooperationen schafft man nicht auf dem Papier, sondern in der Praxis. Werde aktiv und realisiere das Startprojekt möglichst zeitnah. Erst dadurch zeigt sich, ob die gewünschte Wirkung der Kooperation tatsächlich eintritt und ob beide Partner sich aktiv einbringen. Darüber hinaus sorgt das erste gemeinsame Projekt immer für Klarheit: Entweder es war die letzte Zusammenarbeit oder der Beginn einer dauerhaften Kooperation.

Stabile Kooperationen aufbauen

Der Beginn einer stabilen Kooperation ist immer ein konkretes Startprojekt. Dafür brauchen beide Seiten ein gemeinsames Angebot. Nutze die Hinweise aus dem Kapitel „Preismodell", um ein solches Angebot zu erstellen.

Das gemeinsame Angebot

Das gemeinsame Angebot besteht grundsätzlich aus fünf Teilen. Bei Marketingkooperationen und Empfehlungspartnerschaften kannst Du auf einige Schritte verzichten. Vermeide bei Deinem ersten Kooperationsvorhaben diese Abkürzung und definiere Inhalte für alle der folgenden fünf Bereiche Deines ersten Kooperationsvorhabens. Wenn Du dabei feststellst, dass einer der Schritte nicht notwendig ist, kannst Du immer noch darauf verzichten. Mit etwas Übung wird Dir die Definition gemeinsamer Angebote auch ohne dieses schrittweise Vorgehen leicht fallen.

Wie bei Deinem perfekten Angebot für Deine Wunschkunden müsst ihr Kunden auf Euer gemeinsames Angebot aufmerksam machen. Wie soll das geschehen? Wer übernimmt diesen Teil, wie werden anfallende Kosten verteilt?

So machen wir Kunden auf unser gemeinsames Angebot aufmerksam:

Als nächsten ist es sinnvoll, ein Kennenlernangebot zu definieren, das Euren Kunden den Einstieg erleichtert. Das ist vor allem für Vertriebskooperationen sinnvoll. Definiere ein Kennenlernangebot, dass „lecker" für die angesprochene Zielgruppe ist.

Durch dieses Angebot können Kunden unser Angebot kennenlernen:

Jetzt geht es darum, das eigentliche Kooperationsangebot zu beschreiben. Bei Marketingkooperationen und Empfehlungspartnerschaften reicht es meist, das Hauptprodukt zu definieren. In allen anderen Fällen hilft es, zusätzlich ein Einstiegs- und ein Starprodukt zu definieren. Alle diese Kategorien hast Du bereits bei der Definition Deines Preismodells kennengelernt. Ich verzichte daher hier auf eine erneute Beschreibung und frage Dich direkt:

Was ist Euer gemeinsames Einstiegsprodukt?

Was ist das gemeinsame Hauptprodukt?

Welches exklusive und herausragende Starprodukt bietet Ihr an?

____

____

____

Entwickle die Inhalte gemeinsam mit Deinem Kooperationspartner. Bevor ihr die Produkte anbietet, solltet ihr alle für den Kick-Off notwendigen Unterlagen erstellen und natürlich die gemeinsamen Produkte oder Dienstleistungen vorbereiten. Der Umfang dieser Tätigkeiten kann in Abhängigkeit von der gewählten Kooperationsform sehr stark schwanken. Bei Empfehlungspartnerschaften reicht eventuell schon ein gemeinsamer Flyer, bei Vertriebspartnerschaften kann eine genaue Abstimmung der Aktivitäten und Preise sowie ein Training des Vertriebsteams notwendig sein. Überlege, was genau noch zu tun ist, bevor die Kooperation starten kann.

Kooperationen testen

Wenn es um die ersten konkreten Umsetzungsmaßnahmen geht, scheitern viele Kooperationsvorhaben, weil wohl gemeinten Worten keine Taten folgen. Es ist nicht die Erstansprache potentieller Kooperationspartner, die Dir Sorgen bereiten sollte, sondern die ersten Umsetzungsschritte, die über den Erfolg oder Misserfolg von Kooperationen entscheidet. Genau deswegen ist das Startprojekt so wertvoll. Es zeigt, ob beide Seiten zu ihren Versprechen stehen und aktiv werden. Du erkennst, ob Deine Arbeitsmethodik mit der Deines Partner zusammenpasst und siehst, ob die Abstimmung und Kommunikation reibungsarm funktioniert. Also teste Kooperationen so frühzeitig wie möglich und beende Vorhaben, die an dieser Stelle ins Stocken geraten. Jetzt hast Du erst wenig Zeit und Energie investiert.

Schreibe, bevor ihr startet, noch einmal genau auf, wie das erste gemeinsame Projekt ablaufen soll und was ihr bis wann erreichen wollt. Das erleichtert die Kontrolle im Nachhinein: Fasse also die Inhalte und Ziele des Startprojektes kurz zusammen:

Das erste gemeinsame Projekt:

____

____

____

____

____

Ziele und Termine:

____

____

____

Feedback und Controlling

Wenn die Testphase erfolgreich absolviert wurde, sollte auf jeden Fall ein Vertrag abgeschlossen werden. Dadurch wird die Zusammenarbeit nicht nur verbindlicher, sondern es können auch Risiken minimiert werden. Nach dem Startprojekt wissen beide Seiten, welchen Nutzen die Kooperation stiftet und wie die Zusammenarbeit konkret funktioniert. Darüber hinaus ist der Wunsch nach einer dauerhaften Kooperation klar. Eine verbindliche Kooperationsvereinbarung gibt dem gemeinsamen Vorhaben Verbindlichkeit. Vereinbare die weitere Zusammenarbeit schriftlich. Einige Kooperationen verlangen nach einem detaillierten Vertrag, weil zum Beispiel größere Investitionen erforderlich sind oder gemeinsame Anschaffungen getätigt werden. Für die meisten Kooperationen reicht es aber, die Aufgaben zu beschreiben, Ziele festzulegen und die Verteilung von Gewinnen aus der Kooperation zu vereinbaren.

Die Praxis zeigt, das schriftlich vereinbarte Kooperationen länger halten als formlose Partnerschaften. Du solltest also nicht auf eine Kooperationsvereinbarung verzichten. Zwei weitere Faktoren sind aber deutlich wichtiger für den Erfolg von Kooperationen: Regelmäßiges Feedback und Controlling:

Feedback: Gib Deinem Kooperationspartner regelmäßig eine Rückmeldung über die Zusammenarbeit. Kritik ist wichtig, um das gemeinsame Angebot zu optimieren. Vergiss aber auf keinen Fall, positive Rückmeldungen zu geben. Lob wird häufig vergessen. Wenn die Kooperation wie geplant funktioniert, hast Du durch Deinen Kooperationspartner mehr Kunden gewonnen und Dein Wunschkundenbusiness skaliert. Erkenne das an und bedanke Dich bei dem anderen für dessen Unterstützung. Feiert gemeinsame Erfolge und belohnt Euch, wenn Ihr Eure Ziele erreicht. Kritik fällt leichter, wenn man schon einige Erfolge gefeiert hat. Egal wie, regelmäßiges Feedback ist wichtig für eine dauerhaft erfolgreiche Kooperation.

Controlling: Frage Dich in regelmäßigen Abständen, zum Beispiel am Ende eines Jahres, was Dir diese Kooperation gebracht hat. Ist es der richtige Kooperationspartner gewesen? Bist Du die richtigen Kooperationswege gegangen? Hast Du Deine Ziele erreicht und wenn das nicht der Fall ist, welche Möglichkeiten gibt es, die Kooperation zu verbessern? Welche weiteren Kooperationen sollten zusätzlich vereinbart werden? Welche Erfahrungen konntest Du bisher sammeln, die Dir bei zukünftigen Kooperationen helfen? Wenn Ihr die Ziele der Kooperation festgelegt und für jede neue Maßnahme eine kurze Beschreibung erstellt habt, ist das regelmäßige Controlling nur noch ein kleiner Schritt. Mache es Dir zur Gewohnheit, die Zielerreichung zu kontrollieren, denn trotz der Erfolge investierst Du Energie in die Kooperation, die Du anderswo eventuell besser einbringen kannst.

Wenn Du Erfolg mit Deinem ersten Kooperationsvorhaben hattest, hast Du mit Sicherheit die Wirkung stabiler Kooperationen erlebt. Kooperationen sind durch die Bündelung der Kräfte zweier Partner die beste Möglichkeit, Dein Wunschkundenbusiness zu skalieren und Ziele zu erreichen, von denen Du allein nur träumen kannst. Versuche es weiter, auch wenn Du nicht sofort Erfolg hattest. Wenn Dein Business wachsen soll, kommst Du an Kooperationen nicht vorbei.

Neue Herausforderung oder Wachstum?

Du hast jetzt alle Schritte umgesetzt, die Du benötigst, um automatisch Kunden zu gewinnen. Du hast:

- das perfekte Angebot für Deine Wunschkunden entwickelt,
- Kunden begeistert und zu Empfehlern gemacht und
- einen Kooperationspartner gefunden, mit dessen Hilfe Du deutlich mehr Wunschkunden erreichst, als das allein möglich wäre.

Dadurch erhältst Du regelmäßig Anfragen von Wunschkunden - sie kommen automatisch. Genieße den Erfolg. Schaue zurück und mach Dir klar, was Du erreicht hast. Du hast aus Deiner Leidenschaft ein Wunschkundenbusiness gemacht, das großen Nutzen für eine kleine Kundengruppe stiftet. Du schaffst mit dem, was Dich antreibt, jeden Tag leuchtende Augen. Danke, dass Du diesen Schritt gegangen bist.

An dieser Stelle hast Du zwei Möglichkeiten: Beide gibt es in der Praxis immer wieder, beide sind gleichermaßen wertvoll:

- ***Suche Dir eine neue Herausforderung:*** Du kannst Dein Wunschkundenbusiness an einen anderen Unternehmer übergeben und ein neues aufbauen. Dein Business funktioniert jetzt auch ohne Dich. Wenn Du nach einem neuen Aufgabenbereich suchst - und viele Unternehmer lieben neue Herausforderungen - dann finde einen Nachfolger und entwickle Dein nächstes Konzept. Die Welt wartet auf neue Lösungen und es gibt noch viele gute Ideen, die in Schubladen versauern. Wachstum ist für viele Unternehmer ab einem gewissen Punkt kein Anreiz mehr. Wenn das auch bei Dir so ist, dann widme Dich einer neuen Aufgabe.

- ***Sorge dafür, dass Dein Unternehmen wächst:*** Wenn Du Dein Wunschkundenbusiness skalieren und noch viele weitere Kunden zu Fans machen willst, dann sorge dafür, dass Du dauerhaft erfolgreich bleibst. Das ist eine Aufgabe, die nie aufhört. Ein erfolgreiches Unternehmen bleibt nicht automatisch an der Spitze. Gib Deinem Business eine unverwechselbare Service-DNA, die auf mehr als einem Alleinstellungsmerkmal basiert. Mach es „unkopierbar" und stark. Wie das geht, beschreibe ich im nächsten Kapitel.

Kapitel 3

Business: Erfolg mit Service-DNA

Du hast das perfekte Angebot entwickelt und erste Kunden gewonnen. Dein Wunschkunden-business ist erfolgreich gestartet. Das lockt Nachahmer an. Sieh das als Kompliment an, denn nur gute Konzepte werden kopiert. Um dauerhaft erfolgreich zu bleiben, musst Du Deinem Business jetzt eine eigene Service-DNA geben. Mach es einzigartig - und damit unkopierbar.

3.1 Der Fingerabdruck Deines Erfolgs

Jeder Fingerabdruck ist von Natur aus einzigartig. Dein Business ist es (noch) nicht. Gib Deinem Wunschkundenbusiness eine unverwechselbare Service-DNA und sorge damit dafür, dass Du dauerhaft erfolgreich bleibst. Dafür gibt es viele verschiedene Möglichkeiten. Wenn Du in mindestens drei Bereichen besser bist als andere, hast Du einen dauerhaften Wettbewerbsvorteil.

Ein Hinweis zur Nutzung dieses Kapitels

Bisher war das Buch chronologisch aufgebaut. Jeder Schritt baute auf den vorherigen auf. Das ändert sich jetzt. Das folgende Kapitel ist modular konzipiert. Es zeigt Dir, wie Du dauerhafte Alleinstellungsmerkmale entwickeln kannst. Die Maßnahmen, die Du dafür durchführen musst, hängen von Deiner jeweiligen Ausgangssituation ab. Heute brauchst Du zum Beispiel andere Hinweise als in einem Jahr. Das folgende Kapitel soll Dir dauerhaft Hinweise zur Optimierung Deines Wunschkundenbusiness geben und auch als Nachschlagewerk dienen. Nutze es daher wie folgt: Analysiere die Erfolgsfaktoren Deines Businesskonzepts. Nutze dafür den Test, der in diesem Abschnitt beschrieben ist. Als Ergebnis erhältst Du eine Aussage darüber, welche drei Erfolgsfaktoren Dein Konzept aktuell ausmachen.

Verbessere Deine Leistungen in genau diesen drei Erfolgsfaktoren. Lies dafür die entsprechenden Passagen in den folgenden drei Abschnitten. Das ermöglicht Dir eine fokussierte Arbeit und deutlich schnellere Ergebnisse. Alle 119 in diesem Buch vorgestellten Möglichkeiten zur Optimierung Deines Geschäftsmodells kannst Du sowieso nicht gleichzeitig umsetzen. Also konzentriere Dich auf Deine drei Stärken.
Schaue Dir nach und nach auch die weiteren Erfolgsbausteine an, um neue Chancen für Dein Business abzuleiten.

Ermittle in regelmäßigen Abständen immer wieder Deine Erfolgsfaktoren. Diese werden sich ändern, sodass Du auch Deine Maßnahmen anpassen solltest.

Und jetzt leg los. Lies die Einführung auf den nächsten Seiten und mache dann den beschriebenen Test.
Dein Wunschkundenbusiness ist erfolgreich gestartet. Du hast das perfekte Angebot für Deine Wunschkunden entwickelt. Der Akzeptanztest hat bewiesen, dass Deine Wunschkunden Dein perfektes Angebot kaufen und es mit Begeisterung weiter empfehlen. Und Du hast Kooperationspartner gewonnen, die Dich bei der Gewinnung neuer Kunden unterstützen. Das ist toll! Genieße Deinen Erfolg.

Deine unverwechselbare Service-DNA

Der nächste Schritt ist, Deinen Erfolg zu sichern und Dein Wunschkundenbusiness dauerhaft zu etablieren. Das ist wichtig, denn kein Business schwimmt dauerhaft und ganz automatisch auf der Erfolgswelle. Deine Strategie ist aufgegangen und einzigartig in Deinem Markt. Sorge jetzt dafür, dass das so bleibt. Gib Deinem Business eine unverwechselbare Service-DNA. Service-DNA? Ja. Service ist der Erfolgsfaktor kundenorientierter Unternehmen. Und damit meine ich nicht Schokotäfelchen auf dem Kopfkissen oder einen netten Gruß zum Geburtstag. Service ist weit mehr als das, nämlich die systematische Lösung von Problemen, die Deine Kunden davon abhalten, ihre Ziele zu erreichen. Du kannst nie alle Probleme lösen. Du solltest Dich auf die wichtigsten konzentrieren - die wichtigsten für Deine Wunschkunden. Stelle Dir Dein Service-Angebot als erlebbare Visitenkarte vor. Das gibt Deinem Wunschkundenbusiness eine Seele, einen unverwechselbaren Fingerabdruck, eine Service-DNA.

Die Entwicklung Deiner Service-DNA ist gar nicht so schwer, wie Du jetzt vielleicht denkst. Denn Du hast bereits mehr als die Hälfte der notwendigen Maßnahmen umgesetzt, wenn Du alle Aufgaben in diesem Buch erledigt hast. Du hast eine kleine Zielgruppe definiert und verstehst genau deren dringende Probleme. Du hast Begeisterungsfaktoren entwickelt, die das Kundenerlebnis unverwechselbar machen. Du hast ein Preismodell, das Hürden abbaut und den Kauf Deines Angebotes erleichtert. Und Du hast Kooperationspartner, die Dir mehr Power geben, als Du alleine aufbringen könntest. Also nimm die Herausforderung an. Den halben Weg hast Du schon geschafft.

Bevor ich Dir die Grundsätze der Entwicklung einer einzigartigen Service-DNA beschreibe und Dir die 10 elementaren Erfolgsbausteine erläutere, möchte ich Dir noch einmal genau beschreiben, warum ein perfektes Angebot nicht reicht, um dauerhaft erfolgreich zu bleiben. Der Grund dafür ist die anziehende Wirkung funktionierender Konzepte auf Nachahmer. Als Du das Konzept für Dein Wunschkundenbusiness entwickelt hast, war es einzigartig. Jetzt, wo es funktioniert, erregt es die Aufmerksamkeit anderer Unternehmer. Anfänglich sind die Angebote Deiner Nachahmer noch ungefährlich für Dein Wunschkundenbusiness. Du hast einen kleinen Vorsprung. Bleibst Du aber stehen, entwickelst Dein Konzept also nicht weiter, wirst Du schnell eingeholt und schließlich überholt. „Konkurrenz belebt das Geschäft." heißt ein bekanntes Sprichwort. Das gilt aber nur, wenn beide Konkurrenten sich weiter entwickeln. Ansonsten killt Konkurrenz, und zwar Dein Geschäft. Anfänglich wirst Du Nachahmer nicht vermeiden können. Unzählige Erfolgsgeschichten zeigen aber, dass man den Konkurrenzkampf aktiv umgehen kann, wenn man seinem Business eine unverwechselbare Service-DNA gibt und sich Wettbewerbsvorteile erarbeitet, die „unkopierbar" sind. Ein dauerhafter Konkurrenzkampf wäre also Deine Schuld.

Konkurrenzkampf ist Deine Schuld

Konkurrenzkampf ist nur möglich, wenn Du anderen Unternehmern die Möglichkeit dazu bietest. Es reicht nicht, ein einziges Alleinstellungsmerkmal zu haben. Eine Kombination mehrerer USPs ist dagegen deutlich wirkungsvoller und wenn Du es schaffst, Dir einen uneinholbaren Vorsprung zu verschaffen, werden Deine Konkurrenten aufgeben. Denn dann ist der Aufwand für sie viel größer als der Nutzen.

Klingt utopisch? In Deutschland gibt es aktuell mehr als 1000 Weltmarktführer (Florian Langenscheidt, Bernd Venohr: Lexikon deutschen Weltmarktführer). Das sind Unternehmen, die sich in Ihrem Markt eine so starke Position erarbeitet haben, dass sie unangreifbar sind und daher werden Sie auch nicht dauerhaft von anderen Unternehmen angegriffen. Die Folge ist ein überwältigender Marktanteil in der eigenen Nische.

Es gibt drei zentrale Faktoren, die verhindern, dass Dein Wunschkundenbusiness genau so eine unantastbare Marktstellung bekommt wie einer der 1000 deutschen Weltmarktführer: Erfolg hat eine Sog-Wirkung, Ablenkungen machen angreifbar und Begeisterung ist vergänglich.

Der Sog erfolgreicher Konzepte

Warum stürzen sich andere Unternehmen auf bestehende, erfolgreiche Konzepte und ahmen sie nach? Weil das viel einfacher, billiger und schneller ist als selbst ein einzigartiges Angebot zu entwickeln. Du selbst hast gemerkt, wie viel Arbeit Du in Dein Konzept stecken musstest, bevor es aufging. Und jetzt, da es bewiesenermaßen erfolgreich funktioniert, ist es mit verhältnismäßig wenig Aufwand kopierbar. Oft sind die Kopien sogar besser als die Originale. Es gibt zahlreiche Beispiele dafür, dass sich erst Kopien im Markt durchgesetzt haben. Edison hat die Glühbirne nicht erfunden, sondern das Konzept kopiert. Erfolgreich ist er damit geworden, da er es weiter entwickelt hat und zusätzlich die fehlende Infrastruktur geschaffen hat: Stromnetze, Fassungen, Sicherungen, Stromzähler usw. Denn nur in diesem Umfeld war die Glühbirne massentauglich. Apple hat den Tablet PC nicht erfunden, sondern vor allem massentaugliche Anwendungsszenarien entwickelt. Diese Aufzählung könnte man unendlich fortführen.

Nur tolle Angebote werden kopiert.

Sollte also ein anderer Unternehmer Dein Business-Konzept nachahmen, ist das so ziemlich das größte Lob, das Du bekommen kannst. Gesteigert werden kann das nur durch noch mehr Nachahmer, denn je häufiger ein Konzept kopiert wird, desto besser ist es. Ein Nachahmer ist eine Auszeichnung für Dich. Im Umkehrschluss bedeutet das für Dich:

Wenn Dein Angebot nicht mindestens drei mal kopiert wird, ist es noch nicht perfekt.

„Ja, aber ..." wirst Du jetzt denken. Und Du hast Recht damit. Was nutzt Dir das Lob vom Markt, wenn die Nachahmer Dein Wunschkundenbusiness schwächen oder sogar kaputt machen. Das kann ich Dir sagen: Es zeigt Dir, dass Du noch keine vorherrschende Stellung im Kopf Deiner Zielgruppe hast. Genau das muss Dein Ziel sein, denn dann bist Du mit hoher Wahrscheinlichkeit dauerhaft erfolgreich. Konkurrenzkampf ist also Deine Schuld.

Verlockende Nebenstraßen

Neben der Sogwirkung perfekter Angebote gibt es einen weiteren Grund, der Nachahmer anlockt: Fehler und Schwachpunkte in Deinem Konzept. Der häufigste Grund dafür ist nicht fehlende strategische Planung, sondern die Sogwirkung neuer Chancen. Ich beobachte in Kundenprojekten immer wieder, dass sich Unternehmer verzetteln. Anfänglicher Erfolg und der Reiz des Neuen führen dazu, dass Chancen sofort wahrgenommen werden. So entstehen neben dem Kernangebot für die Zielgruppe viele „Nebenschauplätze". Das perfekte Angebot wird aufgeweicht, Unternehmer nehmen verlockende Nebenstraßen, biegen immer wieder links und rechts ab. So reizvoll das auch ist - und ich spreche aus Erfahrung - zu viele offene „Baustellen" sorgen nur dafür, dass die Weiterentwicklung Deines perfekten Angebotes sich deutlich verlangsamt. Das Markenerlebnis wird Stück für Stück verwässert. Genau das bietet anderen tolle Chancen, Deine Wunschkunden zu erobern. Auch hier trägst Du selbst die Schuld. Also fokussiere Dich auf Dein Kerngeschäft und biete Deinen Kunden die beste Lösung für ihr dringendstes Problem. Das soll auf keinen Fall bedeuten, alle Chance links liegen zu lassen. Das wäre genauso fatal. Ich empfehle Dir aber, maximal drei Projekte parallel zu bearbeiten. Das bedeutet in der Praxis, ein bestehendes Angebot zu verbessern, einer ausgearbeiteten Idee nachzugehen und das Potential einer neuen Chance zu testen. Nicht mehr und nicht weniger. Du kannst die Geschwindigkeit, mit der Du Dich neuen Chancen widmest, selbst bestimmen. Hebe einfach eines der drei aktuellen Projekte auf die nächste Stufe oder lass es fallen. Dann ist Platz für eine neue „Baustelle". Dieses Vorgehen sorgt dauerhaft für Innovation, überfordert aber nicht Deine begrenzten

Ressourcen. Im nächsten Abschnitt stelle ich Dir daher 10 Bereiche vor, auf die Du Dich fokussieren kannst. Auch hier reicht es, sich auf maximal drei Bereiche zu konzentrieren, um ein einzigartiges Konzept zu entwickeln.

Begeisterung ist vergänglich

Begeisterung erreicht man, indem man Erwartungen übertrifft. Genau darin liegt das Problem. Übertriffst Du dauerhaft die Erwartungen Deiner Kunden, verschieben sich diese Erwartungen. Jeder kennt diesen Gewöhnungseffekt. Ein kleines, günstiges Auto zu fahren ist toll - solange, bis man ein größeres, besseres Auto gefahren ist. Die Tiefkühlpizza schmeckt lecker - solange, bis man bei einem guten Italiener war. Und die Schmetterlinge im Bauch fühlen sich toll an, verschwinden aber nach einiger Zeit. Genauso geht es Deinen Kunden. Die Begeisterungsfaktoren, die Du entwickelt hast, wirken wie geplant. Aber irgendwann lässt die Wirkung nach. Zumindest Deine bestehenden Kunden verlangen jetzt mehr. Zum Glück hast Du einige weitere Begeisterungsfaktoren „auf Vorrat" entwickelt. Du musst aber verstehen, dass das ein dauerhafter Prozess ist. Wer ihn am besten beherrscht, gewinnt dauerhaft die meisten Kunden und behält sie auch. Einzelne begeisternde Elemente sind schnell entwickelt und geben Dir einen kleinen Vorsprung. Sie sind aber auch einfach kopierbar. Es ist daher besser, Begeisterungsfaktoren aus verschiedenen Bereichen zu verknüpfen und so eine größere Wirkung zu erzielen. Im Idealfall kombinierst Du Begeisterungsfaktoren, die auf den Stärken Deines Business basieren. Dann ist es für alle anderen nämlich besonders schwer, diese nachzuahmen. Wie Du eine solche Service-DNA entwickelst, beschreibe ich im kommenden Abschnitt.

Erfolgreich bleiben mit einer einzigartigen Service-DNA

Was machen erfolgreiche Dienstleister anders? Sie haben immer einen kleinen Vorsprung vor allen Copy-Cats. Sie vermeiden es, an zu vielen verlockenden Nebenstraßen abzubiegen und Sie kombinieren Ihre Stärken zu einer unverwechselbaren Service-DNA.

Schaut man sich erfolgreiche Unternehmen an, erkennt man, dass der Erfolg auf wenigen, immer wiederkehrenden Faktoren beruht. Larry Keeley, Helen Walters, Ryan Pikkel, Brian Quinn haben seit mehr als 30 Jahren hunderte Unternehmen analysiert. In Ihrem Buch „Ten Types of Innovation" erläutern Sie, was erfolgreiche Unternehmen von weniger erfolgreichen unterscheidet. Das Modell, das ich in diesem Kapitel beschreibe, basiert auf den Erkenntnissen der Arbeit dieser Männer. Sie haben 10 zentrale Erfolgsfaktoren gefunden. Richtig - nur 10 Faktoren - für alle untersuchten Unternehmen. Sie haben noch eine weitere Erkenntnis gewonnen: Alle Unternehmen, die in mindestens drei dieser Faktoren besser waren als der Wettbewerb, waren dauerhaft und überdurchschnittlich erfolgreich. Dauerhafter Erfolg basiert also auf Spitzenleistungen in wenigen Bereichen, solange man mehrere Bereiche kombiniert.

Erfolgreiche Unternehmen sind in mindestens drei Bereichen deutlich besser als Ihre Wettbewerber.

Nimmt man diese Erkenntnisse und passt sie an die besonderen Bedürfnisse kleiner Unternehmen an, so erhält man folgende 10 Erfolgsfaktoren:

1. ***Preismodell***
2. ***Kooperations-Netzwerk***
3. ***Standardisierung***
4. ***Lösungsprozess***
5. ***Dringlichkeit***
6. ***Modularität***
7. ***Kundenerlebnis***
8. ***Angebotskanal***
9. ***Marken-Sog***
10. ***Kundenaktivität***

Diese Faktoren lassen sich zu drei Bereichen zusammenfassen:

» Der Bereich ***Business-DNA*** (Preismodell, Kooperations-Netzwerk, Standardisierung) umfasst alle internen Faktoren, die Deinem Business seine Identität geben.

» Der Bereich ***Problemlösung*** (Lösungsprozess, Dringlichkeit, Modularität) umfasst die externen Faktoren, die Dein perfektes Angebot erzeugen.

» Der Bereich ***Kundenfokus*** (Kundenerlebnis, Angebotskanal, Marken-Sog, Kundenaktivität) beinhaltet alle kundenbezogenen Faktoren, die Dein Wunschkundenbusiness erlebbar machen.

Business-DNA	Preismodell	Kooperations-Netzwerk	Standardisierung	
Problemlösung	Lösungsprozess	Dringlichkeit	Modularität	
Kundenfokus	Kundenerlebnis	Angebotskanal	Marken-Sog	Kundenaktivität

Aber bevor ich die genannten Faktoren im Detail beschreibe, möchte ich Dir deren Anwendung an drei Beispielen verdeutlichen. Analysiert man die Ausprägung der Faktoren für ein beliebiges Unternehmen, erhält man einen individuellen Fingerabdruck. Dieser ist für jedes Unternehmen einzigartig. Je stärker sich diese Service-DNA von Wettbewerbern unterscheidet, desto eindeutiger ist die Alleinstellung und desto schwieriger ist ein solches Unternehmen kopierbar. In der Praxis findet man beliebig viele Kombinationen und Service-DNA-Profile. Aber es gibt drei typische Ausprägungen, die ich anhand der folgenden Beispiele illustrieren möchte.

Die Service-DNA Deines eigenen Unternehmens kannst Du durch einen Test auf www.wunschkundenbusiness.de/meine-service-dna ermitteln.

Unternehmen mit Businessfokus

Service-DNA eines Beratungsunternehmens mit Schwerpunkt Business-DNA. Erfolgsfaktoren: Kundenbegeisterung durch einzigartiges Netzwerk; standardisierter Begeisterungsprozess durch Bündelung von Projekterfahrung.

Unternehmen mit Businessfokus standardisieren bestimmte Leistungen und machen sie so skalierbar. Bei diesen Unternehmen sind die Faktoren Preismodell, Kooperations-Netzwerk und Standardisierung am stärksten ausgeprägt. Auf diese Bereiche wird viel Energie verwendet.

Das Beratungsunternehmen hier im Beispiel setzt sich klar von Wettbewerbern ab, indem es ein großes Netzwerk pflegt und Spezial-Know-how durch hochgradige Standardisierung kostengünstig verfügbar macht. Damit hat es einen entscheidenden Vorteil gegenüber Wettbewerbern: Fundierte Beratung (durch die Bündelung von Experten) zu einem unschlagbaren Preis (durch hohe Standardisierung). In den beiden anderen Bereichen Problemlösung und Kundenfokus sind die Leistungen vergleichbar zu Wettbewerbern.

Unternehmen mit einer starken Business-DNA sind bei der Lösung von Standardproblemen unschlagbar. Individuelle Problemlösungen gehören nicht zu ihren Stärken.

Unternehmen mit Problemfokus

Service-DNA eines Personaldienstleisters mit Schwerpunkt Problemlösung. Erfolgsfaktoren: Lösungs-Spezialist - beste Problemlösung, vor allem bei zeitkritischen Projekten, über die Einbindung von Drittanbietern.

Unternehmen mit Problemfokus setzen alles daran, kritische Probleme besser als alle anderen zu lösen. Die Faktoren Lösungsprozess, Dringlichkeit und Modularität stehen im Mittelpunkt und werden mit aller zur Verfügung stehenden Energie weiter entwickelt.

Das Unternehmen hier im Beispiel löst in kurzer Zeit kritische Engpässe bei der Mitarbeitergewinnung. Während Wettbewerber noch suchen, hat dieses Unternehmen schon neue Ressourcen geschaffen und so eine existenzbedrohende Krise abgewendet. In den anderen beiden Bereichen (Business-DNA und Kundenfokus) sind die Leistungen durchschnittlich oder sogar schlechter als beim Wettbewerb.

Die Honorare von Unternehmen mit starkem Problemfokus sind deutlich höher als die von Wettbewerbern, aber wenn es wirklich kritisch wird, führt an ihnen kein Weg vorbei. Für die Lösung von Standard-Problemen sind sie dagegen nur zweite Wahl.

Unternehmen mit Kundenfokus

Service-DNA eines Fitnessunternehmens mit Schwerpunkt Kundenfokus. Erfolgsfaktoren: Standardisierter und damit skalierbarer Marken-Sog durch starke emotionale Bindung der Kunden an das Unternehmen.

Unternehmen mit Kundenfokus schaffen einzigartige Beziehungen. Die Business-DNA und die Problemlösung sind dabei häufig nicht besser als die des Wettbewerbs. Durch systematisch eingesetzte Begeisterungsfaktoren wird aber ein Marken-Sog geschaffen, der nicht kopierbar ist. Sämtliche Energie wird darauf verwendet, das Kundenerlebnis zu verbessern.
Das Unternehmen hier im Beispiel legt den inneren Schweinehund an die Leine und sorgt dafür, dass Fitnessziele erreicht werden. Die Begeisterungsfaktoren sind für eine genau definierte Zielgruppe maßgeschneidert. Das Angebot ist daher konkurrenzlos, auch wenn Kunden die gleichen Fitnessangebote auch woanders bekommen könnten.

Unternehmen mit starkem Kundenfokus sind gegen Krisen immun, solange sie ihrem Markenkern treu bleiben und den Zielgruppenfokus behalten. Eine Ausweitung des Angebots auf neue Zielgruppen ist aber kaum möglich, ohne den Markenkern zu verwässern.

Wie Du Dir vorstellen kannst, gibt es unzählige Kombinationen der Erfolgsfaktoren. Wenn ich Dir jetzt sage, dass alle 10 Bausteine auf mindestens 10 Unterkategorien beruhen, wirst Du schnell die unendliche Zahl möglicher Alleinstellungsmerkmale erkennen. Jedes Unternehmen hat eine einzigartige Service-DNA, egal ob es erfolgreich ist oder nicht. Dauerhaft erfolgreich wird ein Unternehmen, wenn es in einzelnen Bereichen deutlich besser ist als Wettbewerber und wenn der Erfolg auf mindestens drei Faktoren beruht.

Im nächsten Abschnitt stelle ich Dir die einzelnen Faktoren im Detail vor und zeige Dir, welche Möglichkeiten Du hast, Dein Wunschkundenbusiness dauerhaft von Wettbewerbern abzuheben. Deine Service-DNA zu verbessern, ist eine Aufgabe, die nie endet. Daher solltest Du Dich zu Beginn auf das Wesentliche fokussieren, da sonst die Gefahr, Dich zu verzetteln, riesig ist. Dafür einige Hinweise:

» Mach den zweiten Schritt nicht vor dem ersten. Bevor Du nicht das perfekte Angebot für Deine Wunschkunden entwickelt und getestet hast, bringt Dir die Optimierung Deiner Service-DNA wenig. Sorge erst dafür, dass Dein Wunschkundenbusiness Kunden gewinnt und dass Dein perfektes Angebot regelmäßig empfohlen wird. Wie das geht, ist in den ersten beiden Kapiteln dieses Buches beschrieben.

» Prüfe, ob Dein Wunschkundenbusiness in den drei wichtigsten Faktoren (Preismodell, Dringlichkeit, Kundenerlebnis) genau die Anforderungen Deiner Zielgruppe trifft. Optimiere Dein Angebot zuerst in diesen Bereichen. Sie sind im folgenden Abschnitt mit einem * gekennzeichnet.

» Analysiere genau, wo Du stehst, bevor Du startest. Schau Dir die Beschreibungen der einzelnen Erfolgsfaktoren an und bewerte dann Deine aktuelle Leistung in dem jeweiligen Bereich. Gib dazu jedem Bereich eine Note auf einer Skala von eins bis vier und trage Deine Bewertung in die folgende Übersicht ein. Wenn Du alle Bereiche bewertet hast, kennst Du die Service-DNA Deines Wunschkundenbusiness.

Bewerte jeden Faktor einzeln und nutze dazu die folgende Skala:

1 Punkt	*In diesem Bereich sind andere Unternehmen besser als ich.*
2 Punkte	*Das mache ich genauso gut wie andere Unternehmen der Branche.*
3 Punkte	*In diesem Bereich bin ich besser als meine Wettbewerber.*
4 Punkte	*In diesem Bereich ist meine Leistung einzigartig. Es gibt kein anderes Unternehmen, das hier mein Niveau erreicht.*

An der Skala erkennst Du, dass es schwer ist, bei einem der Faktoren mehr als zwei Punkte zu bekommen. Erfolgreiche Unternehmen schaffen das in mindestens drei Bereichen. Das macht klar, wieso Erfolg nicht über Nacht entsteht und wieso es so schwer ist, erfolgreich zu bleiben. Denn die Vergleichsmaßstäbe sind nicht starr, sondern immer abhängig davon, wir gut andere Unternehmen in Deinem Markt sind. Wird ein neues Wunschkundenbusiness entwickelt, kann sich Deine Service-DNA schlagartig ändern, ohne dass Du selbst etwas veränderst.

Keine Sorge - Du schaffst das. Du hast gute Voraussetzungen dafür, wenn Du den Hinweisen in den ersten beiden Kapiteln dieses Buches folgst, denn dann hast Du bei den drei Faktoren Preismodell, Dringlichkeit und Kundenerlebnis schon eine Alleinstellung und damit beste Voraussetzungen, dauerhaft erfolgreich zu sein.

Ermittle jetzt die Service-DNA Deines Wunschkundenbusiness. Schau Dir dazu die 10 Faktoren auf den folgenden Seiten an, bewerte Deine Leistung mit ein bis vier Punkten und trage dann den höchsten Wert für jeden Bereich als Balken in die Tabelle auf der linken Seite ein.

4 Pt.

3 Pt.

2 Pt.

1 Pt.

1	2	3	4	5	6	7	8	9	10
Preis-modell	*Kooperations-netzwerk*	*Standar-disierung*	*Lösungs-prozess*	*Dringlich-keit*	*Modu-larität*	*Erlebnis*	*Angebots-kanal*	*Marken-Sog*	*Kunden-aktivität*

Bereich 1: Business-DNA

Die Business-DNA Deines Unternehmens umfasst alle internen Faktoren, die Deinem Business seine Identität geben. Dies beinhaltet alle Prozesse, die für Deine Kunden unsichtbar sind und die nur Du im Detail kennst. Jedes Wunschkundenbusiness basiert auf festen Prozessen, die das Anbieten einer Problemlösung und die Schaffung eines Kundenerlebnisses erst möglich machen.

Die Business-DNA eines Unternehmens wird durch weit mehr Faktoren als das Preismodell, das Kooperationsnetzwerk und Standardisierung beeinflusst, aber genau bei diesen drei Faktoren unterscheiden sich erfolgreiche Unternehmen von weniger erfolgreichen. Ich empfehle Dir daher, Dich auf genau diese Faktoren zu fokussieren und hier Deine Leistungen zu verbessern, wenn Du ein Unternehmen mit Schwerpunkt Business-DNA schaffen willst.

Unternehmen mit einer starken Business-DNA sind bei der Lösung von Standardproblemen unschlagbar. Der Fokus liegt darauf, für ein häufig auftretendes Problem die beste Lösung zu bieten. Die Dringlichkeit des Problems ist dabei zweitrangig. Dies gelingt kleinen Unternehmen nur, wenn sie über das beste Kooperationsnetzwerk in einer Nische verfügen und wenn sie die eigenen Leistungen stark standardisieren. Durch die Fokussierung auf die Lösung eines einzigen Problems ist es häufig möglich, ein maßgeschneidertes Preismodell anzubieten. Unternehmen mit einer starken Business-DNA sind in der Lage, Ihre Leistungen zu skalieren. Individuelle Lösungen von Problemen, die nicht zum Kernbereich gehören, zählen genau so wenig zu den Stärken solcher Unternehmen. wie die Lösung dringender Probleme.

Das von Günther Faltin gegründete Unternehmen „Teekampagne“ (www.teekampagne.de) ist auf Grund einer starken Business-DNA Marktführer beim Verkauf von hochwertigem Darjeeling-Tee. Das Unternehmen bietet exklusive Teesorten in Großpackungen zu einem unschlagbaren Preis. Die Beschränkung auf wenige Produkte ermöglicht eine hohe Standardisierung (4 Punkte). Das Netzwerk aus Tee-Lieferanten und Dienstleistern ist maßgeschneidert für den Unternehmenszweck und damit ein Alleinstellungsmerkmal des Unternehmens (3 Punkte).
Das Preismodell selbst ist vergleichbar mit dem von Wettbewerbern, aber der unschlagbare Preis, der durch die starke Standardisierung und durch die Ausschaltung alle Zwischenhändler erreicht wird, ist ein zentraler Erfolgsfaktor des Unternehmens (4 Punkte). Das Kampagnen-Prinzip haben seit dem Erfolg der Teekampagne viele weitere Unternehmen genutzt. Das Buch dazu („Kopf schlägt Kapital“) beschreibt die Erfolgsfaktoren dieses Ansatzes im Detail und ist ein Bestseller geworden.

Die Firma Dobotec (www.dobotec.de/sanierung-overnight) wechselt mit ihrem Overnight-System über Nacht Teppichböden in möblierten Büros aus. Durch die Zusammenarbeit zahlreicher Spezialisten (EDV-Fachleute, Umzugsspezialisten, Fußbodenleger, Reinigungskräfte) wird es möglich, alle notwendigen Arbeiten in kurzer Zeit auszuführen. Das Kooperations-Netzwerk ist also ein wichtiges Alleinstellungsmerkmal (3 Punkte). Erst die Standardisierung (4 Punkte) und die Nutzung einer speziell entwickelten, schnell trocknenden Spachtelmasse machen das Angebot unkopierbar. Das Preismodell ist einzigartig, denn die hohe Zeitersparnis und der geringe Arbeitsausfall steigern den Wert enorm. Der Erfolgsfaktor des Preismodells von Dobotec liegt also in einem unschlagbaren Preis-Leistungs-Verhältnis (4 Punkte).

Im folgenden werden die drei Faktoren beschrieben, die die Business-DNA eines Unternehmens einzigartig machen.

Faktor Preismodell*

Das Preismodell ist ein zentraler Faktor der Business-DNA eines jeden Unternehmens. Es gibt vier Kategorien, in die sich alle Preismodelle einteilen lassen: Zahlungszeitpunkt, Folgekosten, Preiswahrnehmung und Zahlungskomfort. Die Details dazu findest Du im ersten Kapitel dieses Buches. Hier ist nur eines entscheidend: Es reicht, wenn Du in einer der genannten Kategorien besser bist als der Wettbewerb, denn dann hat Dein Preismodell ein Alleinstellungsmerkmal.

Bewerte jetzt Dein Preismodell. Nutze dafür die Skala aus dem vorherigen Kapitel und vergib einen bis vier Punkte für die einzelnen Kategorien:

Zahlungszeitpunkt: ____________ Punkte

Folgekosten: ____________ Punkte

Preiswahrnehmung: ____________ Punkte

Zahlungskomfort: ____________ Punkte

Nimm den höchsten Wert und trage ihn in die Übersicht zu Deiner Service-DNA ein.

Faktor Kooperationsnetzwerk

Die Zusammenarbeit mit Kooperationspartnern bietet kleinen Unternehmen die Möglichkeit, Spezialwissen nahezu unbegrenzt zu vergrößern. Kunden ist es (fast) egal, wer die Leistung erbringt, solange alle Erwartungen erfüllt werden. Mit der eigenen Arbeitskraft sind Einzelkämpfer schnell am Limit, wenn es darum geht, komplexe Leistungen zu erbringen. Bündelt man aber die Power vieler Partner, ist eine Ausweitung der Leistungen oder eine Skalierung deutlich einfacher.

Es gibt zahlreiche Möglichkeiten für Kooperationen. Die folgenden vier werden von erfolgreichen Unternehmen am häufigsten genutzt:

Empfehlungen: Gegenseitige Empfehlungen sorgen dafür, dass das gesamte Netzwerk profitiert. Voraussetzung dafür ist eine gemeinsame Zielgruppe aller Partner. Diese Form der Kooperation erlebt zum Beispiel jeder, der eine Hochzeit plant. Der Fotograf empfiehlt den Brautausstatter, der wiederum den Floristen, dieser den Fotografen usw. Jeder Partner erbringt seine Leistung unabhängig vom jeweils anderen, empfiehlt aber alle anderen Partner im Netzwerk weiter.

Gemeinsame Angebote: Diese Form der Kooperation geht über das Empfehlen hinaus. Hier erarbeiten die Partner gemeinsam die Lösung. So nutzt zum Beispiel ein Baugeschäft als Generalunternehmer die Leistungen vieler Handwerker, um ein Haus für seinen Kunden zu bauen.

Vertriebspartnerschaften: Vertriebskooperationen sind nicht auf die Erbringung der Leistung ausgerichtet, sondern auf die Kundengewinnung. Ein Vertriebspartner übernimmt dabei die Kundenakquise oder den Produktverkauf für ein anderes Unternehmen. Meist gibt es dafür eine Gegenleistung, zum Beispiel eine Provision. Ein typisches Beispiel für eine Vertriebskooperationen ist der Friseur, der die Pflegeprodukte eines Herstellers verkauft.

Marketingkooperationen: Werbekooperationen entstehen, wenn Unternehmen gegenseitig füreinander werben oder wenn ein Unternehmen Werbung für ein Angebot eines anderen Unternehmens macht. Ein Fitnessstudio kann zum Beispiel für ein regionales Laufevent werben, weil es bereits Zugang zur Zielgruppe hat.

Natürlich reicht es auch in der Kategorie Kooperationsnetzwerk, in einem einzelnen Bereich besser zu sein als der Wettbewerb, um sich einen Vorteil zu verschaffen.

Bewerte jetzt Dein Kooperationsnetzwerk. Wenn einer der Punkte nicht auf Dein Unternehmen zutrifft, vergib dafür null Punkte:

Empfehlungen: ______________ Punkte

Gemeinsame Angebote: ______________ Punkte

Vertriebspartnerschaften: ______________ Punkte

Marketingkooperationen: ______________ Punkte

Nimm den höchsten Wert und trage ihn in die Übersicht zu Deiner Service-DNA ein.

Faktor Standardisierung

Ein bekanntes Sprichwort bringt es auf den Punkt: Als Selbständiger macht man alles selbst, und zwar ständig. Das trifft natürlich nicht in jedem Fall zu, ist aber eher die Regel als die Ausnahme. Viele Selbständige und kleine Unternehmen wünschen sich, Aufgaben abzugeben. In der Praxis gestaltet sich das aber schwieriger als erwartet. Ein häufiges Problem ist die fehlende Standardisierung. Alles, was man selbst macht, wird genau so erledigt, wie man es sich wünscht. Will man eine Aufgabe delegieren, muss man sie genau beschreiben - also standardisieren. Standardisierung ist damit der Schlüssel zur Skalierung der eigenen Leistung und damit entscheidend für alle Unternehmen, die wachsen wollen. Durch Standardisierung bleibt die Leistung des Unternehmens konstant, auch wenn der Chef nicht mehr alles selbst erledigt.

Bei der Standardisierung der Leistungen eines Unternehmens gibt es vier Bereiche, die erfolgreiche Unternehmen besser machen als andere:

Erstauftrag eines Neukunden erfüllen: Die Erfüllung des ersten Auftrags eines neuen Kunden entscheidet darüber, ob dieser Kunde ein zweites Mal kauft. Daher ist es entscheidend, Neukunden zu begeistern und

Fehler auszuschließen: Das gelingt leichter, wenn der Prozess zur Erbringung des Erstauftrags standardisiert ist und damit immer die gewünschte Qualität erreicht wird, unabhängig davon, wer den Auftrag ausführt. Neben der Qualität ist auch die Zeit entscheidend, die für die Erfüllung des Auftrags benötigt wird. Kein Kunde wartet ewig, auch wenn die Qualität überzeugend ist. Standardisierung hilft, Aufträge bei gleicher Qualität schneller zu erfüllen.

Aufgaben delegieren: Die Verteilung von Aufgaben ist entscheidend für die Effizienz und Effektivität eines Unternehmens. Dass jeder bestimmte Aufgaben besser delegiert, als sie selbst zu machen, steht hier außer Frage. Es geht vielmehr darum, den Prozess für das Delegieren von Aufgaben zu standardisieren. Wie werden Informationen weiter gegeben? Wer macht welche Aufgaben? Wie wird die Erfüllung der Aufgaben kontrolliert? Diese und viele weitere Fragen haben erfolgreiche Unternehmen besser beantwortet als andere.

Entscheidungen treffen: Ohne Entscheidungen gibt es Stillstand. Wir treffen täglich viele Entscheidungen, kleine und große, wichtige und unwichtige. Erfolgreiche Unternehmer haben einen klaren Entscheidungsprozess, in dem festgelegt ist, wer was bis wann entscheidet. Wichtig ist darüber hinaus, den Umgang mit Fehlern festzulegen, denn das bestimmt die Qualität und Geschwindigkeit von Entscheidungen. Werden Fehler toleriert, fallen Entscheidungen schneller.

Kernkompetenzen dokumentieren: Das Wissen der Mitarbeiter ist das wertvollste Gut eines Unternehmens. Das gilt auch für Einzelunternehmen. Nur das Wissen, das dokumentiert ist und damit weiter gegeben werden kann, trägt zur Wertsteigerung eines Unternehmens bei. Ein hochspezialisierter Steuerberater bekommt keinen Cent für seine Kanzlei, wenn er sich zur Ruhe setzt, denn sein gesamtes Know-how ist nur anwendbar, wenn er selbst die Mandate betreut. Hat er dagegen durch ein Ausbildungsprogramm andere Kollegen geschult, bekommt er zum Beispiel Lizenzgebühren, weil sein Wissen für andere anwendbar wird. Die Dokumentation von Wissen ist die Voraussetzung für Wachstum, Skalierung und Wertsteigerung. Erfolgreiche Unternehmen haben das erkannt und dokumentieren regelmäßig das interne Know-how.

Notizen

Bewerte jetzt den Grad der Standardisierung in Deinem Unternehmen. Wenn einer der Punkte nicht auf Dein Unternehmen zutrifft, vergib dafür null Punkte:

Erfüllung des Erstauftrags: ________ Punkte

Aufgaben delegieren: ________ Punkte

Entscheidungen treffen: ________ Punkte

Kernkompetenzen dokumentieren: ________ Punkte

Nimm den höchsten Wert und trage ihn in die Übersicht zu Deiner Service-DNA ein.

Bereich 2: Problemlösung

Der Bereich Problemlösung umfasst die externen Faktoren, die Dein perfektes Angebot erzeugen. Das beinhaltet alle Prozesse, die zur „Herstellung" Deines perfekten Angebotes notwendig sind.

Die Fähigkeit zur Problemlösung eines Unternehmens wird vor allem durch die Faktoren Lösungsprozess, Dringlichkeit und Modularität beeinflusst. In diesen drei Bereichen unterscheiden sich erfolgreiche Unternehmen von weniger erfolgreichen. Fokussiere Dich auf diese Faktoren, wenn Du ein Unternehmen mit Problemfokus schaffen willst.

Unternehmen mit Problemfokus sind unschlagbar bei der Lösung dringender Kundenprobleme. Die Honorare solcher Unternehmen sind deutlich höher als die von Wettbewerbern. Wenn es wirklich kritisch wird, führt an ihnen kein Weg vorbei. Für die Lösung von Standard-Problemen sind sie aber oft nur zweite Wahl. Hier sind Unternehmen mit starker Business-DNA deutlich überlegen.

Ein bekannter Unternehmer mit starker Problemlösungsorientierung war Red Adair, der berühmteste Feuerwehrmann der Welt. Er hatte sich auf die Lösung genau eines dringenden Problems spezialisiert: Das Löschen von brennenden Ölquellen. Immer, wenn alle anderen Maßnahmen versagten, wurde Red Adair gerufen. Meist löschte er die Brände mit seinem Team in kurzer Zeit. Dies war nur möglich, weil er einen einzigartigen Lösungsprozess entwickelt hatte (4 Punkte). Er bekam für seine Einsätze ein hohes Honorar, denn es gab keine Alternative zu seiner Leistung. Wenn es wirklich kritisch wurde, war er der einzige auf der Welt, der helfen konnte (Dringlichkeit: 4 Punkte). Durch die starke Spezialisierung auf genau ein Kernproblem wusste er über das Löschen von brennenden Ölquellen mehr als jeder andere und hatte die mit Abstand größte Erfahrung in diesem Bereich. Seine „Rettungseinsätze" machten ihn legendär. Sein Lösungsprozess war modular aufgebaut und das Löschen der Brände auf mehrere Spezialisten verteilt. Dennoch war sein Know-how so zentral für den Gesamtprozess, dass sein Unternehmen nach seinem Tod nicht mehr so erfolgreich war wie davor (Modularität: 2 Punkte).

Ein weniger berühmtes Beispiel für ein Unternehmen mit starker Problemfokussierung ist die Tierambulanz (www.tierambulanz.de) in Berlin. Egal ob Magendrehung, Schnittverletzung, Vergiftungen, Fenstersturz, Übelkeit, Durchfall - Notfälle gibt es auch für Haustierbesitzer täglich. Immer ist ein solcher Notfall für den Besitzer des Tieres ein riesiges und hochemotionales Problem (Dringlichkeit: 4 Punkte). Für uns Menschen gibt es seit Jahrhunderten Lösungen für Notfälle, bei Tieren ist das eher die Ausnahme. Die Tierambulanz löst dieses Problem, zum Beispiel durch den Einsatz speziell ausgestatteter Rettungswagen. Der Lösungsprozess ist aber nicht einzigartig im Markt (3 Punkte). Die Modularität (3 Punkte) der angebotenen Leistungen ermöglicht die Ausweitung der Produktpalette und macht das Konzept krisensicher. Tierbesitzer lassen nach einem solchen Rettungseinsatz häufig auch weitere Behandlungen ihres Lieblings durch die Tierambulanz durchführen.

Im Folgenden werden die drei Bausteine beschrieben, die für eine einzigartige Problemlösung sorgen.

Faktor Lösungsprozess

Der Lösungsprozess beinhaltet alle Maßnahmen, die für die Lösung eines dringenden Problems notwendig sind. Um diesen Prozess zu optimieren, beschränken sich Unternehmen mit Problemfokus auf die Lösung genau eines Problems.

Die Qualität des Lösungsprozesses wird durch vier Faktoren maßgeblich beeinflusst:

Akzeptanz einer speziellen Zielgruppe: Eine starke Kundenorientierung ist für die Entwicklung eines wirksamen Lösungsprozesses zwingend notwendig, denn ohne das tiefe Verständnis der Probleme einer kleinen Zielgruppe ist man kaum in der Lage, das wirklich wichtigste Problem zu finden und es dann zu lösen. Es reicht aber nicht, selbst von der Problemlösung überzeugt zu sein. Für den Erfolg eines Unternehmens ist es entscheidend, dass die Zielgruppe die Lösung akzeptiert bzw. kauft (vgl. Kapitel Akzeptanztest).

Flexibilität des Lösungsprozesses: Ein Vorteil einer guten Spezialisierung ist die Krisenfestigkeit. Die Konzentration auf die Lösung eines einzigen Problems ist dauerhaft aber nur erfolgreich, wenn der Lösungsprozess flexibel auf ähnliche Probleme anwendbar ist. Das bietet einem Unternehmen Wachstumsmöglichkeiten und ermöglicht den Wechsel in eine andere Nische, wenn das zum Beispiel der Markt erfordert.

Automatisierung des Lösungsprozesses: Die Automatisierung des Lösungsprozesses macht Lösungen skalierbar. Dafür ist es erforderlich, zentrale Komponenten zu definieren, die unabhängig voneinander und durch verschiedene Dienstleister automatisierbar sind. Ein Unternehmen mit einem skalierbaren Lösungsprozess erreicht also trotz Spezialisierung einen hohen Grad an Automatisierung. Dieser „Spagat" macht Lösungsspezialisten dauerhaft erfolgreich.

Einsatz von Ressourcen: Die bedarfsgerechte Anpassbarkeit des Lösungsprozesses steigert Effizienz und Effektivität und erzeugt somit entscheidende Wettbewerbsvorteile. Selbst ohne flexible und automatisierte Prozesse schaffen es erfolgreiche Unternehmen, die eigenen Ressourcen besser einzusetzen als Wettbewerber.

Bewerte jetzt Deinen Lösungsprozess. Wenn einer der Punkte nicht auf Dein Unternehmen zutrifft, vergib dafür null Punkte:

Akzeptanz einer speziellen Zielgruppe: ____________ Punkte

Flexibilität des Lösungsprozesses: ____________ Punkte

Automatisierung des Lösungsprozesses: ____________ Punkte

Einsatz von Ressourcen: ____________ Punkte

Nimm den höchsten Wert und trage ihn in die Übersicht zu Deiner Service-DNA ein.

Faktor Dringlichkeit*

Der entscheidende Unterschied zwischen Unternehmen mit starker Business-DNA und Unternehmen mit Problemfokus ist die Dringlichkeit der Problemlösung. Diesen Faktor kann nur der Kunde selbst beurteilen. Das Vorgehen zur Erarbeitung einer Problemlösung mit hoher Dringlichkeit ist zu Beginn dieses Buches im Kapitel „Problemlösung" ausführlich beschrieben. Der folgende Abschnitt ist eine Wiederholung der beschriebenen Methodik. Deine Service-DNA sollte in diesem Punkt bereits ein Alleinstellungsmerkmal aufweisen.

Die Dringlichkeit der Lösung wird durch vier Faktoren bestimmt:

Einschränkung der Zielgruppe: Eine starke Einschränkung der Zielgruppe ist unerlässlich. Das bedeutet nicht, dass die Zielgruppe klein sein muss. Es geht vielmehr darum, sie genau zu beschreiben, die Grundwerte im Detail zu verstehen und die zentrale Gemeinsamkeit zu finden. Denn nur dann ist es möglich, die Ursachen für die wichtigsten Probleme einer Zielgruppe zu verstehen.

Emotionalität des Problems: Das wichtigste Erkennungsmerkmal hochgradig dringender Probleme ist die Emotionalität. Wird ein Problem emotional diskutiert oder sorgt es für große Aufregung, ist es mit hoher Wahrscheinlichkeit dringend in den Augen der Kunden.

Wahrgenommenes Gefahrenpotential: Die Dringlichkeit eines Problems steigt mit dem wahrgenommenen Gefahrenpotential. Je größer einem Kunden das Gefahrenpotential erscheint, desto stärker ist die Dringlichkeit. Wichtig dabei ist die tatsächliche Wahrnehmung der Kunden, nicht Deine eigene Meinung.

Beschränkte Verfügbarkeit: Auch die beschränkte Verfügbarkeit steigert die Dringlichkeit und damit den Bedarf. Verknappung ist aber immer auch eine Einladung an Wettbewerber, genau diese knappe Leistung anzubieten. Es ist daher wichtig, die tatsächliche Verfügbarkeit einer Lösung regelmäßig zu prüfen und seine eigene Leistung so zu gestalten, dass ein Nachahmen erschwert wird.

Erfolgreiche Unternehmen lösen also dringende Probleme, die absolut keinen Aufschub dulden - so wie Red Adair oder die Tierambulanz Berlin. Da dieser Faktor so entscheidend ist, habe ich ihm zu Beginn des Buches ein ganzes Kapitel gewidmet (Hauptproblem der Wunschkunden).

Bewerte jetzt die Dringlichkeit der Problemlösung, die Du Deinen Kunden anbietest. Wenn einer der Punkte nicht auf Dein Unternehmen zutrifft, vergib dafür null Punkte:

Einschränkung der Zielgruppe: ______________ Punkte

Emotionalität des Problems: ______________ Punkte

Wahrgenommenes Gefahrenpotential: ______________ Punkte

Beschränkte Verfügbarkeit: ______________ Punkte

Nimm den höchsten Wert und trage ihn in die Übersicht zu Deiner Service-DNA ein.

Faktor Modularität

Die Modularität der Lösung ist ein entscheidender Faktor für die Krisenfestigkeit und das Wachstumspotential eines Unternehmens. Eine hohe Modularität ist gegeben, wenn die Schaffung einer Lösung aus mehreren Komponenten besteht, die unabhängig voneinander, also zum Beispiel über verschiedene Dienstleister oder Mitarbeiter, automatisiert werden können. Warum ist das so entscheidend? Weil Modularisierung vier entscheidende Vorteile bietet, die erfolgreiche Unternehmen besser nutzen als andere.

Kombinationsmöglichkeiten: Die Modularität der Problemlösung ermöglicht die Kombination von einzelnen Produkten oder Teillösungen zu neuen Angeboten und schafft somit Flexibilität. Ändern sich Märkte oder Kundenanforderungen, können Unternehmen neue Produkte aus bestehenden Komponenten kreieren. Je stärker die Problemlösung modularisiert ist, desto größer sind die Kombinationsmöglichkeiten der einzelnen Module.

Produktpakete: Modularisierung ermöglicht es Unternehmen, Produktpakete zu schaffen und diese bei Bedarf zu erweitern oder zu verkleinern. Dadurch ist eine Anpassung der eigenen Produktpalette an sich ändernde Kundenanforderungen leichter.

Einbinden von Drittanbietern: Modulare Lösungen ermöglichen das Einbinden der Angebote von Drittanbietern, also die Vermarktung fremder Leistungen unter der eigenen Marke. Das ermöglicht eine einfache Ausweitung der eigenen Leistung durch Fremdkapazitäten.

White-Label-Potential: Modulare Lösungen machen White-Label-Angebote, also die Vermarktung der eigene Problemlösung unter einer fremden Marke, möglich. Das schafft großes Potential für Kooperationen mit größeren Unternehmen oder stärkeren Marken.

Alle vier Maßnahmen sind wichtige Faktoren für die Krisenfestigkeit und das Wachstumspotential eines Unternehmens. Erfolgreiche Unternehmen haben ihre Lösungen also stärker modularisiert als weniger erfolgreiche Unternehmen.

Bewerte jetzt die Modularität Deiner Problemlösung. Wenn einer der Punkte nicht auf Dein Unternehmen zutrifft, vergib dafür null Punkte:

Kombinationsmöglichkeiten: ______ Punkte

Produktpakete: ______ Punkte

Einbinden von Drittanbietern: ______ Punkte

White-Label-Potential: ______ Punkte

Nimm den höchsten Wert und trage ihn in die Übersicht zu Deiner Service-DNA ein.

Bereich 3: Kundenfokus

Der Bereich Kundenfokus beinhaltet alle kundenbezogenen Faktoren, die Dein Wunschkundenbusiness erlebbar machen und die für Kunden direkt sichtbar sind.

Einzigartige Leistungen im Bereich Kundenfokus werden von Unternehmen vollbracht, die sich auf die Faktoren Kundenerlebnis, Angebotskanal, Marken-Sog und Kundenaktivität konzentrieren. Fokussiere Dich auf diese Faktoren, wenn Du ein Unternehmen mit Kundenfokus schaffen willst.

Unternehmen mit Kundenfokus schaffen einzigartige Beziehungen. Die Business-DNA und die Problemlösungskompetenz sind dabei häufig nicht besser als die des Wettbewerbs. Durch systematisch eingesetzte Begeisterungsfaktoren wird aber ein Marken-Sog geschaffen, der nicht kopierbar ist. Sämtliche Energie wird darauf verwendet, das Kundenerlebnis zu verbessern.

Solche Unternehmen sind gegen jede Krise immun, solange sie Ihrem Markenkern treu bleiben und den Zielgruppenfokus behalten. Eine Ausweitung des Angebots auf neue Zielgruppen ist aber kaum möglich, ohne den Markenkern zu verwässern.

Ein Unternehmen mit herausragendem Kundenfokus ist der Heart Attack Grill in Las Vegas (www.heartattackgrill.com). Dieses Burger-Restaurant bietet das ungesündeste Fast-Food, was man bekommen kann - getreu dem Motto: Wenn schon ungesund, dann konsequent. Neben Burger-Kreationen mit Namen wie „Vierfacher Bypass-Burger" bietet das Restaurant seinen Gästen unter anderem Cola mit dem höchsten Koffeingehalt und filterlose Zigaretten an. Jeder Gast wird durch als Krankenschwester verkleidete Kellnerinnen bedient, die regelmäßig den Blutdruck und andere Vitaldaten der Gäste überprüfen. Das Kundenerlebnis ist also einzigartig im Markt (Note 4). Das Angebot gibt es nur in einer Filiale in Las Vegas (Angebotskanal: Note 2). Die zahlreichen „Spiele" und Überraschungen, die das Restaurant für seine Gäste bereit hält, erzeugen einen riesigen Marken-Sog (Note 4) und sorgen für regelmäßige, begeisterte Weiterempfehlung des Angebotes durch die Gäste (Note 3).

Ein weniger prominentes, aber genauso perfekt inszeniertes Angebot bietet die Kinderzahnarztpraxis von Rebecca Otto in Jena (www.kinderzahnaerztin-otto.com). Hier können sich die kleinen Gäste mit einer eigenen Karte anmelden, bevor sie das als Spielzimmer umgebaute

Wartezimmer stürmen. Die schmerzfreie Behandlung findet entweder im „Ritter-Zimmer" oder im „Prinzessinnen-Zimmer" statt. Der Mund steht den kleinen Gästen von allein offen, weil auf dem Bildschirm an der Decke die neusten Trickfilme zu sehen sind. Nach der Behandlung bekommt jedes Kind einen Chip, mit dem es sich am Automaten am Ausgang ein Spielzeug „kaufen" kann. Das Kundenerlebnis ist also unschlagbar (Note 4), sowohl für die Kinder als auch für die Eltern. Der Angebotskanal ist Marktstandard (Note 2), der Marken-Sog aber enorm (Note 4). Nirgendwo sonst hören Eltern ihre Kinder fragen: „Wann darf ich mal wieder zum Zahnarzt?". Das gesamte Konzept sorgt für eine hohe Kundenaktivität (Note 3), denn nicht selten bringt ein Kind beim nächsten Besuch einen Freund aus dem Kindergarten mit.

Im folgenden werden die vier Faktoren beschrieben, die Unternehmen mit Kundenfokus besonders beherrschen.

Faktor Kundenerlebnis*

Das Kundenerlebnis ist entscheidend dafür verantwortlich, wie lange Kunden einem Unternehmen treu bleiben. In Zeiten austauschbarer Angebote ist dieser Faktor daher wichtig für die Kaufentscheidung und die Kundenbindung. Kaufentscheidungen fallen zu einem sehr großen Teil emotional. Daher braucht jedes Angebot Begeisterungsfaktoren, die auf die Zielgruppe zugeschnitten sind. Wie man solche Begeisterungsfaktoren entwickelt, ist im entsprechenden Kapitel zu Beginn des Buches ausführlich beschrieben und soll hier deshalb nur noch einmal kurz zusammengefasst werden. Deine Service-DNA sollte in diesem Punkt ein Alleinstellungsmerkmal aufweisen.

Es gibt vier grundlegende Möglichkeiten, das Kundenerlebnis durch Begeisterungsfaktoren einzigartig zu machen:

Erlebnisse schaffen: Kundenerlebnis ohne Erlebnisse? Nicht vorstellbar. Besondere Erlebnisse sorgen immer für Begeisterung. Beachtet man die Grundwerte der eigenen Wunschkunden, kann man Erlebnisse gezielt „designen".

Exklusivität bieten: Statusorientierte Kunden lieben Exklusivität. Eine bevorzugte Behandlung oder die Steigerung des wahrgenommenen Kundenstatus wirken auf solche Kunden begeisternd.

Erwartungen übertreffen: Übertrifft eine Leistung die Erwartungen der Kunden, ist Begeisterung vorprogrammiert. Entscheidend dafür ist, die spezifischen Erwartungen der eigenen Kunden zu kennen. Darüber hinaus schaffen es erfolgreiche Unternehmen besser, immer wieder selbst steigende Erwartungen der Kunden zu übertreffen. Das ist wichtig, denn Kundenerwartungen steigen mit der Zeit ganz automatisch und einstige Begeisterungsfaktoren werden zu Pflicht-Anforderungen.

Leidenschaft teilen: Nichts entfacht Begeisterung besser als geteilte Leidenschaft. Wenn Kunden miterleben dürfen, mit welcher Hingabe Unternehmer ihre Angebote erschaffen, steckt das unweigerlich an. Erfolgreiche Unternehmen machen aus Ihrem Angebot also ein Kundenerlebnis und schaffen es besser als andere, dieses Erlebnis dauerhaft zu erhalten.

Bewerte jetzt die Faktoren, die das Kundenerlebnis bei Deinem Angebot ausmachen. Wenn einer der Punkte nicht auf Dein Unternehmen zutrifft, vergib dafür null Punkte:

Erlebnisse schaffen: ____________ Punkte

Exklusivität bieten: ____________ Punkte

Erwartungen übertreffen: ____________ Punkte

Leidenschaft teilen: ____________ Punkte

Nimm den höchsten Wert und trage ihn in die Übersicht zu Deiner Service-DNA ein.

Faktor Angebotskanal

Dein perfektes Angebot muss Deine Kunden erreichen, damit es gekauft werden kann. Es gibt eine Vielzahl von Angebotskanälen, die Du dafür verwenden kannst. Häufig nutzen Unternehmen dabei mehrere Kanäle.

Erfolgreich sind aber vor allem Unternehmen, die in einem der folgenden Angebotskanäle einzigartige Kauferlebnisse bieten:

» ***Offline-Vertrieb:*** Wenn Du Offline-Vertrieb betreibst, können Kunden Dein Angebot anfassen. An der Verkaufsaktion sind Anbieter und Kunde direkt beteiligt. Der Verkauf erfolgt meist Face-to-Face an einem bestimmten Ort. Anbieter haben hier also die Möglichkeit, Kunden persönlich zu begeistern. Meist sind die Verkaufszeiten aber begrenzt.

» ***Online-Vertrieb:*** Beim Online-Vertrieb sind Die Angebote nicht anfassbar. Der Kunde nutzt Videos, Bilder und Beschreibungen, um sich über das Angebot zu informieren. Verkäufe erfolgen über das Internet, also ohne persönlichen Kontakt. Online-Vertrieb kennt keine Zeitbegrenzungen und ist rund um die Uhr möglich. Die Möglichkeiten, Kunden persönlich zu begeistern, sind dagegen begrenzt. Multimediale Inhalte bieten aber neue Begeisterungsmöglichkeiten.

» ***Vertrieb über Multiplikatoren:*** Beim Vertrieb über Multiplikatoren hat der Kunde keinen Kontakt mit dem Anbieter. Ein Dritter übernimmt die Präsentation des Angebots und ist für die Begeisterung verantwortlich. Häufig verfügen diese Vertriebspartner über bessere Möglichkeiten für die Kundenansprache als der Anbieter selbst und erleichtern ihm somit den Kundenzugang.

» ***Einzigartige Vertriebskanäle:*** Es gibt immer wieder Erfolgsgeschichten, die auf die Nutzung einzigartiger Vertriebskanäle aufbauen. Tupperpartys (www.tupperware.de) sind sicher jedem bekannt. Dieser einzigartige Vertriebskanal wird heute für viele weitere Produkte eingesetzt. Es geht an dieser Stelle aber nicht um einen speziellen Vertriebskanal, sondern um Innovation, also die Schaffung eines völlig neuen Vertriebskanals in einer Branche. Schafft ein Unternehmen eine solche Innovation und löst damit ein Problem der Zielgruppe, ist Erfolg vorprogrammiert. Denn ein einzigartiger Vertriebskanal schafft ein völlig neues Kauferlebnis.

Bewerte jetzt die Angebotskanäle, über die Deine Kunden Dein Angebot kaufen können. Wenn einer der Punkte nicht auf Dein Unternehmen zutrifft, vergib dafür null Punkte:

Offline-Vertrieb: ______________ Punkte

Online-Vertrieb: ______________ Punkte

Vertrieb über Multiplikatoren: ______________ Punkte

Einzigartige Vertriebskanäle: ______________ Punkte

Nimm den höchsten Wert und trage ihn in die Übersicht zu Deiner Service-DNA ein.

Faktor Marken-Sog

Jeder kennt Marken, die einen magischen Sog ausüben und deren Produkte man unbedingt haben muss. Dies gilt auch dann, wenn rational betrachtet gleichwertige oder bessere Angebote zu einem niedrigeren Preis verfügbar sind. Die „Aufladung" eines Angebots durch eine starke Marke ist ein klarer Beweis dafür, dass Kaufhandlungen stark emotional gesteuert sind.

Erfolgreiche Unternehmen schaffen Marken mit Sog, indem Sie in den folgenden Kategorien Spitzenleistungen erzielen:

» ***Markenerlebnis:*** Eine Marke ist ein virtuelles Gut, welches man nicht anfassen kann. Markenidentität entsteht, wenn der Kern der Marke erlebbar wird. Erst dann kann die Marke ihren Sog entfalten. Ein solches Markenerlebnis entsteht durch Handlungen und Aktionen, die die Identität der Marke unterstreichen. Wichtig ist dabei, dass alle Aktionen, die unter einer Marke gebündelt werden, eine einheitliche Botschaft vermitteln.

» ***Storytelling und Identifikation:*** Geschichten sind seit Jahrtausenden die beste Möglichkeit, um Botschaften zu übermitteln. Deshalb nutzen starke Marken Geschichten, um den Kern der Marke zu kommunizieren und die Marke mit Leben zu füllen. Geschichten schaffen Identifikation, denn jeder, der sich in einer Geschichte widererkennt, assoziiert eigene Erlebnisse damit und baut so eine direkte persönliche Verbindung auf.

» ***Nutzung bestehender Marken:*** Der astronomisch hohe Wert bekannter Marken zeigt, dass der Aufbau einer erfolgreichen Marke nur einigen Unternehmen gelingt. Der erforderliche Aufwand ist nur von wenigen zu bewältigen. Daher ist es eine gute Alternative, den Sog bekannter Marken für sein eigenes Business zu nutzen. Dabei wird im besten Fall der Sog der bestehenden Marke auf das eigene Angebot übertragen.

» ***Übertragung von Vertrauen:*** Eine weitere Möglichkeit zur Nutzung der Bekanntheit bestehender Marken ist die Übertragung von Vertrauen auf das eigene Unternehmen. Kunden vertrauen bestimmten Marken. Durch Gütesiegel oder Zertifikate wird dieses Vertrauen zum Beispiel auf andere Produkte übertragen. Davon profitieren Unternehmen, die noch kein stabiles Vertrauensverhältnis zu ihrer Zielgruppe aufgebaut haben.

Bewerte jetzt die einzelnen Komponenten, die den Sog Deiner Marke ausmachen. Wenn einer der Punkte nicht auf Dein Unternehmen zutrifft, vergib dafür null Punkte:

Markenerlebnis: ________ Punkte

Storytelling und Identifikation: ________ Punkte

Nutzung bestehender Marken: ________ Punkte

Übertragung von Vertrauen: ________ Punkte

Nimm den höchsten Wert und trage ihn in die Übersicht zu Deiner Service-DNA ein.

Faktor Kundenaktivität

Noch vor einigen Jahren war die Kommunikation zwischen Unternehmen und Kunden eine Einbahnstraße. Unternehmen sagten Kunden, was an ihren Produkten und Dienstleistungen besonders ist und Kunden glaubten, was ihnen gesagt wurde. Diese Zeiten sind vorbei. Heute findet ein Dialog zwischen Kunden und Unternehmen statt. Der entsteht nur, wenn sich Kunden aktiv einbringen.

Erfolgreiche Unternehmen schaffen Möglichkeiten für Kunden, aktiv zu werden. Dabei haben sich die folgenden als besonders erfolgsfördernd herausgestellt:

» ***Anreize für Empfehlungen:*** Eine Empfehlung ist die effektivste Form der Neukundengewinnung, weil dabei bestehendes Vertrauen übertragen wird. Dieser hohe Einsatz des Empfehlers führt aber auch zu einer gewissen Zurückhaltung. Erfolgreiche Unternehmen schaffen daher wirksame Anreize für Empfehlungen. Weil der Empfehler seinen „guten Ruf" aufs Spiel setzt, wirken monetäre Anreize selten langfristig als Empfehlungs-Booster. Erst die Schaffung nicht-monetärer Empfehlungsanreize steigert in vielen Fällen die Empfehlungsquote. Ohne Anreize braucht es dagegen absolute Kundenbegeisterung, um Empfehlungen zu erzeugen. Zur Zielgruppe passende Empfehlungsanreize steigern also die Empfehlungsquote.

» ***Plattformen für Kundenaustausch:*** Wer mit Kunden in den Dialog treten will, muss dafür die Möglichkeit schaffen. Egal ob offline oder online - ohne entsprechende Plattformen für den Dialog bleiben Kundenstimmen ungehört.

» ***Einflussmöglichkeiten von Kunden:*** Kunden bringen sich am ehesten aktiv ein, wenn Sie die Möglichkeit haben, Einfluss auf das Angebot eines Unternehmens zu nehmen. Das sorgt für Gesprächsstoff. Ohne Einflussmöglichkeiten fehlt dem Kundendialog ein entscheidender Bereich, in dem Kunden aktiv werden können.

» ***Statuslevel:*** Status ist für bestimmte Kundengruppen ein elementarer Anreiz. Bietet ein Unternehmen die Möglichkeit, verschiedene Statuslevel zu erreichen, fördert das die Kundenaktivität und liefert „Futter“ für den Kundendialog. Kunden werden von sich aus aktiv, denn die erreichten Statuslevel sind für sie nur von Bedeutung, wenn sie von anderen wahrgenommen werden.

Bewerte jetzt die Möglichkeiten, die Deine Kunden haben, um sich aktiv einzubringen. Wenn einer der Punkte nicht auf Dein Unternehmen zutrifft, vergib dafür null Punkte:

Anreize für Empfehlungen: ____________ Punkte

Plattformen für Kundenaustausch: ____________ Punkte

Einflussmöglichkeiten für Kunden: ____________ Punkte

Statuslevel: ____________ Punkte

Nimm den höchsten Wert und trage ihn in die Übersicht zu Deiner Service-DNA ein.

Du hast jetzt alle 10 Faktoren Deiner Service-DNA bewertet und damit den Fingerabdruck ermittelt, der Dein Wunschkundenbusiness einzigartig macht. Die Vielzahl der Kombinationen der einzelnen Maßnahmen bietet jedem Unternehmen die Möglichkeit, eine unverwechselbare Service-DNA zu schaffen. Dabei ist es nicht unbedingt erforderlich, dass Du Dich ausschließlich auf einen der drei hier beschriebenen Bereiche Business-DNA, Problemlösung oder Kundenfokus konzentrierst. Du kannst Deine Stärken in allen 10 Faktoren entwickeln und diese beliebig kombinieren. Dies bietet Dir nahezu uneingeschränkte Möglichkeiten, Dein Wunschkundenbusiness einzigartig zu machen und damit dauerhaft erfolgreich zu bleiben. Du kannst Dich dafür entscheiden, einen Wettbewerber in ein oder mehreren Bereichen zu überflügeln. Oder Du entscheidest Dich dafür, genau die Faktoren Deiner Service-DNA zu stärken, die kein anderer im Markt besetzt. Du hast die volle Freiheit. Denn es ist Dein Wunschkundenbusiness. Aber auf jeden Fall kannst Du Dich auf einige wenige Faktoren fokussieren und wirst dadurch deutlich schneller Erfolge erzielen als wenn Du alle 10 Faktoren parallel optimierst. Lege Dein Ziel fest und dann schaffe eine Service-DNA, die „unkopierbar" ist und Dein Wunschkundenbusiness unverwechselbar macht.

Nachdem Du Deine Service-DNA ermittelt hast, hast Du zwei Möglichkeiten:

1. ***Du bist zufrieden mit dem Ergebnis, denn Dein Wunschkundenbusiness ist bereits einzigartig und „unkopierbar".*** Das ist der Fall, wenn Du bei mindestens drei Faktoren drei oder mehr Punkte erreicht hast. Sei bei der Bewertung kritisch, denn es hilft Dir nichts, Dich selbst zu belügen. Nur, wenn Dein Business wirklich klare Alleinstellungsmerkmale hat, bist Du dauerhaft erfolgreich. Deine Aufgabe besteht jetzt darin, Deine wichtigsten Wettbewerber regelmäßig zu analysieren. Bewerte deren Service-DNA und überprüfe, ob Du ausreichend Vorsprung hast. Schon wenn Deine Wettbewerber ihre Leistungen in einzelnen Bereichen verbessern, kann Dein Vorsprung schnell dahin schmelzen. Andererseits kannst Du Dein Wunschkundenbusiness durch die Analyse Deiner Wettbewerber gezielt genau so weiter entwickeln, dass Dein Vorsprung konstant bleibt oder sogar steigt. Wenn Du Dich dabei auf Deine Stärken konzentrierst, ist diese Aufgabe deutlich leichter zu bewältigen, als wenn Du an allen 10 Faktoren gleichzeitig arbeitest. Fokussierung ist also Deine Freundin und sorgt dafür, dass Du dauerhaft erfolgreich bleibst.

2. ***Du hast erkannt, dass Du keinen ausreichenden Vorsprung vor Deinen Wettbewerbern hast und Dein Erfolg somit auf wackeligen Beinen steht.*** In diesem Fall solltest Du Dir drei Bereiche suchen, in denen es keine übermächtigen Wettbewerber gibt bzw. in denen bestehende Lösungen anderer Anbieter Schwächen haben. Konzentriere Dich darauf, Deine Leistungen in genau diesen Bereichen deutlich zu verbessern. Welche Möglichkeiten Du dazu hast, ist in den nächsten Abschnitten ausführlich beschrieben. Arbeite regelmäßig daran, eine unverwechselbare Service-DNA für Dein Wunschkundenbusiness zu entwickeln. Und denke daran, dass Du dafür Deine Leistung in nur drei der 10 Faktoren steigern musst, um Deine Chance für dauerhaften Erfolg deutlich zu verbessern. Das ist eine große, aber keine unlösbare Aufgabe. Also leg los! Schau Dir die Möglichkeiten auf den folgenden Seiten an und finde heraus, wie Du Dein Wunschkundenbusiness unkopierbar machst.

3.2 Business-DNA: Qualität auf Knopfdruck

Mit einer guten Business-DNA setzt Du Dein Wunschkundenbusiness auf Autopilot. Entwickle Alleinstellungsmerkmale in den Bereichen Preismodell, Kooperation und Standardisierung. So schaffst Du ein Unternehmen, das dauerhaft erfolgreich ist und auch ohne Deine direkte Mitarbeit Bestleistungen liefert.

Preismodell

Dein Preismodell entscheidet darüber, ob Deine Kunden kaufen, wenn Sie von Deiner Leistung überzeugt sind. Hast Du den Kaufwunsch geweckt, muss das Preismodell den Kauf ermöglichen. Das klingt banal, ist aber nicht immer so einfach, wie es scheint. Wenn Du spürst, dass Interessenten trotz großer Begeisterung für Dein Angebot nur verhalten kaufen oder wenn Deine Einmalkunden nicht zu Dauerkunden werden, solltest Du Dein Preismodell prüfen. Ein gutes Preismodell kann darüber hinaus dazu führen, dass Deine Abschlussquote deutlich steigt oder es zu einem sprunghaften Umsatzwachstum kommt.

Wie Du das perfekte Preismodell für Dein Wunschkundenbusiness entwickelst, habe ich zu Beginn des Buches im Kapitel „Preismodell" beschrieben. Ich werde daher hier nicht mehr alles wiederholen, sondern Dir weitere Beispiele geben und eine Systematik zur kontinuierlichen Verbesserung Deines Preismodells beschreiben. Bevor Du an Deinem Preismodell arbeitest, solltest Du aber prüfen, welche Hürden Deine Kunden aktuell vom Kauf abhalten. Am häufigsten wird hier die Preiswahrnehmung genannt, gefolgt vom Zahlungszeitpunkt, von den Folgekosten und dem Zahlungskomfort. Hast Du die zentralen Kaufhürden herausgefunden, solltest Du Dich darauf konzentrieren, die größte durch ein neues Preismodell zu beseitigen.

Zahlungszeitpunkt	*Zahlung vorab*	*Zahlung sofort*	*Zahlung später*			
Folgekosten	*Basisprodukt und Zubehör*	*Einstiegsprodukt gratis, Upgrade kostenpflichtig*	*Einzelteile kosten extra*			
Preiswahrnehmung	*Alles zum gleichen Preis*	*Festpreis / Flatrate*	*Mengen- oder Stammkundenrabatt*	*Nutzungsabhängige Preise*	*Preis nach Verfügbarkeit bzw. Auslastung*	*Zahlung durch Gutscheine / Sammelpunkte*
Zahlungskomfort	*Einer zahlt für den anderen*	*Paketpreis*	*Ratenzahlung*	*Abschlagszahlung*	*Miete / Leasing*	*Abo*

Oft werde ich gefragt, warum der fehlende Kaufwunsch keine Kaufhürde ist. Das ist ganz einfach. Ein Kaufwunsch entsteht, wenn ein Interessent Dein Angebot unbedingt haben will, weil ihn Deine Leistung überzeugt. Das hat nichts mit dem Preismodell zu tun, sondern mit der Lösung eines bestehenden Problems. Wenn Du es also nicht schaffst, den Kaufwunsch bei Interessenten zu wecken, hilft Dir ein neues Preismodell auch nicht weiter. In diesem Fall solltest Du Deine Leistung im Bereich „Problemlösung" verbessern. Wie das geht, steht im nächsten Kapitel. Ist der Kaufwunsch vorhanden, aber der Kunde kann aus einem bestimmten Grund nicht kaufen, liegt das Problem meist am Preismodell.

Abhängig davon, wo die Kaufhürden für Deine Kunden liegen, bieten sich Dir die folgenden Möglichkeiten, Dein Preismodell zu optimieren.

Zahlungszeitpunkt

Ist der Zahlungszeitpunkt die wesentliche Kaufhürde, lohnt sich für Dich die Einführung eines angepassten Preismodells. Du hast drei grundsätzliche Möglichkeiten dafür. Du kannst eine Vorabzahlung einführen, das Geld direkt beim Kauf kassieren oder den Zahlungszeitpunkt nach hinten schieben. Alles kann für Deine Kunden Vorteile haben.

Zahlung vorab: Sehr häufig höre ich Unternehmer sagen: „Am liebsten wäre es mir, wenn die Kunden vorab zahlen würden." Das erscheint auf den ersten Blick sinnvoll, ist aber in vielen Fällen zu einseitig gedacht, denn das Preismodell soll nicht die Probleme der Unternehmer lösen, sondern die der Kunden. Und eine Vorabzahlung löst oft nur die Probleme der Anbieter, nicht die der Kunden. Denke also an Deine Kunden und überlege, ob eine Vorabzahlung einen Mehrwert bietet. Zahlreiche Auktionsportale haben mit diesem Preismodell Kunden überzeugt. Der Endkunde muss nach einer Auktion häufig vorab bezahlen. Erst dann wird die Ware verschickt. Das ist nicht wirklich eine Problemlösung für den Käufer. Das eigentliche Problem löst dieses Preismodell für die Verkäufer der Waren, denn für sie sinkt das Risiko für Zahlungsausfälle enorm. Die Verkäufer sind wichtige Kunden der Auktionsplattformen, denn ohne Angebote gäbe es keine Käufer. An diesem Beispiel sieht man sehr gut, dass ein bestimmtes Preismodell nie alle Kunden zufrieden stellt. Aber zum Glück hast Du Dich jauf eine kleine Zielgruppe spezialisiert und hast es so deutlich leichter, das passende Preismodell zu finden. Darüber hinaus kann eine Vorabzahlung, zum Beispiel bei Teilnahmegebühren von Kursen oder bei der Buchung von Hotelzimmern, Kundenprobleme lösen. Zahlt ein Kunde vorab, sichert er sich einen der begehrten Plätze oder Zimmer.

Überlege, wie Kunden von einer Vorab-Zahlung profitieren können und wie das Deine Kalkulation beeinflusst.

Zahlung sofort: Dieses klassische Preismodell war noch vor einigen Jahrhunderten der Goldstandard. Ware wurde gegen Geld getauscht. In den letzten Jahrzehnten hat die bargeldlose Zahlung stark zugenommen. Dadurch hat sich auch der Zahlungszeitpunkt verlagert. Die Sofortzahlung ist aber in vielen Bereichen immer noch ein sehr beliebtes Zahlungsmodell, denn dadurch werden sofort alle „Schulden" beglichen und beide Parteien haben, was sie wollen. Die Sofortzahlung hinterlässt auch keine offenen Aufgaben, sie beendet den Kaufvorgang sofort. Dies hat vor allem dann Vorteile, wenn es für Kunden um überschaubare Beträge geht. Andere Zahlungszeitpunkte würden hier Probleme schaffen und den Kaufprozess behindern. Stell Dir zum Beispiel vor, Du müsstest ein kleines Eis über eine Finanzierung bezahlen. Der Aufwand wäre viel größer, als das Eis direkt zu bezahlen.

Überlege, welche Vorteile eine sofortige Zahlung Deinen Kunden bietet und welche Konsequenzen das für Dein Business hat.

Zahlung später: Modelle, bei denen der Kunde später bezahlt, erfreuen sich immer größerer Beliebtheit. Konsum auf Kredit hat viele Vorteile. Kunden können größere Anschaffungen sofort machen und müssen nicht warten. Andere Investitionen werden gar erst möglich, wenn der Zahlungszeitpunkt nach hinten rückt. Viele Weihnachtsgeschenke würden nicht gekauft werden, wenn jeder alles sofort bezahlen müsste. Da nehmen Kunden gern auch den Mehraufwand in Kauf, der zum Beispiel beim Ausfüllen der Finanzierungsunterlagen entsteht. In einigen Fällen schafft dieses Zahlungsmodell aber mehr Probleme, als es löst. Die hohe Zahl der Privatinsolvenzen zeigt, dass die Kontrolle der eigenen Ausgaben durch Kreditzahlungen erschwert wird.

Überlege, unter welchen Umständen Kunden durch eine verspätete Zahlung mehr Deiner Leistungen in Anspruch nehmen und welche Voraussetzungen das von Deiner Seite aus erfordert.

Folgekosten

Werden nicht alle Kosten durch den initialen Kauf gedeckt und entstehen durch notwendige Folgekosten Kaufhürden, lohnt sich die Anpassung des Preismodells. Das Gleiche gilt, wenn man den Einstiegspreis reduzieren will. Bekannte Erfolgsmodelle nutzen zum Beispiel günstige oder kostenlose Einstiegsprodukte, um Kaufhürden abzubauen. Alternativ bietet sich die „Zahl, was Du nutzt"-Methode an.

Basisprodukt und Zubehör: Um Kunden den Einstieg zu erleichtern, bieten viele Unternehmen Ihre Basisprodukte zu sehr günstigen Preisen an. Dies wird zum Beispiel häufig bei Kaffeemaschinen, Rasierern oder Druckern gemacht. Kunden nutzen „Lockangebote", um die Produkte zu testen. Der günstige Einstiegspreis öffnet den Zugang zum Produkt für deutlich mehr Kunden. Ein zentrales Merkmal dieser Angebote ist es, ein Einstiegsprodukt anzubieten, für dessen Nutzung der Kunde regelmäßig Verbrauchsmaterial benötigt. Mit diesem macht der Anbieter dann Gewinn. In Branchen, wo dieses Preismodell Standard ist, bieten sich Unternehmen lukrative Chancen. Kunden, die auf die Gesamtkosten achten und die Folgekosten als Kaufhürde ansehen, lassen sich durch ein Preismodell mit höherem Einstiegspreis und geringeren Folgekosten begeistern. Andererseits kann es für Dich auch Sinn machen, dieses Preismodell auf Deine Branche zu übertragen, wenn es hier kaum genutzt wird.

Überlege, was Dein Basisangebot ist und auf was Kunden auf keinen Fall verzichten können. Wie kannst Du dieses Angebot dann sinnvoll ergänzen?

Einstiegsprodukt gratis, Upgrade kostenpflichtig: Eine weitere Variante des eben beschriebenen Preismodells ist die kostenlose Bereitstellung des Kennenlernangebots. Das ist zum Beispiel Standard in der Softwarebranche und bei Handy-Apps. Die Gratis-Versionen der Software beinhalten nahezu alle wesentlichen Funktionen. Wenige Kernfunktionen können aber nicht oder nur innerhalb eines bestimmten Zeitraums genutzt werden. Dieses Modell ermöglicht es Kunden, die angebotene Software zu testen. Die Freischaltung aller Funktionen ist dann kostenpflichtig. Auch hier liegt eine Chance darin, den Defacto-Standard zu brechen und zum Beispiel verschiedene Versionen der Software zu Staffelpreisen anzubieten. Darüber hinaus kann es sich lohnen, dieses Preismodell für Produkte und Dienstleistungen anzubieten, bei denen ein Gratis-Kennenlernen bisher nicht möglich ist.

Überlege, mit welchem kostenlosen Einstiegsangebot Du Kunden begeistern kannst und welche zentralen Features dann ein Upgrade rechtfertigen.

Einzelteile kosten extra: Dieses Preismodell kommt ohne „Hebel" aus. Hier werden alle Angebote, die der Kunde nutzt, separat berechnet. Das bietet Kunden die Möglichkeit, Folgekosten zu vermeiden und sich die benötigte Leistung selbst zusammenzustellen. Dieses Preismodell ist in vielen Alltagsbereichen etabliert. Niemand würde zum Beispiel auf die Idee kommen, im Supermarkt auf Gratis-Testprodukte für jedes einzelne Produkt zu bestehen. Statt dessen wird bezahlt, was im Wagen liegt - jedes

Produkt extra. Gratis-Kennenlernprodukte gibt es trotzdem regelmäßig, aber eben nicht als Standard-Preismodell.

Überlege, aus welchen „Bausteinen" Dein Angebot besteht und welchen Wert diese haben.

Preiswahrnehmung

Der häufigste Einwand gegen einen Kauf ist die Preiswahrnehmung. Von „Das ist aber teuer." bis „So günstig? Das kann nichts taugen." hört man täglich alle Facetten. Ich hatte es bereits betont - es ist wichtig, hier zwischen der Nutzenwahrnehmung und der Preiswahrnehmung zu unterscheiden. Ist der Nutzen nicht hoch genug, ändert auch ein neues Preismodell nichts. Dann hilft nur, die Dringlichkeit zu steigern. Ist die Höhe des Preises nicht das Problem, sondern die Wahrnehmung des Preises, kannst Du mit einem neuen Preismodell Kaufhürden abbauen. Hier spielt Preispsychologie eine große Rolle. Ich habe diesem wichtigen Thema deshalb einen extra Abschnitt in diesem Buch gewidmet (Kap. Preismodell).

Du hast mehrere Möglichkeiten, die Preiswahrnehmung Deiner Kunden zu beeinflussen:

Alles zum gleichen Preis: Wenn alles das gleiche kostet, braucht der Kunde nicht bei jedem Produkt den Preis zu prüfen. Auch Preisvergleiche entfallen. Das erleichtert die Kaufentscheidung deutlich. Zudem erscheinen Einheitspreise, wie sie zum Beispiel in Ein-Euro-Shops die Regel sind, günstiger als variable Preise. Dieses Preismodell nimmt dem Kunden also vor allem viele Entscheidungen ab.

Überlege, wie Du durch die Definition gleichwertiger Produkte den wahrgenommenen Wert der Kunden steigern kannst.

Festpreis/Flatrate: Festpreise wirken wie eine Versicherung. Hier weiß der Kunde genau, was die Leistung kostet. Böse Überraschungen bleiben ihm erspart. Ausgaben sind leicht kontrollierbar. Man kann mit den Preisen „rechnen". Festpreise wirken also vor allem bei Kunden, die Sicherheit schätzen, bei Kunden, deren Nutzungsverhalten sich ändert oder bei Heavy-Usern, die eine Leistung sehr häufig nutzen. Die Kaufentscheidung fällt diesen Kunden bei einem Festpreis leichter und der Preis scheint günstiger - positiv für die Preiswahrnehmung.

Überlege, welche Angebote es in Deinem Markt bisher nicht als Festpreis bzw. Flatrate gibt und wie eine zusätzliche Flatrate den Kundennutzen steigert.

Mengen- oder Stammkundenrabatt: Rabatte waren schon immer Verkaufsförderer. In einigen Kulturen ist das Handeln um Rabatte sogar fester Bestandteil des Verkaufsprozesses. Egal, wie hoch ein Rabatt ausfällt, immer erscheint der rabattierte Preis günstiger als der reale Preis. Das erleichtert die Kaufentscheidung. Daher nutzen viele Unternehmen Rabatte als Verkaufsbeschleuniger. So wertvoll Rabatte sein können, sie haben auch einen entscheidenden Nachteil. Kein Kunde, der einmal einen Rabatt bekommen hat, zahlt danach noch den regulären Preis. Der Einsatz von Rabatten sollte daher gut überlegt sein. Überlege also zum Beispiel, wie Du den Umsatz mit Deinen Lieblingskunden steigern kannst, indem Du exklusive Sonderpreise anbietest. Dies ist kein Lockmittel für Erstkunden, sondern eine Belohnung für treue Fans. Eines solltest Du aber nie machen: Rabatte auf Luxusartikel geben, denn das macht Luxusartikel zu Alltagsware und damit wertlos.

Überlege, welche Leistungen Kunden regelmäßig in Anspruch nehmen und wie Du durch Skalierungseffekte Mengenrabatte anbieten kannst.

Nutzungsabhängige Preise: Die eben beschriebenen Festpreise bieten einigen Kundengruppen den entscheidenden Kaufanreiz. Sie schließen aber auch andere Kunden komplett aus, denn manchmal braucht man nicht alle Komponenten der angebotenen Leistung oder man nutzt ein Angebot nur eingeschränkt. Dann senkt ein „höherer" Festpreis die Kauflaune. Nutzungsabhängige Preise bieten Flexibilität und geben Kunden die Möglichkeit, Kosten unter Kontrolle zu behalten. Dieser selbstbestimmte Preis wirkt positiv auf die Preiswahrnehmung.

Überlege, welche Produkte Du nach tatsächlicher Nutzung abrechnen kannst und definiere dann das entsprechende Preismodell dafür.

Preis nach Verfügbarkeit bzw. Auslastung: Bei stark schwankender Auslastung sind variable Preise ein geeignetes Mittel. Sie bieten Kunden genau wie nutzungsabhängige Preise eine Kontrolle über die Ausgaben. Darüber hinaus ermöglicht dieses Preismodell sehr günstige Einstiegsangebote, die jeder zum Beispiel von Hotelpreisen in der Nebensaison kennt. Das eröffnet neuen Kundengruppen die Möglichkeit, das Angebot zu nutzen. Bei hoher Auslastung steigen dagegen die Preise, das Preismodell ist also nichts für Kontroll-Enthusiasten. Die Mischkalkulation mit hohen und niedrigen Preisen macht die Angebote für den Anbieter unterm Strich rentabel.

Überlege, für welche Deiner Angebot es „Spitzenzeiten" in der Nutzung bzw. eine stark schwankende Auslastung gibt und welche Preisunterschiede das rechtfertigt.

Zahlung durch Gutscheine oder Sammelpunkte: Wie bereits erwähnt - Rabatte sind beliebt. Das Anbieten von Treuepunkten ist eine alternative Form, Rabatte zu gewähren. Das Sammeln der Punkte bedeutet für Kunden extra Aufwand, bietet aber zwei entscheidende Vorteile. Erstens bekommen Kunden bestimmte Leistungen durch Einlösen der Punkte gratis. Zweitens sind viele Menschen Jäger und Sammler. Sie können trotz überquellender Portmonees nicht anders, als noch eine Kundenkarte anzunehmen. Beide Effekte können helfen, die Preiswahrnehmung positiv zu beeinflussen. Ähnliches gilt für Gutscheine. Hier ist der Kaufpreis vom Produkt entkoppelt, denn viele Gutscheine können für das gesamte Sortiment eingelöst werden. Ein Vergleichen oder Bewerten von Preisen für Gutscheine ist unmöglich, denn der Kaufgegenstand ist beim Kauf des Gutscheins nicht klar. Darüber hinaus ist das Erwerben und Verschenken von Gutscheinen eine sehr stressfreie Form des Einkaufs für Kunden, was zusätzlich die Kaufentscheidung erleichtert. Für den Gutscheinnutzer bleibt ein zentraler Faktor, der positiv auf die Preiswahrnehmung wirkt - der Kauf ist in diesem Moment für ihn gratis.

Überlege, welche Zahlungsmittel außer Geld Du akzeptieren kannst und wie Kunden von einem alternativen Zahlungssystem profitieren.

Auch bei der Preiswahrnehmung gilt: Die einzelnen Preismodelle sind erprobt und können daher je nach bestehenden Kaufhürden eingesetzt werden. Spannende Chancen ergeben sich durch die Kombination verschiedener Preismodelle. Also entwirf Dein eigenes Preismodell, das genau für Deine Wunschkunden maßgeschneidert ist, indem Du alle möglichen Kombinationen durchdenkst. Immer wieder entstehen so neue Varianten, die Deinem Wunschkundenbusiness ein Alleinstellungsmerkmal geben und für Wiedererkennung sorgen.

Zahlungskomfort

Akzeptiert der Kunde den Preis, den Zahlungszeitpunkt und die Folgekosten, steht einem Kauf eigentlich nichts mehr im Weg. Eigentlich. Und doch gibt es zahlreiche Beispiele, wo fehlender Zahlungskomfort die entscheidende Kaufhürde ist. Erinnere Dich an das Beispiel aus dem Kapitel Preismodell: Letzter Parkplatz, Preis O.K., aber kein Kleingeld. Solche Situationen gibt es für Kunden immer wieder. Beobachte, wie es Deinen Kunden geht und wenn der Zahlungskomfort die entscheidende Kaufhürde ist, dann optimiere Dein Preismodell.

Dafür hast Du folgende Möglichkeiten:

Einer zahlt für den anderen: Bleiben wir mal bei dem Parkplatzbeispiel. Stell Dir vor, dass unser Autofahrer mit einem Freund unterwegs ist. Und der sagt spontan: „Geh Du los, ich zahle Deinen Parkschein." Problem gelöst. Dass der Freund sein Geld wieder bekommt ist Ehrensache. Wenn andere die Leistung bezahlen, die man selbst in Anspruch nimmt, steigert das den Zahlungskomfort und die Kaufbereitschaft. Für dieses Modell gibt es zahlreiche Beispiele. Überlege, welche Fördermittel Du nutzen kannst oder wer bereit ist, die Leistungen anstelle Deines Kunden zu bezahlen. Wer hat noch einen Nutzen davon, dass Dein Kunde kauft? Wer kann als Sponsor auftreten? Beispiele findest Du im Kapitel „Preismodell". Eines ist auf jeden Fall sicher: Wenn Du es schaffst, ein solches Preismodell anzubieten, ist Dir die Aufmerksamkeit Deiner Kunden sicher. Starte am besten in einem kleinen Bereich und mit nur einem Produkt.

Überlege, wer anstelle Deiner Kunden für Deine Leistung bezahlen kann und welche Voraussetzungen und Prozesse dafür notwendig sind.

Paketpreis: Paketpreise wirken ähnlich wie Festpreise. Sie ermöglichen dem Kunden, seine Ausgaben genau zu kalkulieren und bieten einen weiteren Vorteil: Kunden brauchen nur einmal zu zahlen. Das klingt banal, erspart dem Kunden aber in vielen Fällen enormen Aufwand. Stell Dir zum Beispiel vor, Du buchst Deine nächste Urlaubsreise allein. Damit meine ich nicht, dass Du ins Reisebüro gehst und eine Pauschalreise buchst - das genau ist die komfortable Variante mit Paketpreis. Nein, Du buchst Hotel, Transfer, Flug etc. separat. Was für Individualisten verlockend klingt, schreckt viel andere Kunden ab. Überlege also, welche Produkte Deine Kunden immer zusammen in Anspruch nehmen und mache ein Paket daraus. Manchmal sind einige Minuten Zeitersparnis alles, was es braucht, um Kunden restlos zu überzeugen.

Überlege, welche Deiner Leistungen zusammen einen Mehrwert für Kunden ergeben und welche „Pakete" den größten Zusatznutzen stiften.

Ratenzahlung: Ratenzahlungen ermöglichen die Zahlung größerer Beträge, ohne die gesamte Summe „flüssig" zu haben. Das ermöglicht es Kunden, bestimmte Leistungen eher oder überhaupt in Anspruch zu nehmen. Darüber hinaus bieten feste Raten eine gute Planbarkeit der tatsächlichen Investition. Das schafft Freiraum für andere Investitionen oder reduziert den Aufwand für den Kunden, den er ansonsten für die Beschaffung der Mittel aufwenden müsste.

Überlege, wie Teilzahlungen Deinen Kunden die Kaufentscheidung erleichtern können und welche Voraussetzungen für eine Ratenzahlung erfüllt sein müssen.

Abschlagszahlung: Eine weniger verbreitete, aber im Vergleich zur Ratenzahlung genauso wirksame Möglichkeit, den Zahlungskomfort zu steigern, ist die Abschlagszahlung. Jeder kennt dieses Preismodell von seinem Stromanbieter oder von der Abrechnung der Mietnebenkosten. Das Modell kann anstelle einer Ratenzahlung eingesetzt werden, wenn die genaue Kaufsumme bzw. die Honorarhöhe im Vorfeld nicht bekannt ist. Vereinbaren Sie in diesem Fall mit Kunden eine feste Rate und verrechnen Sie regelmäßig Über- oder Unterzahlungen. Abschlagszahlungen bieten sich als Basis für innovative Preismodelle an, weil dieses Prinzip aktuell nur sehr eingeschränkt verwendet wird.

Überlege, welche Deiner Leistungen regelmäßig, aber mit variabler Menge, in Anspruch genommen werden und wie Du regelmäßig die tatsächliche Nutzung abrechnen kannst.

Miete/Leasing: Das dritte Modell im Bund der Teilzahlungen basiert auf der Zahlung einer Leih- bzw. Nutzungsgebühr. Dabei geht das angebotene Produkt nicht in den Besitz des Zahlers über. Das kann je nach Angebot verschiedene Vorteile haben und zum Beispiel Steuerersparnisse schaffen oder Flexibilität bieten. Die Komfortvorteile sind vergleichbar mit denen der Ratenzahlung.

Überlege, welche Deiner Produkte Deine Kunden nicht besitzen, sondern nur nutzen wollen und wie ein Mietmodell die Wertwahrnehmung des Kunden beeinflusst.

Abo: Für die regelmäßige Inanspruchnahme einer Leistung bzw. den wiederkehrenden Kauf eines Produktes ist es normalerweise erforderlich, mehrfach Zahlungen anzuweisen. Ein Abonnement bietet hier einen deutlichen Komfortgewinn, weil Kaufhandlungen automatisch ablaufen. Wenn ein Kunde Deine Leistung also regelmäßig benötigt, kann das Anbieten eines Abo-Modells den entscheidenden Vorteil bieten. In einigen Branchen ist das bereits Standard, andere (zum Beispiel /Bäcker/Fleischer/etc.) nutzen die Chancen kaum. Das bietet Möglichkeiten für eine Preismodellinnovation.

Überlege, welche Leistungen Kunden in regelmäßigen Abständen zwingend brauchen und wie Du viele einzelne Kaufentscheidungen vermeiden kannst.

Kooperationsnetzwerk

Mit einem starken Netzwerk von Kooperationspartnern kannst Du Deine Ressourcen und Deine Geschwindigkeit deutlich erhöhen. Betrachte Kooperationspartner als Mitarbeiter, die Du nicht monatlich bezahlen musst. Umsonst sind Kooperationen nicht, aber die Wirkung guter Kooperationen auf Deine Ergebnisse ist mindestens genau so groß wie die guter Mitarbeiter.

Der Baustein Kooperationsnetzwerk ist daher wichtig für alle Unternehmen, die dauerhaft Erfolg haben wollen. Dein Kooperationsnetzwerk macht einen entscheidenden Teil Deiner Business-DNA aus und ermöglicht Dir, zu wachsen und Deine Leistung zu skalieren. Wenn Du kein Wachstum anstrebst, dann helfen Kooperationen Dir, mit wenigen Ressourcen maximale Ergebnisse zu erzielen.

Empfehlungs-partnerschaften	*Einseitige Empfehlung*	*Gegenseitige Empfehlung*	*Projektbezogene Empfehlung*
Gemeinsame Angebote	*Produktbündelung*	*Exklusive Angebote*	
Vertriebs-partnerschaften	*Integration in bestehende Vertriebsteams*	*Kundenzugang ausnutzen*	*Up- & Crossselling*
Marketing-kooperationen	*Markenallianzen*	*Sponsoring*	*Medienkooperation*

Folgende Möglichkeiten haben sich bewährt, Kooperationen für Dein Unternehmen zu nutzen:

Empfehlungen durch Partner

Empfehlungen übertragen bestehendes Vertrauen auf unbekannte Angebote. Dieses Thema habe ich im Abschnitt „Empfehlungen von Fan-Kunden" bereits ausführlich beschrieben, aber es gibt einen entscheidenden Unterschied zwischen Empfehlungen von Kunden und Empfehlungen von guten Kooperationspartnern: Die Reichweite und Anzahl der Empfehlungen ist bei Kooperationen meist deutlich größer. Wenn Du Deine Kundengewinnung automatisieren möchtest, dann gewinne Kooperationspartner, die Deine Leistungen empfehlen.

Dafür hast Du folgende Möglichkeiten:

Einseitige Empfehlung: Wie der Name es schon sagt - hier empfiehlt der Kooperationspartner Deine Leistung. Als Gegenleistung erhält er einen Mehrwert, also z.B. eine besondere Leistung von Dir, einen Vorteil oder auch eine Provision. In der Praxis funktionieren Gegenleistungen für Empfehlungen am besten, wenn sie für den Kooperationspartner einen einzigartigen Vorteil bieten. Eine Hebamme empfiehlt zum Beispiel einen Fitnesskurs für Mütter mit Babys an Teilnehmerinnen des eigenen Rückbildungskurses, weil sie selbst überzeugt von dem Angebot ist und weil der Anbieter ihr Räume bereitstellt, ihr bei der Verwaltung hilft oder eine Kursstunde für sie übernimmt.

Überlege, wer das Vertrauen Deiner Kunden besitzt und welche Gegenleistung Du anbieten kannst, damit dieser Partner Deine Leistung weiterempfiehlt.

Gegenseitige Empfehlung: Eine weitere Gegenleistung für eine Empfehlung ist es, selbst Empfehlungen auszusprechen. Dies ist bei der gegenseitigen Empfehlung der Fall. Der Brautladen empfiehlt zum Beispiel einen speziellen Fotografen oder eine bestimmte Bäckerei, weil diese im Gegenzug ihre Kunden auch an den Brautladen weiterleiten.

Überlege, wer die gleichen Kunden hat wie Du, aber ein Angebot aus einem anderen Bereich anbietet.

Aktionsbasierte Empfehlernetzwerke: Nicht immer müssen Empfehlungskooperationen dauerhaft Bestand haben. Es ist häufig ausreichend, für einzelne Events oder Aktionen Empfehlungspartner zu gewinnen. Bei der Vorstellung eines neuen Produktes kann der Anbieter zum Beispiel mit einem branchenbekannten Blogger kooperieren. Als Gegenleistung für die Erwähnung in einem Blogartikel und einer Empfehlung schreibt der Hersteller exklusive Blogbeiträge oder verlost Produkte für die Leser. So gewinnen beide Partner, aber die Kooperation ist auf eine einzige Aktion beschränkt. Aktionsbasierte Empfehlernetzwerke sind deutlich leichter zu organisieren als dauerhafte Kooperationen und können natürlich auch mehrere Partner umfassen.

Überlege, wer Dich bei einer ganz bestimmten Aktion unterstützen kann, ohne dass Du eine langfristige Kooperation aufbaust.

Gemeinsame Angebote mit Partnern

Einen Schritt weiter als die Weitergabe von Empfehlungen geht es bei gemeinsamen Angeboten von Partnern. Hier werden neue Produkte oder Dienstleistungen geschaffen und vermarktet, die auf den Angeboten beider Kooperationspartner basieren. Es geht im Kern dieser Kooperationen also direkt um Vertrieb. Zwei Möglichkeiten für gemeinsame Angebote finden sich in der Praxis sehr häufig:

Produktbündelung: Hier werden die Angebote von Partnern zu einem Paket geschnürt. Es entsteht ein neues Angebot, das die Vorteile der beiden Einzelangebote verknüpft und damit den Nutzen für Kunden steigert. Bei Lebens- und Genussmitteln sind solche Produktbundles Standard. Wenn Du das nächste Mal durch den Supermarkt läufst, findest Du zahlreiche Beispiele dafür. Die lila Kuh ziert die Eispackung und die Schnittblumen werden zusammen mit Nährstoffgranulat verkauft. Aber auch an vielen anderen Stellen findest Du Beispiele für Produktbündelung.

Beobachte Dein Umfeld und überlege, welches Produkt oder welche Dienstleistung Dein Angebot aufwerten würde.

Exklusive Angebote: Es gibt Angebote, die nur durch die Kooperation von zwei bestimmten Partnern möglich sind. Im Unterschied zu Produktbundles geht es hier darum, einzigartige Lösungen zu schaffen, die nur schwer nachzuahmen sind. Solche exklusiven Angebote können dauerhaft sein, zum Beispiel wenn die regionale Nahverkehrsgesellschaft mit dem Schwimmbad kooperiert und Kunden dann mit der Eintrittskarte den Nahverkehr nutzen können. Oder sie sind zeitlich begrenzt, zum Beispiel wenn ein Fitnessstudio mit Hilfe der einzigen Kunstgalerie im Ort eine Vernissage in seinen Empfangsräumen organisiert. Entscheidend bei solchen Angeboten ist, dass mindestens einer der Kooperationspartner über einen einzigartigen Wettbewerbsvorteil verfügt und diesen exklusiv mit dem Angebot eines anderen Partners zu einem neuen Produkt verbindet.

Überlege, welche starken Partner Du dauerhaft oder zeitlich begrenzt gewinnen kannst oder welchen einzigartigen Vorteil Du anbietest, der für andere von hohem Wert ist.

Aktive Vertriebspartner

Empfehlungskooperationen oder gemeinsame Angebote dienen dazu, die Gewinnung neuer Kunden aktiv zu forcieren. Kooperationen können aber auch dabei helfen, Vertrieb und Kundengewinnung auszulagern. Aktive Vertriebspartner übernehmen den Vertrieb für einzelne Leistungen oder das gesamte Angebot. Auf diese Weise lässt sich eine zentrale Aufgabe jedes Unternehmens - die Kundengewinnung - auslagern. Und genau davon träumen viele Unternehmer, für die Vertrieb eine ungeliebte Aufgabe ist. Aktive Vertriebspartner können also helfen, die Kundengewinnung zu automatisieren bzw. dauerhaft und planbar neue Kunden zu gewinnen. Dafür haben sich vor allem die folgenden drei Maßnahmen bewährt:

Integration in bestehende Vertriebsteams: Gibt es in Deinem Markt Unternehmen mit bestehenden Vertriebsteams, kannst Du diese Teams nutzen, um neue Kunden zu gewinnen? Dabei integrierst Du bestehende Vertriebsteams in Deinen Vertriebsprozess. Warum sollte jemand Deine Produkte verkaufen? Du kannst ihn natürlich dafür bezahlen, pauschal oder auf Erfolgsbasis. Bei einer stabilen Vertriebskooperation ist aber neben Geld zumeist ein weiterer Vorteil involviert, der den Partner motiviert. Dies kann zum Beispiel ein gefragtes Produkt sein, das sich gut in das Portfolio des Vertriebsteams eingliedert. Oder es gibt exklusive Märkte, die dem Vertriebsteam vorbehalten sind. Vorteile haben solche Kooperationen also immer für beide Partner.

Überlege, wer in Deinem Markt bereits gut funktionierende Vertriebsteams hat und welche Mehrwerte Du hier anbieten kannst.

Kundenzugang ausnutzen: Hat ein Unternehmen Zugang zu genau Deinen Wunschkunden, besteht für

Dich eventuell die Möglichkeit, diesen Kundenzugang zu nutzen? Auch hier musst Du Deinem potentiellen Vertriebspartner eine angemessene Gegenleistung bieten, damit er seinen Kunden Dein Angebot verkauft. Dies funktioniert vor allem dann, wenn Dein Angebot für seine Kunden einen Mehrwert bietet oder sein Produkt in idealer Weise ergänzt. Das hört sich kompliziert an, ist aber in der Praxis häufig anzutreffen. Lokale Handwerksvertretungen suchen zum Beispiel immer nach interessanten Weiterbildungen für ihre Mitglieder. Als Gegenleistung für ein (eventuell vergünstigtes) Seminar verschaffen sie dem Seminaranbieter oder Berater Kundenzugang.

Überlege, wer Zugang zu Deinen Wunschkunden hat und welchen Vorteil Du diesem Partner oder seinen Kunden anbieten kannst.

Up- & Cross-Selling: Der „Querverkauf" (Cross-Selling) oder der Verkauf von Upgrades (Up-Selling) ist eine beliebte Methode zur Steigerung des Umsatzes. Friseure, die Haarpflegeprodukte verkaufen, betreiben Cross-Selling. Beide Seiten profitieren von dieser Kooperation. Der Friseur kann Produkte anbieten, die Kunden sonst nicht kaufen können und der Produkthersteller hat einen aktiven Vertriebspartner. Das gleiche Prinzip steckt hinter dem Up-Selling, wenn zum Beispiel ein Elektronikmarkt die Lieferung der Ware in Kooperation mit einer lokalen Spedition besonders günstig und direkt beim Kauf einer Waschmaschine anbietet. In beiden Fällen verkauft ein Partner die Leistungen des anderen Partners aktiv und bietet seinen Kunden damit einen Mehrwert.

Überlege, welchen Mehrwert Du anderen Unternehmen anbieten kannst, die die gleiche Zielgruppe haben wie Du.

Aktive Werbepartner

Werbepartnerschaften funktionieren wie Vertriebspartnerschaften. Das vorrangige Ziel der Kooperation ist hier aber das gemeinsame Marketing und nicht der Vertrieb. Werbepartnerschaften machen vor allem dann Sinn, wenn beide Partner die gleiche Zielgruppe ansprechen und sie durch die Zusammenarbeit entweder Ressourcen sparen oder die Reichweite erhöhen. Dafür gibt es die folgenden Möglichkeiten:

Markenallianzen: Machen zwei gleich starke Partner gemeinsam Marketing, entstehen häufig Vorteile in der Reichweite oder der Wirkung der Kampagne. Befristete Markenallianzen kannst Du täglich beobachten, zum Beispiel bei Start eines neuen Kinofilms. Hier bewirbt die Fast-Food-Kette den Film und nutzt den

Sog des Blockbusters und der Stars im Gegenzug dafür, um auf das eigene Angebot aufmerksam zu machen. Dauerhafte Markenallianzen sind seltener, aber besonders wirkungsvoll. So sorgt zum Beispiel die Kooperation einer exklusiven Event-Location mit dem Hersteller einzigartiger Theken-Möbel dauerhaft für die positive Wahrnehmung beider Marken. Die HanseMerkur bietet für alle Fielmann-Kunden eine Brillenversicherung an.

Überlege, mit welchem Partner Du gemeinsam Werbung machen kannst, um leichter mehr Kunden zu erreichen.

Sponsoring: Beim Sponsoring hat einer der Partner Zugang zur Zielgruppe des anderen Partners. Gegen die Zahlung einer Gebühr gewährt er dem Sponsor die bevorzugte Darstellung seiner Leistungen. Sponsoring ist meist zeitlich befristet. Es gibt aber auch dauerhafte Sponsoring-Partnerschaften, bei denen zum Beispiel eine lokale Versicherung Werbetafeln im Fußballstadion mietet. Hierzu bedarf es sicher keiner weiteren Erläuterung.

Überlege, wo Sponsoring für Dich einen entscheidenden Vorteil bietet.

Medienkooperationen: Pressepräsenz ist eine gute Möglichkeit, die Wahrnehmung des eigenen Unternehmens deutlich zu steigern. Dies lässt sich gezielt nutzen, um zum Beispiel auf einzelne Events oder Produktneuerungen aufmerksam zu machen. Dauerhafte Medienkooperationen, zum Beispiel durch das Schreiben von Kolumnen oder Expertenbeiträgen, können darüber hinaus den Aufbau eines Expertenstatus deutlich beschleunigen oder überhaupt erst ermöglichen. In diesem Fall ist es wichtig, den Chefredakteur der Zeitung dauerhaft mit wertvollen Beiträgen für seine Leser zu versorgen - als Gegenleistung für die regelmäßige Veröffentlichung der eigenen Artikel.

Überlege, welche Medien Deine Kunden regelmäßig nutzen und welchen Mehrwert Du den verantwortlichen Redakteuren liefern kannst.

Standardisierung

Standardisierung ist der Schlüssel zur Skalierung der eigenen Leistung und damit wichtig für alle Unternehmen, die wachsen wollen. Wachstum wird erst möglich, wenn Du es schaffst, Deine Leistung in gleichbleibender Qualität auch durch andere erbringen zu lassen. Das geht nur durch Standardisierung. Deine Business-DNA wird also entscheidend dadurch geprägt, wie gleichbleibend Du Deine Leistung erbringen kannst - und das unabhängig von der Anzahl Deiner Kunden. Etabliere also Standards so frühzeitig wie möglich, auch wenn Dir das am Anfang wenig sinnvoll erscheint. Du schaffst Dir damit einen entscheidenden Wettbewerbsvorteil, wenn Dein Business wächst. Nichts ist schlimmer, als ein perfektes Angebot, das Kunden begeistert und ein Unternehmen, das die große Nachfrage nicht bedienen kann. Standardisierung ermöglicht Automatisierung und steigert damit das Potential Deines Unternehmens. Standards geben Deinem Unternehmen darüber hinaus einen einzigartigen Fingerabdruck, der es für Kunden unverwechselbar macht. Selbst wenn Kunden einmal ein alternatives Angebot ausprobieren, so werden sie merken, dass sich die Leistung anders anfühlt, oder dass entscheidende Details fehlen. Was Du bei der Standardisierung versäumst, dass kannst Du später nur durch mehr Ressourcen wieder wett machen.

Erfüllung eines Erstauftrags	*Beschränkung auf Kernprozesse*	*Werkzeuge standardisieren*	*IT-basierte Automatisierung*
Delegieren von Aufgaben	*Outsourcing*	*Anreizsysteme schaffen*	*Verantwortung übertragen*
Entscheidungs-findung	*Kompetenzbereiche abgrenzen*	*Entscheidungen dezentralisieren*	*Organisationsaufbau*
Kernkompetenzen dokumentieren	*Einarbeitung automatisieren*	*Wissenstransfer sichern*	*Wissen vermarkten*

Um Dein Business oder einzelne Komponenten zu standardisieren, solltest Du vor allem die folgenden Möglichkeiten nutzen:

Erfüllung eines Erstauftrags

Die Erfüllung des ersten Auftrags ist die Basis für eine lange Kundenbeziehung - oder das Ende der Kundenbeziehung. Egal, wie gut Deine anderen Angebote sind, wenn Du den Kunden beim Erstauftrag nicht begeisterst, verlierst Du ihn mit hoher Wahrscheinlichkeit. Daher ist es wichtig, dass Du hier Standards definierst, um in jeder Situation und unabhängig von der Anzahl der Kunden eine hohe Qualität zu garantieren. Die folgenden drei Maßnahmen werden dafür besonders von erfolgreichen Unternehmen eingesetzt:

Beschränkung auf Kernprozesse: Wenn Du Dein Kennenlern- bzw. Einstiegsprodukt so ausrichtest, dass es hauptsächlich auf den Kernkompetenzen Deines Unternehmens basiert, hast Du es deutlich leichter dauerhaft eine gleichbleibend hohe Qualität zu bieten. Experimente zu Beginn der Kundenbeziehung solltest Du absolut vermeiden. Biete Deinen Kunden Deine beste Leistung gleich zu Beginn an und stelle sicher, dass das Ergebnis Begeisterung auslöst. Beschränke Dich auf Deine Kernprozesse, dann ist das erste „Wow!" Deiner Kunden greifbar nah. Genauso macht es zum Beispiel ein Architekt, der seinen ersten Entwurf als 3D-Projektion in Szene setzt und ihn nicht einfach unkommentiert per Post oder E-Mail an den Kunden schickt. Eines seiner Kernprozesse muss dafür natürlich die Erstellung von 3D-Projektionen sein.

Überlege, welche unverzichtbaren Kernprozesse Deine Leistung ausmachen und wie Du diese standardisieren kannst.

Werkzeuge standardisieren: Jeder, der eine Leistung erbringt, benutzt dafür bestimmte Werkzeuge. Dabei ist es egal, ob es sich dabei um Gegenstände, virtuelle Tools oder Arbeitsmethoden handelt. Die erste Voraussetzung für die perfekte Erfüllung eines Erstauftrags ist der Einsatz der besten Werkzeuge. Das richtige Werkzeug bereitzustellen garantiert aber noch keine perfekte Leistung, wie jeder Skianfänger mit perfekter Ausrüstung bei der ersten Abfahrt schmerzvoll feststellen muss. Du solltest neben dem Werkzeug auch dessen optimale Anwendung standardisieren, denn nur dann kannst Du garantieren, dass Dein Einstiegsangebot begeistert. Beschränke Dich auf wenige Werkzeuge. Das erleichtert die Schulung von Mitarbeitern, reduziert Kosten und ermöglicht Modularität. Der Einsatz weniger guter Werkzeuge ist immer besser als eine große Vielfalt. Standards sichern Qualität. So ist es zum Beispiel für einen Handwerker entscheidend, zu Auftragsbeginn ein korrektes Aufmaß zu nehmen, um eine hohe Qualität seiner Leistung zu erbringen. Dabei muss aber nicht das neuste Laser-Messgerät zum Einsatz kommen, wenn er schon seit Jahren mit einem Maßband arbeitet.

Überlege, welche Werkzeuge überflüssig sind, welche Du wirklich für die Erfüllung des Erstauftrags brauchst und wie Du deren Anwendung standardisieren kannst.

IT-basierte Automatisierung: Bei einem standardisierten Einstiegsprodukt, dass durch den Einsatz bestimmter Werkzeuge erbracht wird, gibt es viele wiederkehrende Prozesse und Tätigkeiten. Diese zu standardisieren und damit wiederkehrende Aufgaben mit hoher Qualität zu automatisieren, kann den entscheidenden Unterschied zu den Angeboten anderer Unternehmen ausmachen. IT-basierte Automatisierung führt anfangs zu erhöhtem Aufwand, weshalb viele diesen Schritt scheuen. Ist der Prozess aber etabliert, brauchen viele Arbeitsschritte nicht mehr oder nur noch mit stark reduziertem Aufwand ausgeführt werden. Das sichert gleichbleibende Qualität unabhängig von der Kundenanzahl und dem Mitarbeiter, der die Arbeiten durchführt. Außerdem werden wertvolle Ressourcen für Kernkompetenzen frei. Das schafft Freiraum, um die eigene Leistung noch besser zu machen. In vielen Fällen kannst Du dabei auf Standard-Software zurückgreifen oder diese durch wenige Anpassungen so individualisieren, dass diese perfekt passt. Wunschkundenbusiness.de nutzt zum Beispiel Standardsoftware, um die einzelnen Aufgaben der Wunschkunden-Challenge (E-Mail-Kurs für die Erstellung eines Businesskonzepts) zu versenden.

Überlege, welche Kernprozesse IT-gestützt erfolgen können und wie Du diese automatisieren kannst.

Delegieren von Aufgaben

Eine weitere Möglichkeit der Standardisierung ist das Delegieren von Aufgaben. Wenn jeder alles macht, wird Spezialisierung nahezu unmöglich. Daher werden Aufgaben, die man selbst nicht ausführen kann, häufig an Spezialisten delegiert. Kaum jemand käme auf die Idee, Elektroleitungen selbst zu verlegen. Das lässt man lieber den Elektriker machen. In Deinem Arbeitsalltag gibt es zahlreiche weitere Aufgaben, die Dir die Zeit rauben und die Du eigentlich nicht besonders gut kannst, aber trotzdem immer noch selbst erledigst. Nicht alles kann man abgeben, weil zum Beispiel qualifizierte Mitarbeiter oder Mittel fehlen. Aber Standardisierung basiert auf der Übertragung von Aufgaben auf besser Qualifizierte. Gib also Aufgaben ab, die andere besser können als Du.

Dabei helfen die folgenden Punkte:

Outsourcing: Das eigentliche Abgeben von Aufgaben an Dritte fällt vielen schwer. Dafür gibt es mehrere Gründe. Einerseits kann die Übertragung von Aufgaben unmöglich sein, weil die Schnittstellen nicht genau definiert sind. Darüber hinaus kann das Wissen, das der Ausführende braucht, nicht dokumentiert sein (denn es ist nur im Kopf des Chefs vorhanden). Manche scheuen auch den Verlust der Produktivität, den die Übertragung von Aufgaben kurzfristig mit sich bringt. Ursachen gibt es viele, aber eines ist nicht wegzudiskutieren: Ohne das Abgeben von Aufgaben ist das Wachstumspotential kleiner Unternehmen oder Einzelunternehmern sehr schnell erschöpft. Darüber hinaus gibt es Qualitätsstufen, die nur durch die Einbindung von Dritten erreicht werden können. Ein Handwerker, der seine Leistung als Franchise-System anbieten will, braucht zum Beispiel die Hilfe eines Anwalts, um die entsprechenden Verträge zu erstellen oder er braucht einen Grafiker, um ansprechende Vertriebsunterlagen zu fertigen.

Überlege, welche Tätigkeiten, die nicht zu Deinen Stärken gehören, für die Qualität Deiner Leistung maßgeblich verantwortlich sind und an wen und wie Du diese auslagern kannst.

Anreizsysteme schaffen: Die reine Abgabe von Aufgaben sichert noch nicht die Qualität der Ausführung. Dafür braucht es Anreizsysteme. Häufig werden Macht und Geld eingesetzt, um zum Beispiel Mitarbeiter zu motivieren, mehr zu leisten. Du solltest aber auch überlegen, erfolgsbasierte Belohnungen zu etablieren, die den Mitarbeiter oder Partner an Dein Unternehmen binden. Schaffe möglichst WIN-WIN-Situationen, denn Anreize durch Geld und Macht sind durch andere leicht zu übertreffen. Erfolgreiche Unternehmen bieten daher weitere Anreizsysteme - zum Beispiel Prestige, Exklusivität, besondere Freiheiten oder Zugang zu Netzwerken. Versuche Deine Anreizsysteme zu standardisieren, so wie es zum Beispiel die Firma Zappos gemacht hat. Dieser nordamerikanische Online-Schuhhändler bietet allen Job-Bewerbern eine ausführliche Schulung zu Beginn der Tätigkeit. Nach Ende der Schulung werden jedem Teilnehmer 2000 Dollar geboten, wenn er das Unternehmen sofort wieder verlässt. Fast alle bleiben und übernehmen mit großer Motivation ihre neuen Aufgaben.

Überlege, welche Anreizsysteme Du für das Ausführen wichtiger Aufgaben bieten kannst und welche Standards in Deinem Unternehmen dafür gelten sollen.

Verantwortung übertragen: Das Übertragen von Aufgaben, auch verbunden mit entsprechenden Anreizen, garantiert noch nicht die Ausführung. Viele Aufgaben erfordern das Treffen von Entscheidungen. Dafür ist Entscheidungsbefugnis erforderlich. Werden Aufgaben ohne klar definierte Entscheidungsbefugnisse übertragen, landen sie über kurz oder lang wieder auf dem eigenen Schreibtisch. Das ist nicht

Sinn der Sache. Die Aufgaben sollen erledigt werden. Das bedeutet nicht, dass Du immer alle Entscheidungen aus der Hand geben sollst. Nein. Aber achte darauf, dass Du ausreichend Freiraum schaffst, damit Ergebnisse auch ohne Rücksprache mit Dir möglich werden. Dazu zählen Entscheidungsbefugnisse, das nötige Budget und zeitliche Ressourcen. Standardisiere die Übertragung von Verantwortung und sorge dafür, dass jeder weiß, wo seine Befugnis endet. Dann werden Aufgaben erledigt und nicht nur verwaltet. Das gibt Dir einen entscheidenden Geschwindigkeitsvorteil bei der Umsetzung Deiner Aufgaben.

Überlege, welche Entscheidungen regelmäßig getroffen werden müssen, wer sie übernehmen kann und wie die sie übertragen kannst.

Entscheidungsfindung

Kein Ergebnis ohne Entscheidung - das habe ich schon im vorherigen Abschnitt beschrieben. Und doch sind fehlende oder langsame Entscheidungen in Unternehmen mit mehr als drei Mitarbeitern einer der häufigsten Aufreger. Wenn Du Dein Business und die entscheidenden Prozesse standardisieren willst, dann führt an einer Systematisierung der Entscheidungsfindung kein Weg vorbei.

Dafür hast Du unter anderem die folgenden Möglichkeiten:

Kompetenzbereiche abgrenzen: Lege klar fest, wer welche Kompetenzen hat. Das ist erst einmal relativ einfach. Kompliziert wird es meist an den Schnittstellen zwischen den einzelnen Kompetenzbereichen. Lass Dich davon anfangs nicht abhalten und definiere zuerst die Kernbereiche, für die einzelne Personen Verantwortung tragen. Die Feinheiten lassen sich dann leichter direkt in der Praxis definieren. Ohne diesen Schritt ist eine schnelle Entscheidungsfindung kaum möglich, denn je schlechter Kompetenzbereiche definiert sind, desto mehr Personen erbitten Mitspracherecht, was Entscheidungen unnötig verlangsamt. Nicht jede Entscheidung muss demokratisch fallen, aber sie muss fallen, sonst gibt es keine Ergebnisse.

Überlege, wer in Deinem Unternehmen Verantwortung übernehmen kann und weise klare Kompetenzbereiche zu.

Entscheidungen dezentralisieren: Bei Entscheidungen denkt man immer zuerst an den Chef. Tatsächlich werden wichtige Entscheidungen häufig durch den Inhaber oder Geschäftsführer getroffen. Bei strategischen Entscheidungen führt hieran kein Weg vorbei. Diese sind reine Unternehmeraufgabe. Für viele andere Entscheidungen fehlt der Führung aber der nötige Einblick in die Praxis. Ein Mitarbeiter im Kundendienst zum Beispiel kennt die Wünsche der Kunden viel besser und kann schneller entscheiden und handeln als der Chef. Das ist aber nur möglich, wenn er mit den entsprechenden Befugnissen ausgestattet ist. Für einige Unternehmen sind solche dezentralen Entscheidungen tägliche Routine, wie zum Beispiel im Hotel Schindelhof, wo die Bedienungen im Restaurant bei Fehlern nach eigenem Ermessen Getränke aufs Haus oder andere Vergünstigungen gewähren können. In vielen anderen Unternehmen entscheidet aber immer noch alles der Chef.

Überlege, welche Entscheidungen direkt „vor Ort" von den handelnden Personen getroffen werden können und welche Befugnisse dafür benötigt werden.

Organisationsaufbau: Das Wachstum eines Unternehmens erfordert irgendwann unweigerlich den Aufbau von Organisationsstrukturen. Haben in kleinen Unternehmen immer alle direkten Kundenkontakt, so gibt es in größeren Unternehmen Mitarbeiter, die nur die eigene Organisation verwalten. Doch nicht nur wachsende Unternehmen brauchen klare Organigramme. Auch für Einzelunternehmen, die Leistungen outsourcen, kann der Aufbau einer grundlegenden Organisationstruktur entscheidende Wettbewerbsvorteile bringen. Denn nur so kann ein Unternehmen unabhängig von seinem Inhaber werden und seine Attraktivität für Nachfolger steigern. Auch ein sprunghaftes Wachstum wird erst möglich, wenn die Organisationsstrukturen klar sind. Dein Organigramm ist also die Darstellung Deiner Standards und verkörpert einen wichtigen Teil Deiner Business-DNA.

Überlege, mit welchem Organigramm Du maximalen Kundennutzen garantieren kannst.

Kernkompetenzen dokumentieren

Heute ist der größte Schatz vieler Unternehmen das eigene Know-how, doch nur in wenigen Fällen kann man dieses Know-how durch Patente schützen. Eine solche Absicherung ist in den meisten Fällen auch gar nicht notwendig. Es reicht, das interne Know-how zu dokumentieren, um es anderen im Unternehmen zur Verfügung zu stellen. Wird Wissen nicht dokumentiert, hat es keinen Wert für das Unternehmen. Viele Aufgaben und Fehler werden doppelt gemacht, weil das Wissen dazu nicht verfügbar ist. Die Dokumentation von Kernkompetenzen ist also ein zentraler Bestandteil für die Standardisierung. Erfolgreiche Unternehmen nutzen ihr Wissen vor allem in den folgenden Bereichen und erarbeiten sich so Wettbewerbsvorteile:

Einarbeitung automatisieren: Die Suche nach Fachkräften ist für viele kleine Unternehmen sehr zeit- und kostenintensiv. Häufig ist es gar aussichtslos, mit den Großen um die besten Köpfe zu konkurrieren. Umso erstaunlicher ist es dann, wenn man beobachtet, wie Mitarbeiter eingearbeitet werden. Dies findet meist gar nicht oder nur sehr oberflächlich statt. Ein wesentlicher Grund dafür ist die fehlende Standardisierung des Einarbeitungsprozesses. Viele haben dafür keinen Plan. Ein weiteres Problem ist die fehlende Dokumentation des Wissens. Es gibt häufig keine Unterlagen, die neue Mitarbeiter für die Einarbeitung nutzen können. Die einzige Möglichkeit der Einarbeitung ist in diesem Fall die persönliche Begleitung durch einen bestehenden Mitarbeiter. Das ist die beste, aber auch die teuerste Möglichkeit. Viele Themen, die eine Einarbeitung erfordern, ließen sich durch eine gute Dokumentation des Firmenwissens ohne Begleitung durch einen anderen Mitarbeiter erlernen. Die Dokumentation von Kernkompetenzen ermöglicht also die schnelle Einarbeitung von neuen Mitarbeitern, ist damit ein entscheidendes Kriterium für Wachstum und minimiert darüber hinaus das Ausfallrisiko bei Schlüsselpersonen.

Überlege, was neue Mitarbeiter oder Dienstleister unbedingt wissen müssen und wie Du dieses Wissen schnell vermitteln kannst.

Wissenstransfer sichern: Das Wissen eines Unternehmens steckt in den Köpfen der Mitarbeiter. Und diese sind aktuell noch nicht durchsuchbar wie das Internet. Das bedeutet, dass alle Kompetenzen, die nicht dokumentiert sind, dem Unternehmen nicht zur Verfügung stehen. Fällt ein Mitarbeiter aus oder wechselt er das Unternehmen, so geht das nicht dokumentierte Wissen zu 100 Prozent verloren. Aber

selbst, wenn Wissen aufgeschrieben wird, ist es noch nicht für alle verfügbar. Erst klare Dokumentationsstandards sorgen dafür, dass Know-how dokumentiert wird und dass alle anderen dieses Wissen auch durchsuchen können. Zu solchen Standards gehören klare Kategorien, Tools, Beispiele und vor allem eine klare Ansage dazu, was NICHT dokumentiert wird. Vieles aufzuschreiben und abzulegen ist nämlich deutlich einfacher als das wenige Wichtige kurz und prägnant aufzubereiten. Haben Unternehmen aber eine solide Wissensdatenbank, ist das ein entscheidender Wettbewerbsvorteil. Die Firma ASWO zum Beispiel hat die Techniker-Community EURAS ins Leben gerufen. Hier finden Techniker in einer einzigartigen Wissensdatenbank über eine Million Reparaturtipps für nahezu alle verfügbaren elektronischen Geräte. Dieses Know-how macht ASWO zur ersten Anlauftselle für Techniker, die ein technisches Gerät reparieren wollen.
(http://www.euras.com/german/)

Überlege, wie Du die Kernkompetenzen Deines Unternehmens dokumentieren und für andere verfügbar machen kannst.

Wissen vermarkten: Das eigenen Wissen ist nicht nur intern ein großer Schatz. Es gibt zahlreiche andere Unternehmen und Kunden, die Interesse daran haben. Genau aus diesem Grund gibt es Industrie-Spionage. Es geht hier aber nicht um kriminelle Handlungen, sondern darum, das eigene Wissen zu kommerzialisieren. Die Weitergabe von Wissen ist nicht nur für Seminaranbieter wichtig, auch viele andere Unternehmen besitzen Wissen, das sich verkaufen lässt, ohne dem eigenen Unternehmen zu schaden. Die Weitergabe von Wissen erfordert aber, aus dem eigenen Know-how ein Wissensprodukt zu machen, wie ich das zum Beispiel mit diesem Buch getan habe. Für die Vermarktung von Wissen bieten sich viele weitere Möglichkeiten: Vorträge, Seminare, Workshops, Lernvideos usw. Entscheidend ist, dass das eigene Wissen dokumentiert ist, ansprechend aufbereitet wird und für eine bestimmte Zielgruppe von Wert ist.

Überlege, welches Wissen Deines Unternehmens für andere einen Wert hat und wie Du es vermarkten kannst.

Notizen

3.3 Problemlösung: Engpässe beseitigen

Wenn Du das wichtigste Problem Deiner Wunschkunden löst, wird Dein Wunschkundenbusiness unentbehrlich. Beseitige systematisch dringende Engpässe Deiner Kunden. So schaffst Du ein Unternehmen, welches das Vertrauen der Kunden genießt, wenn es darauf ankommt.

Lösungsprozess

Dein Lösungsprozess sorgt dafür, dass Deine Lösung für das Kernproblem Deiner Kunden überhaupt entsteht. So wichtig ein ausgefeiltes Konzept auch ist, es bleibt ohne Handlung nur ein Konzept. Erst, wenn die Lösung umgesetzt wird, kann die gewünschte Wirkung eintreten. Problemfokussierte Unternehmen sind also dann besonders erfolgreich, wenn Sie einen reproduzierbaren Prozess zur Erschaffung der Problemlösung haben und diesen unabhängig von den Rahmen- oder Marktbedingungen abrufen können. Hierfür spielen die im Folgenden beschriebenen Faktoren eine besondere Rolle. Verbessere Dich in diesen Bereichen, wenn der Lösungsprozess zu den Stärken Deines Unternehmens gehört.

Konzentration auf Kernaufgaben	*wiederholbare Qualität schaffen*	*regelmäßige Akzeptanztests*	
Flexibilität des Lösungsprozesses	*flexible Produktion*	*Logistik-Module*	*Kernprodukt mit Trendlösungen*
Automatisierung des Lösungsprozesses	*Herstellung automatisieren*	*Wiederverwendung bestehender Lösungen*	
Einsatz von Ressourcen	*Kosten senken*	*Output steigern*	*bedarfsgerechte Produktion*

Um mit Deinem Lösungsprozess dauerhaft erfolgreich zu sein, haben sich vor allem die folgenden Möglichkeiten bewährt:

Konzentration auf Kernaufgaben

Wiederholbarkeit und Passgenauigkeit - das sind die Schlüssel für dauerhaften Erfolg. Das gelingt vor allem den Unternehmen, die sich auf ihre Kernaufgaben konzentrieren und sich nicht von jeder neuen Chance ablenken lassen.

Wiederholbare Qualität schaffen: Dauerhafte Kundenzufriedenheit erlangt man nur, wenn man die vom Kunden gewünschten Lösungen wiederholbar in gleichbleibender Qualität „herstellen" kann. Das gelingt am besten mit viel Übung. Ein ständiger Wechsel der Prozesse und Tätigkeiten erfordert immer wieder Einarbeitung und sorgt so häufiger für Fehler als ein eingespieltes System. Hier gilt das bekannte Sprichwort: „Never change a running system." Sorge also dafür, dass es für die Schaffung der Lösung Kernprozesse gibt, die regelmäßig geübt und optimiert werden. Aber weiche dabei nicht zu sehr von Deinen Kernkompetenzen ab. Konzentriere Dich auf das, was Dein Unternehmen gut kann. Gib andere Aufgaben an Profis ab. Wenn ein solcher Lösungsprozess dann stabil funktioniert, kannst Du prüfen, ob Du den gesamten Prozess auslagern oder delegieren kannst. Du musst dabei aber sicherstellen, dass Kernaufgaben immer mit gleichbleibender Qualität ausgeführt werden.

Überlege, wie Du eine gleichbleibend hohe Qualität Deiner Lösungen garantieren kannst und was dabei die Kernaufgaben sind, die Dein Unternehmen unbedingt selbst ausführen muss.

Regelmäßige Akzeptanztests: Wenn die richtige Leiter am falschen Baum steht, nutzt sie nichts. Neben der optimalen Ausführung des Lösungsprozesses ist es also wichtig, dass Du die richtige Lösung erschaffst. Es gibt nur einen, der das beurteilen kann - Dein Kunde. Teste also regelmäßig, ob Deine Kunden neue Lösungen auch kaufen, auch bei kleinen Anpassungen. Wenn das so ist, bist Du auf dem richtigen Weg. Wenn nicht, dann ändere Deine Lösung. Je häufiger Du Akzeptanztests durchführst, desto näher kommst Du den Wünschen Deiner Kunden und desto größer ist die Akzeptanz Deiner Lösung. Überprüfe die Akzeptanz Deiner Kunden vor allem bei der Weiter- oder Neuentwicklung von Angeboten. Einige Softwareunternehmen schaffen es, täglich neue Features einzuführen und zu testen. In die finale Softwareversion werden dann aber nur solche Features integriert, die die Kunden auch nutzen. Wenn Du hierzu mehr Information brauchst, dann lies das Buch „The Lean Startup" von Eric Ries.

Überlege, wie Du täglich die Akzeptanz Deiner Kunden für Deine Lösungen prüfen kannst und schaffe dann entsprechende Standards.

Flexibilität des Lösungsprozesses

Kundenwünsche ändern sich. Daher sind flexible Lösungsprozesse essentiell für den Erfolg von Unternehmen, vor allem in sich verändernden Märkten. Eine gewisse Flexibilität des Lösungsprozesses sorgt für Krisenfestigkeit und ermöglicht es Unternehmen, Wachstumschancen wahrzunehmen.

Um eine solche Flexibilität zu erreichen, eignen sich die folgenden Möglichkeiten:

Flexible Produktion: Hier denken viele sofort daran, Standards über Bord zu werfen. Genau das Gegenteil hilft weiter. Standards in der Produktion ermöglichen Flexibilität, denn wenn der gesamte Lösungsprozess in fest definierte Module aufgeteilt ist, kann man deutlich leichter einzelne Module austauschen, ohne die Qualität des Ergebnisses zu reduzieren. Fällt zum Beispiel ein Zulieferer oder Dienstleister für eine wichtige Komponente des Lösungsprozesses aus, ist Ersatz viel schneller gefunden, wenn dieses Modul und seine Schnittstellen genau bekannt sind. Sorge also für einen anpassungsfähigen Produktionsprozess, indem Du diesen in standardisierte Komponenten zerlegst und für kritische Komponenten frühzeitig Alternativen suchst. Mit dieser Vorbereitung werfen Dich Krisen nicht mehr so leicht aus der Bahn.

Überlege, welche zentralen Module Deinen Lösungsprozess bestimmen und sorge bei Wackelkandidaten für ein Backup.

Logistik-Module: Das gleiche gilt für die Lieferung Deiner Lösung an den Kunden. Es ist egal, ob dabei ein Paketversender zum Einsatz kommt, Du selbst zum Kunden fährst oder die Leistung über eine Webseite erbracht wird. Logistik ist alles, was für die „Auslieferung" der Lösung vonnöten ist. Sorge also für eine krisenfeste Bereitstellung der Lösung, indem Du klare Komponenten definierst und für unsichere Prozesse Backup-Lösungen schaffst.

Überlege, wie Deine Lösung zum Kunden kommt und welche Alternativen es zum bisherigen Prozess gibt.

Kernprodukt und Trendlösungen: Wenn Du ein perfektes Angebot für Deine Wunschkunden definiert hast, brauchst Du nicht jedem Trend hinterherlaufen. Aber manchmal ergeben sich neue Chancen, die Du mit einem zu starren Prozess nicht nutzen kannst. Erfolgreiche Unternehmen nutzen hier trendbasierte Lösungsvarianten. So bleiben sie ihrer Kernleistung treu, passen diese aber an Trends und Marktentwicklungen an. Ein Elektroinstallateur, der als besonderen Service für seine Kunden schon immer den Verlauf der Leitungen per Foto dokumentiert hat, kann als Innovation zum Beispiel Apps nutzen, die für diesen Zweck geschaffen wurden. Er bleibt seiner Kernleistung treu, nutzt aber neue Möglichkeiten, um sich von Wettbewerbern abzugrenzen.

Überlege, was genau Deine Kernleistung ist und wie Du diese an Trends anpassen und durch neue technische Entwicklungen aufwerten kannst.

Automatisierung des Lösungsprozesses

Bewährte Lösungsprozesse erfordern weniger Einsatz und Kontrolle als neue. Wenn Du stabile Lösungsprozesse etabliert hast und genau weißt, was Deine Kunden sich wünschen, solltest Du prüfen, welche Komponenten Du automatisieren kannst.

Dafür gibt es u.a. die beiden folgenden Möglichkeiten:

Herstellung automatisieren: Die Automatisierung von (Teil-)Prozessen, die zur Erstellung Deiner Lösung notwendig sind, garantiert eine gleichbleibende Qualität und benötigt weniger Ressourcen. Versuche daher, zentrale Herstellungsprozesse zu automatisieren. Das kann mit einer einfachen Angebotsvorlage beginnen. Zahlreiche Konfiguratoren im Internet zeigen, wie eine komplette Automatisierung bestimmter Prozesse funktioniert. Sei es das Bedrucken oder Besticken von T-Shirts oder die Durchführung einer Umfrage - vieles ist soweit automatisiert, dass nur noch wenige Handgriffe manuell ausgeführt werden müssen. Die Firma Strato zum Beispiel hat sich durch Automatisierung einen entscheidenden Wettbewerbsvorteil erarbeitet. Für die Bereitstellung verschiedener Lösungen für das Hosting von Webseiten benötigt das

Unternehmen deutlich weniger Personal als andere Anbieter, weil nahezu alle erforderlichen Prozess automatisch ablaufen. Das senkt Kosten und steigert die Marge.

Überlege, welche Prozessschritte in Deinem Lösungsprozess so stabil ablaufen, dass Du sie automatisieren kannst.

Wiederverwendung bestehender Lösungen: Eine weitere Möglichkeit der Automatisierung ist die Wiederverwendung bestehender Lösungen. Ein Vortrag, der einmal erstellt wurde und der sich bewährt hat, kann durch wenige Anpassungen immer wieder verwendet werden. Der Lösungsprozess ist in diesem Fall hochgradig automatisiert, weil für die Erstellung des nächsten Vortrags nur noch wenige Handgriffe erforderlich sind. Das gleiche gilt für nahezu alle anderen „Wissensprodukte".

Überlege, welche bestehenden Lösungen Du wiederverwenden kannst oder wie Du Dein Angebot so ändern kannst, dass die Wiederverwendungsquote steigt.

Einsatz von Ressourcen

Automatisierung, Flexibilität und Fokus bestimmen, wie stabil Dein Lösungsprozess funktioniert, aber ohne Ressourcen gibt es erst gar keine Lösung. Der Einsatz von Ressourcen kann also den entscheidenden Unterschied für den Erfolg von Unternehmen ausmachen, selbst wenn die Lösungen identisch sind.

Die folgenden Möglichkeiten werden häufig angewendet, um den Ressourceneinsatz zu optimieren:

Kosten senken: Schaffst Du gleiche Ergebnisse mit geringeren Ressourcen, dann hast Du Deine Kosten gesenkt. Hierzu bedarf es keiner langen Ausführungen. Viele der in diesem Abschnitt beschriebenen Maßnahmen (zum Beispiel Automatisierung) sorgen für Kostensenkungen.

Überlege, wo in Deinem Lösungsprozess Du trotz gleichbleibender Qualität mit weniger Ressourcen auskommen kannst.

Output steigern: Neben der Senkung der Kosten hast Du natürlich die Möglichkeit, mehr mit gleichen Ressourcen zu erreichen. Zahlreiche Unternehmen haben sich einen entscheidenden Vorteil verschafft, indem Sie bestehende Ressourcen effizienter ausgenutzt haben. Der *Automatenverlag* in Hamburg (www.automatenverlag.de) nutzt zum Beispiel ausrangierte Zigarettenautomaten als Vertriebsmöglichkeit für Bücher. Das steigert den Umsatz trotz begrenzter Ressourcen.

Überlege, wie Du ohne Steigerung der Ressourcen Deinen Output erhöhen kannst.

Bedarfsgerechte Produktion: Jeder Markt unterliegt Schwankungen. Gute und magere Zeiten haben in vielen Branchen einen festen Rhythmus. Ist das auch bei Dir der Fall oder kannst Du den genauen Bedarf für eine Lösung nur schwer ermitteln, kann die bedarfsgerechte Produktion eine Lösung sein. In diesem Fall produzierst Du nur das, was tatsächlich gekauft wird. Print-on-Demand ist genau solch ein Prozess für den Buchdruck. Immer mehr Wissensprodukte werden auf ähnliche Art produziert. Man testet den Bedarf über einen Teaser oder ein Probe-Kapitel und erstellt das ganze Werk erst bei ausreichender Nachfrage.

Überlege, welche Lösungen Du „On-Demand", also anhand des konkreten Kundenbedarfs, erstellen kannst.

Dringlichkeit

Die Dringlichkeit Deiner Lösung bestimmt den Wert Deines Angebotes. Je dringender Dein Kunde Deine Lösung braucht - und hier zählt einzig und allein die Wahrnehmung Deiner Kunden - desto höher ist der wahrgenommene Wert. Preisdiskussionen mit Kunden entstehen nicht vorrangig wegen des Preismodells, sondern hauptsächlich wegen fehlender Dringlichkeit. Diese macht aus einem „Nice to Have"-Angebot ein „Must-Have".

Einschränkung der Zielgruppe	*Lösung für kleine Zielgruppe*	*Hauptproblem der Zielgruppe überwachen*	
Hohe Emotionalität des Problems	*öffentliche Diskussion*	*Drang nach Lösung*	
Wahrgenommenes Gefahrenpotential	*Abwehr von Gefahren*	*Sicherung von Werten*	*Rettung von Personen und Dingen*
Beschränkte Verfügbarkeit	*Zeitlich beschränkte Verfügbarkeit*	*Beschränkung der Menge*	*Zugriffsbeschränkung*

Die Dringlichkeit Deines Angebots kannst Du vor allem durch die folgenden Maßnahmen steigern:

Einschränkung der Zielgruppe

Voraussetzung für die Steigerung der Dringlichkeit ist immer die Einschränkung der Zielgruppe. Nur bei einer klar beschriebenen Zielgruppe ist es möglich, das gemeinsame Problem aller Kunden zu bestimmen. Wie dieser Prozess funktioniert, habe ich im Kapitel „Problemlösung" zu Beginn des Buches beschrieben. Hier möchte ich aber noch einmal betonen, dass die Lösung des Hauptproblems Deiner Kunden das wichtigste Erfolgskriterium für Dein Wunschkundenbusiness ist.

Die beiden folgenden Maßnahmen fassen das erforderliche Vorgehen noch einmal zusammen:

Lösung für kleine Zielgruppe: Wenn Du das erste Kapitel dieses Buches durchgearbeitet hast, verfügst Du bereits über eine konkrete Definition Deiner Zielgruppe und eine Lösung für das Hauptproblem dieser Zielgruppe. Hast Du eher noch ein Angebot für eine weniger spitz definierte Zielgruppe, empfehle ich Dir, die Aufgaben aus dem ersten Kapitel noch einmal zu bearbeiten. Wenn Du nach einer Abkürzung für diesen Prozess suchst, dann kannst Du Deine bisherige Kernlösung auf eine kleinere Zielgruppe übertragen. Überlege dafür, wer die Lösung, die Du zur Zeit anbietest, besonders dringend benötigt. Das sollte Dir die Einschränkung Deiner Zielgruppe erleichtern. Um dauerhaft erfolgreich zu sein, kommst Du aber nicht umhin, Deine Zielgruppe genau zu definieren und deren wichtigstes Problem zu lösen.

Überlege, für wen Deine Lösung den größten Wert hat und optimiere sie dann für genau diese Kunden.

Hauptproblem der Zielgruppe überwachen: Für Deinen dauerhaften Erfolg ist es wichtig, dass Du die Probleme Deiner Zielgruppe regelmäßig überwachst. Ansprüche ändern sich, Probleme verschieben sich und es gibt andere Anbieter mit tollen Lösungen, die die Dringlichkeit Deines Angebots reduzieren. Du solltest also regelmäßig überprüfen, wie hoch der Wert Deiner Lösung für Deine Wunschkunden ist. Wichtige Indizien dafür sind Deine Abschlussquote, die Häufigkeit von Preisdiskussionen und die Preiswahrnehmung Deiner Kunden. Der einfachste Weg für die regelmäßige Kontrolle ist der ständige Kundendialog. Kommuniziere mit Deinen Wunschkunden und nimm Kritik als etwas Wertvolles wahr, denn sie zeigt Dir, dass die Dringlichkeit und der Wert Deines Angebotes aktuell sinkt und was Du dagegen tun kannst.

Überlege, wie Du die Probleme Deiner Wunschkunden regelmäßig überwachen kannst, und integriere diesen Prozess in Deine tägliche Arbeit.

Hohe Emotionalität des Problems

Kaufentscheidungen fallen zu großen Teilen emotional. Eine Lösung für ein emotionales Problem ist also wertvoller für Kunden als ein rein rationales Angebot. Um den Bedarf für Dein Angebot zu steigern, solltest Du prüfen, ob Deine Lösung ein emotionales Problem löst. Ist das nur eingeschränkt der Fall, empfiehlt es sich, noch einmal eine detaillierte Problemanalyse durchzuführen.

Emotionale Probleme sind durch zwei Kriterien gekennzeichnet:

Öffentliche Diskussion: Je emotionaler ein Problem wahrgenommen wird, desto stärker wird es öffentlich diskutiert. Es gibt Probleme, die in Deiner Zielgruppe ein Dauerthema sind. Diese solltest Du unbedingt kennen und möglichst eines davon besser lösen können als alle anderen. Darüber hinaus geraten manche Probleme immer wieder in den Fokus der Aufmerksamkeit, zum Beispiel bei Katastrophen.

Überlege, welche Probleme Deiner Zielgruppe Dauerthemen sind und welche eher übergangsweise in der öffentlichen Diskussion stehen. Fokussiere Dich bei Deinen Lösungen dann vorrangig auf die dauerhaften Probleme.

Drang nach Lösung: Jeder kennt sie - die Probleme, die unbedingt, dringend und sofort gelöst werden müssen und absolut keinen Aufschub dulden. Hast Du in einer Notsituation schon einmal systematisch mehrere Lösungsanbieter verglichen? Nein! Hohe Dringlichkeit bedeutet starke Kaufbereitschaft und große Zufriedenheit bei erfolgter Problemlösung. Daher solltest Du vor allem Lösungen für Probleme anbieten, bei denen der Drang nach einer schnellen Lösung maximal hoch ist. Es ist schwer, ausschließlich Lösungen für dringende Probleme anzubieten. Du solltest aber auf jeden Fall versuchen, Dein Kennenlern- oder Einstiegsangebot so zu definieren, dass es ein Problem löst, das keinen Aufschub duldet. Das ist der perfekte Einstieg in eine neue Kundenbeziehung und sorgt für Begeisterung bei Deinen Wunschkunden.

Überlege, wo der Wunsch nach einer Lösung bei Deiner Zielgruppe besonders groß ist und wie Du hier helfen kannst.

Wahrgenommenes Gefahrenpotential

Das vom Kunden wahrgenommene Gefahrenpotential ist ein guter Indikator für die Dringlichkeit einer Lösung, denn gefährliche Situationen verlangen nach einer sofortigen Lösung.

Erfolgreiche Unternehmen, die sich auf diesen Bereich spezialisiert haben, bieten vor allem Lösungen in den folgenden Bereichen:

Abwehr von Gefahren: Eine Möglichkeit zur Steigerung der Dringlichkeit ist die Abwehr von Gefahren. Reduziert eine Leistung das unmittelbare Gefahrenpotential, gibt es dafür von den Betroffenen eine hohe Kaufbereitschaft. Das merken zum Beispiel junge Eltern nahezu täglich. Auf einmal braucht man unbedingt Steckdosensicherungen, einen Fingerklemmschutz oder eine Absturzsicherung für Treppen, denn die Abwehr von Gefahren für den Nachwuchs hat oberste Priorität.

Überlege, welche Gefahren Deine Wunschkunden als bedrohend empfinden, und definiere dann Lösungen dafür.

Sicherung von Werten: Was für Personen gilt, trifft auch für Wertgegenstände zu. Wem schon einmal ein Fahrrad gestohlen wurde, oder in wessen Wohnung eingebrochen wurde, der versteht genau, was ich meine. Das wahrgenommene Gefahrenpotential durch Diebstähle ist durch solche Erlebnisse stark gestiegen und es werden schnell passende Lösungen gesucht. Wenn Du also die Dringlichkeit Deiner Lösung steigern willst, dann biete Absicherungen für Wertgegenstände Deiner Wunschkunden an.

Überlege, welche Wertgegenstände für Deine Wunschkunden eine hohe Bedeutung haben und wie Du diese absichern kannst.

Rettung von Personen/Dingen: Die Abwehr von Gefahren und die Sicherung von Werten sind präventive Maßnahmen. Dringender Bedarf entsteht aber immer auch dann, wenn Personen bereits in Gefahr oder Wertgegenstände verschwunden sind. Wenn Du Deine Zielgruppe gut kennst, dann weißt Du sicher, welche Personen oder Dinge häufiger einmal „gerettet" werden müssen. Hast Du hierfür eine Lösung parat, kannst Du Dir einem hohen Kaufinteresse sicher sein. Nicht umsonst werden zum Beispiel für die Rettung beschädigter Festplatten in Einzelfällen Millionenbeträge gezahlt. An dieser, wie an so vielen anderen Stellen, zeigt sich wieder einmal die Bedeutung einer klaren Zielgruppendefinition. Denn Gefahren werden von Kunden sehr unterschiedlich beurteilt und es ist unmöglich, für alle eine passende Lösung anzubieten. Kennst Du aber Deine Wunschkunden genau, kannst Du Dich auf die Vermeidung der wichtigsten Gefahren oder auf die Rettung der wertvollsten Gegenstände spezialisieren.

Überlege, welche Personen oder Dinge, die Du retten kannst, für Deine Wunschkunden einen maximalen Wert haben.

Beschränkte Verfügbarkeit

Jedes Kind weiß bereits, dass Angebot und Nachfrage stark zusammenhängen. Ist die Verfügbarkeit eines Angebots beschränkt, steigert das die Nachfrage. Voraussetzung dafür ist natürlich, dass es grundsätzlich einen Bedarf für das Angebot gibt. Mehr von einem perfekten Angebot ist also nicht zwingend gut für Deine Kunden. Manche Angebote erhalten erst einen Wert, wenn sie knapp sind. Wenn Du die Dringlichkeit Deiner Lösung steigern willst, solltest Du prüfen, was knapp ist, oder was Du verknappen kannst.

Dafür gibt es grundsätzlich die folgenden Möglichkeiten:

Zeitliche beschränkte Verfügbarkeit: Verringert sich die Zeit, in der ein Angebot verfügbar ist, so steigert das die Nachfrage. Jeder von uns hat diese Wirkung schon einmal erlebt, wenn er dem Reiz eines Sonderangebotes im Schlussverkauf nicht widerstehen konnte. Wenn Deine Lösung immer verfügbar ist, solltest Du prüfen, ob eine zeitliche Verknappung den Bedarf für Deine Kunden steigert.

Überlege, welche zeitlich befristeten Sonderangebote Du Deinen Wunschkunden anbieten kannst.

Beschränkung der Menge: Gleiches gilt natürlich auch für die mengenmäßige Einschränkung der Verfügbarkeit. Ein gutes Beispiel für die Wirkung einer solchen Maßnahme sind Sammlerstücke. Eine einzige Briefmarke wird einen enorm hohen Wert bekommen, wenn sie weltweit nur einmal verfügbar ist. Gleiches gilt für limitierte Sondereditionen, die zur Darstellung der Beschränkung meist sogar durchnummeriert sind.

Überlege, welche streng limitierten Angebote für Deine Wunschkunden wertvoll sind, und probiere die Wirkung von Mengenbeschränkungen aus.

Zugriffsbeschränkung: Sind Zeit und Menge nicht eingeschränkt, bleibt Dir noch eine weitere Möglichkeit, um die Dringlichkeit zu steigern: Die Beschränkung des Zugriffs auf die Lösung. Nimm einem Kind sein Spielzeug weg und Du erlebst die Wirkung unmittelbar. Egal, wie viel Spielzeug es noch gibt - das Kind setzt alles daran, genau dieses eine zurückzubekommen. Exklusiver Zutritt für VIPs, hohe Preise, ein Safe voller Gold - all das sind Beispiele für Zugriffsbeschränkungen, die bei bestimmten Zielgruppen den Besitzwunsch enorm steigern.

Überlege, wie Du durch Verknappung bestimmter Lösungen die Dringlichkeit steigern kannst.

Notizen

Modularität

Da sich Bedarf und Nachfrage auch bei kleinen Zielgruppen regelmäßig ändern, ist eine gewisse Modularität des Lösungsprozesses eine wichtige Grundlage für dauerhaften Erfolg. Musst Du Deinen kompletten Lösungsprozess anpassen, um auf eine neue Situation zu reagieren, kostet das viel Zeit und Geld. Kannst Du einzelne Lösungsmodule austauschen oder neu kombinieren, fällt Dir eine Anpassung Deines Lösungsprozesses viel leichter. Ein modularer Prozess besteht aus mehreren Komponenten, die die Anpassung der Lösung erleichtern.

Kombinations-möglichkeiten	*Produktnutzen erweitern*	*Produktnutzen steigern*	*Freie Kombinationen ermöglichen*
Produktpakete	*Kennenlernange-bote*	*Zeitlich begrenzte Bundles*	*Dauerhafte Produktpakete*
Einbinden von Drittanbietern	*Lösungen anderer integrieren*	*Plattformen für Produkt-Bundles*	
White-Label-Potential	*Fremdnutzung eigener Angebote*	*Anbieten über Plattformen*	

Um Dein Business in Komponenten zu zerlegen, solltest Du die folgenden Möglichkeiten prüfen:

Kombinationsmöglichkeiten

Ein modularer Lösungsprozess, der aus Komponenten besteht, macht es Dir einfacher, Deinen Lösungsprozess anzupassen. Da es nur sehr wenige Angebote gibt, deren Wert für Kunden über einen langen Zeitraum stabil bleibt, ist eine Anpassung des Lösungsprozesses regelmäßig erforderlich.

Erfolgreiche Unternehmen verändern ihre Lösungsprozesse unter anderem auf Grund der folgenden Ziele:

Produktnutzen erweitern: Startest Du ein neues Angebot oder bedienst Du eine neue Zielgruppe, wirst Du sicher nicht sofort eine allumfassende Lösung anbieten. Dein Angebot wird fokussiert sein und einen speziellen Nutzen bieten. Je mehr Du Deine Wunschkunden kennenlernst, desto mehr Ideen für neue wertvolle Angebote hast Du. Verfügst Du über einen modularen Lösungsprozess, kannst Du durch die Kombination mehrerer Lösungsschritte oder das Einfügen neuer Komponenten schnell neue Lösungen schaffen. Du erweiterst also den Nutzen für Deine Kunden, indem Du Deine Lösung um einzelne Elemente erweiterst. Eine Arztpraxis kann zum Beispiel neue Therapien oder Diagnosen anbieten, indem ein entsprechendes Gerät angeschafft wird. Der Nutzen der Software wird durch ein neues Feature gesteigert. Voraussetzung für solche Nutzenerweiterungen ist aber immer, dass sich neue Module einfach „andocken" bzw. in den Lösungsprozess integrieren lassen.

Überlege, ob Dein aktueller Lösungsprozess das Andocken neuer Komponenten oder die Neukombination bestehender Module zulässt, und schaffe entsprechende Möglichkeiten, wenn sie nicht bestehen.

Produktnutzen steigern: Es muss nicht immer gleich ein neuer Nutzen entstehen. Durch die Kombination bestehender Komponenten und/oder das Einfügen neuer Features kannst Du den bestehenden Nutzen steigern. Auch dieser Schritt verschafft Dir einen Wettbewerbsvorteil. Bietet ein Berater zum Beispiel die Beantragung neuer Förder- oder Finanzierungsmöglichkeiten an, steigert das den Nutzen seines Angebots. Gleiches gilt, wenn er seinen Kunden den Zugriff auf exklusive Erfolgsbeispiele ermöglicht. Letzteres nutze ich selbst, um den Wert des Angebotes von *Mentorum* für meine Wunschkunden zu steigern.

Überlege, wie Du durch einen modularen Lösungsprozess den Nutzen Deines Angebotes steigern kannst.

Freie Kombination ermöglichen: Ein modularer Lösungsprozess ist nicht nur dafür geeignet, selbst durch Kombination neue Angebote zu schaffen. Diese Möglichkeit kannst Du auch Deinen Kunden in die Hand geben. Wenn Du die Kombination einzelner Angebotsbausteine ermöglichst, können Kunden selbst die Lösung bestimmen. Dafür ist die Modularisierung Deines Angebotes eine zwingende Voraussetzung. Ein Beispiel für eine solche Individualisierung, die durch eine vom Kunden bestimmte Kombination einzelner Lösungsmodule entsteht, ist das Angebot von Automobilherstellern, die mittlerweile nahezu alle Features des Wunschfahrzeugs individualisieren können. So wird das Fahrzeug genau mit der Ausstattung ausgeliefert, die der Kunde sich wünscht. Der Produktionsprozess läuft aber immer vergleichbar ab, aber eben mit einer individuellen Kombination einzelner Produktionsschritte.

Überlege, welche Lösungsschritte sich neu kombinieren lassen und schaffe Kombinationsmöglichkeiten für Kunden.

Produktpakete

Ein weiterer typischer Anwendungsfall kombinierbarer Komponenten sind feste Produktpakete. Hier werden bestehende Lösungen eines oder mehrerer Hersteller zu neuen Produkten kombiniert. Die Zusammenstellung gibt dem gesamten Angebot einen neuen Nutzen und steigert den Wert, wenn sie den Bedarf der Kunden trifft. Da die Pakete durch den Hersteller definiert werden, sollte dieser die Kundenwünsche genau kennen und neue Pakete einem Akzeptanztest unterziehen, um den Erfolg sicherzustellen.

Folgende Anwendungsfälle für Produktpakete findet man häufig in der Praxis:

Kennenlernangebote: Jeder hat schon einmal ein Kennenlernangebot gekauft, das aus mehreren Produkten bestand. Der Rasierer mit den neuen Klingen, der Staubsauger mit den passenden Beuteln oder der Drucker mit integrierten Tintenpatronen - das alles sind typische Beispiele für Kennenlernangebote. Der Reiz besteht in einem geringen Preis, der den Test der neuen Produkte erleichtert. Die Kombination der einzelnen Produkte macht es dem Kunden sehr einfach, denn er muss nur eine einzige Kaufentscheidung treffen. Langes Suchen der zusammengehörigen Einzelprodukte entfällt. Der Anbieter vertraut auf die Wirkung seiner Lösung und darauf, dass sich der Kunde durch die Nutzung an das Produkt gewöhnt. Beides steigert die Chancen, dass Kunden die Produkte dauerhaft nutzen.

Überlege, welche Produkte Du zu einem neuen Kennenlernangebot kombinieren kannst.

Zeitlich begrenzte Bundles: Das eine zeitlich begrenzte Verfügbarkeit die Dringlichkeit einer Lösung steigert, hatte ich bereits beschrieben. Diese Wirkung kann man natürlich auch für Produktpakete nutzen. Die eben erwähnten Kennenlernangebote gibt es meist „nur für begrenzte Zeit“. Auch die Angebote von Marktschreiern beinhalten zeitlich beschränkte Produktpakete. Bei Dienstleistungen kann man ebenfalls die Anwendung dieser Möglichkeit beobachten. Wenn zum Beispiel ein Fotograf auf einer Firmenkontaktmesse in Zusammenarbeit mit einem Visagisten tolle Bewerbungsfotos anbietet, handelt es sich um eine zeitlich begrenzte Kooperation.

Überlege, welche Produktpakete Du Deinen Kunden zu ganz bestimmten Anlässen anbieten kannst, um die Kaufwahrscheinlichkeit zu erhöhen.

Dauerhafte Produktpakete: Beliebte Kennenlernangebote oder sehr stark nachgefragte zeitlich begrenzte Bundles werden häufig dauerhaft ins Angebot des Unternehmens aufgenommen. Durch Produktpakete lässt sich der Wert eines Angebots steigern und die Zielgruppe vergrößern. Eines der prominentesten Produktpakete, die das anbietende Unternehmen zum Marktführer gemacht haben, ist das Office-Paket von Microsoft. Erst durch das Anbieten des Pakets sind die einzelnen Softwareprodukte zum Standard geworden. Auch die dauerhafte Kombination von Angeboten mehrerer Hersteller kann dauerhaften Erfolg stiften, vor allem dann, wenn die entstandene Lösung durch keinen der Partner allein erbracht werden kann. Ein gutes Beispiel dafür sind die Angebote von Firmen, die Fertighäuser anbieten. Hier führt die Kombination vieler einzelner Produkte und Dienstleistungen zu einem Gesamtangebot, das ohne die Zusammenarbeit aller beteiligter Unternehmen nur schwer realisierbar wäre.

Überlege, welche Produkte häufig zusammen genutzt werden und biete diese dauerhaft im Paket an.

Einbinden von Drittanbietern

Eine bestehende Modularität des eigenen Lösungsprozesses ermöglicht es Unternehmen, Angebote anderer Unternehmen in die eigene Lösung zu integrieren. Dazu braucht es in vielen Fällen noch nicht einmal ein festes Produktpaket oder eine Kooperation mit anderen Herstellern. Es kann ausreichen, Schnittstellen zu schaffen, die das „Andocken" anderer Lösungen möglich machen.

Dafür haben sich die folgenden Möglichkeiten bewährt:

Lösungen anderer integrieren: Ist ein Angebot kompatibel mit Lösungen anderer Hersteller, haben Kunden die Möglichkeit, neue Module in eine bestehende Lösung zu integrieren. Häufig gibt es Lösungen anderer Unternehmen, die das eigene Angebot in idealer Weise ergänzen. Doch wenn beide Produkte oder Dienstleistungen nicht zusammen passen, ist eine gemeinsame Nutzung für Kunden unmöglich. Es kann daher ein entscheidender Erfolgsfaktor sein, wenn ein Unternehmen die Integration externer Angebote ermöglicht. Dadurch steigert das Unternehmen den Nutzen des entsprechenden Produktes, ohne selbst neue Lösungen entwickeln zu müssen. Dieses Prinzip kennt jeder zum Beispiel von Computern, für die es unendlich viel Zubehör von Drittanbietern gibt.

Überlege, welche Angebote Deine Lösung aufwerten und schaffe dann eine Möglichkeit, diese zu integrieren.

Plattformen für Produkt-Bundles: Es gibt Unternehmen, deren zentraler Erfolgsfaktor die Bereitstellung von Plattformen ist. Auf diesen Plattformen können Kunden Angebote verschiedener Unternehmen beliebig kombinieren und sich so eigene Produkt-Pakete schnüren. Jeder kennt diese Möglichkeit von der Nutzung seines Smartphones. Erst die vielen Apps machen das Smartphone so wertvoll. Dabei ist es dem Hersteller der Telefone fast egal, wie Kunden ihre Produkte aufwerten. Der Erfolgsfaktor ist das Anbieten einer Plattform, über die man Angebote anderer Unternehmen integrieren und beliebig kombinieren kann. Internet-Services wie *Spreadshirt* (individuell bedruckte Kleidung; www.spreadshirt.de) oder *DaWanda* (Plattform zur Vermarktung handgefertigter Produkte; www.dawanda.com) sind ohne eigene Produkte zu beliebten Handelsplattformen geworden.

Überlege, welche Lösungen Deine Wunschkunden suchen, und wie Du eine Plattform zur Vermittlung verschiedener Lösungskomponenten schaffen kannst.

White-Label-Potential

Es gibt sehr viele Unternehmen, deren Produkte oder Dienstleistungen wir täglich nutzen, ohne es zu wissen. Diese Unternehmen haben Lösungen mit White-Label-Potential, lassen ihre Produkte also durch andere Unternehmen vermarkten. Dabei geht häufig die ursprüngliche Marke verloren. Weißt Du zum Beispiel, wer den Autositz hergestellt hat, auf dem Du täglich sitzt? Die meisten Hersteller sind nicht bekannt, ihre Produkte kennt aber jeder.

Um das White-Label-Potential Deiner Lösung zu steigern, hast Du folgenden Möglichkeiten:

Fremdnutzung eigener Angebote: Anstatt die Lösungen anderer an Deine Angebote anzudocken, kannst Du die Fremdnutzung Deiner Angebote ermöglichen. Modularität ist dafür eine zwingende Voraussetzung. Meist musst Du als Gegenleistung für die Vermarktung durch einen Dritten auf Deine Marke verzichten und Dich an die Bedingungen bzw. „Schnittstellen" des Vermarkters anpassen. Dir bieten sich aber lukrative Skalierungsmöglichkeiten, wenn Du den passenden Partner überzeugen kannst, Dein Produkt als White-Label zu nutzen. Ein Unternehmen, das genau auf diese Weise Erfolg hat, ist *CEWE Color*. Fast alle Anbieter individuell bedruckter Produkte (Fototassen, Mousepads, usw.), also zum Beispiel Drogerien, nutzen den Service von *CEWE Color*, anstatt die Produkte selbst zu bedrucken und auszuliefern.

Überlege, wer ein idealer Vermarktungspartner für Deine Lösungen ist. Dann schaffe die Möglichkeit, Dein Angebot als White-Label zu vermarkten.

Anbieten über Portale: Willst Du Fremdvermarktung nutzen, aber Deine Marke nicht aufgeben, kannst Du Deine Lösungen über passende Portale anbieten. Amazon zum Beispiel ermöglicht genau das. Jeder kann diesen Marktplatz nutzen, um eigene Produkte zu vertreiben. Dafür erhält der Vermarkter dann einen Anteil am Verkaufserlös.

Überlege, welche lukrativen Marktplätze es für Deine Lösung gibt, und schaffe dann die Möglichkeit, Deine Produkte dort anzubieten.

3.4 Kundenfokus: Erlebnisse garantieren

Ein starker Kundenfokus garantiert treue Fans für Dein Wunschkundenbusiness. Schaffe Erlebnisse und liefere spannende Storys, um Marken-Sog zu erzeugen. Gib Deinen Kunden die Möglichkeit, sich aktiv einzubringen. So schaffst Du ein Unternehmen, das dauerhaft treue Kunden hat und durch Empfehlungen wächst.

Kundenerlebnis

Erlebnisse schaffen Begeisterung. Du hast ja bereits zahlreiche Begeisterungsfaktoren für Dein Wunschkundenbusiness entwickelt, um genau das auszunutzen. Der Baustein Kundenerlebnis ist daher aus keiner Service-DNA eines Unternehmens wegzudenken. Eine ausführliche Beschreibung aller Bausteine, mit der Du ein unverwechselbares Kundenerlebnis schaffen kannst, findest Du im Kapitel „Begeisterungsfaktoren“. Hier verwende ich die gleiche Systematik. Ich beschränke mich in diesem Kapitel daher auf eine kurze Beschreibung der einzelnen Maßnahmen.

Erlebnisse schaffen	*Ergebnis erlebbar machen*	*Alle Sinne ansprechen*		
Exklusivität bieten	*Zugang beschränken*	*Roten Teppich ausrollen*		
Erwartungen übertreffen	*Ungeschriebene Gesetze brechen*	*Wertvolle Informationen liefern*	*Die tun, die keiner erwartet*	
Leidenschaft teilen	*Selbst erzählen*	*Kunden erzählen lassen*	*Details hervorheben*	*Symbole schaffen*

Erlebnisse für Deine Kunden kannst Du vor allem durch die folgenden Maßnahmen sicherstellen:

Erlebnisse schaffen

Erlebnisse entstehen durch eine Ansprache mehrerer Sinne oder durch das Vorwegnehmen eines bestimmten Ergebnisses.

Diese beiden Möglichkeiten kannst Du unabhängig voneinander nutzen, um den Erlebnisfaktor Deines Angebotes zu steigern.

Ergebnis erlebbar machen: Sich ein konkretes Ergebnis vorzustellen reicht schon aus, um ein entsprechendes Erlebnis zu schaffen. Hast Du schon einmal ein Konzert Deiner Lieblingsband besucht? Dann hast Du Dich sicher riesig gefreut, als Du die Karten in den Händen gehalten hast. Die Vorfreude auf das Ereignis hatte also schon Erlebnischarakter. Nutze das für Deine Angebote. Sage den Kunden, was genau sie erhalten und wie das Ergebnis aussieht. Sei dabei so konkret wie möglich.

Überlege, wie Du das Ergebnis Deiner Leistung so detailgetreu wie möglich vorwegnehmen bzw. vorab erlebbar machen kannst.

Alle Sinne ansprechen: Erlebnisse werden durch multisensorische Eindrücke verstärkt. Daher ist es ein größeres Erlebnis, einen Film im Kino zu sehen, als ihn auf einem kleinen Fernseher zu Hause anzuschauen. Das Bild im Kino ist größer, der Sound satter und durch die Filmmusik vibriert Dein ganzer Körper, wenn es spannend wird. Nutze diesen Effekt für Deine Produkte. Versuche mehrere Sinne anzusprechen und verstärke so das Erlebnis. Kartoffelchips werden zum Beispiel durch multisensorische Ansprache zur „Sucht". Nicht nur der Geschmack sorgt dafür, dass die Tüte schnell leer ist, sondern auch das mit viel Aufwand designte Knackgeräusch beim Reinbeißen und der Duft beim Öffnen der Tüte.

Überlege, welche Sinne Dein Angebot aktuell anspricht und wie Du weitere Sinne ansprechen kannst.

Exklusivität bieten

Exklusivität hat auf bestimmte Kundengruppen schon immer einen magischen Sog, denn sie erzeugt Status für denjenigen, der etwas exklusiv nutzt oder besitzt.

Zwei Möglichkeiten werden von Unternehmen regelmäßig eingesetzt, um Exklusivität zu schaffen:

Zugang beschränken: Etwas, das nicht jeder besitzen oder nutzen kann, erzeugt Exklusivität. Für Zugangsbeschränkungen gibt es drei Möglichkeiten: Eine zeitliche Beschränkung des Angebots (zum Beispiel bei Sonderangeboten), eine mengenmäßige Beschränkung (zum Beispiel bei Eventtickets) und eine generelle Zugriffsbeschränkung (zum Beispiel durch einen hohen Preis). Egal wie, die Beschränkung des Zugriffs erzeugt immer Exklusivität und zeigt allen anderen, dass jeder, der Zugriff bekommt, einen besonderen Status hat.

Überlege, welche Zugriffsbeschränkungen Deinen Kunden einen Mehrwert gegenüber anderen bieten.

Den roten Teppich ausrollen: Status wird auch dann erzeugt, wenn Menschen auf einer „Bühne" stehen. Das signalisiert allen anderen: „Oh, hier ist jemand besonders." Es muss sich dabei nicht um eine echte Bühne handeln, sondern es geht vielmehr darum, eine Präsentationsfläche zu schaffen. Wichtig ist dabei, dass eine Person durch die „Bühne" in den Mittelpunkt gerückt wird und dass viele zuschauen. Der rote Teppich, das Fernsehinterview, das Foto in der Zeitung - das alles sind Präsentationsflächen, die Exklusivität signalisieren. Ohne Zuschauer wäre jede dieser Bühnen wertlos.

Überlege, welche Bühnen Du schaffen kannst und wie Du ausreichend Zuschauer bekommst.

Erwartungen übertreffen

Das Kundenerlebnis ist immer von der jeweiligen Erwartung abhängig. Schaffst Du es, die Erwartungen Deiner Wunschkunden zu übertreffen, steigert dies das Kundenerlebnis. Wichtig sind dabei zwei Dinge: Erstens ist es einfacher, die Erwartungen einer kleinen Zielgruppe zu übertreffen als die aller Kunden. Zweitens verändern sich Erwartungen. Du musst also Deine Leistungen immer an das aktuelle Erwartungsniveau anpassen, um Erlebnisse zu erzeugen. Anpassungen und Gewöhnung sorgen dafür, dass bestimmte Angebote immer nur zeitweise Erwartungen übertreffen.

In der Praxis haben sich folgende Möglichkeiten bewährt, um Kunden ein „Wow!" zu entlocken:

Ungeschriebene Gesetze brechen: In jeder Branche und in jedem Markt gibt es ungeschriebene Gesetze. Von außen betrachtet werden diese schnell sichtbar. Meist ist es aber für Unternehmer in dem entsprechenden Markt sehr schwer, die eigenen ungeschriebenen Gesetze zu finden. Lass Dir also dabei helfen, die ungeschriebenen Gesetze Deiner Branche zu identifizieren. Kennst Du die unausgesprochenen Spielregeln erst einmal, findest Du sicher Möglichkeiten, diese zu brechen. Das wird immer für Aufmerksamkeit sorgen und ist das Geheimrezept vieler erfolgreicher Unternehmen.

Überlege, welche ungeschriebenen Gesetze in Deiner Branche existieren und wie Du davon abweichen kannst, um die Erwartungen Deiner Kunden zu übertreffen.

Wertvolle Informationen liefern: Informationen sind heute unbegrenzt verfügbar. Dennoch fällt es vielen schwer, genau die richtigen Informationen aus der Datenflut herauszufiltern. Hilf Deinen Kunden dabei und liefere wertvolle Informationen. Wenn Du Deine Wunschkunden gut kennst, weißt Du auch, welche Daten umständlich zu beschaffen sind, aber als wertvoll wahrgenommen werden. Dies ist für Dich erst einmal extra Aufwand. Du wirst damit aber ein einzigartiges Kundenerlebnis schaffen und Dir damit einen Wettbewerbsvorteil sichern.

Überlege, welche Informationen für Deine Kunden wertvoll sind, beschaffe sie und bereite diese Daten ansprechend auf.

Erwartungen brechen: Bei jedem Kundenkontakt gibt es Erwartungen: Von Deiner und auch von der Kundenseite. Je genauer Du die Erwartungen Deiner Kunden kennst, desto einfacher wird es Dir fallen, sie zu übertreffen. Dabei ist Fingerspitzengefühl und genaue Kundenkenntnis wichtig, denn nicht erfüllte Erwartungen führen nur dann zu einem verstärkten Kundenerlebnis, wenn sich dadurch der Nutzen für den Kunden erhöht. Schaffst Du das, sind Dir strahlende Kundengesichter sicher. Bleibst Du dagegen hinter den unausgesprochenen Erwartungen zurück, werden Deine Kunden sich über kurz oder lang von Dir trennen.

Überlege, welche Erwartungen Deine Wunschkunden haben und wie Du diese an typischen Kontaktpunkten übertreffen kannst.

Leidenschaft teilen

Leidenschaft steckt an und sorgt für Begeisterung. Daher ist es wichtig, dass Du Deine Leidenschaft mit Deinen Kunden teilst. Das steigert das Kundenerlebnis, denn jeder merkt sofort, wenn Du selbst begeistert von Deinem perfekten Angebot bist.

Du hast die folgenden Möglichkeiten, um Deine Leidenschaft auf Deine Kunden zu übertragen:

Selbst erzählen: Keiner kann Deinen Enthusiasmus besser vermitteln als Du selbst. Also erzähle Geschichten, um Deine Leidenschaft zu teilen. Achte dabei darauf, Details zu erzählen. Liefere Spannung, sage, wie Du Schwierigkeiten überwunden hast und warum Du genau diese eine Lösung anbietest. Was ist Dein eigener Antrieb? Das ist es, was Deine Kunden interessiert. Sie wollen teilhaben und sich von Deiner Begeisterung anstecken lassen.

Überlege, welche Anekdoten Deine Leidenschaft in idealer Weise widerspiegeln, und dann erzähle sie mit Deinen eigenen Worten.

Kunden erzählen lassen: Wenn Du Deine Leidenschaft teilst, hat das eine ansteckende Wirkung. Du wirst aber nur eine begrenzte Anzahl Deiner Kunden direkt erreichen. Nutze die Begeisterung von Fan-Kunden, denn diese können Deine Leidenschaft genauso wirkungsvoll weitertragen wie Du. Dafür brauchen sie eigentlich nur ein tolles Kundenerlebnis. Es fällt ihnen aber leichter, Deine Begeisterung zu teilen, wenn Du Ihnen Geschichten, Bilder und natürlich eine Plattform bietest, auf der sie ihre Botschaft verbreiten können.

Überlege, wie Du es Deinen Kunden leicht machen kannst, ihre Begeisterung zu teilen und biete entsprechende Plattformen für den Austausch mit anderen Kunden an.

Details hervorheben: Jede Geschichte lebt von Details. Gerade die spannenden Passagen solltest Du daher in aller Tiefe wiedergeben - quasi wie in Zeitlupe. Nach einer Pause kannst Du die Spannung auflösen - dann wird Deine Leidenschaft perfekt übertragen. An Details merkt man am besten, wie groß Dein Einsatz ist. Perfektionismus bis ins kleinste Detail - das macht nur jemand, der mit absoluter Leidenschaft am Werke ist.

Überlege, welches Detail Deiner Leistung oder Deines Lösungsprozesses Deine Leidenschaft perfekt widerspiegelt und beschreibe es dann in allen Einzelheiten.

Symbole schaffen: Sprache kann Leidenschaft und Begeisterung genau wiedergeben. Aber meist sagen Bilder mehr als tausend Worte. Wenn Du ein Symbol hast, das Dein Angebot bzw. die Idee dahinter ideal verkörpert, dann setze es so oft wie möglich ein: in Erzählungen, Fotos, Deinem Logo usw. - ganz egal wie. Wichtig ist nur, dass Du Symbole schaffst und häufig nutzt. Der Vorteil eines perfekten Symbols liegt darin, dass jeder damit eigene Geschichten verbindet. Direkter kann man einen Menschen nicht erreichen. Bei „Sonnenuntergang" hat jeder von uns sofort ein bestimmtes Bild im Kopf, das mit hoher Wahrscheinlichkeit positive Gefühle erzeugt.

Überlege, welche Symbole das „Kopfkino" Deiner Kunden in Gang bringen und nutze diese Symbole dann so oft es geht.

Notizen

Angebotskanal

Es gibt heute scheinbar unbegrenzt viele Möglichkeiten, um Deinen Wunschkunden Deine Lösung anzubieten. Dennoch passen nur wenige Angebotskanäle perfekt zu Deinen Wunschkunden. Kundenfokus bedeutet also auch, den richtigen Angebotskanal zu wählen. Alle Möglichkeiten kann ich hier natürlich nicht aufzählen.

Offline-Vertrieb	*persönlicher Kontakt*	*Networking*	*Flagship-Stores*	*Teststationen & Pop-Up-Stores*
Online-Vertrieb	*Webshop*	*Landing-Page*	*Drop-Shipping*	*Gutscheine*
Vertrieb über Multiplikatoren	*Situative Services*	*Markterweiterung*	*Afilliate-Netzwerke*	*White-Label-Angebote*
Einzigartige Vertriebskanäle	*neuen Kanal schaffen*	*bestehenden Kanal übertragen*		

Von der Vielzahl der möglichen Angebotskanäle nutzen erfolgreiche Unternehmen vor allem die folgenden:

Offline-Vertrieb

„Offline" bedeutet hier „im wahren Leben" - es sind also alle Angebotskanäle gemeint, die Kunden nicht über das Internet oder andere Medien nutzen. Meist gibt es beim Offline-Vertrieb einen direkten, persönlichen Kontakt zwischen Kunde und Anbieter. Hier ist noch ein Handschlag möglich.

Folgende Möglichkeiten werden dabei am häufigsten genutzt:

Persönlicher Kontakt: Die Präsentation Deines Angebots und der Verkauf erfolgen im persönlichen Kontakt. In dieser Situation kannst Du die Kundenreaktionen direkt und in Echtzeit beobachten. Achte auf alle Signale des Kunden und hinterlasse einen bleibenden, positiven Eindruck. Vertrauen ist die Quelle einer langen Kundenbeziehung. Sende also Vertrauenssignale bei jedem Kundenkontakt. Verkaufstricks durchschauen Deine Kunden über kurz oder lang.

Überlege, wie Du Kunden im direkten Kontakt nachhaltig überzeugen kannst.

Networking: Wenn Du Deine Leistungen über Networking anbietest, nutzt Du eine indirekte Vertriebsmethode. Du verschaffst Dir über Dein Netzwerk Zugang zu Deinen Wunschkunden und erhältst durch Empfehlungen sogar einen Vertrauensvorschuss. Durch gutes Networking erreichst Du Kunden, zu denen Du ohne Unterstützung Deines Netzwerkes keinen Zugang bekommen würdest. Beachte dabei die goldene Regel des Networking: Zahle ein, bevor Du etwas von Deinem Netzwerkkonto abhebst.

Überlege, wie Du jedem Deiner Kontakte helfen kannst und frage Dich immer, was Du hast, was anderen fehlt.

Flagship-Store: Konsumtempel zeigen Kunden, dass sie besonders sind. In Flagship-Stores, also den Vorzeige-Läden einer Marke, wird das Markenerlebnis maximal inszeniert. Hier kann jeder hautnah erleben, was die Marke ausmacht und welche Werte sie verkörpert. Ein Flagship-Store ist also quasi der Tempel einer Marke. Fast immer werden Kunden, die einen solchen Laden betreten, in den Bann gezogen. Beachte dabei, dass nicht alle Flaghsip-Stores schwarze Zahlen schreiben.

Hier steht das Markenerlebnis und die Personifizierung der Marke im Vordergrund, nicht der Gewinn. Den Umsatz machen viele Unternehmen, die Flagship-Stores betreiben, über andere Vertriebskanäle.

Überlege, wie ein „Tempel" für Dein Unternehmen aussehen würde und wie Du das Markenerlebnis maximal inszenieren kannst.

Teststationen & Pop-Up-Store: Da sich nicht jedes Angebot mit einfachen Bildern und Worten beschreiben lässt, nutzen einige Unternehmen temporäre Verkaufsstellen, um den Kunden die Wirkung Ihrer Lösungen zu verdeutlichen. Kunden wollen ausprobieren und testen. Gib ihnen die Möglichkeit dazu. Teststationen kannst Du überall installieren, dauerhaft oder temporär. Auch zeitlich begrenzte Verkaufsstellen (Pop-Up-Stores) sind eine gute Möglichkeit, um das Kundenerlebnis zu steigern. Solche Stores entstehen für den Kunden spontan und sind genau so schnell wieder verschwunden. Da ist ein Besuch natürlich Pflicht, denn temporäre Angebote erzeugen Bedarf. Hier gilt das gleiche wie bei Flagship-Stores: Die Vor-Ort-Präsenz ermöglicht das Kennenlernen des Angebots. Der Verkauf passiert meist über andere Kanäle.

Überlege, wo Du Deine Wunschkunden mit großer Wahrscheinlichkeit antriffst und errichte dort eine temporäre Präsenz, die Dein Angebot erlebbar macht.

Online-Vertrieb

Online-Vertrieb ist der Vertriebskanal mit dem größten Wachstum in den letzten Jahren. Alle Welt will Waren und Dienstleistungen über das Internet verkaufen. Viele scheitern bei diesem Versuch, aber eine steigende Zahl von Unternehmen ist damit sehr erfolgreich. Erfolg im Online-Vertrieb ist kein Selbstläufer.

Wenn Du eine der folgenden Möglichkeiten aber besser umsetzt als Deine Wettbewerber, steigen Deine Erfolgschancen.

Webshop: Ein Webshop scheint eigentlich ganz einfach realsierbar. Man nehme eine Standard-Shopsoftware, passe das Design an und stelle einige Produkte ein. Dann noch eine Bezahllösung hinzufügen und fertig - jetzt können die Kunden kommen. So einfach es scheint - der Aufbau eines erfolgreichen Webshops dauert länger und verlangt eine klare Strategie. Die grundlegenden Erfolgskonzepte von Online-Shops unterscheiden sich also nicht von denen reeller Läden. Wichtig ist, ausreichend Wunschkunden in den Shop zu „locken" und dann das perfekte Angebot ansprechend zu präsentieren. Das wird mit einer kleiner Zielgruppe und einem spitzen Angebot sehr viel einfacher als mit einem Bauchladen.

Überlege, wie Du mit einem Webshop das Kauferlebnis für Deine Kunden steigern kannst, und beschränke Dich auf Nischenmärkte, in denen Du Dich perfekt auskennst.

Landing-Page: Einen „Mini-Webshop" mit nur einem Angebot nennt man Landing-Page. Fachleute werden jetzt die Stirn runzeln, denn diese Beschreibung umfasst nicht alle Möglichkeiten, die eine Landing-Page bietet. Ich möchte hier aber das Konzept so kurz wie möglich beschreiben, daher die Vereinfachung. Mit einer Landing-Page schaffst Du eine Webseite, auf der der Kunde genau eine einzige Aktion ausführen soll. Es geht darum, Deinen Kunden gezielt dazu zu bringen, eine fest definierte Aktion auszuführen. Diese Aktion ist meist eine Kaufhandlung oder die Vorbereitung einer Kaufhandlung. Typischerweise werden Landing-Pages dazu verwendet, Kunden für eine Registrierung auf einem Portal zu begeistern, ihnen eine Information im Tausch für ihre Kontaktdaten anzubieten oder sie zum Kauf eines Produktes zu bewegen. Profis nutzen sogar aufeinander aufbauende Landing-Pages, um den Bedarf des jeweiligen Kunden zu ermitteln und ihn gezielt zu seinem perfekten Angebot zu lenken.

Überlege, wie Du Dein Kennenlernangebot so beschreiben kannst, dass Kunden es auf einer einzigen Webseite erfassen und es dann sofort bestellen.

Drop-Shipping: Eine beliebte Variante des Online-Verkaufs ist das Drop-Shipping. Hier besitzt der Anbieter selbst die angebotene Ware gar nicht, sondern sammelt auf seiner Webseite nur die Bestellungen ein. Diese leitet er dann an den Hersteller weiter, der die Leistung erbringt oder die Ware versendet. Das hat für beide Seiten Vorteile. Der Anbieter des Webshops kann sich auf den Verkauf konzentrieren und muss keine Ware vorhalten, was sein Risiko reduziert. Der Hersteller multipliziert sein Vertriebsteam und kann sich auf die Abwicklung der Bestellungen fokussieren.

Überlege, ob Du Drop-Shipping als Verkaufskanal für Deine Produkte nutzen kannst oder selbst Produkte anderer Hersteller vertreibst, die für Deine Kunden einen hohen Nutzen haben.

Gutscheine: Der erfolgreichste Verkaufs-Booster im Online-Vertrieb sind Gutscheine bzw. einmalige Rabatte. Egal wie hoch der Wert ist, Gutscheine erzeugen Neugier und bringen Kunden dazu, den entsprechenden Webshop zu besuchen. Darüber hinaus steigern sie den Kaufwunsch. Das funktioniert im Web genauso gut wie offline. Der Anbieter des Gutscheins profitiert vom zusätzlichen Umsatz, denn meist kaufen Kunden mehr als der Gutschein wert ist. Durch die Beschränkung der Gutscheine auf bestimmte Kundengruppen (Neukunden, Stammkunden, etc.) kann der Anbieter die Zusammensetzung seiner Kunden gezielt steuern bzw. neue Kundengruppen erreichen.

Überlege, welche Gutscheine oder Rabatte Du generell oder für bestimmte Kundengruppen gewähren kannst, um diesen die Kaufentscheidung zu erleichtern.

Vertrieb über Multiplikatoren

Mutliplikatoren können ein enormes Umsatzwachstum erzeugen, egal ob off- oder online. Vor allem für kleine Unternehmen mit stark begrenzten Ressourcen ist die Unterstützung von Multiplikatoren ein entscheidender Erfolgsfaktor. Gelingt es Dir, eine Person oder ein Unternehmen zu gewinnen, dem Deine Wunschkunden vertrauen, bist Du auf der Erfolgsspur.

Dabei können Dich Multiplikatoren in folgenden Bereichen unterstützen:

Situationsangepasster Service: Wenn eine Deiner Leistungen an einen bestimmten Ort geknüpft ist oder zu einer bestimmten Zeit die größte Wirkung hat, kann Dir ein Multiplikator dabei helfen, genau im passenden Moment Deine Wunschkunden zu erreichen. Davon profitierst nicht nur Du, sondern auch Dein Partner, denn auch er kann durch Deine Unterstützung seinen Kunden einen Mehrwert bieten.

Überlege, wann oder wo Deine Leistung am wertvollsten ist und wer Zugang zu Deinen Kunden hat. Schaffe dann einen Anreiz für den Multiplikator, mit Dir zusammenzuarbeiten.

Markterweiterung: Wenn Du eine kleine Zielgruppe bedienst, ist die Nutzung Deines Angebots wenigen Kunden vorbehalten. Manchmal gibt es aber andere Kundengruppen, die ebenfalls Interesse an Deiner Leistung haben. Wenn Du keine Möglichkeit hast, diesen neuen Markt zu bedienen, kannst Du mit einem anderen Unternehmen zusammenarbeiten. Findest Du ein Unternehmen, das Zugang zu diesen neuen Kunden hat, ist das ein idealer Multiplikator für eine Markterweiterung.

Überlege, für wen Deine Leistung einen ähnlich hohen Wert hat wie für Deine Wunschkunden, und finde dann einen Partner, der mit Dir gemeinsam diesen Markt erobert.

Affiliate-Netzwerke: Affiliate-Netzwerke sind Empfehler-Netzwerke. Unternehmen, die Zugang zu Deinen Wunschkunden haben, empfehlen gegen eine Provision Dein Angebot, zum Beispiel auf Ihren Webseiten. Schließen sich viele Unternehmen mit der gleichen Zielgruppe, aber nicht konkurrierenden Angeboten zusammen, kann so für alle ein deutliches Wachstum erzeugt werden. Dieser „Hebel" ist lukrativ, weil er nur etwas kostet, wenn Kunden tatsächlich kaufen. Dieses Vorgehen wird zum Beispiel häufig für die Buchvermarktung genutzt. Hier empfehlen dann Fans und Netzwerkpartner ein Buch und erhalten für jeden Neukunden eine Provision.

Überlege, welche Webseiten Deine Wunschkunden regelmäßig besuchen und welchen Portalen sie vertrauen. Erarbeite dann ein lukratives Affiliate-Angebot, um die Betreiber dieser Portale als Partner zu gewinnen.

White-Label-Angebote: Bei White-Label-Angeboten wird ein Produkt unter einer anderen (meist bekannteren) Marke vertrieben. Anbieter und Hersteller sind also nicht identisch. Dabei geht die ursprüngliche Marke zwar verloren, durch den Multiplikationseffekt kann ein Unternehmen aber deutlich schneller mehr Kunden erreichen.

Überlege, wer Dein Produkt besser und schneller verkaufen kann also Du oder welches Angebot Du mit Deiner Leistung aufwerten kannst.

Nutzung einzigartiger Vertriebskanäle

Die größte Aufmerksamkeit erreichst Du, wenn Du die bekannten Spielregeln in Deinem Markt brichst. Das gelingt Dir zum Beispiel, wenn Du einen neuen Vertriebskanal besetzt, der bisher in Deinem Markt nicht genutzt wird. Dazu kannst Du ein komplett neues Vorgehen erfinden oder einen Vertriebskanal aus einer anderen Branche in Deinen Markt übertragen.

Neuen Vertriebskanal schaffen: Ein neuer Vertriebskanal bietet große Erfolgschancen, denn Du bist der einzige Anbieter. Dies ist aber auch mit einem Risiko verbunden, denn es existiert keine Erfahrung zu diesem Vorgehen. Die Chance solltest Du Dir aber auf keinen Fall entgehen lassen. Suche nach Orten, Zeiten oder Wegen, die zu den Gewohnheiten Deiner Kunden passen. Überlege, wie Du hier Dein Produkt anbieten kannst. Gibt es keinen anderen Anbieter, der diese Idee vor Dir hatte, mache einen Akzeptanztest. So wirst Du nach einigen Versuchen eventuell einen neuen Vertriebskanal „erfinden", der Dir einen Vorsprung vor allen anderen verschafft. Eine bekannte Vertriebskanal-Innovation der letzten Jahre waren die In-App-Käufe, bei denen Kunden innerhalb einer Gratis-App für Smartphones weitere Features kaufen konnten.

Überlege, was die perfekte Kaufsituation für Deine Kunden wäre und schaffe dann genau hier einen Vertriebskanal.

Vertriebskanal aus anderer Branche übertragen: Ein einfacherer Weg als die Schaffung eines gänzlich neuen Vertriebskanals ist die Übertragung eines Vorgehens, das sich in einer anderen Branche bewährt hat. Achte darauf, welche Vertriebskanäle andere nutzen, wenn Du selbst Kunde bist. Mache es Dir zur Gewohnheit, die Vertriebskonzepte anderer auf Dein Business zu übertragen und zu überlegen, wie Du damit Deinen Kunden einen Mehrwert bieten kannst. Der Verkauf von Waren zu Hause beim Kunden ist zum Beispiel seit langem ein bewährtes Vorgehen. Bei Vertrieb von Erotik-Artikeln aber gab es diesen Vertriebskanal nicht, bis Daniel Jansen (www.pepperparties.de) ihn in diese Branche übertragen hat. Heute gibt es zahlreiche weitere Anbieter für Erotikartikel, die den Direktvertrieb für sich entdeckt haben.

Überlege, welche Vertriebskanäle in anderen Branchen am besten funktionieren und übertrage sie in Deinen Markt.

Notizen

Markensog

Es gibt immer wieder Marken, die auf Kunden eine magische Anziehungskraft ausüben. Ein solcher Marken-Sog sorgt dafür, dass Kunden schon vor dem Kauf ein vorweggenommenes Glücksgefühl erleben. Diese „Vorschusslorbeeren" erleichtern Unternehmen mit Marken-Sog die Einführung neuer Produkte, reduzieren den direkten Vertriebsaufwand und sorgen auch in Krisen für Stabilität. Natürlich entsteht Marken-Sog nicht von allein.

Markenerlebnis	*Slogan*	*Rundum-Erlebnis-Management*	*Teil-Branding*	*Transparenz*
Storytelling & Identifikation	*Vision*	*Anker*	*Stellung beziehen*	*Vermenschlichung*
Nutzung bestehender Marken	*Markenerweiterung*	*Fremdlabels nutzen*	*Co-Branding*	
Übertragung von Vertrauen	*Zertifikate & Gütesiegel anbieten*	*Zertifikate & Gütesiegel nutzen*		

Erfolgreiche Unternehmen nutzen die folgenden Komponenten, um Wunschkunden anzuziehen: Um Marken-Sog zu erzeugen, solltest Du die folgenden Möglichkeiten prüfen:

Markenerlebnis für Kunden

Das Markenerlebnis ist die Basis für die Sogkraft einer Marke. Je intensiver das Erlebnis ist und je besser es zu den Grundwerten der Kunden passt, desto größer ist die Wahrscheinlichkeit, dass eine Marke „abhebt".

Erfolgreiche Unternehmen nutzen die folgenden Faktoren, um das Markenerlebnis zu steigern:

Der Slogan ist die Kurzfassung der Markenbotschaft. Einen guten Slogan zu finden ist schwierig. Weil ich in meiner Arbeit immer wieder nach einem Slogan gefragt werde, möchte ich hier mein Vorgehen beschreiben. Ich möchte Dir aber unbedingt empfehlen, Deinen Slogan zusammen mit einem Profi zu erarbeiten. Der Slogan ist wichtig für Dein Business. Sparen kannst Du an anderen Stellen.

Meine Lieblingsslogans anderer Unternehmen:

____

____

____

____

____

____

____

____

____

____

____

Exkurs: Einen Slogan entwickeln

Jede gute Marke hat einen überzeugenden Slogan.

Dein Elevator Pitch, also die Kurzbeschreibung Deines perfekten Angebotes, ist die Voraussetzung für die Entwicklung eines Slogans. Ein Slogan ist eine kurze Beschreibung Deiner Kernleistung. Meist findest Du Slogans direkt beim Logo oder Firmennamen. Schau Dir Slogans bekannter Unternehmen an und prüfe, was Dich überzeugt und was bei Dir eher nicht funktioniert. Dann schau Dir Deinen Elevator Pitch an, den Du nach der Erarbeitung Deines perfekten Angebotes erstellt hast.

Ein guter Slogan sollte genau eine Frage beantworten: Was haben meine Kunden von meiner Leistung?

Überlege, welchen Hauptnutzen Du Deinen Kunden lieferst. Häufig beschreiben Slogans, was ein Unternehmen macht. Besser ist es zu beschreiben, was es dem Kunden bringt. Kristallisiere den Kernnutzen für Deine Kunden heraus und formuliere ihn in wenigen Worten.

Ich möchte Dir das gern an einem Beispiel verdeutlichen. Eine Kundin von mir arbeitet als Beraterin und Coach für Unternehmer (www.chefdesign.me). Auf die Frage, was ihre Kernleistung ist, sagte sie unter anderem:

» Ich bewege Unternehmer dazu, außergewöhnliche Entscheidungen zu treffen und erfolgreich und glücklich zu leben.
» Ich unterstütze Unternehmer dabei, sich auf die wichtigen Dinge zu konzentrieren, um ihre Ziele zu erreichen.
» Ich helfe Unternehmern, ein persönliches Erfolgsrezept zu entwickeln, um ihre Träume zu verwirklichen.

Aus diesen Aussagen hatte sie den folgenden Slogan entwickelt:

Außergewöhnliche Entscheidungen BEWEGEN!

Diese Aussage beschreibt, WAS sie tut. Das ist typisch für die meisten Unternehmer, die einen Slogan entwickeln. Die Kunden interessiert genau das aber nicht. Stell Dir vor, Dein Auto ist kaputt und Du fährst in eine Werkstatt. Der Mechaniker sagt Dir nach kurzer Analyse, dass die Ölpumpe Deines Fahrzeugs defekt ist. Wie gespannt bist Du jetzt darauf zu erfahren, wie eine Ölpumpe funktioniert, wie man sie repariert und warum das Auto ohne Ölpumpe nicht fahren kann? Überhaupt nicht! Du willst wissen, bis wann das Auto repariert ist und was es kostet. Stimmt´s? Viele Slogans erzählen aber eher, wie die Ölpumpe (bzw. die Leistungen des Unternehmens) funktioniert und nicht, was es dem Kunden bringt. Meine Frage an meine Kundin war daher: Was bringt Deine Leistung Deinen Kunden? Ihre Antwort: Den entscheidenden Durchbruch zum Unternehmer. Und genau so hieß der neue Slogan:

Ihr entscheidender Durchbruch zum Unternehmer!

Das war besser, aber noch nicht perfekt. Denn es ist zu unkonkret formuliert, was der Unternehmer bekommt. Einen Durchbruch? Welchen? Was genau? Wir haben also weiter analysiert. Es stellte sich heraus, dass ein zentrales Problem der Kunden die hohe Arbeitsbelastung war. Bei 80 Stunden Arbeit pro Woche blieb kein Freiraum mehr für Privates. Das trifft den Kern und ist eine gute Basis für einen überzeugenden Slogan:

Vom 80-Stunden-Unternehmer zum Chef mit Freiraum.

Verglichen mit der ersten Formulierung ist dieser Slogan deutlich besser. Er lässt sich zu jeder Gelegenheit einsetzen, sorgt für Verblüffung und Nachfragen. Der Test des Slogans bestätigte genau das - der Slogan funktionierte und sorgte dafür, dass Kunden neugierig wurden.

Ein guter Slogan macht Kunden neugierig und sorgt für Nachfragen: „Interessant. Wie geht das?“ Und schon bist Du mitten im Gespräch mit einem neuen Wunschkunden. Also trete in der Königsdisziplin an und entwickle Deinen Slogan.

Ein guter Slogan verdoppelt die Terminquote bei Erstansprachen.

Nach diesem Beispiel möchte ich Dir jetzt die drei Erfolgskriterien eines guten Slogans erklären. Anhand dieser drei Kriterien erkennst Du, wie Du Deinen Slogan noch verbessern kannst. Ein wirksamer Slogan

1. kommuniziert den größten Nutzen (Was bringt meine Leistung?),
2. in wenigen Worten (ein Satz) und
3. in der Sprache der Zielgruppe.

Ein guter Slogan beschreibt den größten Nutzen für die Kunden in wenigen Worten in der Sprache der Zielgruppe. Anhand dieser drei Merkmale kannst Du jeden Slogan bewerten.

Nehmen wir uns ein weiteres Beispiel zum besseren Verständnis. Ein Unternehmensberater mit Schwerpunkt Strategieberatung und Positionierung sucht einen Slogan für sein XING-Profil. Dieser Slogan soll Besucher seines Profils neugierig machen.

Anfänglich nutze er den Slogan „Alle finden Ihr Angebot gut, aber keiner kauft?", allerdings mit mäßigem Erfolg. Lass uns den Slogan bewerten:

Kriterium		Bewertung
Kommunikation des größten Nutzens?	✗	*Nein, reine Problembeschreibung*
Wenige Worte?	✓	*Ja, aber noch etwas zu lang*
Sprache der Zielgruppe?	✗	*Nein*

Der Slogan erfüllt nur eines der drei Erfolgs-Kriterien. Untersuche Deinen eigenen Slogan auf die gleiche Weise. Optimiere im Anschluss die Merkmale, die an Deinem aktuellen Slogan noch nicht optimal sind. Häufig ist die Kommunikation des Nutzens nicht klar genug.

Beschreibe nicht, was Du tust oder wie Du die Leistung erbringst, sondern was Deine Leistung bringt. Dazu musst Du das Ergebnis Deiner Leistung beschreiben – aus Kundensicht. Gehe wie folgt vor, um das Ergebnis Deiner Arbeit zu definieren:

1. Das emotionalste Symptom finden (Welcher Frustfaktor ist bei der Zielgruppe am größten?):
   - » Angebot: Strategieberatung + Positionierung
   - » Zielgruppe: Gründer
   - » Emotionalstes Symptom: Tolle Feedbacks potentieller Kunden, aber keiner kauft.
2. Das Hauptproblem definieren, was dem Symptom zu Grunde liegt (Wieso tritt das Symptom auf? Welche grundlegende Ursache gibt es?): Kunden kaufen nicht, weil der wahrgenommene Nutzen nicht hoch genug ist.
3. Die perfekte Lösung beschreiben (Was müsste passieren, damit das Problem gelöst wird und das Symptom nicht mehr auftritt?): Kunden erkennen den Nutzen sofort und sehen die angebotene Leistung als beste Lösung. Sie kaufen.
4. Das ideale Ergebnis der eigenen Arbeit aus Kundensicht beschreiben (Bei welchem Ergebnis würden alle Kunden sofort kaufen?): Das Produkt wäre sofort ausverkauft bzw. der Unternehmer wäre ausgebucht.

Beschreibe jetzt das ideale Ergebnis aus Kundensicht in wenigen Worten. Streiche Deine Beschreibung solange zusammen, bis Du kein einziges Wort mehr weglassen kannst.

Ideales Ergebnis: Ausverkauft! bzw. Ausgebucht!

Finde sprachliche Bilder oder besondere Begriffe, die Deine Zielgruppe nutzt. Welche Begriffe gibt es nur in Deiner Zielgruppe? Welche Begriffe sind beliebt? Wenn Du keine zielgruppenspezifischen Begriffe findest, suche nach Worten und sprachlichen Bildern, die im allgemeinen Sprachgebrauch genau den Nutzen beschreiben, den Du bietest.

» Zielgruppenspezifische Begriffe: ?? (keine gefunden)
» Allgemeine sprachliche Bilder (als Alternative): „Das geht weg wie warme Semmeln.

Definiere jetzt einen neuen Slogan, indem Du das ideale Ergebnis (hier: Ausverkauft!) in der Sprache der Zielgruppe (hier „warme Semmeln“) formulierst
.

Der Berater in unserem Beispiel entschied sich für den Slogan „Für ein Angebot, das weg geht wie warme Semmeln“. Dieser erzeugte deutlich mehr Aufmerksamkeit für sein XING-Profil, denn er erfüllte fast alle Erfolgskriterien.

Kriterium	*Bewertung*
Kommunikation des größten Nutzens?	✓ *Ja. Das Ergebnis wird kommuniziert.*
Wenige Worte?	✓ *Ja, aber noch etwas zu lang*
Sprache der Zielgruppe?	✗ *Nein. Aber bekanntes sprachliches Bild*

Rundum-Erlebnis-Management: Das Markenerlebnis wirkt nur dauerhaft anziehend, wenn es zu jedem Zeitpunkt konsequent erlebbar ist. Es ist also wichtig, über die gesamte Kundenbeziehung und alle Kontaktpunkte hinweg ein authentisches und überzeugendes Markenerlebnis zu bieten. Ein einziger Ausrutscher reicht, um Deiner Marke zu schaden, auch wenn Du vorher 100-mal alles richtig gemacht hast. Erfolgreiche Unternehmen überlassen das Markenerlebnis daher nicht dem Zufall, sondern managen das Kundenerlebnis. Wie das funktioniert, hast Du selbst schon häufig erlebt. Jedes Franchise-Unternehmen, also zum Beispiel bestimmte Fast-Food-Ketten, liefern immer und überall das gleiche Kundenerlebnis. Funktioniert das einmal nicht wie erwartet, leidet die gesamte Marke darunter und nicht nur das eine Restaurant.

Überlege, wie erfolgreiche Franchise-Geber Kundenerlebnisse systematisch gestalten, und sorge dann selbst für ein Rundum-Marken-Erlebnis.

Teil-Branding: Je mehr mögliche Kundenkontaktpunkte es in Deinem Konzept gibt, desto schwieriger wird es, ein einheitliches Rundumerlebnis zu bieten. Eine Alternative ist hier das sogenannte Teil-Branding, bei dem Du einzelne Komponenten Deines Angebots maximal aufwertest und damit die Wertewahrnehmung für Dein gesamtes Angebot steigerst. Beschränke also das Markenerlebnis auf einen Teil Deines Angebotes bzw. auf ein einzelnes Angebot. Du kommst täglich mit Teil-Branding in Verbindung, zum Beispiel, wenn Du einen Elektronik-Artikel kaufst. „Intel inside“ war lange ein wirksames Verkaufsargument für PCs, obwohl die zentrale Rechnungseinheit nur einen kleinen Teil des gesamten Computers ausmacht. Aber ein PC mit diesem Branding wurde als hochwertiger und leistungsstärker wahrgenommen.

Überlege, welche Merkmale Deines Angebotes Du besonders betonen kannst, um die Wertwahrnehmung für Dein Unternehmen zu steigern, und dann etabliere ein Markenerlebnis für genau diesen Teil Deines Angebotes.

Transparenz: Einblicke in Dein Unternehmen bieten Kunden ein besonderes Markenerlebnis. Kunden wollen teilhaben und in Dein Konzept eintauchen. Sie wollen erleben, wie Dein perfektes Angebot entsteht und Details mitbestimmen. Das alles ermöglichst Du durch Transparenz. Lege Kunden entscheidende Merkmale Deines Angebots offen. Ermögliche ihnen, hinter die Kulissen zu schauen. Das steigert das Markenerlebnis, zum Beispiel in Restaurants, die eine Schauküche haben oder das Essen effektvoll am Tisch anrichten.

Überlege, wie Du Deinen Kunden einen Blick hinter die Kulissen ermöglichen kannst, um ein besonderes Markenerlebnis zu schaffen.

Storytelling und Identifikation

Geschichten ermöglichen Identifikation und steigern den Marken-Sog, weil sie sich leicht weitertragen lassen. Geschichten lassen sich viel leichter merken und weitererzählen als jede Faktensammlung. Seit Jahrhunderten wird Wissen in Form von Geschichten übermittelt. Es bräuchte ein Extra-Buch, um die Wirkung und die Erfolgskriterien guter Geschichten zu erläutern. Das kann ich an dieser Stelle nicht leisten. Ich empfehle Dir aber, Dich mit diesem Thema näher zu beschäftigen.

Als Starthilfe möchte ich Dir hier wichtige Maßnahmen vorstellen, die Dir helfen, durch Geschichten Marken-Sog zu erzeugen.

Vision: Die Vision ist die Beschreibung für den Grund der Existenz eines Unternehmens. Jeder Verein muss als Voraussetzung für die Eintragung ins Vereinsregister zwingend einen Gund angeben, weswegen er existiert. Für die Gründung eines Unternehmens ist das Vorhandensein einer solchen Vision leider keine zwingende Voraussetzung. Geld verdienen ist kein Unternehmenszweck, sondern lediglich ein Mittel, um Ziele zu erreichen. Du solltest also Deinen Kunden genau sagen können, warum Dein Unternehmen existiert und welche Vision Dein Handeln hat. Denn nur das sorgt für Identifikation. Warum sollen Deine Kunden Dir folgen und Dich unterstützen? Was ist das Fernziel, das Du anstrebst? Sage es so genau wie möglich, am besten mit Geschichten. Erzähle zum Beispiel, warum Du diese Vision hast oder beschreibe, wie sich die Welt ändert, wenn Deine Vision Realität wird.

Überlege, was die Vision Deines Unternehmens ist und wie Du dies den Kunden durch Geschichten verdeutlichen kannst.

Anker: Anker sind Symbole, die die Erfahrungen Deiner Kunden mit Deiner Marke verbinden. Ein Anker hilft Dir, Deine Botschaft so zu übertragen, dass alle Deine Kunden sie sofort verstehen. Jeder Deiner Kunden verbindet ein bestimmtes Symbol mit persönlichen Erfahrungen oder Geschichten. Diese Bilder im Kopf Deiner Kunden erreichst Du nicht durch lange Beschreibungen. Ein Anker aber schafft genau das unmittelbar. Stell Dir ein Bild von einem Patienten vor, der gerade vom Zahnarzt eine Spritze bekommt. Was passiert da in Deinem Kopf? Es entstehen Bilder, die auf persönlichen Erfahrungen beruhen, meist eher schlechte Erfahrungen. Mit diesen Bildern im Kopf bist Du viel schneller bereit, in Zahnpflegeprodukte zu investieren als wenn jemand Dir mit erhobenem Zeigefinger erklärt, was alles schlecht für Deine Zähne ist. Der Anker „Spritze von Zahnarzt" wirkt also.

Überlege, welche Symbole bei Deinen Wunschkunden eine Stimmung erzeugen, in der der Bedarf für Deine Lösungen am größten ist. Setze diese Anker dann in Deinen Geschichten ein.

Stellung beziehen: Jede erfolgreiche Marke hat Fans und Hasser. Ohne Ausnahme. Denke zum Beispiel an erfolgreiche Fussballvereine - entweder man liebt sie oder man hasst sie. Unscheinbare Marken ohne klares Profil haben deutlich weniger Sog. Du hast größere Erfolgschancen, wenn Du polarisierst. Wenn Kunden keine Meinung zu Deinem Angebot haben, gehst Du in der Masse unter. Erzeuge also durch Geschichten eine klare Identität von Dir und Deinem Unternehmen. Beziehe Stellung, auch zu kritischen Themen und vertrete Deine Meinung authentisch.

Überlege, welche Standpunkte für Dich von zentraler Bedeutung sind. Kommuniziere Deine Meinung und erkläre durch Geschichten, woher Dein Standpunkt kommt.

Vermenschlichung der Leistung: Die Identifikation Deiner Kunden mit Deiner Marke steigt, wenn Du Deinen Produkten menschliche Eigenschaften gibst. Damit wird es für Interessenten viel leichter, die Identität Deines Angebots wahrzunehmen. Die Zuschreibung von Persona-Eigenschaften ist daher ein sehr beliebtes Mittel bei der Vermarktung von Produkten. Maskottchen für Waschmittel, Promigesichter für Kaffee oder Arztbegriffe für den Reparaturdienst - das alles sind bekannte Beispiele für Vermenschlichung. Nutze diese Möglichkeit auch für Deine Produkte, um die Identifikation Deiner Kunden mit Deinem Angebot zu verstärken.

Überlege, welche Personen die idealen Werbeträger für Deine Leistungen wären und wie Du Dein Angebot entsprechend „vermenschlichen" kannst.

Nutzung bestehender Marken

Es ist eine schwierige Aufgabe, selbst eine Marke mit Sog zu schaffen. Du solltest daher überlegen, wie Du den Sog bestehender Marken für Dich nutzen kannst.

Dafür bieten sich die folgenden Möglichkeiten an:

Markenerweiterung: Bei einer Markenerweiterung wird ein neues Angebot über eine bestehende Marke verkauft. Die Marke des neuen Angebots bleibt dabei meist erhalten. Das geschieht zum Beispiel, wenn Supermärkte Bahntickets verkaufen. Ermittle, welche Marke bei Deinen Kunden hohes Ansehen genießt und finde dann einen Weg, den Sog dieser Marke für Dein Produkt zu nutzen. Du solltest dabei nicht gleich bei den Big Playern anfangen und unbedingt alle Markenrechte beachten.

Überlege, welcher Marke Deine Kunden vertrauen und wie Du eine Verbindung zwischen dieser Marke und Deinem Produkt schaffen kannst.

Fremdlabels nutzen: Die Nutzung von Fremdlabel funktioniert ähnlich wie die Markenerweiterung. Der Unterschied ist, dass dabei die ursprüngliche Produktmarke verloren geht. Entweder bietet ein anderes Unternehmen Deine Leistungen unter seiner Marke an (White-Label) oder Du bietest Leistungen anderer Unternehmen unter Deinem Label an (Private Label), um den Nutzen für Deine Kunden zu steigern .

Überlege, welche bestehende Marke den Wert Deines Angebots deutlich steigern würde, und suche nach Wegen, diese Marke auf Deinem Angebot zu platzieren.

Co-Branding: Als Co-Branding wird ein Gemeinschaftsangebot zweier Marken bezeichnet. Meist sind beide Seiten dabei gleichberechtigt. Dieses Vorgehen bietet sich an, wenn zwei ähnlich starke Marken die gleiche Zielgruppen ansprechen und die Angebote sich ergänzen. Bei Lebensmitteln findet man häufig Co-Branding, zum Beispiel wenn die Schokolade eines Herstellers mit den Keksen eines anderen Herstellers als neues Produkt vermarktet wird. Wenn Du dieses Vorgehen nutzen möchtest, dann analysiere, welche Marken Deine Kunden schätzen. Achte dabei besonders auf Marken aus anderen Branchen.

Überlege, wie Du Deine Marke mit anderen Marken verbinden kannst, um so ein neues, lukratives Angebot für Deine Kunden zu schaffen.

Übertragung von Vertrauen

Bei Empfehlungen wird Vertrauen übertragen. Daher sind sie so wirksam bei der Gewinnung neuer Kunden. Das gleiche Prinzip kannst Du nutzen, um Marken-Sog zu erzeugen.

Dafür gibt es zwei Möglichkeiten:

Zertifikate und Gütesiegel anbieten: Hast Du einen Expertenstatus in Deinem Bereich erreicht oder möchtest Du Dir einen solchen aufbauen, solltest Du prüfen, ob Du ein Zertifikat oder Gütesiegel anbieten kannst. Diese übertragen Vertrauen, wenn Du Kunden glaubhaft machen kannst, dass Du hart und fair prüfst und nicht jeder Dein Siegel bekommt. Ist das der Fall, empfiehlst Du mit Deinem Siegel indirekt alle Produkte, die es tragen (dürfen). Gleichzeitig erzeugst Du einen Sog für Deine Marke, denn viele andere wollen von Deinem Siegel profitieren.

Überlege, welche Prüfstandards in Deiner Branche noch fehlen und wie Du glaubhaft eine unabhängige Bewertung dafür liefern kannst.

Zertifikate und Gütesiegel nutzen: Hast Du selbst keinen Expertenstatus, kannst Du natürlich Gütesiegel und Zertifikate anderer Hersteller nutzen. Bestimmte Siegel sorgen mit hoher Wahrscheinlichkeit dafür, dass Kunden sich für den Testsieger entscheiden, wenn sie die Wahl haben. Sicher hast auch Du Dich schon einmal für ein bestimmtes Produkt entschieden, weil es ein vertrauenswürdiges Siegel trug.

Überlege, welche Institutionen Bewertungen mit hoher Relevanz für Deine Kunden vergeben, und setze alles daran, diese Siegel zu erhalten.

Notizen

Kundenaktivität

Es gibt eine Vertriebskraft, die Deinem Wunschkundenbusiness nahezu unbegrenzt Energie liefert - aktive Kunden. Sind Kunden von Deinem Angebot begeistert und gibst Du ihnen die Möglichkeit, diese Begeisterung auch zu teilen, entsteht ein äußerst wirksamer Multiplikationseffekt. Jeder aktive Kunde gewinnt für Dich weitere Kunden, die wiederum mehr Kunden gewinnen usw. Du kennst solche Effekte zum Beispiel aus Social-Media-Kanälen, wo bestimmte Videos in wenigen Tagen mehrere Millionen Menschen erreichen. Für ein kleines Unternehmen ist solch eine lawinenartige Verbreitung aus eigener Kraft nicht zu erzeugen. Nur die Unterstützung aktiver Kunden macht das möglich. Daher ist eine hohe Kundenaktivität ein weiterer Erfolgsfaktor für Dein Wunschkundenbusiness. Das Unternehmen *Blentec* (www.willitblend.com) versteht es zum Beispiel hervorragend, seine Kunden zu aktivieren.

Anreize für Empfehlungen	*Incentives*	*Vertrauen schaffen*	
Plattformen für Kundenaustausch	*Plattformen schaffen*	*Communities nutzen*	*Austausch organisieren*
Einflussmöglichkeiten für Kunden	*Individualisierung*	*Teilhaben*	*Interaktion vereinfachen*
Statuslevel für Kunden	*Statuslevel schaffen*	*Statuslevel nutzen*	

Die folgenden Möglichkeiten zeigen Dir, wie Du Deine Kunden aktivierst und welche Möglichkeiten besonders effektiv sind, um eine lawinenartige Verbreitung Deines Angebotes zu erzeugen.

Unternehmen mit aktiven Kunden konzentrieren sich vor allem auf die folgenden Bereiche:

Anreize für Empfehlungen

Bei einer Empfehlung setzt der Empfehler ein bestehendes Vertrauensverhältnis ein. Das ist ein großer Wert. Daher werden Empfehlungen sehr selektiv eingesetzt. Die richtigen Anreize sorgen aber dafür, dass Kunden Dein Angebot verstärkt empfehlen.Viele denken an dieser Stelle ausschließlich an Provisionen oder monetäre Anreize. Vertrauen lässt sich aber nur selten dauerhaft kaufen.

Die folgenden Möglichkeiten sind daher für eine dauerhafte Kundenbeziehung besser geeignet:

Incentives: Incentives umfassen verschiedene Formen von Anreizen, unter anderem monetäre. Provisionen oder feste Empfehlungsvergütungen sind eher die Regel als die Ausnahme. Ich bin dennoch der Überzeugung, dass in vielen Fällen andere Anreize eine größere Wirkung haben würden. Du kannst Kunden zum Beispiel durch Sonderleistungen belohnen, die Du ihnen exklusiv gewährst. Du kannst Kunden durch Deine Vision begeistern und sie damit zu Verbündeten machen. Oder Du kannst eine Challenge starten, bei der Deine Kunden in einen Wettstreit eintreten und dabei andere indirekt auf Dein Angebot aufmerksam machen. Es gibt zahlreiche weitere Möglichkeiten - überlege einfach, was Dich selbst anspricht und bei welchen Anreizen Du aktiv wirst. Was war der Anreiz für Deine letzte Empfehlung? Geld kommt als Antwort auf diese Frage sehr selten vor. Notiere Dir die Alternativen, die Dir einfallen. Der wichtigste Anreiz wird häufig vergessen: Danke sagen. Bedanke Dich persönlich und aufrichtig bei Deinen aktiven Kunden und zeige Ihnen damit Deine Wertschätzung. Das wirkt immer.

Überlege, welche Anreize zu den Grundwerten Deiner Wunschkunden passen und wie Du diese Anreize so kommunizierst, dass sie Deine Kunden zu Empfehlern machen.

Vertrauen schaffen: Wer Empfehlungen geben soll, braucht Vertrauen. Nur, wenn Deine Kunden fest an Dein Angebot glauben und restlos davon überzeugt sind, empfehlen sie es aktiv weiter. Du solltest also regelmäßig Vertrauensbeweise liefern. Das wird natürlich durch die perfekte Funktion Deiner Lösung geschehen. Darüber hinaus gibt es aber zahlreiche weitere Maßnahmen, die das Vertrauen von Kunden in Dein Angebot stärken. Erfolgreiche Unternehmen setzen solche Vertrauensbeweise aktiv ein, um die Kundenbindung zu stärken. So kann Dein Außenauftritt Vertrauen vermitteln, zum Beispiel durch Farben, bestimmte Vokabeln oder ein professionelles Erscheinungsbild. Du kannst Kundenmeinungen einsetzen oder unabhängige Prüfergebnisse als Beweis für die Qualität Deiner Leistungen liefern. Vertrauend wirkt auch, wenn Du oder Deine Mitarbeiter selbst sichtbar werden und nicht austauschbare Musterfotos für Dein Produkt werben. Etwas weniger Perfektion und winzige Schönheitsfehler spenden ebenfalls Vertrauen, denn Sie machen Dein Angebot echt. Nichts in der Welt ist absolut makellos und perfekt, dass wissen auch Deine Kunden.

Überlege, welche Vertrauensbeweise bei Dir wirken und was Du Deinen Kunden liefern kannst, um Vertrauen aufzubauen.

Plattformen für Kundenaustausch

Aktive Kunden brauchen Möglichkeiten, um Dich zu empfehlen und um anderen von Ihren Erfahrungen zu berichten. Diese Möglichkeiten werden sich von selbst ergeben. Darauf solltest Du Dich aber nicht verlassen. Schaffe aktiv Plattformen für den Austausch der Kunden untereinander.

Hierfür hast Du folgende Möglichkeiten:

Plattformen schaffen: Schaffe eigene Plattformen für den Austausch Deiner Kunden untereinander oder für die Kommunikation mit Deinen Kunden. Eine eigene Plattform ist der Königsweg, aber natürlich nicht ganz einfach zu realisieren. Fange erst einmal klein an, wenn Du mit dem Aufbau von Kundenplattformen wenig Erfahrung hast. Du kannst zum Beispiel im Rahmen einer passenden Messe ein Treffen organisieren. Biete auch die Möglichkeit, Dich und Dein Unternehmen vor Ort kennenzulernen. Feste sind eine weitere Möglichkeit, um Kunden miteinander zu vernetzen und den Austausch in Gang zu bringen. Manche Unternehmen, wie zum Beispiel die arteFakt Handelsagentur, veranstalten einmal im Jahr im Rahmen der Olivenölkampagne sogenannte Abholtage, bei denen Kunden die Produkte direkt vor Ort abholen können.

Das Ganze ist verbunden mit einer Art Volksfest und wurde so schnell zur Kultveranstaltung. Hier ist Deine Kreativität gefragt. Es gibt keine Grenzen bei der Entwicklung von Plattformen für den Kundenaustausch.

Überlege, welche Plattform Du für Deine Kunden schaffen kannst, um den Austausch zu forcieren.

Communities nutzen: Neben dem Aufbau eigener Plattformen lohnt es sich auf jeden Fall, bestehende Communities als Plattform für die Kundenkommunikation zu nutzen. Am besten eignen sich Communities, die Deine Kunden regelmäßig besuchen, egal ob off- oder online. Wichtig ist, dass Du diese Community schätzt und regelmäßig dabei bist. Eintagsfliegen erzeugen keine dauerhafte Kommunikation. Du kannst aber durch wertvollen Input dazu beitragen, dass die Kommunikation in Gang kommt.

Überlege, welche Communities Deine Kunden regelmäßig nutzen und wie Du hier einen aktiven Austausch über Dein Angebot in Gang bringst.

Kundenaustausch organisieren: Für einen Austausch braucht es mindestens zwei Parteien. Du musst also nicht immer viele Kunden zusammenbringen, um aktiven Kunden eine Möglichkeit für die Weitergabe von Erfahrungsberichten zu geben. Ein gutes Mittel ist auch die Vernetzung ausgewählter Personen miteinander, zum Beispiel über soziale Netzwerke oder durch das Vorstellen auf einem Event. Alles, was Du dafür tun musst, ist beide Personen miteinander bekannt zu machen und ihnen ein Stichwort zu geben, dass beide Seiten interessiert. Dann kommt ein Gespräch schnell in Gang. Hierbei kannst Du einen begeisterten Kunden mit einem Interessenten vernetzen, wie es zum Beispiel der Fahrradhersteller Canyon mit der Probefahrtenbörse macht. Oder Du vernetzt zwei Personen, die sich noch nicht kennen, von denen Du aber weißt, dass Sie voneinander profitieren.

Überlege welche Personen Du gezielt miteinander vernetzen kannst, um einen Austausch zu starten.

Einflussmöglichkeiten für Kunden

Aktive Kunden tragen Deine Botschaft gern weiter. Du kannst ihre Begeisterung steigern, wenn Du Deinen Wunschkunden die Möglichkeit gibst, selbst Einfluss auf Dein Konzept und Deine Lösungen zu nehmen und eigene Erfahrungen zu kreieren.

Die folgenden Möglichkeiten zeigen Dir, wie andere Unternehmen den Einfluss der Kunden steigern:

Individualisierung: Selbst Details einer Lösung bestimmen zu können erzeugt immer das Gefühl, dass die Lösung maßgeschneidert ist. Das schafft Begeisterung und erhöht die Wahrscheinlichkeit, dass Deine Kunden aktiv über Ihre Erfahrungen berichten. Schaffe Möglichkeiten zur Individualisierung. Dabei ist es egal, ob alles an Deiner Lösung mitgestaltet werden kann oder nur ein Teil. Kunden sollten aber Einfluss auf Details haben, die für sie von Bedeutung sind.

Überlege, welche Individualisierungsoptionen Du Deinen Kunden bieten kannst, und schaffe parallel dazu die Möglichkeit, Erfahrungen und eigene Kreationen mit anderen zu teilen.

Teilhaben: Wenn Du das perfekte Angebot entwickelt hast, haben Deine Kunden das Gefühl, dass es genau um sie geht und dass Du nicht irgendein Standardprodukt anbietest. Verstärken kannst Du dieses Gefühl, wenn Du Kunden an der Entstehung Deiner Lösung teilhaben lässt. Gib ihnen die Chance, Dich und Dein Unternehmen näher kennenzulernen. Lass sie eintauchen und binde sie aktiv ein. Damit vermittelst Du aktiv das Gefühl, dass sie Teil der Marke sind. Bilde zum Beispiel einen Kundenbeirat und bespreche alle Innovationen mit den Mitgliedern, bevor Du einen Akzeptanztest startest. Oder biete die Möglichkeit, dass Kunden sich an Deinem Unternehmen beteiligen können. Diese und viele weitere Maßnahmen führen immer dazu, dass Kunden sich für Dich und Dein Unternehmen verstärkt engagieren.

Überlege, wie Du Deine Kunden aktiv einbinden kannst, um sie zu Botschaftern Deiner Marke zu machen.

Interaktion vereinfachen: Kunden, die Einfluss nehmen wollen, werden Dich kontaktieren. Viele Unternehmen bauen hier Hürden auf und machen es Kunden unnötig schwer, Kontakt aufzunehmen. Mach es besser. Gib Deinen Kunden mehrere einfache Möglichkeiten, Dich zu erreichen und sich mit Dir auszutauschen. Du verkörperst Dein Wunschkundenbusiness und bist damit der Star für Deine Kunden.

Überlege, wie Du Deinen Kunden die Interaktion mit Dir maximal vereinfachen kannst.

Statuslevel für Kunden

Auch wenn es immer etwas verwerflich klingt - das Erreichen bestimmter Statuslevel ist für viele Deiner Kunden ein wichtiger Anreiz. Statuslevel bezeugen, dass man bestimmte Leistungen vollbracht hat. Diese positive Bestätigung nehmen alle Kunden gern an und teilen sie natürlich sofort mit Freunden und Bekannten. Biete also Statuslevel an oder nutze bestehende Statussymbole. Kommuniziere die Kriterien, die zur Erreichung der verschiedenen Stufen notwendig sind, offen und für alle sichtbar, denn ein bestimmter Status gewinnt mit zunehmender Bekanntheit an Wert.

Statuslevel schaffen: Eigene und auf Deine Kunden zugeschnittene Statuslevel bieten die größten Erfolgschancen. Also schaffe eigene Erfolgsstufen, die Deine Kunden erreichen können. Dafür musst Du nicht immer Pokale verteilen und Auszeichnungen verleihen. Du kannst Statuslevel zum Beispiel auch spielerisch als Anreiz nutzen. Ein zentraler Erfolgsfaktor von Runtastic, einem Anbieter von Fitness-Apps, war zum Beispiel die Einführung von Statusleveln, mit denen jeder Nutzer seine Fitnessaktivitäten und Ergebnisse teilen konnte. Mittlerweile gibt es hier weltweite Bestenlisten und einen aktiven Wettstreit um die Platzierungen. Dabei genießt noch nicht einmal Platz eins das größte Ansehen. Wichtig ist nur, dass man besser ist als der liebe Kollege, Nachbar oder Laufpartner.

Überlege, welche Statuslevel einen Anreiz für Deine Wunschkunden darstellen oder wie Du einen Wettstreit zwischen Kunden entfachen kannst.

Statuslevel nutzen: Eine weitere Möglichkeit besteht darin, bestehende Statuslevel zu nutzen. Das hat den entscheidenden Vorteil, dass Du nicht selbst für die Bekanntheit und Akzeptanz des jeweiligen Status sorgen musst. Dennoch musst Du einen Weg finden, Deinen Kunden den Wert eines bestimmten Erfolgsniveaus zu vermitteln. Schulnoten haben uns alle früher beeinflusst. Weitere bekannte und allgemein akzeptierte Statuslevel sind Einträge ins Guinnessbuch der Rekorde, das Gewinnen von Wetten, Medaillen, Pokale oder jede Art von Exklusivität.

Überlege, welche bestehenden Statuslevel auf Deine Kunden einen Reiz ausüben, und mache sie für Deine Kunden verfügbar.

Anleitung für dauerhaften Erfolg

Ich habe Dir im letzten Kapitel diese Buches 119 Erfolgsbausteine vorgestellt. Dies ist keineswegs eine umfassende und vollständige Auflistung aller Möglichkeiten. Nein, aber es ist eine Systematik, mit der Du sofort arbeiten kannst. Und genau das ist mein Ziel. Ich möchte Dir eine einfache Möglichkeit geben, den Erfolg Deines Wunschkundenbusiness zu erhalten oder sogar zu steigern. Es wäre schädlich, wenn Du alle Bausteine für Dein Unternehmen einsetzt. Denke an die Erfolgsformel der dauerhaft erfolgreichen Unternehmen. Diese sind:

» **in mindestens drei Bereichen**

» **deutlich besser**

» **als ihre Wettbewerber.**

Such Dir also von den 119 Bausteinen DREI heraus, die zu Dir und Deinen Kunden passen und setze alles daran, in diesen drei Bereichen deutlich besser zu sein als alle anderen in Deiner Branche. In allen anderen Bereichen kann Deine Leistung vergleichbar zu anderen Unternehmen sein. Drei Alleinstellungsmerkmale - mehr braucht es nicht, um dauerhaft erfolgreich zu sein. Weniger reicht aber auch nicht. Dieser Schritt ist für alle Einzelunternehmer und kleinen Unternehmen möglich. Es gibt unendlich viele Kombinationen der drei Erfolgsbausteine, sodass jedes Unternehmen einzigartig werden kann. Ob Dir das für Dein Unternehmen gelingt, liegt einzig und allein an Dir.

In diesen drei Bereichen werde ich deutlich besser als meine Mitbewerber:

1. ______________________________

____

____

2. ______________________________

____

____

3. ______________________________

____

____

Ich möchte Dir noch zwei letzte Hinweise geben, die Dir dabei helfen, ein dauerhaftes Erfolgskonzept zu entwickeln:

» **Suche nach Nischen und besetze sie:** Setze um, was Deine Wettbewerber nicht machen und werde gut darin. Wenn Du die Service-DNA Deines Unternehmens bestimmt hast, dann analysiere mit dem gleichen Test andere Unternehmen in Deiner Branche. Finde heraus, was deren Erfolgsrezept ist und dann mach genau das nicht. Das sogenannte Benchmarking, also das Nachahmen der Erfolgsrezepte anderer, macht aus Deinem Business nur eine Kopie des besten. Ein Elvis-Imitator wird nie besser sein als das Original. Du kannst und sollst Dich an erfolgreichen Unternehmern orientieren, aber bitte finde Deinen eigenen Weg und werde keine 1:1-Kopie. Möglichkeiten für Einzigartigkeit gibt es mehr als genug.

» **An apple a day - Bleib dran:** Kurzfristiger Erfolg ist viel schwieriger zu erreichen, als Du denkst. Langfristiger Erfolg dagegen ist viel einfacher zu realisieren, als die meisten glauben. Arbeite daher jeden Tag an Deinem Erfolg in den drei Bereichen, die Deine Service-DNA bestimmen. Du kannst nicht an jedem Tag große Fortschritte machen, aber regelmäßig an Deinem Erfolg arbeiten. Also bleib dran und mach Dein Wunschkundenbusiness einzigartig.

Schlusswort

*Du kennst jetzt alle Bausteine, die Du für den Aufbau Deines Wunschkundenbusiness brauchst. Du weißt auch, wie Du erfolgreich bleibst. **Jetzt fehlt nur noch eine Sache: Du musst aktiv werden. Leg los! Handle!** Entwickle das perfekte Angebot für Deine Wunschkunden und baue Dein Wunschkundenbusiness auf. Ausreden zählen nicht, nur Aktivität. Denn nur Du selbst kannst Dich jetzt noch stoppen.*

Starte.
Jetzt.
Sofort.

Nur Du selbst kannst Dich jetzt noch stoppen.

Buchtipps und Quellen

Viele der Methoden, die ich in diesem Buch beschreibe, stammen von Experten mit viel Erfahrung.
Ich habe erprobte Methoden zusammengetragen und eigene ergänzt, um eine Systematik für die Entwicklung eines Wunschkundenbusiness zu entwickeln. Für die Vertiefung empfehle ich Dir, die folgenden Bücher zu lesen. Hierin findest Du die Erfahrung tausender Projekte.

Buchtipps

Einer der besten Tipps für den Aufbau meiner Unternehmen habe ich einmal von einem Seriengründer erhalten. Dieser Tipp hat meine Entwicklung entscheidend geprägt. Ich möchte ihn daher gern mit Dir teilen. Wenn ich einem Unternehmer nur eine einzige Empfehlung mit auf den Weg geben könnte wäre es diese:

Lies jeden Monat ein Buch über das Themenfeld, von dem Du Dir aktuell den größten Nutzen versprichst.

Die Unterhaltung lief damals ungefähr so:

Ich: Was war rückblickend die entscheidende Maßnahme für Ihren Erfolg? Wenn Sie mir nur einen Tipp geben könnten, welcher wäre das?
Er: Lesen Sie jeden Monat ein Sachbuch. In jedem Buch steckt die komprimierte Erfahrung des Experten. Diese können Sie für 20-30€ anzapfen. Besser und schneller kann man Erfolgsprinzipien nicht lernen.
Ich: Klingt spannend. Aber wie soll ich das schaffen? Mein Terminplan ist jetzt schon randvoll.
Er: Lesen Sie als erstes ein Buch über Speedreading und üben Sie dann mit den nächsten Büchern das Schnelllesen. So schaffen Sie es in wenigen Wochen, ein Sachbuch in 2-3 Tagen durchzuarbeiten.
Ich: Und wie finde ich die besten Bücher zu einem Thema?
Er: Fragen Sie bei jeder Möglichkeit andere nach ihrem besten Buchtipp. Das ist immer ein super Gesprächseinstieg und wird Ihnen schnell mehr Buchempfehlungen einbringen, als Sie lesen können.
Ich: Das klingt einfach umzusetzen. Das mache ich. Danke.
Er: Sehr gern. Bitte geben Sie diesen Tipp an alle weiter, die Sie nach einem Erfolgstipp für ihr Business fragen.

Dieser Bitte komme ich gern nach. Hier sind die Bücher, die mich bei der Entwicklung der Wunschkundenbusiness-Methodik am meisten inspiriert haben und deren Lektüre ich jedem Unternehmer empfehle.

Meine Buchtipps für die nächsten 12 Monate

1 ***Schneller lesen***

Holger Backwinkel, Peter Sturtz
Verlag: Haufe-Lexware; 5. Auflage (2009)

2 ***The Big Five for Life: Was wirklich zählt im Leben***

John Strelecky und Bettina Lemke
Verlag: Deutscher Taschenbuch Verlag

3 ***Der Weg zum erfolgreichen Unternehmer: Wie Sie und Ihr Unternehmen neue Dynamik gewinnen***

Stefan Merath
Verlag: GABAL; 8. Auflage (2011)

4 ***Business Model Generation: Ein Handbuch für Visonäre, Spielveränderer und Herausforderer***

Alexander Osterwalder, Yves Pigneur
Verlag: Campus Verlag, 1. Auflage (2011)

5 ***Das große 1x1 der Erfolgsstrategie: EKS® – Erfolg durch Spezialisierung***

Kerstin Friedrich, Fredmund Malik,
Lothar Seiwert
Verlag: Campus Verlag, 1. Auflage (2011)

6 ***Auf der Serviette erklärt - Arbeitsbuch: So lösen Sie komplexe Probleme mit einfachen Zeichnungen (dt. Ausgabe)***

Dan Roam
Verlag: Redline

7 ***The Lean Startup: How Constant Innovation Creates Radical Succesful Business***

Eric Ries
Verlag: Portfolio Penguin

8 ***The Ultimate Sales Machine: Turbocharge Your Business with Relentless Focus on 12 Key Strategies***

Chet Holmes, Jay Conrad Levinson
Verlag: Deutscher Taschenbuch Verlag

9 ***Mehr Umsatz durch Marketing-Kooperationen: Die günstigste und schnellste Strategie, um neue Kunden zu gewinnen***

Christian Görtz
Verlag: GABAL; 1. Auflage (2010)

10 ***Pitch Anything: An Innovative Method for Presenting, Persuading, and Winning the Deal***

Oren Klaff
Verlag: Mcgraw-Hill Publ. Comp. (2011)

11 ***Made to Stick: Why some Ideas take hold and others come unstuck***

Chip Heath, Dan Heath
Verlag: Random House Trade Paperbacks (2010)

12 ***Ten Types of Innovation: The Discipline of Building Breakthroughs***

Larry Keeley, Helen Walters,
Ryan Pikkel, Brian Quinn
Verlag: John Wiley & Sons, 1. Auflage (2013)

Weitere Buchquellen

1 ***Think Limbic! Die Macht des Unbewussten verstehen und nutzen für Motivation, Marketing, Management.***

Hans-Georg Häusel
Verlag: Haufe-Lexware; 4. Auflage (2005)

2 ***Kopf schlägt Kapital: Die ganz andere Art, ein Unternehmen zu gründen Von der Lust, ein Entrepreneur zu sein***

Günter Faltin
Verlag: Deutscher Taschenbuch Verlag (2012)

3 ***Delivering Happiness: A Path to Profits, Passion, and Purpose***

Tony Hsieh
Verlag: Business Plus (2011)

4 ***Psychologie für die Wirtschaft: Grundlagen und Anwendungen***

Lioba Werth
Verlag: Spektrum Akademischer Verlag, 1. Auflage (2004)

5 ***The Power of Habit: Why We Do What We Do, and How to Change***

Charles Duhigg
Verlag: Random House Books

6 ***Drive: The Surprising Truth About What Motivates Us***

Daniel H. Pink
Verlag: Random House Books

7 ***The 100$ Startup***

Chris Guillebeau
Verlag: Pan Macmillan; Auflage: Trade Paperback (2012)

8 ***Start Something That Matters***

Blake Mycoskie
Verlag: Spiegel & Grau; Auflage: Reprint (2012)

Tools für Unternehmer

Auf www.mentorum.de kannst Du Dein Wunschkundenbusiness Schritt für Schritt entwickeln.

Bildnachweise

Coverbild
Granitmauer
ID: 187872603 © VTsybulka; Kollektion: iStock
thinkstockphotos.de

Seite 5
Schattenbilder der Konzertmasse
ID 19910186 © Dwphotos | Dreamstime.com

Seite 11
Roller Coaster
ID 9380948 © Paul Lemke | Dreamstime.com

Seite 15
Bottle of water in desert
ID 5355870 © David Gallaher | Dreamstime.com

Seite 18
Auf die Plätze, fertig
ID: ap4ad75e87401f6 © Jörg Bolitsch| Aboutpixel

Seite 19
Spices
ID 14117448 © Minyun Zhou | Dreamstime.com

Seite 27
Smiley und zwei Schuhpaare
ID 63798375 -grafito © stefanocar_75
http://de.fotolia.com/id/63798375

Seite 31
Roller Coaster
ID 9380948 © Paul Lemke | Dreamstime.com

Rice field terraces
ID 10883186 © Olga Khoroshunova | Dreamstime.com

Empty toilet paper roll
ID 3514831 © James Knopf | Dreamstime.com

Two twin little sister girls whisper in ear
ID 8519306 © Lunamarina | Dreamstime.com

Spices
ID 14117448 © Minyun Zhou | Dreamstime.com

Hängebrücke inkl. Mutprobe
Bild ID: ap4ad8529e1898d | Aboutpixel.de:

Frauen, die für Schuhe kaufen
ID 17028204 © Andres Rodriguez | Dreamstime.com

Löwenzahn
ID 5214101 © Flynt | Dreamstime.com

Seite 34
Nice young girl in pink
ID 3587173 © Hadrian Kubasiewicz | Dreamstime.com

Seite 39
Rice field terraces
ID 10883186 © Olga Khoroshunova | Dreamstime.com

Seite 44
Fingerabdruck
ID 10090702 © Adam Radosavljevic | Dreamstime.com

Seite 52
Fahrzeug mit rotem geformtem Innerem, Liebeskonzept
ID 18229591 © Mirmoor | Dreamstime.com

Seite 58
Empty toilet paper roll
ID 3514831 © James Knopf | Dreamstime.com

Seite 62
Schloß
#15498155 © beetle | de.fotolia.com

Seite 69
Waiting for the Restroom
ID 5221028 © Martin Fischer | Dreamstime.com

Seite 73
Mann, der Gummi von seinem Schuh löscht
ID 15791344 © Felix Mizioznikov | Dreamstime.com

Seite 82
Pflegen Sie helfendes birde, um Hochzeitskleid ein zu setzen
ID 10799431 © MNStudio | Dreamstime.com

Seite 94
Two twin little sister girls whisper in ear
ID 8519306 © Lunamarina | Dreamstime.com

Seite 98: Mix aus Bildern von li nach re

Sonnenblumen: Sonnenblumefeldschwarzes u. -WEISS ID 20489550 © Manuel Fernandes | Dreamstime.com
Klopapier: Empty toilet paper roll ID 3514831 © James Knopf | Dreamstime.com
Flüsterndes Mädchen: Two twin little sister girls whisper in ear ID 8519306 © Lunamarina | Dreamstime.com
Hängebrücke: Aboutpixel.de: Hängebrücke inkl. Mutprobe Bild - ID: ap4ad8529e1898d © Bernhard Huber
Fans: Schattenbilder der Konzertmasse - ID 19910186 © Dwphotos | Dreamstime.com

Seite 103
Verfechter
ID 3423415 © Ponta Radu | Dreamstime.com

Seite 104
Geschlossene Gesellschaft
Bild ID: ap4ad8de09e003b © Ute Pelz Pelztierchen|Aboutpixel.de

Seite 106
Freitag 13. im Bett bleiben
#20868143 - © khauss |Fotolia.de

Seite 108
Hand auf Tasten des Saxophons
ID 12317966 © Sergey Khakimullin | Dreamstime.com

Seite 111
Healthy boy
ID 16929413 © Andrey Kiselev | Dreamstime

Seite 116
Spices
ID 14117448 © Minyun Zhou | Dreamstime.com

Seite 119
Rote Äpfel mit einem gegessenen Apfel
ID 5606903 © Vclements | Dreamstime.com

Seite 132
Zebraapfel
Bild ID: ap4aeab844a9a64 - © Thorwald Hoffmann (Th_Photo)| Aboutpixel.de

Seite 144
Apple mit Preis
ID 20015803 © Konstantin Kirillov | Dreamstime.com

Seite 150
Schlitzen Sie die Apfelscheiben und -karamel auf, die auf Weiß getrennt werden
ID 17689788 © Evgeniya Uvarova | Dreamstime.com

Seite 158
Hängebrücke inkl. Mutprobe
Bild ID: ap4ad8529e1898d © Bernhard Huber | Aboutpixel.de

Seite 164
Aktionsplan
ID 994928 © Akv2006 | Dreamstime.com

Seite 171
Das erschrockene babe-1
ID 1101547 © Malewitch | Dreamstime.com

Seite 172
Ausgedehnter angebundener Kolibri
ID 19278278 © Rinus Baak | Dreamstime.com

Seite 180
Frauen, die für Schuhe kaufen
ID 17028204 © Andres Rodriguez | Dreamstime.com

Seite 182
Portrait von Freundinnen, die Geheimnisse erklären
ID 15621453 © Wavebreakmedia Ltd | Dreamstime.com

Seite 190
Schattenbilder der Konzertmasse
ID 19910186 © Dwphotos | Dreamstime.com

Seite 204
Spielzeug-Serie auf Gleis
ID 14405053 © Nebesnaya | Dreamstime.com

Seite 210
Löwenzahn
ID 5214101 © Flynt | Dreamstime.com

Seite 216
2 Gymnasts auf parallelen Stäben
ID 75901 © Galina Barskaya | Dreamstime.com

Seite 228
Die Universität der Besatzung der Rochester-Frauen
ID 16725173 © John Kropewnicki | Dreamstime.com

Seite 235
Fingerabdruck
ID 10090702 © Adam Radosavljevic | Dreamstime.com

Seite 236
Schattenbilder der Konzertmasse
ID 19910186 © Dwphotos | Dreamstime.com

Seite 270
Automatische Kaffeemaschine
ID 19241707 © Kyolshin | Dreamstime.com

Seite 296
Groom helping bride to put wedding dress on
ID 10799431 © MNStudio | Dreamstime.com

Seite 316
Fans vor einer Bühne
62307829 | © robinmhl | Fotolia.de

Seite 353
american Football – Wolkenhintergrund
#58560970 - © underdogstudios| Fotolia.de

Seite 357
Sonnenblumensamen #3
ID 956123 © Lincolnrogers | Dreamstime.com

Gratis: WunschKundenBusiness als E-Book

Als Käufer des Buches erhältst Du das E-Book gratis.
Wie Du Dir das E-Book herunterladen kannst, erfährst Du unter
www.wunschkundenbusiness.de/ebook/